조선 평전

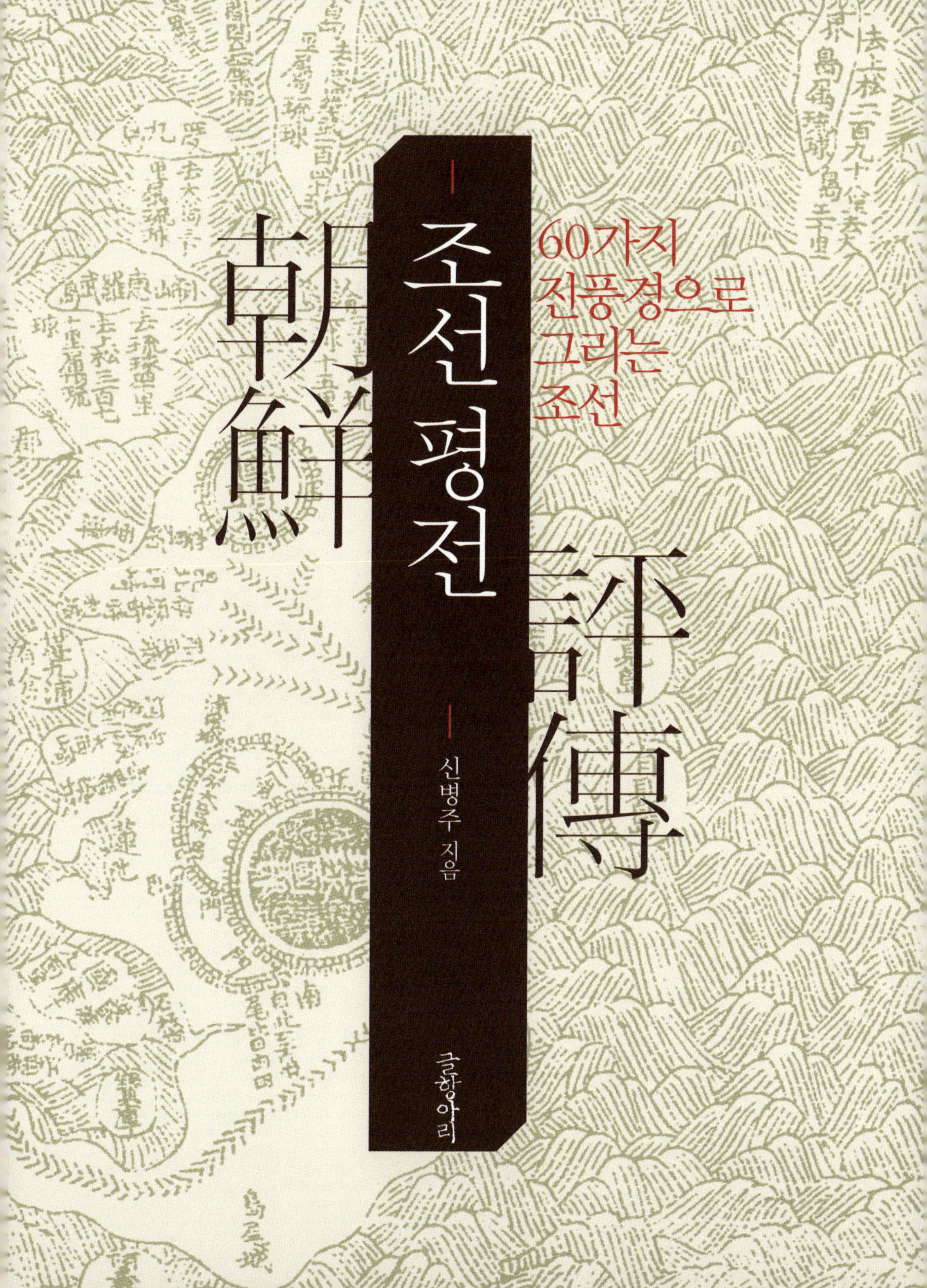
朝鮮
조선 평전
評傳
60가지
진풍경으로
그리는
조선
신병주 지음
글항아리

역사가 우리의 삶에 안겨주는 가장 큰 의미는 무엇일까? 오래된 말이지만, 나는 역사를 통해 오늘의 삶을 진단하고 미래를 그려보는 '온고지신溫故知新' '법고창신法古創新'의 정신을 새겨보는 것이라 생각한다. 특히 조선은 현대와도 그리 멀지 않은 시대이고, 당시의 삶과 사상은 오늘날까지 맥을 이어 조선 역사에서 되새겨야 할 장면은 숱하다.

현재성 외에 또 중요한 것 하나가 현장성이다. 역사적 숨결이 배어 있는 현장을 찾고 그곳에서 스스로 역사를 되살려낼 기회를 갖는다면, 역사를 배우는 흥미는 배가 될 것이다. 나 역시 그간 책을 펴내고 강의하면서 조선의 역사를 현재성과 현장성의 관점에서 체계적으로 전해주려 시도해왔다.

그런 작업의 하나로, 2007년부터 조선 역사에서 '진풍경'이라 일컬을 만한 중요 장면을 현재의 역사와 교차시켜가며 조명하는 신문칼럼을 연재할 기회가 있었다. 예순 번이라는 적지 않은 회수의 칼럼을 쓰다보니 3년이란 시간이 흘렀고, 흩어진 글들은 어느덧 짜임새를 갖추어 한 권의 책으로 만들고 싶다는 바람을 갖게 되었다. 그러던 차에 글항아리의 강성민 대표와 이은혜 편집장을 만나 이 책을 세상에 내놓게 되었다. 그리고 정치·경제·사회·문화를 두루 훑으면서 그 윤곽을 그려냈고 약간의 평을 덧붙였다는 판단에서 감히 '조선 평전'이라는 제목을 붙여봤다.

이 책에서 나는 조선시대 역사의 진면목들을 흥미롭게 펼쳐내면서도, 한편으로는 현재와 대화하는 방식으로 서술하려 했다. 알다시피, 역사는 박물관 속에 갇혀 있을 때보다 이를 되살려내 현재화시킬 때 의미가 있다고 생각하기 때문이다.

2011년 일본의 대지진 참사를 지켜보면서 조선시대 지진의 발생과 그 대응 방식은 어떠했는가를 생각했고, 조선의 과거시험 열기를 요즈음의 수능제도와 비교해보았다. 관리들을 괴롭혔던 신참례 문화가 오늘날까지 고스란히 이어지는 것을 목격해 그것이 갖는 폐단을 짚어보았고, 1623년의 인조반정을 다루면서는 그것이 5·16 군사정변과 12·12 쿠데타 등 현대의 군사쿠데타와 연결되는 흐름을 갖고 있음을 밝혔다. 최근 프랑스에서 한국으로의 반환이 결정되면서 사회적 이슈로 부각된 외규장각 의궤에 대한 내용도 다룸으로써, 이처럼 몇백 년이 지난 역사가 오늘날에 되살아나 우리의 삶 속에 깊이 자리하고 있음을 알리고자 했다.

이 책은 역사의 현장성도 놓치지 않으려 했다. 서울 성곽과 자신만의 사연을 간직하고 있는 조선 왕릉의 역사를 다뤘고, 청계천 물길에는 태종·영조대 영광의 역사가 숨 쉬고 있음을 강조했다. 또 중인층의 위항문학 운동의 산실인 인왕산 일대의 문화유적지들도 소개했다. 1795년 화성행차의 노선과 구체적인 일정을 보여주는 한 편의 글을 읽어보면서는 정조가 추구했던 개혁정치의 현장을 느낄 수 있을 것이다. 이것들 말고도 옛사람들의 놀이, 코끼리, 고구마와 감자 등 생활사 관련 내용을 다뤄 독자들이 조선의 역사를 좀더 피부에 닿게 느끼도록 하고 싶었다.

출판계에서 역사물이 줄기차게 나오고 있는 것이 요즈음의 추세다. 이는 무엇보다 『조선왕조실록』을 비롯해 한자로 쓰여진 기록물 상당수가 번역되면서 역사를 전공하지 않은 이라도 쉽게 역사물을 쓸 여건이 마련되었기 때문일 것이다. 나 역시 이러한 역사 저작물의 홍수 속에 함께 휩쓸리는 건 아닌가 생각했지만, 좀더 체계적인 대중역사서를 쓰는 것도 보람 있는 작업임을 스스로 되새기며 이 책을 내놓게 되었다.

대학 강단에 선 지 15년쯤…. 그동안 학생들에게 강의하면서 작성해둔 노트, 강의실에서 접한 학생들의 반응, 「TV조선왕조실록」이나 「역사스페셜」과 같은 프로그램을 자문하고 「신병주의 역사 이야기」 진행 등을 맡으면서 조선의 역사를 대중화할 방향을 모색했던 것이 이 책을 쓰는 큰 밑거름이 되었다.

처음엔 얼기설기 담겨 있던 원고들이 편집자의 손길을 거치면서 산뜻한 모습으로 바뀌었다. 편집자 덕이다. 또 교정 과정에서 원고를 함께 읽어준 윤혜민, 김주인, 전다혜, 인지민 등 건국대사학과 대학원생들에게도 고마움을 전한다.

마지막으로 남편의 한국사 전공을 적극 후원하는 아내 김윤진, 그리고 이제 아빠의 책을 정독하고 조언해줄 딸 해원이와 출간의 기쁨을 함께 나누고 싶다.

2011년 3월
봄이 오는 건국대학교 연구실에서
신병주

甲 조선은 어떤 나라인가

乙 조선을 조선답게 만든 위대한 풍경들

조선은 어떤 나라인가

법치의 틀 잡은
조선의 헌법 『경국대전』

　2009년부터 7월 17일 제헌절은 공휴일에서 사라졌다. 주5일 근무제가 실시되는 마당에 너무 많은 공휴일은 업무의 연속성을 저하한다는 이유가 컸는데, 식목일과 한글날에 이어 제헌절도 구조조정(?)에 들어간 것이다. 1948년 7월 17일 대한민국 헌법을 제정한 날의 의미가 퇴색했다는 지적도 많고, 일부에서는 '그놈의 헌법 때문에'라는 발언을 한 노무현 전 대통령과 연관지어 전 정부에서 제헌절을 공휴일에서 제외시킨 것에 대한 아쉬움을 토로하는 사람도 있다. 역사적으로 볼 때 성문 헌법의 유무는 조선시대와 고려시대를 가르는 주요한 기준이 되었다. 기존의 관습법이나 중국 법률에 의존하던 단계에서 벗어나 조선시대에 와서야 비로소 성문 헌법인 『경국대전』이 완성되어 국가 운영 체계가 잡혀갔기 때문이다. 『경국대전』은 성리학을 이념으로 표방한 조선이라는 국가의 헌법으로서 오늘날 관점에서 보면 많은 한계점도 있다. 과부의 재가를 금지한 것이나, 서얼 자손에 대한 영구한 과거응시 금지 조치, 노비에 대한 매매의 허용 등 시대적 한계를 보이는 내용도 다수 있다. 그러나 『경국대전』이라는 만세불변의 법전을 만들기 위해 기울인 노력의 과정이나, 오늘날의 관점에서도 상당한 합리성을 보이는 규정이 다수 존재했다는 점 등은 특히 주목할 필요가 있다.

90년의 세월을 들여 편찬한 법전

『경국대전』 역시 현대 대한민국의 헌법처럼 제정되는 과정이 순탄하지 않았다. 조선의 건국은 정치, 사회, 경제, 문화에 걸쳐

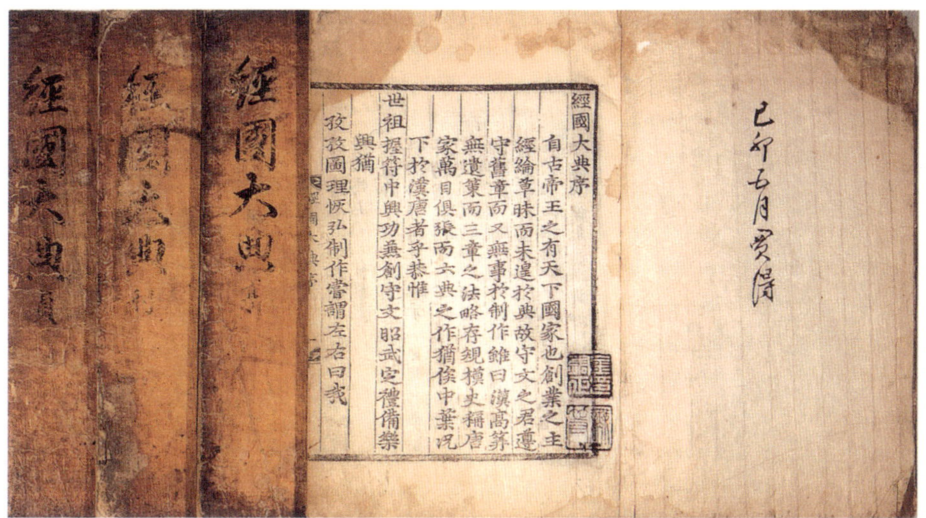

고려시대와는 다른 변화를 가져왔는데, 그중에서도 특히 주목되는 것은 성문 법전의 편찬이었다. 고려시대의 일상생활을 규제한 법률은 중국에서 수입된 법률과 전통적으로 관례화된 관습법이었다. 태조는 즉위 후 내린 교서에서 '의장儀章과 법제는 고려의 것을 따르되 법률을 정하여 모두 율문律文에 따라 처리함으로써 고려의 폐단을 밟지 않을 것'을 천명했다. 즉위 교서의 이러한 방침은 건국의 주역 정도전에 의해 즉시 수행되었다.

1394년(태조 3) 정도전은 『조선경국전』을 저술하여 태조에게 바쳤다. 앞 부분에 정보위正寶位, 국호, 정국본定國本, 세계世系, 교서敎書 등 5항이 있으며, 그다음 본편격으로 치전治典, 부전賦典, 예전禮典, 정전政典, 헌전憲典, 공전工典의 6전 체제로 구성되었다. 『조선경국전』은 조선 건국의 이념과 통치 방향을 제시한 책으로, 훗날 조선의 헌법이 되는 『경국대전』의 모태가 되었다. 먼저 『조선경국전』의 핵심 내용을 살펴보자.

"총재(재상)에 그 훌륭한 사람을 얻으면 6전典이 잘 거행되고 모든 직책이 잘 수행된다. 그러므로 '인주人主의 직책은 한 사람의 재상을 논정論定하는 데 있다' 했으니, 바로 총재를 두고 한 말이다."

"총재는 위로 군주를 받들고 밑으로는 백관을 통솔하여 만민을 다스리는 것이니, 그 직책이 매우 큰 것이다. 또 인주의 자질에는 어리석고 현명한 자질도 있으며 강력하고 유약한 자질도 있어서 한결같지 않으니, 총재는 인주의 아름다운 점은 순종하고 나쁜 점은 바로잡으며…"

정도전은 『조선경국전』 「총서」에서, 군주는 현명함과 무능함의 차이가 있지만 재상 자리에는 가장 능력 있는 자가 선발될 수 있기 때문에 재상 중심으로 국가를 이끌어갈 것을 강조했다. 『조선경국전』에는 능력 중심의 시험 제도에 의한 관리 선발, 국가의 수입을 늘리기 위한 군현 제도와 호적 제도의 정비, 언로의 개방, 사대외교의 중요성, 인仁에 바탕을 둔 도덕정치의 지향 등 고려말기의 사회모순을 극복하고 건국한 조선 사회가 가야 할 방향들을 구체적으로 제시했다.

태조 때의 영의정 조준은 『조선경국전』과 보조를 맞추어 그때까지 10여 년간 공포되어 법령으로 기능하고 있거나 앞으로 준행해야 할 법령을 수집·분류해 이를 『경제육전』이라 이름했다. 『경제육전』은 우리 역사상 명백한 최초의 성문 통일 법전이라는 점에서 의의가 크다. 『경제육전』은 한문 이외에 이두와 방언을 섞어 편찬해 일반 백성들도 쉽게 법전을 이해할 수 있게 했다.

태종대에는 이전의 6전에서 미비한 점을 보완하여 『원육전』 3권과 『속육전』 3권으로 만들었으며, 1433년(세종 15)에는 황희 등이 세종의 재가를 얻어 『신찬경제육전』을 편찬했다. 건국 이후 태조에서 세종대까지는 기본적으로 선왕대에 만들어진 법전을 존중한다는 '성헌존중주의成憲尊重主義'를 바탕으로 법전이 편찬되었다. 그러다가 원전原典, 속전續典을 비롯한 모든 법령을 전체적으로 조화시켜 통일된 법전을 편찬하자는 시대적 요청 속에서 『경국대전』을 만들게 된 것이다.

세조는 즉위 후 양성지의 건의를 받아 법제의 기본적인 조사 및 확립의 필요성을 인식한 후 국가적으로 편찬 사업을 주도해나갔다. 1457년(세조 3) 육전상정소六典詳定所를 두고 『경국대전』
을 편찬하기 시작해, 호전과 형전을 차례로 완성하여 시행했다.
1466년 말 재교열을 거쳐 완성한 『경국대전』을 2년 뒤부터 시행
하기로 했으나 세조의 죽음으로 『경국대전』은 다시 손질되었고,
마침내 성종대인 1482년 전체적인 수정 작업을 마쳐 1485년 1
월부터 시행에 들어갔다. 『경국대전』이 완성되기까지 이처럼 많
은 진통이 따랐던 것은 영구히 지킬 법전을 만들려는 의지가 컸
기 때문이다. 『경국대전』은 이전, 호전, 예전, 병전, 형전, 공전의
6전 체제로 완성되었다. 1394년 『조선경국전』에서 시작된 조선
의 법전 편찬 작업이 1485년 『경국대전』으로 그 완성을 보았으

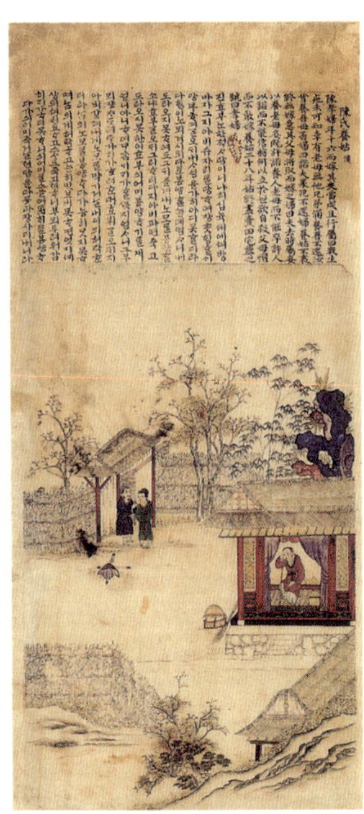

니, 약 90년의 세월이 투여된 셈이었다.

　조선왕조에서는 『경국대전』 이후 『속대전』(영조대), 『대전통편』(정조대), 『대전회통』(고종대) 등 세 차례의 법전 편찬이 더 이루어졌다. 그러나 『대전회통』에 이르기까지 『경국대전』의 골격은 그대로 유지되었다. 즉 『대전회통』의 경우 『경국대전』부터 실렸던 조문은 '원原'으로, 『속육전』에서 보충된 내용은 '속續'으로, 『대전통편』의 보충 내용은 '증增'으로, 마지막으로 『대전회통』에 첨가된 내용은 '보補'로 표시했기에 조선시대 4대 법전의 내용과 변화상을 일목요연하게 파악할 수 있다. 조선시대 법전의 출발점이었던 『경국대전』의 체제가 처음부터 짜임새를 갖췄기 때문에 가능한 일이었다.

"노비에게 출산휴가 80일을 허하노라"

　『경국대전』에는 총 319개의 법조문이 이전, 호전, 예전, 형전, 병전, 공전의 6전 체제로 구성되어 있다. 이전은 내명부와 외명부, 중앙과 지방의 관제, 관리의 임면에 관한 규정 등을 기록하고 있는데, 첫 부분에 빈정(1품), 귀인, 소의, 숙의, 소용, 숙용, 소원, 숙원 등 후궁들의 품계와 상궁(5품) 등 궁중의 전문직 여성들의 품계가 기록된 점이 흥미롭다. 여성들의 품계가 법전의 첫 부분에 등장한 것은 이들이 왕과 가장 가까운 관계에 있기 때문이었다.

　호전은 세금 제도와 관리들의 녹봉, 토지, 가옥, 노비 매매 등에 관한 것으로 오늘날 재정경제부 등 경제 관련 부처에서 관장하는 사항들을 기록하고 있다. 예전은 과거제도, 외교, 제례, 상복, 혼인 등에 관한 사항으로 오늘날 문화체육관광부나 외교통상부의 추진 업무와 밀접히 관련된다.

이외에 오늘날 법무부의 소관 사항에 해당하는 형벌, 재판, 노비, 재산상속법에 관한 규정을 정리한 형전, 국방·군사에 관한 사항을 기록 병전, 도로·교통·건축, 도량형 등 건축과 산업 전반에 관한 사항을 기록한 공전의 순서로 『경국대전』은 구성되어 있다. 『경국대전』이 육전 체제로 구성된 것은 조선이라는 국가의 중앙과 지방의 정치 구조와 행정 조직이 모두 6조 체제로 이

루어졌기 때문이다. 조선 사회는 중앙의 6조를 비롯하여 지방의 수령 산하에도 이방, 호방, 예방, 병방, 형방, 공방 등 6방을 두었는데, 법전 또한 이러한 행정 조직의 체계에 맞춰 규정함으로써 정치와 행정의 효율성을 꾀했다.

『경국대전』에서 몇 가지 흥미로운 조항들을 살펴보자. '형전' 의 공노비 관련 항목에는 노비의 출산 휴가에 관한 규정이 있다. 즉 부녀자가 임신한 경우 출산 전 30일, 출산 후 50일 등 총 80일의 휴가를 주고 그 남편에게도 산후 15일의 휴가를 준다는 것이다. 최근 우리 사회에서도 여성의 육아 휴직에 대해 많은 조처들이 이뤄지고 있는데, 조선시대 헌법에 이미 노비에게까지 휴

혐의자를 목칼에 채워 배송하는 장면(왼쪽), 피고와 원고를 재판하는 광경(오른쪽).

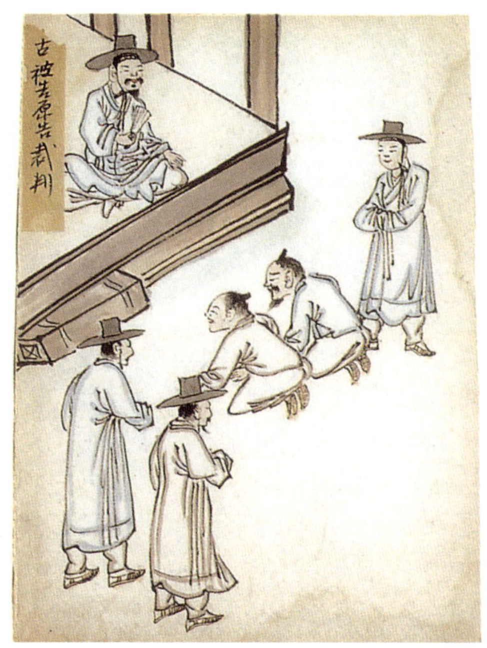

가를 명문화한 점은 놀랍다.

'예전'의 과거제도에 관한 규정에서는 과거응시가 원천적으로 금지된 사람들을 기록하고 있는데, 이중에는 장리贓吏(뇌물을 받은 관리의 자손)들이 포함된 것이 주목된다. 부정부패를 한 사람은 그 후손들조차 과거에 응시하지 못하게 함으로써 엄격하게 대처한 의지가 엿보인다. 과거응시의 초시 합격자의 경우 인구 비례로 지역별 합격자 수를 배정한 쿼터제도는 지역차별 문제가 이슈가 되고 있는 현재에도 상당히 음미할 만하다.

'호전'에는 세무 비리 공무원에 대한 재산 몰수 규정도 있다. 즉 백성들이 세금으로 내는 쌀이나 곡식 등을 받아 중간에 가로챈 자는 비록 본인이 죽어도 그의 아내와 자식에게 재산이 있으면 강제로 받아낼 수 있게 했다. 이외에도 『경국대전』에는 정해진 복식服飾을 어길 경우 그에 해당하는 형벌을 규정하고 있는데, 특히 금은 같은 사치스러운 장식을 하거나 당상관 이하의 자녀가 혼인할 때 사라능단 같은 수입 비단을 쓰면 장杖 80대에 처한다고 규정하고 있다.

'형전'에는 '분경금지법'이 주목된다. 분경이란 분추경리奔趨競利의 준말로 분주히 쫓아다니며 이익을 다툰다는 말로서, 형전의 금제禁制 조항에는 '분경하는 자는 장 100, 유배 3000리에 처한다'고 규정하여 권문세가에 드나들면서 정치적 로비를 하는 것을 원천적으로 봉쇄했다. 대통령의 측근을 비롯한 권력자 친인척들의 부정부패가 끊일 날이 없던 현 정치 상황에 시사하는 바가 크다.

옛사람들의
새해 풍속도

　조선시대에도 한 해를 시작하는 새해의 의미는 컸다. 왕실에서는 새해를 맞이하여 왕이 주관하는 큰 잔치가 벌어졌고, 신하들은 왕의 만수무강을 기원하는 축문과 함께 특산물들을 바쳤다. 왕은 신하들에게 세화歲畵라는 그림을 하사했고, 새해를 축하하는 시를 지어 올리게 했다. 민간에서는 세배를 하고 설빔을 입고 떡국을 먹는 풍습이 유행했다. 16세기 학자 유희춘이 쓴 『미암일기眉巖日記』를 비롯하여 정조 때의 학자 홍경모의 『동국세시기東國歲時記』, 1819년 김매순이 한양의 연중행사를 기록한 『열양세시기洌陽歲時記』, 조선후기 실학자 유득공이 쓴 『경도잡지京都雜誌』 등의 책에는 새해 풍속이 구체적으로 기록되어 있다. 이들 책을 중심으로 조선시대 왕실과 민간에서 맞이한 새해의 모습 속으로 들어가본다.

왕실의 새해맞이 풍경

새해가 되면 조선 왕실은 분주했다. 각종 의식을 준비해야 했
기 때문이다. 새해 첫날 왕실에서 행해지는 가장 큰 공식 행사는
정조正朝 의식이다. 요즈음으로 치면 신년 하례식이었다. 정조
(음력 1월 1일)를 맞아 왕과 문무백관의 신하들이 한데 모여 신년
을 축하하는 조하朝賀 의식을 행했다. 영의정, 좌의정, 우의정이
중심이 되어 관리들을 거느리고 왕께 새해 문안을 드리고 새해
를 축하하는 전문箋文과 표리表裏(옷감의 겉과 속)를 올렸다. 조선
후기를 대표하는 왕 정조는 새해가 되면 농사를 권장하는 교서

를 친히 지어 8도 관찰사에게 내렸다고 한다.

지방 관리들은 축하 전문과 함께 지방의 특산물을 올렸다. 왕은 신하들에게 회례연會禮宴을 베풀어 음식과 어주御酒, 꽃 등을 하사하면서 지난해의 노고를 치하했다. 왕비전인 중궁전에서는 왕실 여성들을 위한 잔치가 따로 베풀어졌다. 승정원에서는 미리 선정한 시종신侍從臣(왕을 가까이서 모시는 신하로 승정원, 사간원, 사헌부, 홍문관, 예문관 소속의 관리)과 당하의 문관들로 하여금 연상시延祥詩라는 신년 시를 지어 올리게 했다. 이때 홍문관이나 규장각 제학에게 운韻자를 내게 하여 오언절구나 칠언율시 등을 짓게 했다. 당선되는 시는 궁궐 안 전각 기둥이나 문설주에 붙여 많은 사람이 보게 했고, 이로써 새해를 함께 축하했다.

조정 관리나 왕실 및 관리의 부인 중에서 70세가 넘는 사람에게는 새해에 쌀, 생선, 소금 등을 하사했다. 관리로서 80세가 되었거나 백성으로서 90세가 되면 한 등급을 올려주고, 100세가 되면 한 품계를 올려주었다. 새해를 맞이하여 장수 노인에게 특별한 배려를 해준 것이다.

화원들이 소속된 도화서에서는 수성壽星(인간의 장수를 맡고 있다는 신) 및 선녀와 직일신장直日神將(하루의 날을 담당한 신) 그림을 그려 왕에게 올리고 서로 선물하기도 했다. 이를 세화라 한다. 또 황금색 갑옷을 입은 두 장군의 화상을 그려서 왕에게 바치기도 했는데, 이 그림의 길이는 한 길이 넘었다. 이외에 붉은 도포와 까만 사모를 쓴 화상을 그려서 궁궐 대문에 붙이기도 했고, 역귀와 악귀를 쫓는 그림이나 귀신 머리를 그려 문설주에 붙이기도 했다. 각 관청 아전과 하인들, 군영의 장교와 나졸들은 종이를 접어서 이름을 쓴 명함을 관원이나 선생의 집을 찾아가 뵙고 드렸다. 그러면 그 집에서는 대문 안에 옻칠을 한 쟁반을 놓아두고 그 명함을 받아들였다. 이것을 세함歲銜이라 한다. 신년에 주고받는 명함이라는 뜻이다.

『토정비결』과 윷점으로 맞는 새해

백성들은 새해 아침 일찍 제물을 사당에 진설하고 '정조다례正朝茶禮'라는 제사를 지냈다. 남녀 아이들은 '설빔歲庇陰'이라는 새옷으로 갈아입었다. 차례를 지낸 후에는 집안 어른들과 나이 많은 친척을 찾아가 새해 첫 인사를 드렸다. 세배 때 음식을 대접하는 것을 세찬歲饌이라 했고, 이때 내주는 술을 세주歲酒라 했다. 떡국湯餅은 조선시대에 빠지지 않는 음식이었다. "멥쌀로 떡을 만들고, 굳어지면 돈처럼 얇게 가로로 썬 다음 물을 붓고 끓이다가 꿩고기, 후춧가루 등을 섞었다"고 『경도잡지』에 적혀 있다.

새해에 친구나 젊은 사람을 만나면 올해는 "과거에 합격하시오" "부디 승진하시오" "아들을 낳으시오" "재물을 많이 얻으시오"와 같은 덕담德談을 주고받았다. 또 초하룻날 첫 새벽에 거리에 나가 맨 처음 들려오는 말소리로 그해 1년간의 길흉을 점쳤는데, 이것을 청참聽讖이라 했다.

새해에는 점을 치는 풍습도 유행했다. 조선시대 민간에서는 윷점과 오행점이 유행했다. 오행점은 나무로 장기쪽같이 만들어금·목·수·화·토를 새겨넣은 다음 나무가 엎어지는 상황을 보고 점괘를 얻는 것이었다. 윷점은 지금도 유행하는 윷을 던져 새해의 길흉을 점친 것이다. 예를 들어 도가 세 번 나오면 '어린아이가 엄마를 만나는 운세' '도·도·개' 면 '쥐가 창고에 들어가는 운세' 등이었다. 그런데 요즈음도 새해 운세를 점치는 데 이용하는 『토정비결』에 관한 언급이 『동국세시기』나 『열양세시기』 『경도잡지』 등에 언급되지 않은 것을 보면 이 책은 빨라야 19세기 후반부터 유행한 것으로 짐작된다.

『토정비결』은 『주역』의 이치를 응용하여 누구나 알기 쉽게 만든 책이지만 『주역』과는 다르다. 우선 『주역』의 기본 괘는 64개인 데 반해 『토정비결』은 48개다. 괘를 짓는 방법도 달라 이른바 사주 가운데 시時를 뺀 년年, 월月, 일日을 사용할 뿐이다. 조선시대 민간에는 시계가 없어 시를 정확하게 알지 못하는 사람들이 많았기 때문에 그들의 편의를 도모한 것으로 생각된다. 이처럼 『토정비결』은 주역을 이용하면서도 조선의 특성을 십분 고려했다. 그러다보니 점괘의 총수도 주역과는 다르게 되었다. 주역에는 총 424개의 괘가 있으나 『토정비결』은 144개뿐이다. 훨씬 간편한 셈이다.

『토정비결』은 열두 달의 운수를 시구詩句로 적어놓았다. "동쪽에서 목성을 가진 귀인이 와서 도와주리라" "관재수가 있으니 혀끝을 조심하라"는 식이다. 간단명료한 글귀지만 생각할 거리가 많은 점괘다. 항목마다 길흉이 적절한 비율로 섞여 있지만 대체로 낙관적인 내용이 많다. 비관적인 괘라도 잘 극복하면 피해갈 수 있는 방안을 제시한다. 결과적으로 『토정비결』은 절망에

빠진 사람에게 희망을 불어넣으며, 일마다 조심스럽게 정성을 다해 처리하도록 이끄는 힘이 있다. 그런 점에서 『토정비결』은 운수를 판별하는 데 중점이 있기보다는 민중의 삶에 활력을 불어넣기 위해 존재하는 듯 보인다. 『토정비결』이 이지함의 이름을 가탁한 것은, 16세기 이지함이 보여준 민중 친화적인 성향을 운명서에 반영했기 때문으로 풀이된다.

『미암일기』에 나타난 새해 풍속도

『미암일기』는 16세기의 학자 유희춘(1513~1577)이 쓴 것으로, 현재 남아 있는 일기는 1567년 10월 1일에서 시작하여 1577년 5월 13일까지 11년에 걸친 기록이다. 『미암일기』는 임진왜란으로 사초史草(실록의 저본이 되는 자료) 등 많은 사료가 없어졌을 때 이를 보충하는 자료로 활용될 만큼 그 가치를 인정받는다. 『미암일기』 1월 1일자 기록을 보면 16세기의 새해 풍속도를 생생히 접할 수 있다. 1568년과 1571년 1월 1일의 기록을 보자.

"흐리고 눈이 오다. 새벽에 여러 사람이 와서 세배를 했다. 날이 밝기 전에 관대冠帶를 갖추고 부사 곽군과 더불어 망궐례望闕禮를 행했는데, 나는 동편에 서고 곽은 서편에 서서 12배를 하고 산호山呼(천세를 부름)를 하고 나왔다." (1568년)

"유협이 곶감 두 접과 건수어乾水魚 4미尾, 참빗 10개를 내게 주었다. 심변도 왔다. 이른 아침에 윤충남을 시켜 광양으로 가서 최사인崔舍人(『표해록』의 저자인 최부) 선생의 제사를 나 대신 지내게 하고 제문을 주었다. 나는 최인길에게 쌀 5두를 보내고 구비舊婢인 파치에게도 쌀 1두를 보냈다." (1568년)

"닭이 울자마자 대소의 사람들이 와서 세배를 했는데 모두 기록할 수가 없다. 박해朴海가 소 한 마리와 떡을 보냈다." (1571년)

위의 기록들에서 세배를 하고 선물을 주고받던 풍습은 440여 년 전이나 지금이나 비슷했음을 알 수 있다. "윤홍중이 신력新曆 1건을 보내왔다"(1571년 1월 3일)는 기록에서는 이때에도 새해를 맞아 달력을 받았음이 나타난다.

1573년 유희춘은 홍문관에서 관리생활을 하고 있었다. 조정의 관리로서 새해를 맞는 모습을 보자.

"이른 아침에 옥당(홍문관)으로 가서 입번을 한 다음 정언신·우성전을 데리고 대전大殿(왕(선조)이 계신 곳)에 문안을 갔더니 술을 하사하셨고, 또 의성懿聖(인종비 인성왕후)께 가서 문안을 드리니 술을 주셨다. 끝난 뒤에 본관本館에 별선온(왕이 궁중에서 빚은 술을 하사함)이 있다는 말을 듣고 잠시 옥당으로 가서 눈을 붙였다. 오시午時(오전 11시~오후 1시)가 되어서 궁중의 사자가 선온(왕이 하사하는 술)을 가지고 왔다. 유희춘 등 3인이 뜰에서 절을 하고 곧 당으로 올라가 사자와 더불어 편을 갈라서서 선온에 절을 하고 받은 뒤에 큰 잔으로 순차에 따라 잔을 돌렸다." (1573년 1월 1일)

중앙의 관리였던 만큼 많은 선물도 받았다. 천언군수 김수걸은 산꿩 3마리와 말린 숭어 2미를 보냈고, 진안군수 박사우는 꿀 5승升과 말린 꿩 3마리, 포육脯肉 1첩貼, 참깨 3두를 보내왔다. 허봉은 내사內賜받은 황감黃柑을 주고 갔다.

이어 유희춘은 신년에 명함을 준 사람 30여 명의 명단을 기록하고 있다. 『미암일기』의 기록에서는 요즈음 관공서에서 행해지는 신년 하례식의 모습이 연상된다. 이외에 1571년과 1576년의 1월 1일에는 저자가 직접 지은 시를 일기에 기록하고 있다. 시에는 지난해에 대한 감회와 새해의 다짐, 포부 등이 담겨 있다.

『미암일기』가 묘사하고 있는 새해 풍속도는 비록 그 신분사회는 달라졌을지 모르나, 오늘날 우리가 주고받는 것과 크게 다르지 않다. 새해에 절하러 다니고 선물을 주고받으며, 한 해를 미리 설계하는 모습은 오백 년이 지나도 빛바래지 않은 풍속이다.

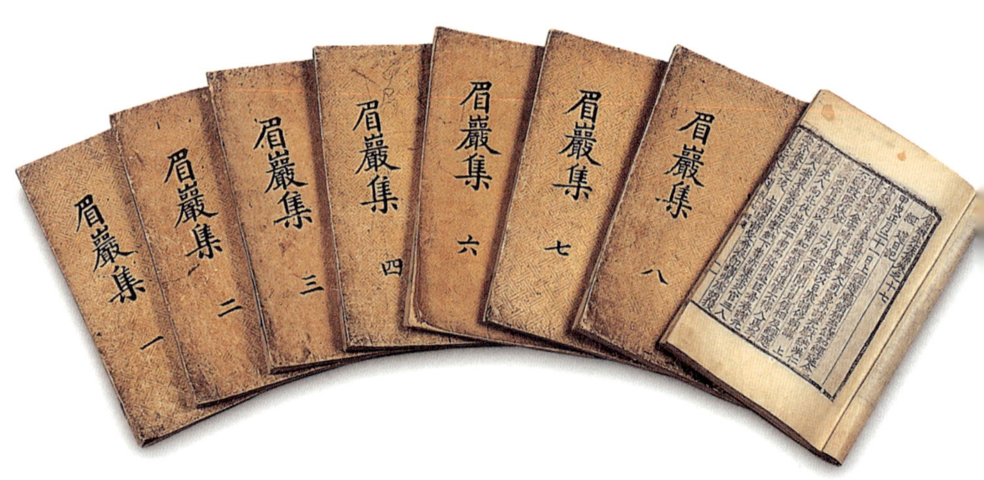

조선시대
신입관리 신고식

　조선시대에도 오늘날 대학 신입생 환영회처럼 혹독한 신고식 문화가 있었다. 신참례新參禮가 그것으로, 관직에 들어온 신입에게 가하는 집단 괴롭힘이었다. 신참례는 조선 건국 초부터 꾸준히 전해 내려왔고, 너무 과한 탓에 종종 사회 문제가 되곤 했다.

　조선이란 나라가 세워진 직후부터 신참례가 사회 문제가 되었음은 『태조실록』에서 우선 보인다. 태조 1년 11월 25일 도평의사사에서는 감찰, 삼관三館(예문관, 성균관, 교서관), 내시, 다방茶房 등의 관직에서 신참에게 번잡한 의식을 행하는 폐단을 없앨 것을 청하고 있다. 요즈음의 국무회의에 해당하는 도평의사사에서 신참례의 문제점을 지적한 것으로 미루어 고려시대부터 신참례의 전통이 이어져 조선초기에도 상당히 유행했음을 알 수 있다.

15세기의 학자 성현成俔이 편찬한 『용재총화』에도 신참례에 관한 몇 건의 기록이 있다. 먼저 관리들을 감찰하는 기관인 사헌부는 소위 군기가 '빡센' 기관이었다. 사헌부에서는 새로 들어온 사람을 신귀新鬼라 하여 여러 가지로 욕을 보였다. 방 가운데서 서까래만 한 긴 나무를 신참한테 들게끔 하는데, 이를 경홀擎笏이라 했다. 이 나무를 들지 못하면 신참은 선배에게 무릎을 내놓아야 했으며 선배가 이를 주먹으로 때렸다. 여기서 그치지 않고 다음 선배가 그다음 선배에게 이 신참을 때리도록 했다. 또 신참에게 물고기잡기 놀이를 하게 하는데, 신참이 연못에 들어가 사모紗帽(문무백관이 관복을 입을 때 갖추어 쓴 모자)로 물을 퍼내서 의복이 모두 더럽혀지게 했다. 거미잡기 놀이라는 것도 있었

는데, 귀와 손으로 부엌 벽을 문질러 두 손이 옻칠을 하듯 검어
지면 손을 씻게 하는 것이다. 그러면 그 씻은 물을 신참에게 마
시게 하니 토하지 않는 사람이 없을 정도였다.

이처럼 혹독한 신고식을 마치고 술이 거나해지면 사헌부의 관
청 노래에 해당하는 '상대별곡霜臺別曲'을 불렀다. 마치 고등학
교 동문회에 가면 실컷 '군기'를 잡다가 마지막에는 교가를 부
르는 것과 흡사하다. 신참례는 신체적인 괴롭힘 외에 신참에게
엄청난 술과 음식을 요구하기도 했다. 다시 『용재총화』 속으로
들어가보자.

"새로 급제한 사람으로서 삼관에 들어가는 자를 먼저 급제한 사람
이 괴롭혔는데, 이것은 선후의 차례를 보이기 위함이요, 한편으로
는 교만한 기를 꺾고자 함이었다. 그중에서도 예문관이 매우 심했
다. 새로 들어와 처음으로 배직拜職하여 연석을 베푸는 것을 허참許
參이라 하고, 50일이 지나서 연석을 베푸는 것을 면신免新이라 하며,
그 중간에 연석을 베푸는 것을 중일연中日宴이라 했다. 매 연석에서
는 성대한 음식을 새로 들어온 사람이 준비하게 했는데 때로는 그
집에서 하고, 혹은 다른 곳에서 하되 반드시 어두워져야 왔다."

이외에 궁궐 누각 지붕마루 위에 놓여 있는 잡상 10개의 이름
을 외게 하기도 했다. 잡상 10개에는 대당사부, 손행자, 저팔계,
사화상, 마화상, 삼살보살, 이구룡, 천산갑, 이귀박, 나토두 등의
이름이 붙어 있는데, 이 생소한 괴물들의 이름을 끊김 없이 단숨
에 외게 했다. 만약 그러지 못했을 경우 엄청난 괴로움을 당해야

했음은 물론이다.

신참례의 폐단을 막고자 조선시대의 헌법인 『경국대전』은 '신래를 괴롭히고 학대하는 자는 장杖 60대에 처한다'고 규정했다. 하지만 암암리에 관습화돼 이어진 신참례의 습속을 완전히 막을 수는 없었다. 조선후기의 고전소설 『배비장전』의 중심 소재가 관리사회에 첫발을 내딛는 배비장을 골탕 먹이는 사또와 기생의 이야기인 것에서도 신참례 문화가 조선후기까지 광범위하게 지배했음을 알 수 있다.

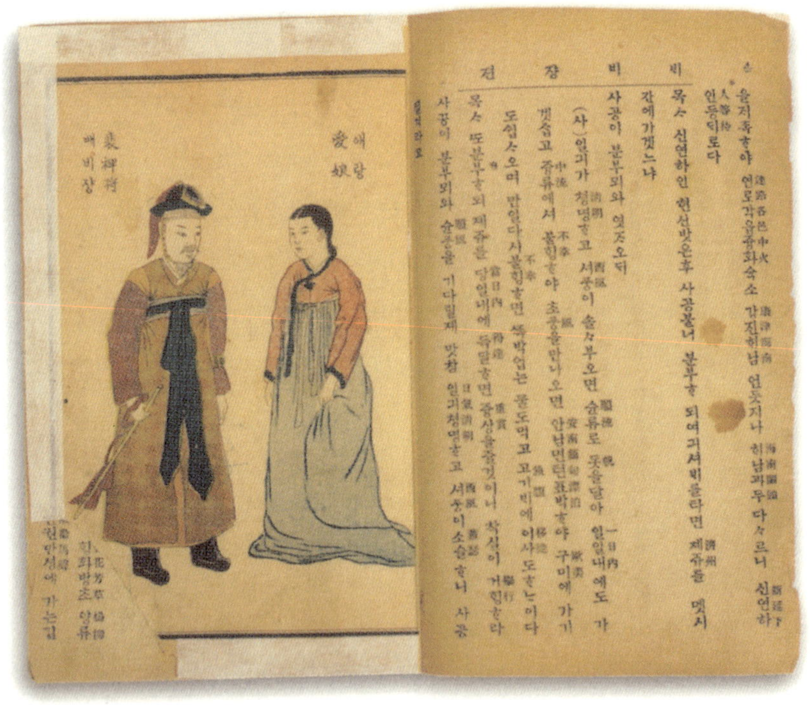

귀족 자제 기강 잡기서 집단 괴롭힘으로 변질

조선시대를 대표하는 학자 율곡 이이는 이러한 풍속에 대해 매우 부정적이었다. 과거에 아홉 번이나 장원급제할 정도로 학문이 뛰어났고 모범적인 생활상을 보여준 인물이었던 만큼 신참례라는 명목으로 자신을 괴롭히는 선배들의 생리가 누구보다도 싫었을 것이다. 이이는 실제 문과에 급제해 승문원에 소속된 후 선배들에게 공손하지 못했다는 이유로 파직된 적이 있었다. 이이와 쌍벽을 이루는 대학자 퇴계 이황은 이 소식을 듣고 '신래를 희롱함이 잘못된 시속時俗이나, 이미 알고 그 길로 들어갔으니 홀로 모면할 일은 아니다'라고 하면서 풍속으로 굳어진 신참례는 피할 도리가 없다는 뜻을 전하기도 했다.

그러나 이이는 신참례가 없어져야 할 악습이라 생각했고, 신참례 혁파를 건의하여 마침내 성사시킨다. 『석담일기石潭日記』 1569년(선조 2) 9월의 기록에는 이이가 국왕에게 다음과 같이 아뢴 내용이 나온다.

"교화를 없애는 폐습은 개혁하지 않을 수 없습니다. 지금 처음 과거에 급제한 선비들을 사관(성균관, 예문관, 승문원, 교서관)에서 신래新來라 지목하여 곤욕을 주고 괴롭히는데 하지 않는 짓이 없을 정도입니다. 대개 호걸의 선비는 과거 자체를 그리 대단히 여기지 않는데, 하물며 갓을 부수고 옷을 찢으며 흙탕물에 구르게 하는 등, 체통을 깡그리 잃게 하여 염치를 버리게 한 뒤에야 사판仕版(벼슬아치 명부)에 올려주니, 호걸의 선비치고 누가 세상에 쓰이기를 원하겠습니까?"

이이는 신참례의 폐단을 지적한 뒤 그 연원에 대해 다음과 같이 설명한다.

"고려 말년에 과거가 공정하지 못하고, 과거에 뽑힌 사람이 모두 귀한 집 자제로 입에 젖내 나는 것들이 많아, 그때 사람들이 분홍방粉紅榜(분홍 저고리를 입고 입에서는 젖내가 나는 관료)이라 지목하고 분격하여 침욕侵辱하기 시작했습니다."

이이는 신참례가 고려후기 권문세족의 자제들이 부정한 방법으로 관직을 차지하자 이들의 버릇을 고쳐주고 기강을 바로잡기 위해 시작한 것이라고 했다. 요즈음으로 치면 권력을 등에 업은 '낙하산 인사'를 골탕먹이려고 한 것이 신참례의 연원이었다.

원래의 신참례는 부정한 권력으로 관직에 오른 함량 미달의 인물들에게 국가의 관직은 함부로 차지할 수 없다는 점을 은연중 알려주고자 시도되었건만, 이이가 살던 시대에는 그 애초의 취지는 잊힌 채 그저 하급자를 괴롭히는 수단으로 전락하여 사회 문제화되었던 것이다. 그러니 전형적인 모범생 관리 이이의 입장에서는 이를 결코 받아들일 수 없었던 것이다.

프랑스의 고등학교와 대학에는 선배들이 '비쥐'(신입생을 부르는 속어)에게 구걸을 시키거나 온갖 해괴한 짓을 강요하는 등 학대·구박하는 '비쥐타지'라는 신고식 전통이 있었다. 미국 메이저리그에서 활약했던 야구선수 박찬호 또한 1996년 다저스 구단의 오랜 전통인 '루키' 신고식 때문에 자신이 애지중지하던 옷이 갈기갈기 찢기는 곤욕을 치른 적이 있다고 한다. 오늘날 대학가에서도 신입생 환영회는 짬뽕 그릇에 소주 따라 마시기 등 갖가지 곤욕을 주는 행사가 신참례의 명목으로 잔존하고 있으며, 폭탄주로 유명한 검찰사회의 신고식, 남자라면 누구나 경험했을 군대 신고식 등 우리 사회 곳곳에는 신고식 문화가 뿌리 깊게 스며 있다.

이처럼 국경과 민족, 시간을 초월해서 어느 집단이나 조직에는 그들만의 독특한 신고식 문화가 있기 마련이다. 민족학자나 종교사학자들은 이를 고대로부터 지속된 통과의례의 속화俗化된 형태로 해석한다. 라틴어와 그리스어의 어원을 따져보면 통과의례란 '인간이라는 씨앗을 성숙시켜 완성시켜줄 어떤 상태의 시작'을 일컫는다. 통과의례의 후보를 가리키는 '신참자neophyte'라는 단어는 땅에 묻혔던 낟알에서 싹터오른 새 초목이란 뜻이다. 신참자는 시련을 통해 통과의례 이전의 자신의 존재를 죽일 수 있고 그래야만 '새로운 사람'으로 거듭날 수 있다는 것이다. 과거와 현재, 그리고 동양과 서양을 막론하고 신참들에 대한 신고식 문화는 이러한 뜻을 담고 있다. 그러나 어느 시대, 어느 지역이든 그것이 과도하게 행해질 때 문제가 된다. 조선시대에도 신참례의 폐해가 꾸준히 제기된 까닭은 그것이 지나치게 가혹해 신참들로 하여금 새로운 문화나 공간에 적응하게 하기보다는 미리부터 거부감을 갖게 했기 때문일 것이다.

조선시대 과거시험 열기 속으로

대학 입학을 위한 수능시험을 칠 때면 대한민국 사회는 한바탕 홍역을 치른다. 고3 학부모들은 자녀의 진학을 위해 사생활을 1년간 저당잡힌 채 시험에 모든 것을 건다. 때맞춰 방송이나 신문은 수능 열기를 보도하고, 정답 풀이까지 정규 방송에 편성할 정도이다. 국토와 자원이 한정된 지리적 여건, 인재와 학문의 중요성이 강조되었던 전통 등을 보건대 이 땅에 사는 사람이라면 누구나 시험이라는 경쟁에서 벗어날 수 없을 것 같다는 느낌이 든다. 과연 우리보다 전 세대를 살았던 조선시대 사람들도 우리처럼 시험 열기에 빠져들었을까?

기존 문장을 베낀 게 과반수

우리는 TV나 책 속에서 과거시험을 보기 위해 괴나리봇짐을 메고 한양으로 향하는 조선시대 선비들의 모습을 어렵지 않게 접한다. 그런데 과거시험의 구체적인 과정과 시험 과목 등에 대해서는 얼마나 알고 있을까?

조선시대의 가장 중요한 시험으로는 나라에 필요한 관리를 뽑는 과거제도가 있었다. 과거에 합격하면 관직에 진출하여 관리 생활을 할 수 있었으므로 많은 사람이 과거에 합격하는 데 일생을 걸었다. 과거시험에는 관리를 뽑는 문과와 무관을 뽑는 무과, 율관·역관·의관 등 기술직 종사자를 뽑는 잡과 등이 있었다. 이중에서 가장 비중이 컸던 것은 문과(대과라고도 함)였다.

문과에 응시하기 위해서는 먼저 지방에서 뽑는 소과에 합격해야 했다. 소과는 다시 생원시와 진사시로 나뉜다. 생원시는 유교 경전에 대한 이해 정도를 시험하는 것이었고, 진사시는 문장력을 알아보는 시험이었으니 요즈음으로 치면 논술시험에 해당된다. 고전소설에서 '최진사' '허생원' 등으로 불리는 사람들은 바로 이러한 생원시나 진사시에 합격한 사람들이다.

오늘날 논술고사는 큰 비중을 차지하는데, 조선시대에도 진사시 이외에 본시험인 문과에서 책문策文이라 하여 주제에 맞는 문장 작성 능력을 비중 있게 평가했다. 그런데 문장시험에서는 직접 생각해낸 글 대신 다른 사람의 문장을 그대로 베껴내는 경우가 적지 않았다. 인조대의 학자 신흠은 과거 답안지를 채점하면서 "기존의 문장을 그대로 베낀 경우가 거의 반수가 되었다"고

金榜誰是丈夫士
大道春風御樂裡
仙標玉骨壯元郎
美人不羨瀟湘屛
經帷論思公亦晚

개탄하기도 했다.

생원시와 진사시 이 둘을 합쳐서 소과라 했으며, 이 시험에 합격하면 최고의 교육기관인 성균관에 들어가 공부할 자격을 부여받았다. 성균관에서는 출석 점수인 원점圓點이 300점 이상 되어야 대과인 문과에 응시할 자격을 줘 성실성을 과거 응시의 주요 기준으로 삼았다. 지금의 내신성적과 유사한 셈이다.

문과 역시 초시, 복시, 전시를 거쳐 총 33인의 합격자를 선발했다. 식년시가 3년마다 한 번씩 열렸으니 3년에 33명의 관리가 뽑혔다. 조선시대에 공무원이 되는 것은 그야말로 낙타가 바늘구멍에 들어가는 것만큼 어려웠다. 따라서 당시에는 과거 보러 가는 것을 '영광을 보러 간다'는 뜻의 '관광觀光'이라고 표현하기도 했다. 당시는 그토록 멀고도 험하게 느껴졌던 과거길이 오늘날 여행을 뜻하는 관광길로 그 의미가 달라진 것이 흥미롭다.

지역별 쿼터제 실시

조선시대 과거시험에서는 소과와 문과 초시에 지역별 인구 비례로 선발한 '지역별 쿼터제'가 적용되었다. 법전인 『경국대전』에는 소과와 문과 초시 합격자의 도별 정원을 규정해놓았다. 생원, 진사 초시 각 700명의 합격자들 중 한성부(200명), 경상도(100명), 전라도(90명), 강원도(45명) 등을 인구 비례에 의거해 정해놓은 것이다. 문과 초시 합격자 240명은 성균관(50명), 한성부(40명), 경기(20명), 충청도·전라도(각 25명), 경상도(30명), 강원도·평안도(각 15명), 황해도·영안도(각 10명) 등이었다. 초시에서는 지역별로 인원 안배를 한 뒤 복시覆試에서는 성적으로 관리를 뽑았던 것이다. 이를 통해 지역 격차를 해소함과 동시에 개인의 능력을 적절히 반영했다.

과거 합격자 명단을 발표하는 것을 방방放榜이라 했으며, 함께 합격한 사람은 동기생이라 하여 아무리 나이가 많거나 적어도 친구처럼 지냈고, 따로 계모임을 만들어 친목을 도모하기도 했다. 합격자는 머리에 어사화를 꽂고 삼일유가三日遊街(사흘 동안의 휴가)를 했으며, 합격자를 배출한 마을에서는 경사가 났다 하여 한바탕 큰 잔치를 베풀었다.

조선후기에는 「평생도」라 하여 자기 일생의 주요 장면을 8폭 병풍에 담아 집에 보관하는 게 유행처럼 번졌는데, 이때에도 빠

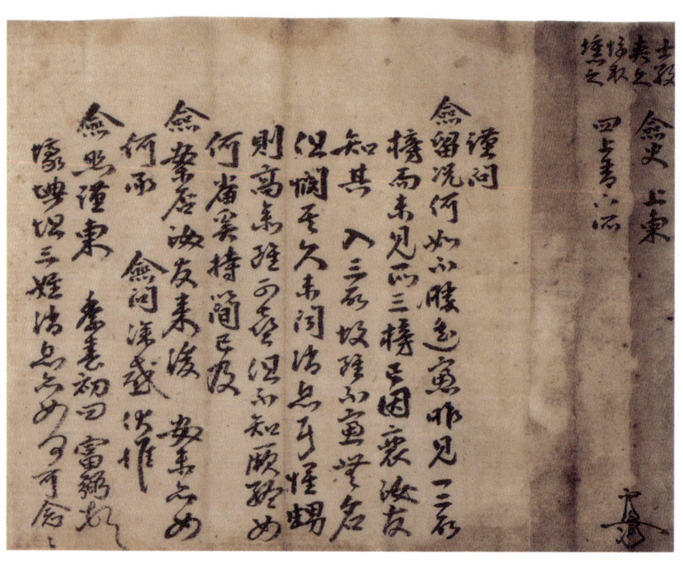

지지 않는 것이 과거 합격 장면이었다. 그만큼 과거급제는 개인의 자랑이자 가문의 영광이었던 것이다.

뇌물 받은 이의 자손 영원히 응시 자격 박탈

조선시대 과거시험은 양인 신분 이상의 사람이면 누구나 응시할 수 있었으며, 노비 등 천인에게는 응시 자격을 제한했다. 제도상으로는 농민 출신이라도 열심히 공부만 하면 시험을 치를 수 있었으나 현실적으로 농사일에 종사하는 이들이 시험에 합격하기란 불가능했다.

『세전서화첩世傳書畵帖』 중 「동도문희연도東都聞喜宴圖」, 김중휴, 종이에 채색, 39×26.5cm, 조선후기, 김윤 소장. 어사회를 꽂고 삼일유가를 하고 있는 장면이다.

양인 신분 이상이라 할지라도 모든 사람에게 과거 응시를 허락하지는 않았다. 즉 역모죄를 범한 죄인의 아들이나 장리贓吏(뇌물을 받은 관리)의 자손, 재가再嫁한 여자의 아들과 자손, 그리고 서얼은 응시 자격을 박탈당했다. 소설 『홍길동전』의 주인공 홍길동이 과거시험에 나가지 못한 것은 이러한 제한 규정 때문이다. 뇌물 받은 자손의 과거 금지를 규정한 것은 지금보다도 뇌물에 훨씬 엄격했던 시대 분위기를 보여준다.

노비는 원칙적으로 응시가 제한되었지만, 주인에게 배운 학문을 통해 몰래 과거에 합격한 경우가 간혹 있었다. 중종 때 형조판서를 지낸 반석평潘碩枰은 재상집 가노家奴로서 문과에 급제했는데, 조선시대에는 흔치 않은 경우였다.

부정행위 백태, 콧구멍에 답안 숨겨

시험장에서 부정행위를 통해 성적을 올리려는 생각은 조선시대에도 오늘날 못지않았다. 과거시험은 대개 두세 곳에서 치러졌으며 시험관과 안면이 있는 사람은 상피相避라 하여 다른 시험장에서 치르게 했다. 시험장에서 거자擧子(수험생)들은 각각 6자(약 1.8미터)씩의 거리를 두었으며, 거자 이외의 출입은 금지되었다. 거자들은 시험장 앞에서 필기도구 외의 책이나 쪽지를 소지했는지 점검받았으며, 시험장에 들어가서는 담벼락 밑이나 구석진 곳 등 좋은(?) 자리를 얻기 위한 쟁탈전도 불사했다.

시험장에서는 갖가지 부정행위도 속출했다. 가장 잦았던 건

커닝이었다. 긴 도포자락에 빼곡히 예상 답안을 써온 사람, 담장 주변에 자리를 잡고 하인을 시켜 종이쪽지를 건네받는 사람, 붓 뚜껑에 답안을 숨긴 사람, 심지어는 콧구멍에 답안을 숨겼다가 적발된 사람도 있었다. 이외에 차술借述이라 하여 남의 답안지에 자신의 이름을 써 넣는 경우도 있었으며, 시험관을 뇌물로 매수하거나 시험장에서 난동을 부리기도 했다.

조선시대에도 시험이 한 인물의 운명을 결정하는 중요한 평가 수단이었던 만큼 부정행위 방지를 위한 노력도 만만치 않았다. 시권이라는 시험 답안지 옆에는 4대조와 외조부의 성명을 쓴 부분이 있었는데, 채점을 할 때는 이 부분을 오려놓아 답안지의 주인공이 누구인지 모르게 했다. 이어 역서易書라 하여 글씨만을 전문으로 쓰는 사람으로 하여금 답안지를 옮겨 쓰게 했다. 답안 작성자의 필체를 모르게 하기 위함이었다.

상피는 응시자의 친인척은 시험관이 될 수 없다는 규정이었는데, 오늘날 수험생 자녀를 둔 사람은 출제위원에 들어가지 못하게 하는 것과 비슷한 이치이다.

「이시청진사시권」, 82.5×208cm, 보물 제876호, 1610년, 한국국학진흥원. 이시청(1580~1616)이 1610년 진사시에 입격했을 때의 시권이다.

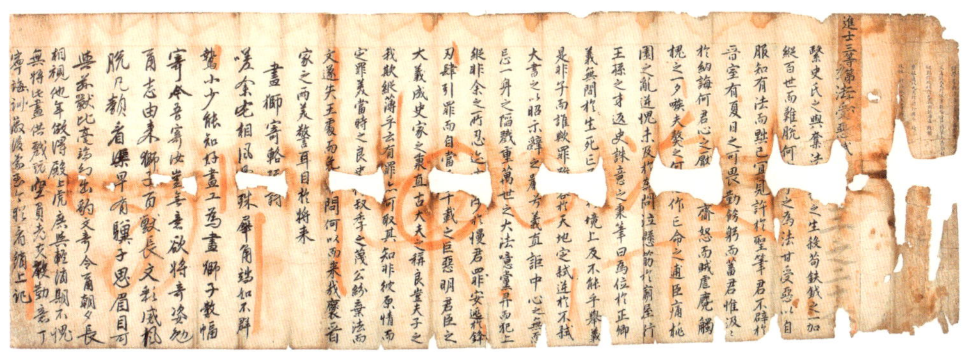

배송背誦이라 하여 등을 돌리고 유교 경전을 외는 시험을 치를 때는 천막으로 뒤를 가려 응시자를 몰라보게 했다. 이 역시 오늘날 음악 같은 실기시험에서 응시자를 모르게 하고 시험을 치는 것과 흡사하다. 커닝이라도 해서 점수를 얻으려는 응시자와 이를 방지하게 위해 다양한 방법을 총동원하는 모습은 조선시대나 지금이나 다를 것이 없었다.

요즈음의 학교장 추천제나 기여입학제 문제도 종종 불거졌다. 과거제도가 지나치게 시험 성적에만 의존하고 유력한 집안의 자손에게 유리하다 하여 천거제의 도입을 주장하는 목소리가 수시로 있어왔다.

『조선왕조실록』
보존의 지혜

　2008년 2월 발생한 숭례문 화재로 온 국민은 비탄에 잠겼었다. 임진왜란이나 6·25전쟁 같은 국난에도 꿋꿋하게 지켜왔던 대한민국의 자존심이 일순간에 무너졌기 때문이다. 그날 현장을 직접 목격한 이들의 슬픔과 분노는 컸다. 우리 시대 최고의 문화재를 지키지 못했다는 자책감은 오랜 기간 커다란 충격으로 자리했다. 세계기록유산이자 국보로 지정된 『조선왕조실록』 역시 커다란 위기를 겪은 적이 있다. 다행히 위험한 고비가 닥친 순간에서도 실록을 보존하고자 했던 당대인들의 헌신적인 노력 덕분에 오늘날까지 안전하게 보존되고 있다. 그리하여 후손들은 실록을 온전히 전수받아 이를 통해 조선시대 삶의 구석구석을 살펴볼 수 있게 된 것인데, 실록을 지켜온 역사 속 현장으로 들어가보자.

사고에 분산 보관, 철저한 대비

역대 왕의 행적을 중심으로 조선시대의 역사를 정리한 『조선왕조실록』은 1대 태조에서 25대 철종에 이르는 472년(1392~1863)간의 기록을 편년체로 서술한 조선왕조의 공식 국가 기록이다. 정족산본 완질은 1707권 1188책에 이르는 방대한 기록으로 조선의 정치, 외교, 경제, 군사, 법률, 사상, 생활 등 각 방면의 역사적 사실을 망라하고 있다.

『조선왕조실록』은 왕의 사후에 편찬되었다. 왕이 사망하면 임시로 실록청을 설치하고 실록 편찬을 공정하게 집행하도록 했다. 실록청에서는 사관이 작성한 사초史草와 시정기時政記 등을 광범위하게 수집해 실록 편찬에 착수했다. 조선시대에 대부분의 책은 편찬이 완료되면 국왕에게 바쳐졌지만 실록만큼은 예외였다. 실

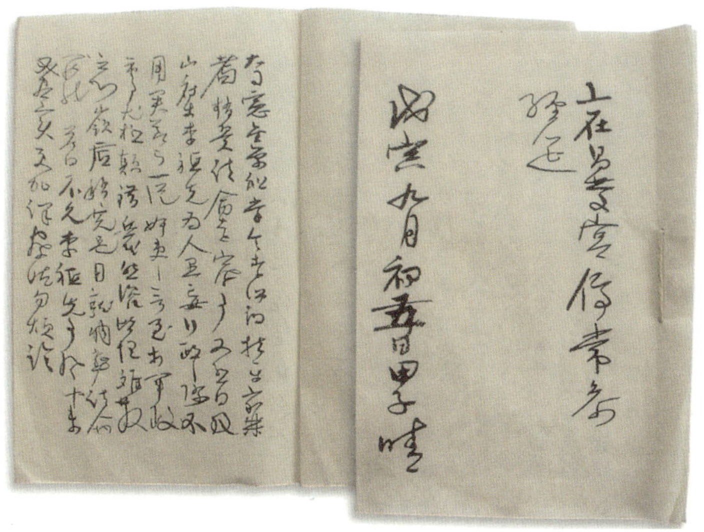

『인조무인사초』, 1638, 규장각한국학연구원. 사초는 세초를 하기 때문에 남아 있을 수 없지만 대내외적으로 혼란한 상황에서 간혹 남겨지기도 했다. 이 사초도 그중 하나로 총 37책이며, 1638년(인조 16) 6월 13일과 7월 23일부터 9월 17일까지의 기록이 모두 남아 있다.

록 편찬을 끝마치면 총재관이 보고한 후 사고에 바로 보관했다. 왕의 열람을 허용하면, 실록 편찬의 임무를 담당하는 사관의 독립성을 보장받지 못하고 사실이 왜곡될 것을 우려한 때문이었다.

실록을 기록하는 임무를 맡은 이는 사관이라 칭했다. 좁은 의미의 사관은 예문관 전임 관원인 봉교 2명, 대교 2명, 검열 4명으로 이들을 '한림翰林'이라 했다. 한림 8원은 춘추관 기사관으로 사관이 되어 입시, 숙직, 사초·시정기 작성, 실록 편찬 및 보관을 위한 포쇄(병충해나 습기로부터 보호하기 위해 바람에 말리는 일로, 대개 3년에 한 번씩 함)의 임무를 맡았다.

사초는 사관이 국가의 모든 회의에 참여하고 보고 들은 내용과 자신이 판단한 논평까지 그대로 기록한 것으로서, 역사적 사실과 함께 당대 사관들의 역사 인식까지 담겨 있다. 또한 사초는

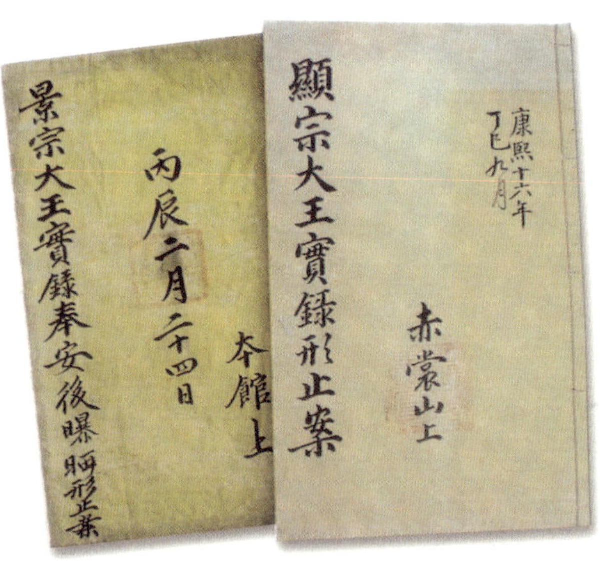

사관 이외에는 왕조차도 마음대로 볼 수 없게 해 사관의 신분을 보장했고 자료의 공정성과 객관성에 만전을 기했다. 사초는 사관들이 일차로 작성한 초초와 이를 다시 교정하고 정리한 중초, 실록에 최종적으로 수록하는 정초의 세 단계 작업을 거쳐 완성했다. 초초와 중초의 사초는 물에 씻어 그 내용을 모두 없앴으며, 물에 씻은 종이는 재활용했다.

시정기는 서울과 지방의 각 관청에서 시행한 업무들을 문서로 보고받아 춘추관에서 중요 사항을 기록으로 남긴 것으로, 관상감일기와 춘추관일기 등이 여기에 해당된다. 시정기는 해마다 책으로 편집해 국왕에게 보고했으며, 보관된 시정기는 실록의 주요 자료로 활용되었다. 실록의 내용이 풍부한 것은 시정기를 폭넓게 참고한 덕분이다.

실록은 고려시대부터 만들어졌다. 그러나 고려실록은 거란족과 몽고족의 침입 과정에서 완전히 소실돼 현재 흔적조차 찾아볼 수 없다. 조선은 고려의 전통을 이어 실록 편찬에 들어갔다. 그리고 고려가 겪었던 실패를 되풀이하지 않기 위해 한 부가 아닌 여러 부를 만들어 보관하는 지혜를 발휘했다. 실록을 보관하는 곳을 사고史庫라 했는데 '역사물을 보관하는 서고'라는 뜻이다. 실록을 한 곳에만 보관했다가 화를 당하면 기록이 완전히 소멸돼버릴 수도 있다는 생각이 반영된 것이었다.

편찬이 완료된 실록은 춘추관에서 성대한 봉안의식을 치른 후 궁중에 있는 춘추관 사고 이외에 지방 사고에 1부씩 보관했다. 지방 중심지에 사고를 설치한 까닭은 관리하는 데 여러모로 장점이 있다고 여겼기 때문이다. 그러나 사람들이 숱하게 오가는 지방 중심지에 사고를 설치하다보니 문제도 생겼다. 사고의 화재와 도난 등으로 실록이 사라질 위험성이 끊임없이 제기되었던 것이다. 실제 중종 때에는 성주 사고에서 일하는 사람이 비둘기를 잡으려다가 사고가 불에 타 실록이 소실된 일도 있었다. 이런 경우에는 다른 사고에 보관돼 있던 실록을 베껴서 다시 완성본 실록을 채워놓았기에 큰 탈은 없었다.

비둘기 잡다가 실록이 소실되다

　1592년의 임진왜란은 교통과 인구가 밀집한 곳에 소재한 사고의 위험성을 여실히 보여주었다. 서울의 춘추관, 충주, 성주의 사고가 왜적의 침입으로 사라졌다. 실록이 역사에서 모두 그 자취를 감출 뻔한 아찔한 순간, 전주 사고의 실록만은 살아남았다. 그러나 치열한 전쟁 통에 전주 사고 역시 영원한 안전지역일 수는 없었다. 국가에서도 별다른 조치를 하지 못하던 시절 참봉 오희길과 유생 손홍록, 안의가 발 벗고 나섰다. 위기를 감지한 이들은 전주 사고의 실록을 내장산으로 옮기기 시작했다. 이렇게 옮겨진 실록을 관리하기 위해서 안의와 손홍록은 교대로 불침번까지 섰다. 이후에도 실록은 전쟁의 와중에 해주와 묘향산 등을 보금자리로 삼았고, 마침내 강화도로 돌아올 수 있었다. 『조선왕조실록』 전체가 완전히 소멸될 뻔한 위기에 안의나 손홍록과 같은 평범한 백성의 헌신적인 노력에 의해 실록은 지켜질 수 있었던 것이다.

임진왜란은 『조선왕조실록』의 보관 체계에 커다란 변화를 가져오는 계기가 되었다. 임진왜란을 겪으면서 전주사고본의 실록을 제외한 모든 사고의 실록이 소실되었기 때문이다. 그러자 사고를 험준한 산지에 설치해 실록을 보다 안전하게 보관해야 한다는 의견이 제기되었다. 전란을 겪으면서 산간지역이 실록을 보관하기에 적합한 장소라는 것을 경험했기 때문이다.

광해군 시대 이후 조선의 사고는 5사고 체제로 운영되었다. 서울의 춘추관 사고를 비롯하여 강화도의 마니산 사고, 평안도 영변의 묘향산 사고, 경상도 봉화의 태백산 사고, 강원도 평창의 오대산 사고가 그것이다. 모든 사고를 지역별로 안배한 후에 험준한 산지에 배치한 것이다. 또한 산간 사고 옆에는 수호 사찰을 두어 만일의 사태에 대비해 승려들이 실록을 지키게 했다. 정족산의 전등사, 적상산의 안국사, 태백산의 각화사, 오대산의 월정사가 수호 사찰의 기능을 담당했다. 그후 묘향산 사고는 후금(뒤의 청나라)의 침입에 대비해 적상산성이라는 천연의 요새로 둘러싸인 전라도 무주의 적상산 사고로 이전했으며, 강화의 마니산 사고는 병자호란으로 크게 파손되고 효종 때 화재가 나면서 1660년에 인근의 정족산 사고로 이전했다. 따라서 조선후기 지방의 4사고는 정족산, 적상산, 태백산, 오대산으로 확정되었고, 이 체제는 조선이 망할 때까지 이어졌다.

일제강점기에 실록은 또다시 수난을 맞는다. 일제는 조선 최고의 문화재인 실록을 접수하여 조선총독부 관할하에 두었다. 이후 정족산, 태백산 사고의 실록은 경성제국대학 도서관에, 적상산 사고 실록은 조선왕실의 자료보관소인 창경궁 장서각에 보관했고, 오대산사고본 실록은 1913년 주문진항을 통해 일본의 도쿄제국대학으로 옮겨졌다. 일제는 영원한 식민지를 꿈꾸면서 조선의 역사까지 자신들의 역사로 삼으려고 했으리라. 광복 이후 정족산과 태백산 사고의 실록은 경성제대의 후신인 서울대학교로 이관되었다. 이후 선조의 분산 보관의 정신을 이어 태백산 사고 실록은 국가기록원부산센터에 보관되었다. 적상산본 실록은 6·25전쟁으로 행방이 묘연해졌는데, 현재 북한에서 보관 중인 것으로 확인되었다. 오대산본은 도쿄제대에 보관되다가 1923년 간토 대지진의 여파로 788책 중 74책을 제외한 모든 책이 소실되었다. 2006년 오대산본 실록 74책이 한국에 반환됨으로써 서울대 규장각한국학연구원에는 오대산본 잔존 실록 총74책이 보관되어 있다.

『조선왕조실록』은 1973년 국보로 지정되었고, 1997년 10월 1일 유네스코 세계기록유산으로 등록되어 세계에서 그 가치를 인정받고 있다. 우리가 현재까지도 실록의 완전한 실물을 접할 수 있는 것은 전란이라는 위기의 시기에 적극적으로 나선 백성들의 노력과 조선후기 산간지역에 사고를 설치한 선조의 지혜 덕분이었다. 실록은 정치사의 기록일 뿐 아니라 드라마나 영화의 소재가 되었던 장금과 공길을 비롯한 다양한 인물들의 이야기를 담고 있다. 태종 때 들어온 코끼리, 현종 때 궁궐에 귀신이 출현한 이야기, 정조가 안경을 쓴 사실 등 생활사 관련 내용도 풍부하다. 이러한 문화의 보고寶庫가 사라질 뻔한 때에도 조상들은 끝내 실록을 지켜왔다. 시간의 흐름 속에서 이제 이를 잃어버리지 않고 뒷날까지 남겨주는 것은 우리 몫이 되었다.

단 한 명을 위한 축제,
왕세자의 입학식

 3월이면 각급 학교는 입학식 열기로 활기에 찬다. 조선시대에도 입학식이 있었다. 최고의 대학교인 성균관 입학식이 있었지만, 가장 화려한 입학식은 왕세자 단 한 명만을 위한 왕세자 입학식이었다. 왕세자 입학식은 「입학도入學圖」라는 그림으로까지 남겨져, 당시의 장중한 의식의 면모를 생생히 재현해내고 있다.

스승에게 예를 표하는 의식

 왕세자의 입학식은 성균관을 방문하여 공자를 모신 대성전大成殿을 참배하고, 명륜당에서 성균관 박사에게 제자로서의 예를 행하고 가르침을 받는 의식이었다. 그러나 왕세자가 입학식을 하고 계속 성균관에 다니는 것은 아니었다. 입학식은 한 차례의 행사로 끝났지만, 왕세자가 성균관에 입학하는 의식을 통해 스승에 대한 예를 표하고 학문을 굳건히 해 성군이 될 것을 다짐하는 의미를 담고 있었다. 입학례의 근거는 중국의 경전인 『예기』에서 유래했다. 『예기』에는 '왕세자의 입학례를 통해 사람들은 부자父子, 군신君臣, 장유長幼의 도리를 깨닫게 된다'고 했다.

조선 왕세자의 첫 입학식은 태종 때에 있었다. 태종은 즉위 후부터 성균관에 원자의 학당을 지을 터를 보게 하고 누가 원자를 가르칠 것인가에 대해 관심을 가졌으며, 1403년(태종 3) 4월 8일 마침내 양녕대군의 입학식이 있었다. 실록에는 "원자가 입학했다. 학생복을 입고 문묘文廟에 참배하여 작爵을 드리고, 박사博士에게 속수束脩(제자가 스승에게 드리는 예물)의 예를 행했는데, 성균관 사성司成 설칭과 사예司藝 김조로 박사博士를 삼아서 받았다. 속백束帛 한 광주리筐, 술 한 병壺, 포脩 한 소반案이었다"며 그 정황을 기록했다.

왕세자의 입학 의식은 크게 세 가지로 구분되었고, 입학의는 다시 네 개의 구체적인 의식으로 나누어졌다. 입학자가 궁궐을 나와 성균관에 이르는 출궁의出宮儀, 입학자가 성균관에 도착한 후 거행하는 일련의 의식을 가리키는 입학의入學儀, 입학자가 궁궐로 돌아간 후 문무 관리와 종친들의 축하를 받는 수하의受賀儀가 입학식의 기본 구성이었다. 다시 '입학의'는 대성전에서 공자 및 안자, 증자, 자사, 맹자 등 성인의 신위神位에 술잔을 올리는 작헌의爵獻儀, 왕세자가 명륜당 문밖에서 스승에게 수업을 청한 다음 문 안으로 들어오는 의식인 왕복의往復儀, 스승에게 예

물을 올리는 의식인 수폐의脩幣儀, 명륜당에 올라 스승에게 수업을 받는 의식인 입학의入學儀로 세분되었다.

입학 의식이 끝나면 식후 행사가 뒤따랐다. 신하들은 국왕에게 치사致詞를 올려 왕세자의 입학을 축하했고, 국왕은 입학식에 참석한 관리와 성균관 유생들을 궁중으로 불러 연회를 베풀고 상을 주었다. 입학례를 축하하는 경과慶科 별시가 치러지고 사면령을 내린 것은 왕세자의 입학을 온 백성과 함께 경축하기 위해서였다.

조선시대 왕세자 입학 의식에서 가장 큰 쟁점은 입학자가 책상을 사용할 것인가 하는 문제였다. 인조와 효종은 왕세자도 책상을 사용하자고 제안했지만, 바닥에 교재를 놓고 교육을 받는 것이 스승과 제자의 예에 합당하다는 신하들의 주장에 밀려 끝내 시행되지 못했다. 차기 왕인 왕세자조차도 스승 앞에서는 엎드려서 교육을 받게 한 것이다.

여섯 장면으로 그려진 왕의 입학식

왕세자 입학식의 모습은 기록화로도 전한다. 1817년(순조 17) 3월 11일에 거행된 효명세자(1809~1830, 후에 익종으로 추존됨)의 성균관 입학 의식을 기념하여 그린 「익종대왕입학도翼宗大王入學圖」가 그것이다. 효명세자는 순조 말년 대리청정을 통하여 왕실의 권위를 회복하려고 했다. 효명세자는 1827년부터 4년간 대리청정을 하면서 안동 김씨 세도가문의 견제, 왕실의 권위 회

出宮儀

入學儀三

복에 힘을 쏟았다. 효명세자는 순조가 즉위한 후 30주년을 맞아 숙종대와 영조대의 전례를 논하면서 순조의 진찬進饌을 주관하며 국왕권의 강화를 추진했고, 궁중 무용의 창사唱詞를 직접 지을 정도로 문화 면에도 관심을 보인 인물이었다. 그러나 이처럼 세도정치의 그늘을 뚫고 정치와 문화 면에서 왕권의 강화를 꾀하던 효명세자 역시 요절하고, 그의 아들인 8세의 헌종(1834~1849)이 즉위하면서 왕실의 권위는 더없이 추락했다.

19세기 전반 조선왕조의 불운이 연속되는 순간이었다. 효명세자는 자신의 성균관 입학을 기념하는 의식을 그림으로 정리한 「익종대왕입학도」에 잠시 그 모습만을 남겨둔 채 역사 속으로 사라지고 말았다. 「익종대왕입학도」에는 왕세자의 출궁에서부터 왕세자가 문무백관의 하례를 받는 「출궁도」「작헌도」「왕복도」「수폐도」「입학도」「수하도」의 여섯 장면이 그려져 있다. 이 중에서 중심은 왕세자가 스승에게 학문을 배우는 「입학도」 부분이다. 그림의 배경이 되는 장소는 조선 역대 왕세자들의 입학 의식이 베풀어졌던 성균관 명륜당이다. 명륜당 오른편에 앉아 있는 인물은 강학을 담당한 박사(좌우빈객이 담당)이며, 그 맞은편으로 서 있는 두 사람 사이에 세자의 자리가 있다. 왕도 마찬가지지만 왕실 의식에 왕세자의 모습은 그려넣지 않았다.

"왕세자가 명륜당에 앉아 『소학』의 제사題辭를 강講했는데 '오직 성인聖人만이 천성을 온전히 보존한 자이다惟聖性者' 라는 대목에 이르러 박사 남공철에게 묻기를 '어떻게 하면 성인이 될 수 있습니까?' 하니, 박사가 일어서서 대답하기를 '저하邸下의 이 물으심은 참으로 종묘 사직과 신민의 복입니다. 세자께서 어린 나이에 입학하여 이미 성인이 되기를 스스로 기약하는 뜻이 있으시니, 참으로 이 마음만 잘 미루어 확충하신다면 요堯임금도 될 수 있고 순舜임금도 될 수 있는데 지금부터가 그 시작입니다' 했다."

당시 왕세자와 스승인 남공철이 주고받은 대화는 『순조실록』에 기록되어 있다.

"세자가 또 묻기를 '여기에 들어와서는 효도하고 나가서는 공손하라入孝出恭고 했는데, 효도를 하려면 무엇부터 먼저 하여야 합니까? 하니, 박사가 대답하기를 '효도를 하는 길에 대하여 그 허다한 절목을 논하자면 갑자기 다 대답해 올릴 수 없습니다. 다만 마땅히 덕을 닦고 착한 행실을 하는 것으로 근본을 삼아야 할 것입니다. 부모의 마음을 기쁘게 해드리는 데에 어찌 이보다 더 큰 것이 있겠습니까? 그리고 수신修身은 제가 · 치국 · 평천하의 근본인 만큼 효도의 큰 근본은 이보다 더한 것이 없습니다' 하니, 세자가 기쁘게 받아들였다."

당시 효명세자는 아홉 살이었다. 실록에는 '의젓하기가 성덕成德한 이처럼 의표儀表가 있었으니 시종하던 신하들과 선비로서 다리橋를 에워싸고 구경한 사람이 수천 명이나 되었는데, 모두 목을 길게 늘이고 손을 모아 송축했다' 고 하여 세자의 입학식을 축하해주던 모습을 증언하고 있다.

조선의 왕세자는 다음 왕위를 계승할 후계자였기에 그 위상을 높이는 각종 통과의례를 거쳤다. 왕세자와 관련한 대표적인 통과의례로는 책봉, 입학, 관례, 가례가 있었다. 책례, 즉 책봉 의식은 왕세자가 왕의 후계자가 되는 가장 중요한 공식 의식이었다. 책봉은 왕이 세자로 책봉한다는 임명서를 수여하고, 세자가 이를 하사받는 의식이다. 왕세자 책봉을 위해서는 책례도감이 구성되어 책봉에 따른 의장과 물품을 준비하고, 행사가 끝나면 책례도감의궤를 작성했다. 적장자 세습이 원칙인 조선시대에 왕비 소생의 장자가 세자로 책봉되는 것이 원칙이었으나, 실제로 적장자로서 왕위에 오른 왕은 7명(문종, 단종, 연산군, 인종, 현종, 숙종, 순종)에 불과하고, 적장자로서 세자로 책봉은 되었지만 왕위에 오르지 못한 왕세자도 7명이나 있었다. 왕세자로 책봉된 후에는 앞서 살펴본 것처럼 성균관에서 입학례를 거행했다.

책봉, 입학과 함께 왕세자가 성인이 되는 통과의례로는 관례冠禮가 있었다. 관례는 오늘날의 성년식을 말하는 것으로, 관례를 치르면 남자는 상투를 틀고 관을 썼기에 관례라 했다. 일반 사대부의 자녀는 통상 결혼하기 전 15세에서 20세에 관례를 치른 반면, 왕세자는 책봉식을 치른 후인 8세에서 12세 정도의 나이에 관례를 거행했다. 관례를 치르면서 어엿한 성인이 된 왕세자는 혼례를 행했다. 혼례식은 대개 관례를 행한 직후에 이루어졌다.

「의소세손책봉교명」, 34.8×305cm, 1751, 한국학중앙연구원 장서각. 영조 27년 5월 의소세손懿昭世孫 정을 왕세손으로 책봉할 때 내린 교명. 의소세손은 장헌세자의 장남이자 정조의 형으로 2세에 세손으로 책봉되었다가 이듬해 3월 졸서했다.

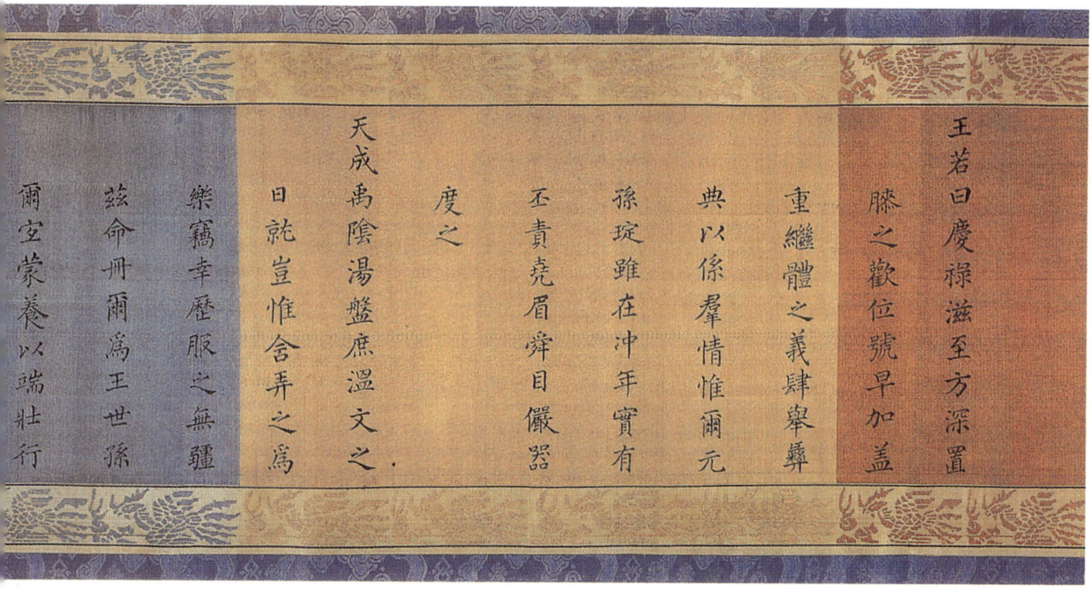

관례가 8세에서 12세쯤에 이루어진 만큼 혼례식은 10세에서 13세의 나이에 거행했다. 왕이나 왕세자의 혼례식의 전 과정은 '가례도감의궤'로 남겼다. 책봉, 입학, 관례, 혼례를 치르면서 성인으로서, 차기 왕으로서의 통과의례를 무사히 마친 왕세자. 그러나 왕으로서의 즉위 시기는 일정치 않았다. 선왕의 수명과 깊은 관련이 있기 때문이었다. 숙종처럼 왕세자로 있다가 14세의 어린 나이로 바로 즉위한 왕도 있었지만, 문종처럼 37세의 늦은 나이로 즉위한 경우도 있었다.

조선의 왕은 10대 초반에 여러 차례의 통과의례를 거치면서 왕으로서의 지위를 공고히 해나갔다. 통과의례는 왕세자가 성인으로 성장해가는 것을 축하해주는 의식인 동시에 그 위상을 공인해주는 과정이었다. 그래서 통과의례의 주요 장면은 국가 의식의 최고 기록인 의궤儀軌로 정리하여 후대에까지 영원한 전범典範이 되게 했다.

조선을 조선답게 만든 위대한 풍경들

세종대왕 시대를
더욱 빛나게 하는 유산들

2009년 10월 9일 서울 광화문광장에 세종대왕 동상이 들어섰
다. 현재의 세종로가 바라다보이는 근정전에서 즉위하여 오랫동
안 이곳을 바라보며 국정을 준비했을 세종을 생각하면 오랜만에
자신의 자리를 찾아왔다는 생각이 들기도 한다. 훈민정음 창제,
집현전 설치, 측우기 · 자격루 등 과학기구의 발명, 17만 명을 대
상으로 한 국민투표 실시 등 세종의 업적은 이루 셀 수가 없다.
더욱이 능력뿐만 아니라 품성이나 인재를 알아보는 식견을 갖춤
에 있어 또한 최고의 왕이었다.

중국을 자극할까봐 거부될 뻔한 한글

자주·민본·실용으로 압축되는 세종의 정치문화 코드를 가장 대표하는 업적이 바로 훈민정음의 창제이다. 1446년 9월(음력) 오랜 연구 끝에 세종은 훈민정음, 즉 '백성을 가르치는 바른 소리'를 반포했다. 역사가 수천 년 되었지만 이때까지 우리글은 없었다. 그동안 입으로는 우리말을 하고 글은 한자를 빌려다 쓰는 생활을 해오면서 백성들의 불편함은 이루 말할 수 없었다.

세종은 어려운 한자를 모르는 백성들도 쉽게 글을 읽고 쓸 수 있도록 자음과 모음 28자로 이루어진 훈민정음을 만들었다. 훈민정음은 1443년에 만들어져 3년 동안이나 궁궐에서 여러 학자와 대신들이 시험삼아 써보았다. 그 결과 여러 사람이 사용하기에 우수한 글임이 밝혀져 이를 온 백성에게 가르치기로 한 것이다. 특히 새로 스물여덟 글자를 만든 의미까지 밝혀놓은 서문의 존재로 훈민정음은 더욱 빛날 수 있었다. 그 속에는 세종의 자주·애민정신과 함께 실용정신이 잘 녹아 있기 때문이다. 한자에, 알파벳 문자에 무엇 때문에 그 글자를 만든다는 명확한 목적이 적혀 있는 것을 본 적이 있는가?

28자의 자음과 모음으로 이루어진 훈민정음의 문자 모양은 발음기관과 삼재三才(천·지·인)의 모습을 닮고 문자 조직은 주역 철학의 원리를 응용한 것으로 되어 있다. 훈민정음은 우리말을 가장 자연스럽게 표현할 수 있는 과학적이고 실용적인 문자였다. 소리가 나는 대로 쓸 수 있어 문자마다 뜻을 알아야 하는 한자보다는 훨씬 쉬워 많은 백성이 문자의 혜택을 누릴 것으로

한글 편지를 적은 버선본, 조선후기, 홍윤표 소장. 한글이 널리 보급됨으로써 여성들은 글쓰기를 통해 자기 의지를 내밝힐 뿐 아니라 마음속 깊은 곳의 이야기를 드러내어 전할 수 있었다. 이 버선본의 편지 내용은 친정 부모의 만수무강과 부귀영화를 기원하는 것이다.

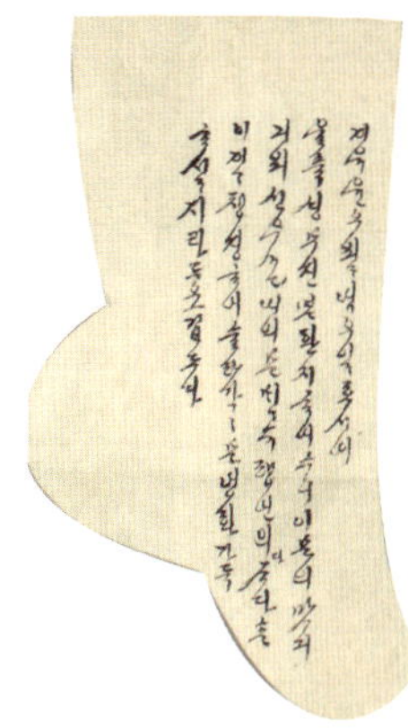

조선을 조선답게 만든 위대한 풍경들

기대되었다. 조정에서는 『용비어천가』와 같은 시가와 각종 경서를 한글로 번역하여 민간에 널리 보급함으로써 그 호응 정도를 검토한 결과 비교적 반응이 좋은 것으로 확인되었다.

그러나 훈민정음에 대한 반대 여론도 만만치 않았다. 최만리, 김문 등은 무엇보다 중국과의 관계를 문제로 삼았다. 최만리는 1444년 2월 훈민정음 반포를 반대하는 상소문을 올렸다. 상소의 주된 이유는 이제껏 중국의 제도와 문물을 받아들여오다가 우리의 독자적인 말과 글을 쓰면 중국을 자극할 수 있다는 점과, 이미 이두가 있으니 한글은 필요 없다는 것, 그리고 한글은 기예에 불과하다는 것이었다.

세종은 이러한 반대 의견에 대해 설득의 논리를 펴면서 훈민정음의 반포를 주도해나갔다. 이제 중국과는 다른 우리의 독자적인 문자, 어리석은 백성이라도 누구나 쉽게 쓸 수 있는 글자의 창제는 우리 민족의 자주성과 민본, 실용을 위해 꼭 필요하다고 여겼기 때문이다. 훈민정음이 만들어져도 양반 사대부들은 여전히 한자를 선호했지만, 글을 배우기 힘든 일반 민이나 궁중의 여성에게 한글은 그야말로 가뭄 끝의 단비 같은 존재였다. 이는 서민들의 한글소설이나 궁중문학의 발전으로도 이어져 조선의 문화 저변을 확대하는 데도 크게 기여했다.

세종, 1결의 땅을 직접 갈다

세종 시대는 농법, 과학, 문화, 음악 각 분야에서 우리 것에 대

大東千古開矇矓

用字例

初聲ㄱ。如감為柿。ᄀᆞᆯ為蘆。ㅋ。如우케為未舂稻。콩為大豆。ㆁ。如러울為獺。서에為流澌。ㄷ。如뒤為茅。담為墻。ㅌ。如고티為繭。두텁為蟾蜍。ㄴ。如노로為獐。납為猿。ㅂ。如불為臂。벌為蜂。ㅍ。如파為葱。풀為蠅。ㅁ。

「훈민정음 해례본」, 정인지, 목판본, 22.6× 17.2cm, 국보 제70호, 1446, 간송미술관.

한 애정이 충만한 시대였다. 세종은 중국과는 다른 우리 고유의 농업과 의학, 그리고 과학과 문화에 깊은 관심을 가졌고 그것은 다양한 성과물로 나타났다. 1429년(세종 11)에는 우리 땅에 맞는 농법서인 『농사직설』이 간행되었다. 600년 전 이 땅의 백성들 대부분은 농민이었고 '농업은 천하의 근본'이라는 말이 있을 정도로 첫손에 꼽히는 산업이었다. 농사의 풍흉에 따라 한 해의 삶이 결정될 정도로 중요했던 것이다. 따라서 보다 효과적으로 씨를 뿌리고 거름을 주고 김을 매는 작업이 관건이었다. 이전까지 조선의 백성들은 중국에서 수입된 농서인 『농상집요』에 바탕해 농사를 지었지만 기후와 풍토가 달라 효과적인 생산을 기대할 수 없었다.

이에 세종은 『농사직설』을 펴내기 전부터 정초, 변계량 등을 시켜 농업이 발달한 경상도, 충청도, 전라도 삼남지방의 관리들에게 그 지방의 농사법을 자세히 적어 올리게 했다. 관리들은 경험이 풍부한 농부들을 찾아가 그들이 농사짓는 방법을 듣고 기록하여 마침내 『농사직설』을 완성했다. 『농사직설』에는 기후와 토양, 곡식 종류에 따라 종자를 보관하는 법, 종자 뿌리는 법, 모내기하는 법, 김매는 법, 물 대는 법, 거름 주는 법 등이 자세히 적혀 있다. 우리 땅에 맞는 농사법으로 보다 큰 수확량을 기대할 수 있게 된 것이다. 『농사직설』 완성 후 세종은 경복궁 후원에 1결의 땅을 갈아 직접 농사를 짓는 친경親耕을 행했다. 농서 보급을 위해 국왕이 직접 발 벗고 나선 것이다.

1433년(세종 15)에는 의학에도 신토불이身土不二의 바람이 불었다. 우리 산천에서 나는 약재를 중심으로 증상에 따른 처방을 기록한 『향약집성방』이 집필된 것이다. 우리 것을 찾는 바람은 농사에만 그치지 않았다. 농서뿐 아니라 우리 몸을 다스리는 데도 우리 땅에서 나는 약재가 그만이다. 의원들은 중국 의학서의 처방전을 보고 약을 짓는데, 중국 약재는 비쌀뿐더러 우리나라 사람들에게는 효과도 적었다. 1433년, 전국의 향약 처방을 모은 『향약집성방』이 나왔다.

'향약'이라는 말은 우리 향토에서 생산되는 약재를 의미하는 것으로, 중국산 약재인 '당재'에 비해 조선 사람의 질병을 치료하는 데 최고인 것은 자명한 이치였다. 『향약집성방』의 간행은 백성들의 질병 치료에 큰 도움을 주었다. 『향약집성방』은 질병을 총 57개의 큰 항목으로 나누고 959조의 소목을 달아 해당하는 병과 처방법을 자세히 기록했다. 책의 제목을 '향약鄕藥'이라고 한 것에서 알 수 있듯이, 민간에서 쓰이던 우리 고유 의학의 전통을 바탕으로 하고 중국에서 수입한 한의학의 처방법을 조화시켜 독자적인 전통을 찾으려 한 것에 이 책의 특징이 있다. 세종 시대를 읽는 또 다른 코드, 우리 것에 대한 자부심을 확인할 수 있는 대목이다.

혁명의 바람 분 과학의 시대

세종의 민본정신과 우리 것에 대한 애정은 과학기술 분야에서도 혁신적인 발명품을 생산해냈다. 특히 농업 생산력의 증대에는 무엇보다 정확한 농시農時가 절실히 요구되었다. 아무리 좋은 종자를 가지고 있어도 적절한 시기를 놓치면 풍년을 기대할 수 없기 때문이다. 농시에 대한 중요성은 천문 관측기구와 시계의 발명으로 이어졌다. 조선초기 천문을 관측하는 기관인 서운관에서 간의대簡儀臺를 설치한 바 있으나 아주 미흡한 것에 그쳤다. 1432년(세종 14)부터 시작된 대규모 천문의상天文儀象의 제작 사업과 함께 경복궁 경회루 북쪽에 높이 약 6.3미터, 길이 약 9.1미터, 너비 약 6.6미터의 석축 간의대가 1434년 준공되었다. 세종 20년 3월부터는 간의대에서 서운관의 관리들이 매일 밤 천문을 관측했다.

해시계인 앙부일구仰釜日晷도 만들어졌다. 해시계를 일구라고 부른 것은 해의 그림자로 시간을 알려주기 때문이다. 앙부일구는 '솥을 떠받치고 있는 모양의 해시계' 란 뜻으로 마치 솥 모양으로 생겼는데, 백성들을 위해 혜정교와 종묘 남쪽 거리에 설치되었다. 우리나라 최초의 공중시계인 셈이다. 이외에 현주일구

와 천평일구, 정남일구와 같은 휴대용 시계도 제작되어 세종대
에 '조선은 시계왕국'이라고 불러도 손색이 없을 정도였다.

　1434년(세종 16)에는 노비 출신 과학자 장영실이 자동으로 시
각을 알려주는 물시계인 자격루自擊漏를 발명했다. 해시계는 날
씨가 흐리거나 밤이 되면 쓸 수 없는 약점이 있었다. 그래서 빛
이 없어도 시각을 알 수 있는 물시계가 나왔다. 자격루는 자동
시보장치가 붙은 물시계로 시, 경, 점에 따라서 종, 북, 징을 자
동으로 울리는 동시에 목각 인형이 솟아올라 시간을 알리게 했
다. 일종의 자명종 시계였던 셈이다. 자격루는 경복궁 남쪽인 보
루각報漏閣에 설치되어 조선시대 표준시계로 이용했다. 장영실

은 중국계 귀화인 아버지와 기생 출신 어머니 사이에서 출생한 천민 신분으로 동래현의 관노비로 있었으나 세종의 눈에 띄어 일약 궁중 과학기술자가 된 인물이다. 그만큼 세종은 인재를 보는 데 신분의 고하를 가리지 않았다.

세종 시대에는 천문역법에도 혁명의 바람이 불었다. 기존에는 중국 원나라의 수시력授時曆이나 명나라의 대통력大統曆, 아라비아의 회회력回回曆 같은 달력을 사용해 우리나라의 역법 체계와는 맞지 않는 부분이 많았다. 세종대에는 이들 역법을 종합하여 1444년(세종 26) '칠정산내외편七政算內外篇'이라는 독자적인 역법을 만듦으로써 보다 정확하게 천문을 관찰하고 이에 적합한 일력日曆을 제시할 수 있게 되었다.

세종은 시대적 과제였던 조선의 문물 정비 작업을 각 분야에 걸쳐서 거의 완벽하게 수행했다. 자주·민본·실용정신은 조선을 새롭게 세우는 정신적인 기반이었다. 세종은 자신에게 준 역사적 책무를 차분히 해결해나갔다. 백성과 신하들의 의견을 최대한 반영했고, 능력 있는 사람에게는 그 역량을 발휘할 수 있도록 최대한 배려했다. 세종대에 들불처럼 번져나갔던 농업, 의학, 과학 분야의 성과물들은 오늘날 가장 탁월한 문화유산으로 남아 있다.

신숙주의 일본 기행문
『해동제국기』

독도 문제는 우리에게 늘 긴장과 감시의 대상이다. 조금만 방심하면 자신들의 이권을 위해 한반도에 대한 야심을 버리지 않는 일본의 침략주의적 속성 때문이다. 이런 점을 예견했기 때문일까? 16세기를 살았던 남명 조식은 일본에 대한 끊임없는 경계심을 내보였다. 오죽하면 제자들에게 낸 임시 시험에서 '일본이 공갈하고 떠벌리면 목을 확 뽑아버려야 한다'고까지 했을까.

15세기 통신사의 일원으로 일본에 간 신숙주 역시 일본의 호전적인 속성을 꿰뚫었다. 그가 쓴 일본 기행문 『해동제국기海東諸國記』에는 당시 일본의 지도, 풍속과 함께 일본에 대한 조선 조정의 대응책을 강조한 내용이 수록되어 있다. 조선시대 대일외교의 모범이 되었고, 일본에 파견된 통신사의 필수 서책이 되었던 『해동제국기』 속으로 들어가본다.

1443년(세종 25) 신숙주(1417~1475)는 세종의 명을 받들어 일본으로 가는 배에 몸을 실었다. 병마에 시달리다가 회복된 지 얼마 되지 않았고 가족들도 긴 여행을 우려했지만 흔쾌히 이를 받아들였다. 그의 나이 27세 때였다. 당시 그의 직책은 오늘날 기록관쯤 되는 서장관으로서 통신정사, 부사에 이어 서열 3위였다. 서장관은 외교뿐만 아니라 문장에 특별히 뛰어난 사람에게 임명되는 직책으로, 세종은 집현전 학자로 있던 신숙주에게 큰 믿음을 보였다. 신숙주 일행은 7개월이라는 기간 동안 외교 목적을 무사히 마치고 돌아왔다. 특히 대마도주와 체결한 계해약조는 당시 외교 현안이었던 세견선(일본이 해마다 보내는 배)과 세사미두(해마다 바치는 쌀)의 문제를 각각 50척, 200석으로 해결한 것이었다. 한편 그가 일본에 도착했을 때 그의 명성을 듣고 온 일본인들에게 즉석에서 시를 써주어 그들을 감탄하게 했다는 일

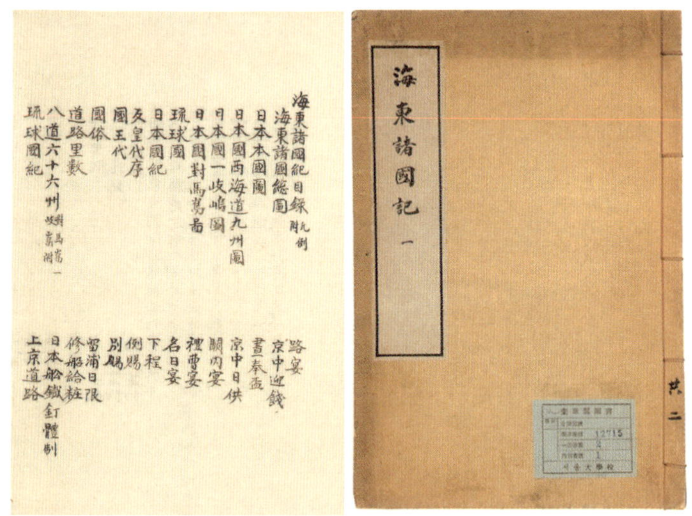

화가 전한다.

『해동제국기』는 신숙주가 일본에 사행을 다녀온 지 28년이 지난 1471년(성종 2) 겨울에 완성되었다. 이처럼 긴 시간차를 두고 완성된 것은 이 책이 단순한 개인 기행문이 아님을 알려준다. 이 책은 저자의 일본 사행 경험을 바탕으로 당시의 외교 관례 등을 체계적으로 정리하여 완성된 것으로, 조선전기 대일외교의 축적된 경험들이 모아져 편찬되었다.

1471년에 1차로 완성된 이후 중요한 조약 체결과 같은 외교적인 내용을 보태거나 잘못된 부분을 계속 보완해나간 것은 이 책이 기행문의 성격을 넘어 외교 관례의 지침서 역할을 했음을 분명히 해주고 있다.

일곱 장의 지도로 일본을 꿰뚫다

『해동제국기』는 신숙주의 서문과 7장의 지도, 「일본국기日本國紀」「유구국기」「조빙응접기」로 구성되어 있다. 일본국기는 천황의 세계, 나라의 풍속, 8도66주의 군현, 대마도 등의 항목으로, 「유구국기」는 국왕의 세계, 국도國都, 나라의 풍속, 도로리수道路里數의 세부 항목으로 구성되었다.

7장의 지도는 해동제국총도, 일본본국지도, 일본국서해구주지도, 일본국일기도지도, 일본국 대마도지도, 유구국 지도로서, 이 책의 제목 '해동제국'은 일본 본국을 포함한 부속 도서와 유구국임을 나타내고 있다. 신숙주는 서문에서 '동해에 있는 나라

「장운도掌運圖」에 실린 '해동제국총도', 44.4×34.6cm, 19세기, 국립민속박물관. 「장운도」는 우리나라를 중심으로 천하의 해운로海運路를 표시한 지도첩인데, 신숙주의 『해동제국기』의 '해동제국총도'를 그대로 옮겨 그렸다. 오른쪽은 「장운도」에 실린 '대마도'이다.

가 하나만은 아니나 일본은 가장 오래되고 가장 큰 나라이다. 그 땅은 흑룡강의 북쪽에서 시작하여 제주의 남쪽에 이른다. 유구국과 서로 접해 있으며 그 세력이 심히 크다'라고 표현하고 있다. 『해동제국기』의 일본 지도는 우리나라에서 만든 목판본 지도로서 현재 전해지는 것 중 가장 오래된 것으로 평가받으며, 조선식의 독특한 파도무늬가 바다에 그려져 있는 점이 특징이다.

그러면 신숙주가 이 책을 통해서 알리고자 했던 것은 무엇일까? 다음의 서문은 편찬 의도를 알게 한다.

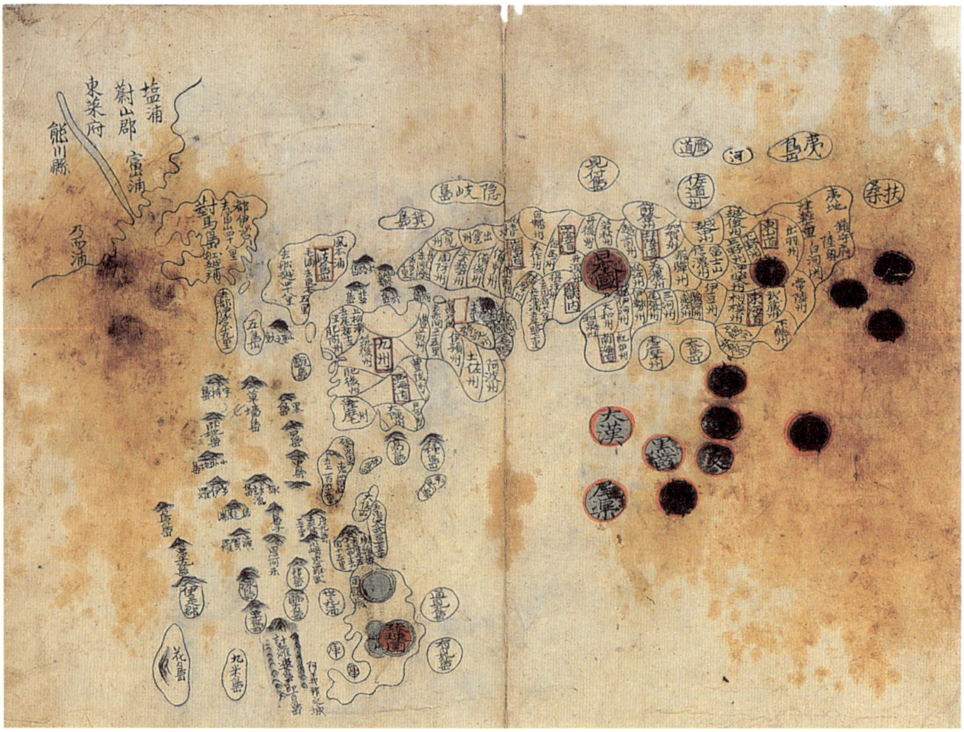

"…그들의 습성은 강하고 사나우며, 무술에 정련하고 배타기에 익숙합니다. 그런데 우리나라와는 바다를 사이에 두고 서로 바라보게 되었으니, 그들을 만약 도리대로 잘 어루만져주면 예절을 차려 조빙朝聘하고 그렇지 않으면 문득 함부로 노략질했던 것입니다. (…) 신은 듣건대 '이적夷狄을 대하는 방법은 외정外征에 있지 않고 내치에 있으며, 변어邊禦에 있지 않고 조정朝廷에 있으며, 전쟁에 있지 않고 기강을 진작하는 데에 있다' 했는데 그 말이 이제 징험이 됩니다."

신숙주는 무엇보다 일본에 대한 경계심을 내비치며 교린외교

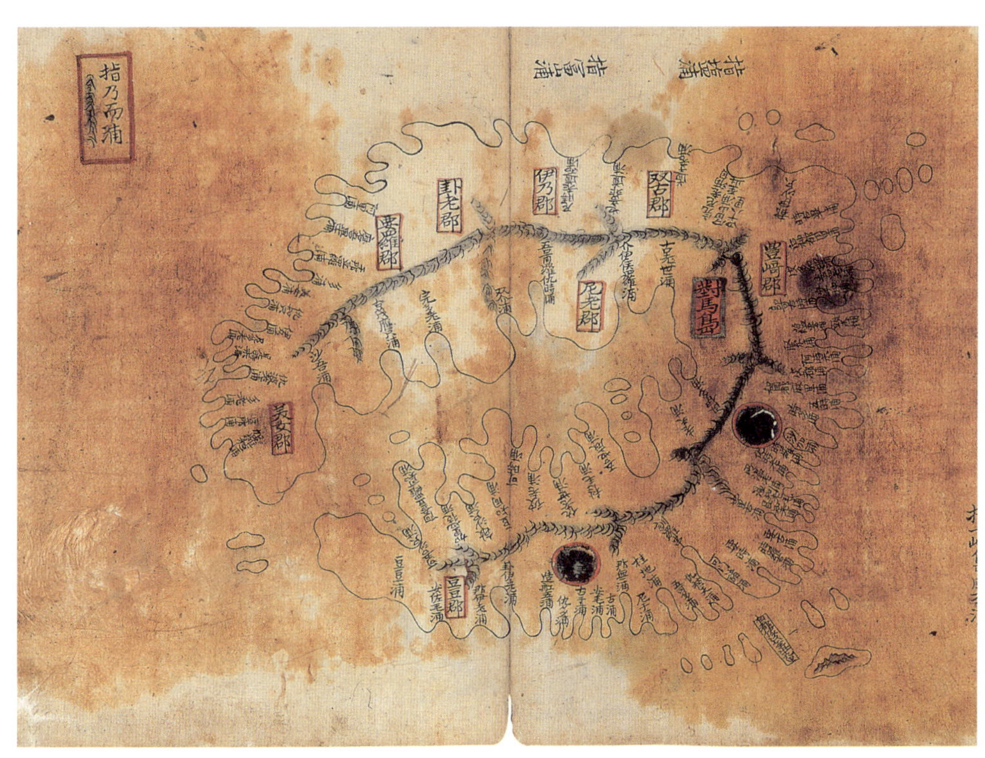

의 중요성을 강조하는 한편, 미구에 발생할지도 모를 전란을 막기 위해서는 조정의 기강을 바로잡아야 한다는 점을 강조하고 있다.

신숙주는 임종하기 직전에도 성종에게 '일본과의 화호和好를 잃지 마십시오' 라는 말을 남겼다. 어쩌면 신숙주는 임진왜란이 일어나기 100년 전에 이미 일본인의 호전성을 간파하고, 일본과의 정략적인 우호관계를 강조한 것이 아닐까?

『해동제국기』가 묘사한 일본의 풍속들

『해동제국기』「일본국기」 국속國俗편에는 15세기 일본 풍속의 면면들이 묘사돼 눈길을 끈다. 주요 대목을 쫓아가보자.

"나라의 풍속은 천황의 아들은 그 친족과 혼인하고, 국왕의 아들은 여러 대신과 혼인한다. (…) 무기는 창과 칼 쓰기를 좋아한다. (…) 음식할 적엔 칠기를 사용하며 높은 어른에게는 토기를 사용한다. (…) 젓가락만 있고 숟가락은 없다. 남자는 머리털을 짤막하게 자르고 묶으며, 사람마다 단검短劍을 차고 다닌다. 부인은 눈썹을 뽑고 이마에 눈썹을 그렸으며, 등에 머리털을 드리우고 다리로써 이어 그 길이가 땅에까지 닿았다. 남녀가 얼굴을 꾸미는 자는 모두 그 이빨을 검게 물들였다. (…) 집들은 나무판자로 지붕을 덮었는데, 다만 천황과 국왕이 사는 곳과 사원에는 기와를 사용했다. 사람마다 차 마시기를 좋아하므로, 길가에 다점茶店을 두어 차를 팔게 되니 길가는 사람이 돈 1푼을 주고 차 한 주발을 마신다. (…) 남녀를 논할 것 없이 모두 그 나라 문자를 익히며, 오직 승려만이 경서를 읽고 한자를 안다. 남녀의 의복은 모두 아롱진 무늬로 물들이며, 푸른 바탕에 흰 무늬로 한다. 남자의 상의는 무릎까지 내려오고 하의는 길어서 땅에 끌린다."(『해동제국기』 국속)

이 글에서 15세기 일본의 풍속이 오늘날과 유사한 점이 발견된다는 것이 흥미롭다. 사무라이 전통, 젓가락 문화, 차를 즐기는 풍속이 이 책 곳곳에 나타나 있어 일본 전통문화의 일면을 엿볼 수 있다. 이외에 「도로리수」란 항목에서는 우리나라 경상도 동래현 부산포에서 대마도, 미로관, 병고관 등을 거쳐 일본의 수도에 이르기까지의 거리는 수로가 323리, 육로가 18리(우리나라 리수로 계산하면 수로 3230리, 육로 180리)임을 밝히고 있으며, 이어 일본의 8도66주 및 기내畿內 5주에 관해 직접 견문한 내용을 기록하고 있다. 이 부분에서는 일본의 물산으로 유황과 동철에 관심을 보인 내용이 주목되는데, 이것은 유황과 동철이 무기 제조에 필요한 자원이라는 점이 큰 작용을 했던 것으로 이해된다.

이외에도 『해동제국기』에는 당시의 외교 상황을 보여주는 주목할 만한 내용들이 많이 수록되어 있다. 「유구국기」에서는 먼저 '유구국이 우리나라와 거리가 가장 멀어 그 상세한 것을 규명할 수 없으므로 우선 조빙 및 명호名號의 차례만을 기록하여 후일의 고증을 기다린다' 라고 하여 유구국에 대해서는 후대의 자료들이 참조되어야 함을 표현했으며, 이어 유구국의 특산물로 유황을 소개하고 해상무역이 발달했다는 것, 남녀 의복은 일본과 대동소이하다는 것 등을 기록하고 있다. 「조빙응접기」는 사행선의 숫자에 대한 규정, 증명서 발급, 삼포에서의 연회, 급료, 삼표금약, 조어금약 등 양국 간에 행해지고 있는 외교 관례를 규정한 것으로 조선전기 대일외교협정의 근거를 마련했다는 점에 의의가 있다. 「조빙응접기」 중 '사신들의 영접과 환송' 부분을 살펴보자.

"국왕의 사신이 오면 3품 중앙 관리를 파견하여 서울에 있는 통역관을 대동하고 삼포에 가서 맞이하게 하며, 돌아갈 때도 호송해준

다. 여러 거추土酋들의 사신은 서울의 통역관을 파견하여 삼포에서
맞이하게 하고, 돌아갈 때는 중앙 관리가 서울에 있는 통역관을 대
동하고 호송한다. 대마도주의 특송이나 구주절도사의 사신은 지방
의 통역관이 데리고 상경하게 하고, 중앙의 관리가 호송해준다."

위의 기록에서 일본 사신의 영접에 있어서 조선이 우위에 있
었던 상황을 확인할 수 있다. 조선에서는 거주와 통행에 있어서
도 일본인들에게 제한을 가했다.

조선을 조선답게 만든
위대한 풍경들

"대마도 사람이 처음에 삼포(웅천의 내이포, 동래의 부산포, 울산의 염
포)에 와서 임시로 머물면서 교역도 하고 어업도 하기를 요청했다.
그들의 거주처와 통행 모두 일정한 장소가 있어서 위반할 수 없으며,
일이 끝나면 돌아가기로 되어 있었다." (「조빙응접기」, '삼포금약')

이외에 '삼포에서 베푸는 잔치'와 같은 부분에서는 연회할 때
선부船夫들에게 매일 제공하던 음식의 내역으로 밀가루 1되, 기
름 1홉, 건어 1마리, 생어육 적당량, 백주白酒 1복자鐥(술, 기름 따
위를 담는 작은 접시) 등이 구체적으로 기록되어 있어 당시 생활사
의 면모를 파악할 수 있다.

변절자인가, 능력 있는 관료학자인가?

성종대에 『해동제국기』가 완성된 이후 이 책은 대일외교에 있
어 중요한 준거가 되었다. 외교 협상에서 적극 활용되었으며, 후
대의 학자들에 의해서도 그 가치가 자주 언급되었다. 실학의 선
구자로 일컬어지는 이수광의 『지봉유설』, 18세기의 실학자 이익
의 『성호사설』 등에는 모두 『해동제국기』가 인용되어 있다. 『해
동제국기』는 특히 일본 사행을 떠나는 통신사들의 필수 서책이
되었다. 조선 통신사들의 일본 기행문에서는 일본의 학자들이
조선통신사에게 『해동제국기』의 존재를 묻곤 하던 기록이 여러
차례 발견되고 있다.
이처럼 『해동제국기』는 조선전기 관료학자 신숙주에 의해 쓰

조선을 조선답게 만든
위대한 풍경들

여져 대일외교의 지침서로서의 역할을 톡톡히 했다. 그러나 신숙주는 1453년 계유정난癸酉靖難이라는 쿠데타를 일으켜 집권한 세조의 대표적인 참모로 활약한 이유 때문에 그에 대해서는 부정적인 평가가 많았던 것이 사실이다. 특히 그와 절친했던 벗 성삼문이 사육신의 대표 주자이자 충절의 대명사가 되면서 신숙주의 위치는 한없이 낮아지곤 했다. 오죽하면 쉽게 변질되는 나물을 일컬어 '숙주나물' 이라 했을까?

사실 신숙주가 조선전기 정치·문화의 정비와 관련해서 수행했던 역할은 적지 않다. 세조에서 성종대에 걸쳐 완성된 『경국대전』이나 『동국통감』과 같은 서적 편찬 사업의 중심에는 신숙주가 있었다. 15세기 사림파를 대표하는 인물 김종직이 신숙주의 문집인 『보한재집』의 서문을 써준 것을 고려하면, 16세기 사림파 학자 일부에게도 신숙주는 우호적으로 인식되었음을 알 수 있다. 신숙주의 예에서 보듯, 한 인물의 역사적인 평가를 함에 있어서는 부정적인 면과 긍정적인 면을 균형 있게 다뤄야 할 것이다.

本云琉球國在東南海
中自福建梅花所開洋七
日可到王居朴素賦法
墾如井田上下無征歛用
刑甚嚴人皆驍健無
疾病兵甲堅利好爭
國山無猛獸故多野
馬聞其國在我囯洛
州南晴日則自漢拏
依俙望見云我囯人
贈琉球使臣云風帆往
來徐市囯山川出没祝
融墟樹浮白日連蒸
域浪蹴青天入尾閭又
云順馮重譯觀天王
國号流求隆自唐又
千古山川香作界一
方民物海為鄉麴觀一
噴水恟成雨橘柚経冬
不見霜

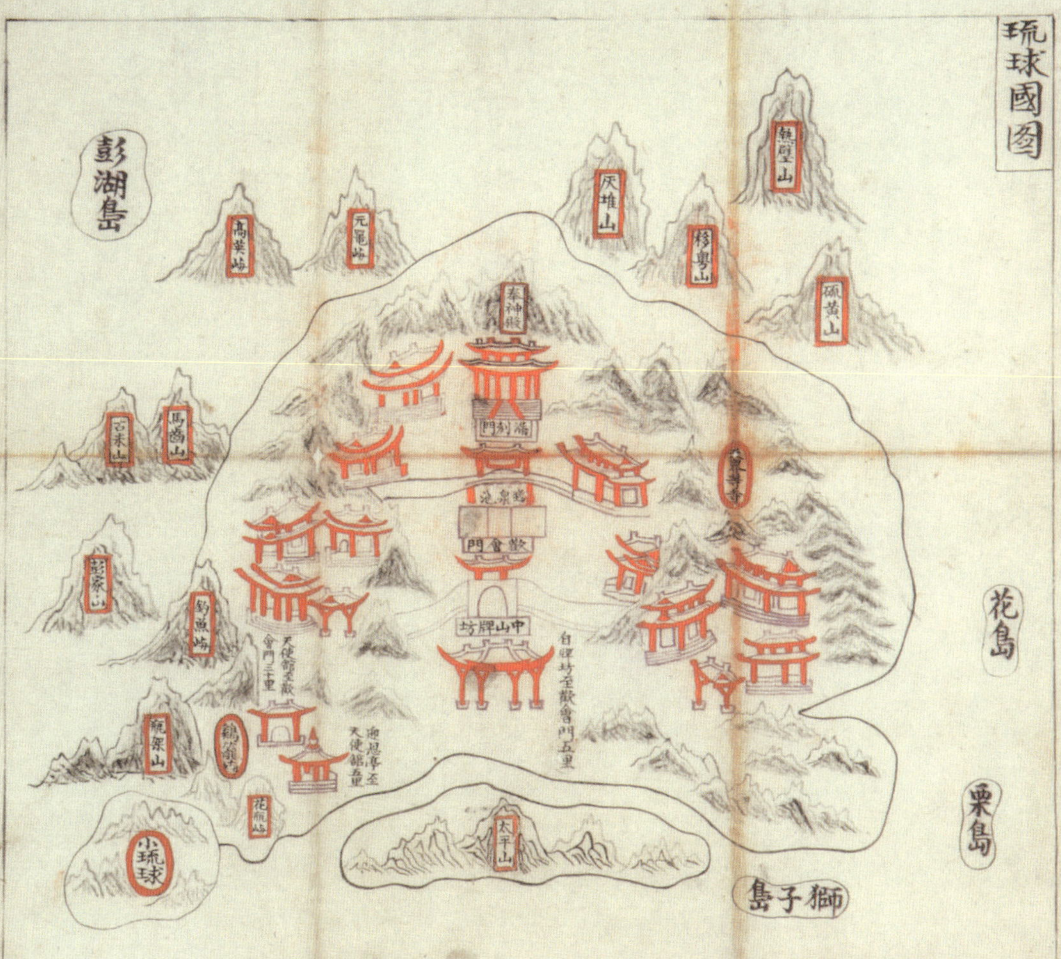

許荷谷尋朝
天時逢琉球
通事張主簿
問其囯事答
曰二年一次進
貢其囯不設
科舉以孝廉
取士囯王姓尚
自東海濱至
于囯界不測
其里數之多
火浮順風剙
凡七晝夜方
泊于崑云

鞭
靹ヶ旗
金鼓
金鼓
両珪
銅鑼
(二)
嗩吶
喇叭
鼓
虎旗
奉翰史
(三)
牌
涼傘

「유구인행렬도」, 비단에 채색, 19×132.5cm, 1832, 류큐대학부속도서관. 에도에 상경하는 사절단은 큰 읍성에 도착하면 중국 의상으로 갈아입고 풍악을 울리며 통과했다. 특히 여느 일본인들과 달리 유구의 귀족들은 중국풍의 수염을 길렀기에 이는 타 지역 사람들에게 신기한 볼거리가 되기도 했다.

국제 감각 돋보인
서희와 광해군의 외교

　근래 몇 년 새 정국을 강타했던 미국산 소고기 수입 파동과 촛불 시위 현장을 지켜보면서 그 누구라도 무엇보다 중요한 것은 외교임을 절실히 느꼈을 것이다. 미국과 맺은 성급한 소고기 협상 외교가 이처럼 큰 파문을 몰고 올지는 정부 당국자들도 쉽게 예상하지 못했던 바이다. "이쪽으로 눕자니 저쪽이 걸리고 저쪽으로 눕자니 이쪽이 걸린다"는 외교통상부 장관의 고충 섞인 발언은 미국, 중국, 일본 등 열강의 틈바구니에서 '실용적이면서 자존심을 지켜야 하는 외교'의 어려움을 단적으로 보여준다. 강국에 둘러싸인 지정학적 여건 때문에 한반도의 운명은 외교 성패가 좌우한다는 말이 결코 과장이 아닌 듯하게 들린다.

　역사적으로도 강대국에 둘러싸인 한반도에서 외교 선택은 나라의 운명을 결정했다. 이중에서도 고려시대 서희의 외교와 조선중기 광해군의 외교는 대표적인 성공 사례로 평가받는다.

서희, 거란의 의중 꿰뚫어 땅을 얻다

후삼국을 통일하고 50여 년이 지난 10세기 후반, 고려는 서북방에서 새로운 강자로 등장한 거란의 위협에 직면했다. 역사적으로 오랜 원한도 있던 거란은 중국 대륙까지 넘보며 993년 소손녕을 대장으로 하여 80만 대군을 이끌고 고려를 침입해왔다. 놀란 고려 조정은 서경(지금의 평양) 이북의 땅을 거란에 분할해주자는 주장을 하는가 하면, 심지어 '솔군걸항率軍乞降'(왕이 군사를 거느리고 나가 항복을 하자)의 주장까지 나왔다.

이런 급박한 상황에서 거란과의 외교적 담판을 주장하면서 자신이 직접 회담의 대표로 나서는 인물이 등장한다. 바로 서희徐熙(942~998)였다. 담판 결과 거란의 80만 대군을 돌려보냈을 뿐만 아니라, 거란이 자신의 땅이라고 주장하던 압록강 유역의 강동 6주까지 고려의 영토로 인정받는 예상 외의 엄청난 수확을 얻었다. 어떻게 이러한 협상이 가능했던 것일까? 당시 서희와 소손녕의 회담 현장으로 들어가보자.

거란의 소손녕은 고려가 국경을 맞대면서 왜 송나라에 하는 것처럼 거란에 조공을 바치지 않느냐고 서희를 윽박질렀다. '조빙朝聘'이라는 말을 쓰면서 고려가 거란과 국교를 맺고 예를 갖추라는 것이었다. 이것은 거란에 무조건 항복을 요구하는 태도에서 한발 물러선 것으로서, 거란이 고려와 외교관계를 맺자는 입장이었다. 그런데 서희는 이 제안을 바로 수용하지 않고, '환아구지還我舊地', 즉 '고려의 옛 영토를 돌려달라'는 것을 협상 카드로 내민다. 거란과 국교 수교의 전제 조건으로 압록강 일대 강동 6주를 고려 영토로 인정하라는 것이 요지였다. 결국 소손녕은 서희가 제시한 조건을 거란의 왕에게 알리고 이 제안을 받아들인다.

당시로서나 혹은 오늘날의 입장에서 봐도 거란에는 불리하고 고려에는 매우 유리한 이 조건을 거란이 수용한 데에는 국제관계가 크게 작용했다. 당시 거란은 원래 한족이 세운 송나라의 영토인 북경 지역까지 차지하고 있었다. 여세를 몰아 중국 본토를 완전히 장악하려는 거란과 북경 지역을 회복하여 거란의 침공을

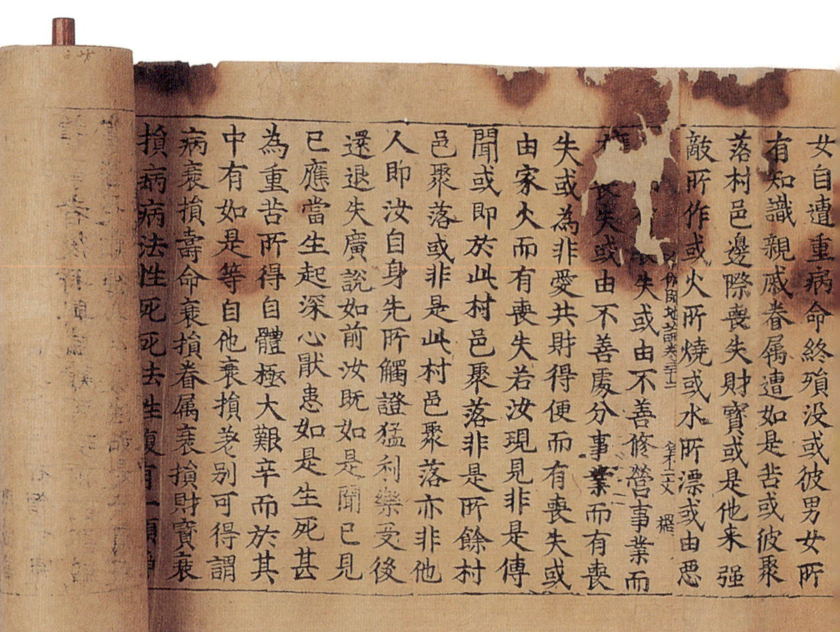

차단하려는 송은 운명적으로 대립할 수밖에 없는 처지였다. 거란의 주된 공격 대상은 송나라였고, 고려에 파견한 군사를 되돌려 송나라 침공에 '올인' 해야 했다. 그런데 압록강 주변에는 고려 군대의 성이 곳곳에 있어 거란 군사의 퇴각은 만만치 않았다. 더욱이 장기전에 들어간다면 거란군은 완전히 포위될 위기에 처해 있었다. 이러한 상황에서 송나라 대군이 거란을 침입해올 가능성도 있었다.

결국 거란은 고려와 '평화적인' 외교를 수립할 수밖에 없었고, 거란의 이러한 의중을 서희는 정확히 꿰뚫었던 것이다. 실제 거란은 고려 정복보다는 고려가 송과 연합하는 것을 막기 위해 고려를 침공한 측면이 컸다. 따라서 고려로부터 송과 연합하지

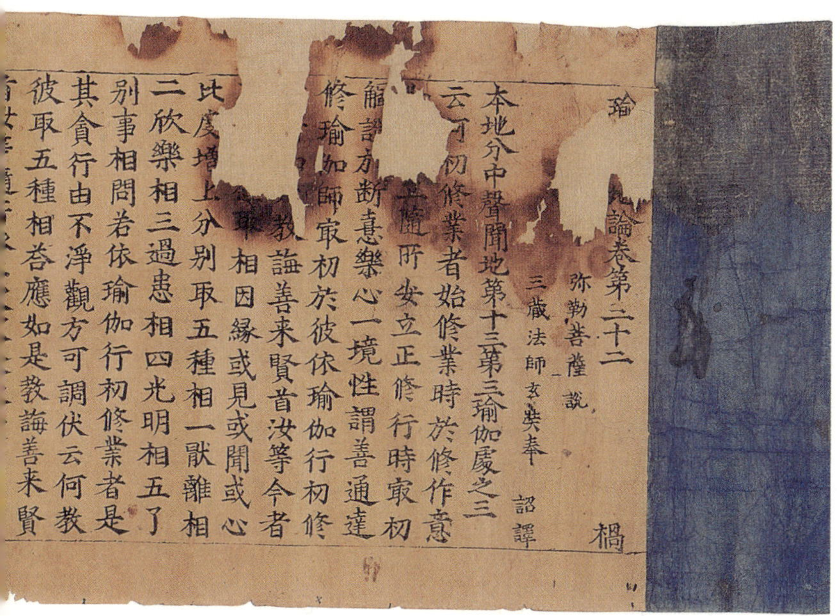

않고 거란과 국교를 맺겠다는 서희의 약속을 받아낸 이상, 자신들이 관리하기에도 힘든 압록강의 강동 6주는 쉽게 포기할 수 있는 카드였던 셈이다. 서희는 고려와의 국교를 목표한 거란의 심중을 정확히 파악해 당당히 강동 6주를 요구했고, 이를 성공적으로 얻어냈던 것이다.

서희의 뛰어난 외교 역량으로 압록강 동쪽 280리 강동 6주 지역은 완전히 고려의 영토가 되었다. 거란 80만 대군의 침입이라는 국난을 당하면서도, 냉철한 국제 정세 인식으로 고려를 지키고 나아가 영토 확장까지 꾀한 서희. 그는 위기를 기회로 만든 뛰어난 외교 전문가였다.

당대의 지지 못 얻은 광해군의 실리 외교

임진왜란 이후에 즉위한 광해군에게 주어진 최대의 과제는 전란의 상처를 극복하고 민심을 수습해가는 것이었다. '폐모살제 廢母殺弟'(어머니를 폐위하고 동생을 죽임)로 대표되는 정치적 실패와 달리 토지대장인 양안의 정비, 대동법의 실시, 왕명에 의한 『동의보감』 편찬 등 대내적 성과도 크게 거두었던 이가 광해군이었다.

그런 광해군의 능력을 보다 돋보이게 하는 요소는 외교 정책이었다. 광해군이 즉위한 시기 북방의 국제 정세는 변화의 조짐이 짙었다. 전통의 강국 명나라는 임진왜란 때 조선에 원병을 보낸 것이 부담이 되어 국력이 한층 쇠했으며, 이 틈을 비집고 압록강 북쪽의 여진족 내부에서는 누르하치가 중심이 되어 북방 민족의 통일운동을 펼쳤다. 그리고 마침내 1616년 국호를 후금이라 하고 누르하치는 '왕'이라 칭했다.

역대로 중국을 위협하던 북방족이 현실의 강국으로 자리한 것이다. 임진왜란 때 분조分朝(조정을 둘로 나눔) 활동을 하면서 참전한 경험을 바탕으로 광해군은 당시의 국제 정세를 냉정하게 인식했다. 그리하여 전통적인 우방 명과 신흥 강국 후금 어느 한쪽에도 기울지 않는 외교 정책이 전후 복구가 시급한 조선 사회에 최선의 방책임을 절감했다.

1619년 광해군의 외교 노선은 시험대에 올랐다. 후금의 압박에 시달리던 명나라가 조선에 원병을 요청한 것이다. 조선은 임진왜란 때 빚을 진 것도 있어 명나라의 요청을 거절할 수 없었기에 광해군은 고심 끝에 파병을 결정했다. 그러나 광해군은 왕의

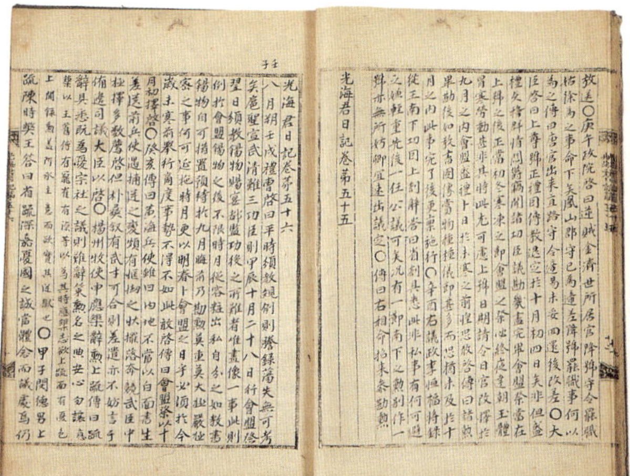

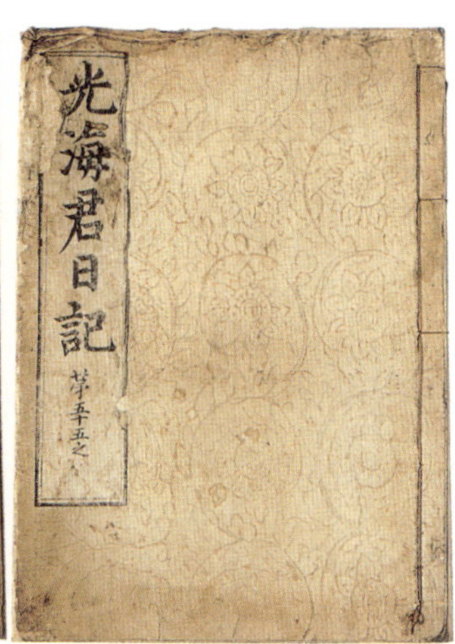

통역관으로서 신임이 두터웠던 강홍립을 따로 불렀다. 그리고 그에게 총사령관에 해당하는 도원수의 직책을 부여했다. 전쟁 상황을 살피며 후금에 투항해도 좋다는 밀지와 함께였다.

광해군의 심중을 헤아린 강홍립은 명의 원군으로 전투에 잠시 참여하다가 곧바로 후금 진영에 투항한 후 '후금과의 전쟁을 원치 않는다'는 취지의 광해군 입장을 전했다. 조정에서는 전투다운 전투는 하지 않은 채 바로 오랑캐에게 항복한 '역장' 강홍립을 처단해야 한다는 목소리가 높았지만 광해군은 끝내 강홍립을 보호했다. 후일 인조반정을 성공시킨 서인 세력은 강홍립을 일컬어 '강오랑캐'라 멸시했지만, 강홍립은 광해군의 국제 인식을 충실히 수행한 장군으로서 앞으로 재조명되어야 할 인물이다.

조선이 자신들과 친교의 뜻이 있음을 확인한 후금은 조선 침공은 유보한 채 명나라 공격에 주력군을 파견함으로써 광해군대에는 국제적인 안정을 찾을 수 있었다. 후금과의 일촉즉발 전쟁의 위기 상황 속에서 평화를 유지할 수 있었던 데에는 냉철하게 현실을 인식한 광해군의 외교적 안목이 큰 몫을 했던 것이다.

1623년 인조반정으로 광해군을 축출한 인조와 서인 세력은 '중립 외교' 대신 '친명배금'(명과 친하며 후금을 배척함) 정책으로 광해군 시대와는 180도 다른 강경 외교 노선을 고수했다. '비현실적인' 강경 외교는 1627년의 정묘호란, 1636년 병자호란이라는 혹독한 전쟁의 상처를 안겨다주었다.

*

　광해군은 외교 분야에서 혁혁한 성과를 거두었지만 광해군과 그를 지원하던 북인 정권을 무너뜨린 서인 세력에게는 동생을 죽이고 어머니를 폐위시킨 패륜적인 국왕, 전통적인 국제적 신의를 저버린 파렴치한 군주로밖에 비치지 않았다. 광해군은 연산군과 함께 '조祖'와 '종宗'으로 칭해지는 조선의 여느 왕들과는 달리 '군'이라는 왕자 시절의 호칭으로 남아 있다. 그의 묘도 '릉'이라고 칭해지는 여느 왕들의 화려한 무덤과는 달리 '광해군묘'로 쓸쓸한 모습을 하며 거의 찾는 이 없이 방치된 상태다. 연산군이야 검증된 폭군이므로 그리 억울할 것도 없겠지만 광해군은 조금 다르다.

　그가 수행했던 강력한 전란 복구정책이라든가 실리적인 중립 외교를 통하여 조선이 불바다가 되는 상황을 미연에 방지했던 놀라운 국제 감각은 재평가되어야 할 부분이다. 한반도를 둘러싸고 세계열강의 경쟁이 치열하게 전개되는 오늘날에도 광해군이 보여주었던 능동적인 실리 외교의 지혜는 여전히 유효한 것이다.

영조와 정순왕후의
혼례식

　지금으로부터 250년여 전인 1759년 음력 6월(현재의 7월). 무더위에도 아랑곳없이 조선 왕실에서는 최대 경사가 벌어졌다. 66세의 국왕 영조가 15세의 어린 신부 정순왕후를 계비로 맞이한 것이다. 흔치 않은 국왕의 혼례식에 백성들의 마음은 덩달아 뛰었고 혼례식이 벌어진 창경궁 일대의 거리는 인파로 넘쳤다. 혼례식의 전 과정은 의궤로 정리되었고, 50면에 걸쳐 그린 반차도班次圖(행렬의 배치 상황을 그린 그림)는 오늘날의 영상자료처럼 그날의 모습을 생생히 증언해주고 있다. 250년 전 영조의 혼례식 현장 속으로 들어가보자.

1759년 영조는 66세의 나이로, 15세의 계비 정순왕후를 맞이했다. 요즈음 시각으로 보면 도덕적으로 문제가 있어 보이지만, 조선 왕실의 법도에서는 전혀 하자가 없었다.

정비가 사망하면 대개 3년상(실제로는 2년 3개월 정도)을 치른 후에 계비를 맞았다.

왕은 대개 왕세자 시절인 15세 전후에 혼인했다. 왕세자빈의 나이 또한 그와 비슷한 15세 전후였고, 때에 따라서는 연상인 경우도 많았다. 영조의 정비인 정성왕후나 고종의 비 명성왕후는 모두 연상녀였다. 그런데 정비 사망 후 맞이한 계비 역시 왕의 나이와 상관없이 15세 전후의 신부를 간택했다. 이러한 관례 때문에 선조와 인목왕후는 51세와 19세의 연령 차를 넘어섰고 심지어 영조는 66세에 15세 신부를 맞이하는 상황이 연출되었던 것이다.

영조의 정비는 달성 서씨 정성왕후였다. 정성왕후는 1704년 13세 때 11세의 왕자 영조와 혼인했다. 1721년 영조가 세제에 책봉되자 세제빈에 봉해졌으며, 1724년 영조 즉위 후 왕비에 올라 정성왕후가 되었다. 그러나 불행하게도 영조와의 사이에 후사를 두지 못하고 1757년 사망했다. 영조는 상을 치른 후, 1759년 계비로 경주 김씨 김한구의 딸을 맞아들였다.

66세의 영조에게 15세의 꽃다운 신부가 계비로 들어온 것이다. 51세의 나이 차가 무척이나 커 보였지만, 어린 계비 또한 영조 못지않게 야심에 찬 인물이었음은 후대의 역사가 증명하고 있다. 조선후기 정치·문화의 르네상스를 주도한 영조와 정조의 죽음 후에 전개되는 세도정치의 쟁점에 바로 이날의 꽃다운 신부가 자리할 줄을 누가 상상이나 했을까?

1759년 정순왕후를 맞이한 영조는 만년의 삶 17년을 함께 보내다가 1776년 3월 5일 경희궁에서 보령 83세로 승하했다. 그해 7월 27일 영조의 무덤은 조선 건국의 시조 태조가 모셔진 건원릉 서쪽의 두 번째 산줄기에 조성되었다. 그리고 29년 후인 1805년 정순왕후가 영조의 무덤 곁으로 돌아왔다.

세밀화로 묘사된 의궤

『영조정순왕후 가례도감의궤』는 1759년 6월에 행해졌던 영조와 정순왕후 혼례식의 모습을 생생하게 보고하고 있다. 신부 간택을 비롯하여 왕실 혼인의 여섯 가지 예법인 '육례六禮'의 과정

들과 행사에 쓰인 물품 및 참여한 사람들의 명단, 왕이 친히 왕
비를 맞이하는 모습을 담은 반차도까지 기록되어 있다.

간택은 신부 후보 중에서 신붓감을 선택하는 것으로, 대개 세
차례의 과정을 거쳤다. 1차에서 6명, 2차에서 3명, 3차에서 1명
을 선발했다. 영조의 삼간택 날짜는 6월 9일이었다.

왕실의 혼례식이 있으면 먼저 금혼령을 내리고 결혼 적령기에
있는 팔도의 모든 처녀를 대상으로 '처녀단자'를 올리게 했다.
처녀단자를 올릴 필요가 없는 규수는 종실의 딸, 이씨의 딸, 과
부의 딸, 첩의 딸 등에 한정되었으나, 실제 처녀단자를 올리는
응모자는 25~30명에 불과했다. 왜냐하면 간택은 형식상의 절
차였을 뿐 실제 규수가 내정된 경우가 대부분이었고, 간택에 참
여하는 데 큰 부담이 따랐기 때문이다. 간택의 대상이 된 규수는
의복이나 가마를 갖추어야 하는 등 준비 비용이 만만치 않았을
뿐 아니라, 설혹 왕실의 부인으로 간택되더라도 정치적으로 상
당한 부담이 따랐기에 이를 기피하는 경향이 컸다.

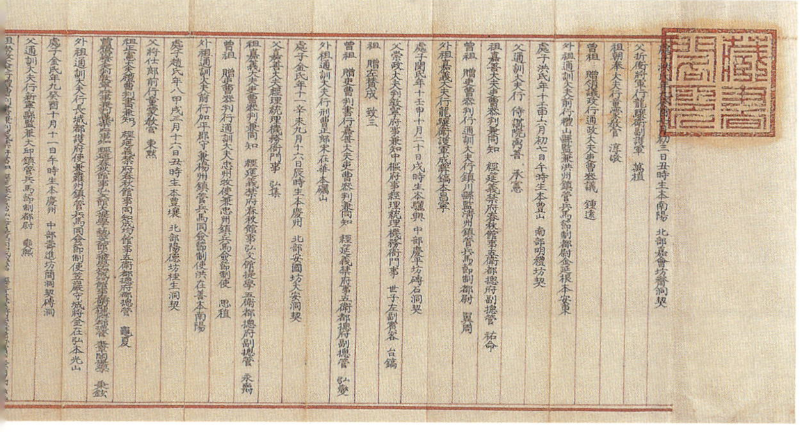

조선을 조선답게 만든
위대한 풍경들

간택을 받은 왕비는 별궁에서 왕비 수업을 받았다. 별궁에서는 왕비로서 지켜야 할 예법을 미리 교육받는다. 국왕이 사가私家에 직접 가는 불편을 없애기 위하여 만든 제도적 장치였다. 정순왕후는 어의궁(현재의 기독교 회관 자리)에 마련된 별궁에서 왕비 수업을 받았다. 간택 이후 혼례식은 육례에 의거하여 진행되었다. 육례는 납채納采, 납징納徵(납폐라고도 함), 고기告期, 책비册妃, 친영親迎, 동뢰同牢를 말한다. 납채는 간택한 왕비에게 혼인의 징표인 교명문을 보내고 왕비가 이를 받아들이는 의식으로 6월 13일에 행해졌다. 납징(6월 17일)은 혼인 성립의 징표로 폐물을 보내는 의식인데, 요즈음 함을 들이는 것과 비슷하다. 6월 19일에는 혼인 날짜를 잡는 의식인 고기가, 20일에는 왕비를 책봉하는 의식인 책비가 행해졌다. 이들 의식은 모두 창경궁 명정전에서 거행되었다.

행사는 국왕이 별궁에서 수업을 받던 왕비를 친히 궁궐로 모셔오는 의식인 친영에서 절정에 달한다. 6월 22일에 행해진 친영 의식은 의궤 말미에 반차도로 정리돼 당시 혼례식 모습을 세밀화처럼 묘사하고 있다. 마지막으로 친영 후 왕이 왕비를 모셔와 함께 절하고 술을 주고받는 의식인 동뢰가 창경궁 통명전에서 행해졌다.

『영조정순왕후 가례도감의궤』에는 육례에 필요한 각종 의복과 물품 내역을 비롯하여 의장기, 가마 등을 준비한 장인들의 명단, 소요된 물자의 구체적인 내용, 반차도를 그린 화원들의 이름까지 기록하여 당시 혼례식 상황을 완벽하게 복원할 수 있게 해준다.

반차도로 따라가보는 혼례 행렬

의궤 중에서도 '가례도감의궤'는 왕실 축제의 모습을 가장 압축적으로 표현하고 있다. 특히 행사 때 사람과 기물의 배치를 그린 반차도에는 이러한 모습이 잘 표현되어 있다. 반차도는 행사의 주요 장면을 그림으로 표현한 것으로 오늘날로 치면 결혼식 기념사진이나 영상 자료와 같다. 모든 가례도감의궤의 반차도는 국왕이 별궁의 왕비를 맞이하러 가는 친영의 모습을 담고 있다. 친영을 가례의 하이라이트라고 여겼기 때문이다. '반차'는 '나누어진 소임에 따라 차례로 행진하는 것'을 일컫는 말로서 '반차도'는 행사의 절차를 그림으로 나타낸 것이다.

그런데 반차도는 행사 당일에 그린 것이 아니었다. 행사 전에 참여 인원과 물품을 미리 그려서 실제 행사 때 최대한 잘못을 줄이는 기능을 했다. 반차도는 오늘날 국가 행사나 군대의 작전 때 미리 실시하는 도상 연습과 같은 성격을 띠었다. 『영조정순왕후가례도감의궤』에도 당시 친영일은 6월 22일이었지만 친영의 모습을 담은 반차도는 6월 14일에 제작되어 국왕에게 바쳐진 것으로 기록되어 있다.

반차도에는 주인공인 왕과 왕비의 가마는 물론이고, 앞을 호위하는 선상先廂과 전사대前射隊를 비롯하여 후미에서 호위하는 후상後廂, 후사대後射隊 등이 표현되어 있다. 왕의 가마는 사방이 열린 형태인 반면, 왕비의 가마는 사방의 문이 모두 닫힌 형태이다. 이외에 행사에 참여한 고위 관료, 호위 병력, 상궁, 내시, 행렬의 분위기를 고취하는 악대, 행렬의 분위기를 잡는 뇌군(헌병)

조선을 조선답게 만든
위대한 풍경들

『영조정순왕후 가례도감의궤』 중 임금의 행렬, 규장각한국학연구원.

왕비의 행렬.

등 각종 신분의 인물들이 제 역할에 따라 위치를 정해 행진하는 모습이 그려져 있다. 특히 말을 탄 상궁을 비롯하여 침선비針線婢 등 궁궐의 하위직 여성들의 모습까지 등장하는 게 흥미롭다.

반차도에 나타난 행렬의 모습은 뒷모습을 그린 것, 조감법으로 묘사한 것, 측면만을 그린 인물도 등 다양하다. 여러 각도에서 인물들을 묘사해 자칫 딱딱해지기 쉬운 행렬을 생동감 있게 연출한 화원들의 감각이 묻어난다.

반차도에 나타난 인물은 신분에 따라 서로 다른 복장을 하고 있다. 다양한 색상의 의상은 물론 너울을 쓴 여인의 모습이나 각종 군복을 착용한 기병, 보병들의 모습은 당시의 복식 연구에도 귀중한 자료가 될 것이다.

행렬의 분위기를 한껏 돋우는 의장기의 모습도 흥미롭다. 행렬의 선두가 들고 가는 교룡기와 둑纛기를 비롯하여 각종 깃발과 양산, 부채류는 당시 왕실의 권위를 상징해주고 있다.

『영조정순왕후 가례도감의궤』 반차도는 총 50면에 걸쳐 그려져 있으며 각 면은 45.8×33센티미터, 총 길이는 1650센티미터에 달한다. 혼례식은 조선시대 왕실의 최고 축제 중 하나였다. 왕세자의 혼례식이 일반적이었지만 계비를 맞는 왕의 혼례식도 몇 차례 거행되었다. 이들 왕실의 혼례식은 전통과 예법을 중시하는 조선시대 이념 및 문화와 접목되면서 의궤라는 기록물로 남겨졌다. 최근 우리 문화에 대한 관심이 날로 커지면서 왕실 혼례식을 비롯한 궁중 의식 재현 행사도 활발히 추진되고 있다. 그리고 이들 의식 재현에는 소중한 기록유산인 의궤가 빛을 발하고 있다.

간송미술관에서 만나는
겸재의 예술혼

1년에 두 차례, 5월과 10월 딱 두 번만 개방하는 미술관이 있다. 바로 서울 성북구에 자리한 간송미술관이다. 미술관 규모도 작고 관람 체계 역시 불편하지만 전시회가 열리는 날이면 많은 사람이 줄을 지어 이곳에 모여든다. 무엇보다 정선, 김홍도, 신윤복, 김정희 등 조선 최고 예술인들의 진품이 소장되어 있기 때문이다.

『훈민정음』에서 『혜원전신첩』까지

일제강점기 이 땅의 문화유산이 일제에 의해 유린되던 시절, 개인의 몸으로 이를 지킨 사람이 있었다. 간송 전형필全鎣弼(1906

~1962)은 14점의 국보와 12종의 보물을 포함한 5000여 점의 문화유산을 수집하여 하마터면 영원히 사라질 뻔한 우리의 자존심을 지켜냈다.

서울 종로4가의 99칸 대갓집 자손이었던 전형필은 식민지시대 조선의 현실을 두고 고민했다. 청소년 시절부터 도서 수집에 열정적이던 전형필은 독립투사이자 서예가였던 오세창을 만나면서 삶에 큰 전기를 맞게 된다. 『근역서화징槿域書畵徵』이라는 우리나라 역대 서화가들의 총서를 집필하고 있던 스승(오세창)의 모습에 전형필은 큰 감동을 받았다. 전형필은 오세창과의 만남을 통해 자신이 해야 할 일을 본능적으로 깨달았다. 그것은 온 재산을 털어서라도 일제가 빼앗으려는 문화유산을 조선 땅에서

지켜내는 것이었다.

1932년 스물일곱의 전형필은 한남서림翰南書林을 인수하여 우리 고서들을 본격적으로 수집했다. 『동국정운東國正韻』(국보 제71호), 『동래선생교정북사상절東萊先生校正北史祥節』(국보 제149호) 등 소중한 자료들이 이곳에 모아졌다. 『훈민정음』을 입수한 것은 특히나 극적이었다. 1943년 6월 『훈민정음』이 발견되었다는 소식을 들은 전형필은 당시 집 열 채 값이었던 1만 원을 지불하고 구입했다. 당시 한글 탄압을 일삼던 일제가 알면 문제될 것을 염려하여 비밀리에 보관하다가 1945년 광복 후에 이를 공개했다. 우리 역사상 최고의 발명품이자 그 창제 동기가 분명히 밝혀진 『훈민정음』이 세상의 빛을 본 데에는 전형필의 숨은 노력

조선을 조선답게 만든
위대한 풍경들

III

이 컸다.

전형필은 일본에까지 가서 우리 문화유산을 찾아오기도 했다. 지금도 조선시대 풍속화의 대표작으로 꼽히는 신윤복의 그림이 담겨 있는 『혜원전신첩』(국보 제135호)은 전형필이 일본에서 찾아온 작품이다. 이외에도 고려청자, 조선백자, 김홍도와 정선의 그림, 김정희의 서화 등 최고의 문화재들이 전형필의 손을 거쳐 간송미술관에 소장되어 있다.

전형필은 1929년부터 고전적과 서화, 불상, 자기 등을 수집해

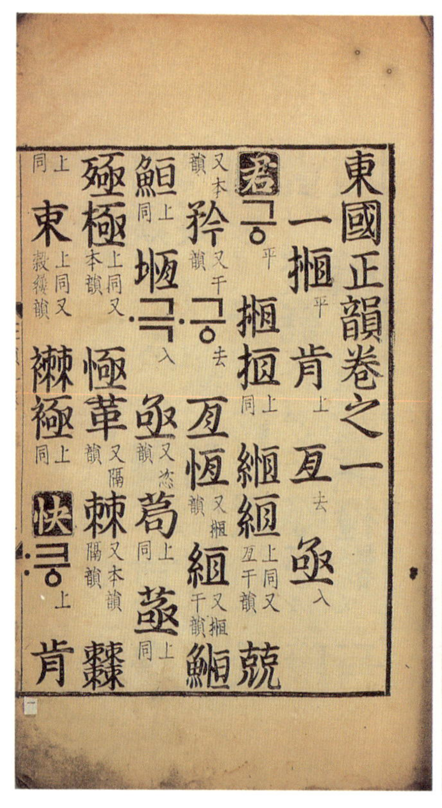

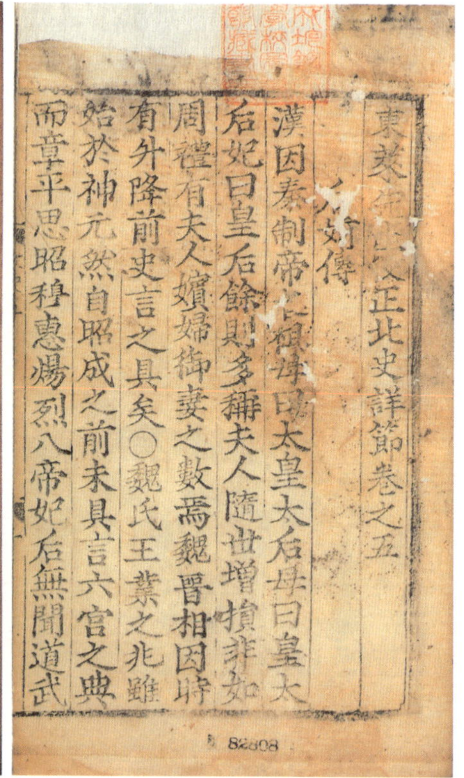

1936년 현재의 미술관 건물인 보화각保華閣을 지었다. 전형필의 사후 그의 유업은 아들인 전성우와 전영우에게 이어졌고, 1966 년에는 전형필의 소장품을 정리·연구하기 위하여 한국민족미 술연구소와 간송미술관이 발족되었다. 현재 간송미술관에서는 1 년에 두 차례 봄가을에 정기 특별전시를 열어 우리 문화재의 최 걸작품들을 소개하고 있다.

단원·혜원과 어깨를 거루는 화가

2009년 특별전의 중심인물은 겸재謙齋 정선鄭敾(1676~1759) 이었다. 정선은 흔히 조선시대 진경산수화풍을 개척한 인물로 평가받는다. 중국의 산천이 아닌 조선의 산천을 있는 그대로 그 렸다는 것은 그만큼 우리 문화에 대한 자부심을 가졌다는 잣대 가 되기도 한다.

진경시대란 양란의 후유증을 극복하고 조선 고유의 진경문화 를 이루어낸 시기이다. 대개 숙종 시대부터 영조 시대까지를 이 르는데, 정선이 활동한 영조대는 진경시대 중 최고의 전성기를 누렸다.

정선은 아버지 시익과 어머니 밀양 박씨 사이에서, 현재 종로 구 청운동 89번지 경복고등학교가 위치한 북악산 서남쪽 기슭에 서 태어났다. 「인왕제색도」처럼 정선의 그림 중 유독 인왕산을 배경으로 한 그림이 많은 것은 그의 근거지가 바로 이 일대였기 때문이다. 정선은 인근에 살던 안동 김씨 명문가인 김창협, 김창

흡, 김창업의 문하에 드나들면서 성리학과 시문을 수업받으며 이들 집안과 깊은 인연을 쌓아갔다. 안동 김문은 그를 후원했고, 정선은 감사의 뜻으로 김문의 주거지인 '청풍계淸風溪'를 여러 번 그렸다. 「청풍계」는 정선의 그림 중에서도 가장 걸작으로 손꼽힌다. 현재에도 청풍계가 위치했던 곳에는 '백세청풍百世淸風'이라는 글씨가 남아 있다. 청운초등학교 건너편 어느 주택 안 담벼락에 남아 있는 이 글씨에서 청풍계의 옛 자취를 조금이나마 느껴볼 수 있다.

정선은 안동 김문의 후원과 더불어 국왕인 영조의 총애를 받았다. 예술에 상당한 조예를 지녔던 영조는 정선의 이름을 부르지 않고 꼭 호로만 부를 정도로 그 재능을 아끼고 존중했다고 한다. 1733년 영조는 정선을 경상도에서 가장 경치가 좋다는 청하현감으로 임명했다. 정선의 나이 58세 때였다. 65세에는 현재 서울에 편입된 경기도의 양천현령에 임명되어 서울 근교의 명승들과 한강변의 풍경들을 화폭에 담았다. 1747년에는 금강산 여행을 다녀온 후 『해악전신첩海嶽傳神帖』을 남겼다.

정선은 80세를 넘겨 장수하면서 마지막 순간까지 붓을 놓지 않았다. 그의 붓끝에서 조선의 산하가 마치 사진을 찍은 것처럼 생생한 모습으로 복원되었다. 그가 80세를 넘길 즈음에는 거의 모든 집에서 그의 그림을 소장할 만큼 화가 정선의 위상이 높아졌다. 정선은 「인왕제색도」나 「금강산전도」와 같이 우람하고 힘찬 산수화는 물론이고 섬세한 붓 터치가 돋보이는 「초충도草蟲圖」에 이르기까지 회화의 모든 분야에서 탁월한 실력을 보였다. 정선을 김홍도, 신윤복과 함께 조선후기 3대 화가로 손꼽는 것

조선을 조선답게 만든 위대한 풍경들

「청풍계도淸風溪圖」, 정선, 비단에 채색, 153.6×59cm, 1739, 간송미술관. 청풍계는 정선의 스승이었던 김창업의 5대조인 김상용의 별장이 있던 곳으로 유명하다. 이 작품에서 그의 진경산수가 지니는 특색이 잘 드러난다. 온 화폭에 하늘의 공간을 무시하고 대담하게 부벽준斧劈皴을 수직으로 반복해서 그의 독자적인 준皴으로 바위와 나무를 그려 넣었다. 장송들의 자태 역시 그 풍치를 실감나게 해주고 있다.

도 이러한 까닭에서다.

정선이 그린 300년 전의 서울 풍경들

정선이 그린 그림 중에는 18세기 한양과 그 주변 풍광을 담은 그림들이 돋보인다. 인왕산에 있던 자신의 집을 배경으로 한 「인곡유거仁谷幽居」와 이곳에서 쉬고 있는 정선 자신의 모습을 그린 「독서여가讀書餘暇」를 비롯하여, 「백악산」「대은암」「청송당」「자하동」「창의문」「백운동」「필운대」「경복궁」「동소문」「세검정문」 등은 300년 전 서울의 풍경화 그 자체이다. 「청송당」의 그림에 그려진 큰 바위는 현재 경기상고 안에 그대로 남아 있어 정선의 그림이 진경산수임을 실감나게 한다.

제목 그대로 서울과 주변의 명승을 담은 『경교명승첩京郊名勝帖』에는 한강을 중심으로 한 한양의 주변 지역 모습이 담겨 있다. 양수리 부근에서 한양으로 들어와 행주산성까지 이르는 한강과 주변의 명승지가 30여 점의 그림으로 파노라마처럼 펼쳐진다. 그림을 그린 배경도 흥미롭다. 65세인 1740년 정선은 양천현령으로 부임하면서 그의 벗 사천 이병연李秉淵(1671~1751)에게 이런 제안을 했다. "그대가 시를 지어 보내면 나는 그림을 그려 화첩을 만들겠다." 그리고 그 제안은 결국 1741년 『경교명승첩』 2권으로 완성을 보았다. 이 화첩에 대한 애정이 얼마나 컸던지 정선은 "천금을 준다고 해도 남에게 전하지 말라千金勿傳"는 인장까지 남겨두었다.

『경교명승첩』은 한강 상류의 절경을 담은 「녹운탄綠雲灘」과 「독백탄獨栢灘」에서 시작한다. '탄'은 '여울'이란 뜻으로, 현재 의 양수리 부근으로 추정된다. 한강 상류에서 시작된 그림은 현 재의 서울 중심으로 향한다. 「압구정狎鷗亭」은 조선초기 세도가 한명회의 별장 주변을 담은 그림이다. 그림의 중앙부 우뚝 솟은 바위 위에 별장이 위치하고, 백사장이 길게 뻗어나온 모습이나 돛단배들이 정박해 있는 모습은 최고급 아파트가 들어선 현재와 는 너무나 다른 평화로운 풍경들이다.

「광진」과 「송파진」 「동작진」의 그림들은 18세기에 이 지역이 포구로서 중요한 역할을 했음을 보여준다. 「동작진」에는 18척의 배가 그림에 등장하며 바다와 강을 오가는 쌍돛대를 단 배도 묘 사되어 있다. 물화의 교역이 활발히 이루어지던 한강의 모습을 짐작할 수 있는 부분이다.

「행호관어杏湖觀漁」에는 고깃배가 등장하는 점이 흥미롭다. '행호'는 지금의 행주산성 앞 한강으로 이 일대에 많은 고기가 있었음을 알려준다. 당시 한강의 명물이었던 웅어는 바닷물과 민물이 합류하는 곳에 살았으며, 그 맛이 뛰어나 왕에게 진상하 는 물품으로 사용되었다. 「행호관어」에서는 웅어가 뛰어놀았던 한강의 운치가 느껴진다.

남산의 풍광을 그린 「목멱조돈木覓朝暾」은 이병연이 보내온 "새벽 빛 한강에 떠오르니, 언덕들 낚싯배에 가린다. 아침마다 나와서 우뚝 앉으면, 첫 햇살 남산에 떠오른다"는 시에 맞추어 남산에 떠오른 일출의 장관을 그린 것이다. 정선과 이병연이 약 속한 시화상간詩畵相看(시와 그림을 맞바꾸며 감상함)의 진수를 맛

볼 수 있는 작품이다.

300여 년 전 조선의 모습을 화폭에 담은 겸재 정선의 작품에서 보이는 뛰어난 필치와 사실적인 묘사는 당시의 풍경들을 손에 잡힐 듯하게 한다. 정선이 살았던 인왕산과 북악산 주변 한양의 그림들과, 배를 타고 가면서 그린 한강의 수려한 풍광들은 한강과 서울 교외의 모습들을 생생히 복원해내고 있다.

조선을 조선답게 만든
위대한 풍경들

조선의 탁월한
기록유산들

2009년은 우리 선조들의 뛰어난 기록정신이 유감없이 발휘된 해였다. 그해 7월에는 유네스코가 『동의보감』을 세계기록유산으로 등재했다는 반가운 소식이 들렸다. 불과 그 전달에 조선왕릉 40기가 세계문화유산으로 등재된 데 이어 또다시 경사를 맞이한 것이다. 현재 우리나라는 『동의보감』을 포함하여 『조선왕조실록』『훈민정음』『승정원일기』『직지심체요절』『조선왕조 의궤』『해인사 대장경판』 등 총 7건의 세계기록유산을 보유하게 되었다. 500년의 역사가 빛바래지 않고 오늘날 우리 삶으로 의미 깊게 스며들어온 것이다.

조선시대를 대표하는 의학서인 허준의 『동의보감』. 그 제목과 저자에 대해서는 누구나 익히 알고 있을 것이다. 소설이나 드라마를 통해서 허준의 삶이 소개된 것도 『동의보감』을 널리 알리는 데 한 역할을 했다. 그런데 그런 허구적 삶이 아닌 진짜 허준의 삶과 『동의보감』의 내용을 우리는 얼마나 알고 있을까?

『동의보감』의 저자이자 조선 최고의 의원으로 유명한 허준許浚이지만 정작 그의 삶에 대해서는 별로 알려진 것이 없다. 조선시대 의원은 중인의 관직이었기에 그에 대한 기록은 소략하지만 그나마 그의 행적과 업적을 자세히 기록한 『이향견문록』이 전한다. 19세기 유재건이 쓴 중인층 이하의 전기인 『이향견문록』에서는 허준을 다음과 같이 소개하고 있다.

"허준의 자는 청원清源이며, 어려서부터 배우기를 좋아하여 경전과 사서에 통달했고, 특히 의학에 정통했다. 호는 구암龜巖이며, 태의太醫로 품계가 숭록대부(정1품)에 이르렀다. 『동의보감』 25권, 『두창집요』 2권, 언해 2권, 『태산집胎山集』 1권, 『벽온신방』 1권, 『구급방』 1권의 저서가 있다."

허준은 어의御醫(왕의 주치의)로 활약한 만큼 실록 등에도 그에 관한 기록이 보이지만, 생애에 대해서는 지금도 여러 가지 견해가 전한다. 최근의 연구 성과에 따르면 허준은 양천 허씨로 1539년 허륜의 아들로 태어났다. 형제로는 허옥과 허징이 있었다. 아버지 허륜은 무과 급제자 출신으로 용천, 종성, 부안 등 북방 지역과 전라도의 지방관을 지냈다. 어머니는 중인층의 족보를 정리한 『성원록』에는 영광 김씨로 나타나 있는데, 정실부인은 아닌 것으로 기록되어 있다. 허준은 무과로 관직에 진출한 양반 집안 출신이었지만, 어머니가 첩인 까닭에 서자로서의 한계를 받아들일 수밖에 없었다. 서자로서의 신분 제약 때문에 허준은 과거에 응시하지 않고 의관의 길을 걸었던 것으로 보인다.

허준은 젊은 시절 담양 등 전라도 지역에서 주로 생활하다가 이십대 후반에는 서울로 올라왔다. 선조 시대의 학자 유희춘이 쓴 『미암일기』에는 유희춘과 허준의 만남이 기록되어 있다. 이즈음 허준의 의술은 상당한 수준에 달했던 것으로 보인다. 유희춘은 자신과 아내의 병을 치료해줄 것을 부탁하는 한편 서울 주변에 살던 친구들의 치료를 주선하기도 했다. 1569년(선조 2) 유희춘은 이조판서 홍담에게 허준이 내의원(현재의 국립의원)에 근무할 수 있도록 추천했고, 마침내 허준은 모든 의원들이 선망하는 내의원에서 양예수 등 최고 수준에 오른 의원들과 함께 자신의 의술을 발전시켜나갔다. 선조의 신임을 얻은 허준은 1581년 왕명을 받아 한의학의 기초가 되는 『맥경脈經』을 출간했으며, 1590년에는 광해군(당시 왕자)의 두창을 치료한 공을 인정받아 당상관의 품계를 받았다.

허준과 광해군의 인연은 훗날 광해군이 왕이 되었을 때 허준을 더욱 신뢰하는 것으로 이어졌다. 1592년 임진왜란이 일어나 선조가 의주로 피란을 갈 때도 허준은 선조를 모시면서 최고의 의원으로 성장할 수 있었다. 1596년 선조는 허준으로 하여금 전쟁과 기근으로부터 백성을 구제할 방안으로 종합 의서인 『동의보감』을 편찬할 것을 국가적 사업으로 명했다. 선조 시대 후반 허준은 의서 편찬에 생의 모든 것을 걸었다. 그러나 1597년 정유재란이 일어나 『동의보감』 편찬은 일시 중단되었다. 전쟁이 끝나자 허준은 『동의보감』 편찬에 박차를 가했으나 다시 한번 위기가 찾아왔다. 선조가 갑자기 세상을 떠난 것이다. 선조의 승하 때 수석 어의로 있었던 허준 역시 책임을 면할 수 없었다.

결국 허준은 사헌부의 탄핵을 받고 파직과 함께 도성 밖으로 쫓겨났다. 1608년부터 1609년 11월까지 2년여 동안 귀양살이

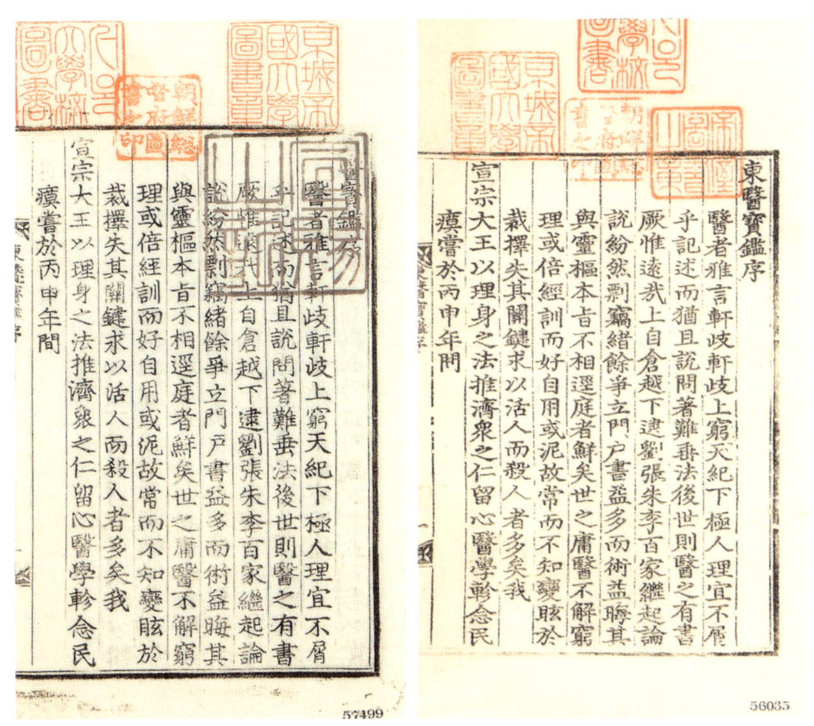

와 복귀를 되풀이하는 나날을 보냈고, 『동의보감』은 사라질 위기에 처하기도 했다. 그러나 새로 즉위한 왕 광해군은 허준을 전폭적으로 신뢰했다. 광해군은 허준이 귀양가 있을 때도 『동의보감』을 편찬할 수 있도록 지원했고, 1610년 마침내 『동의보감』 25권을 완성할 수 있었다. 그의 나이 71세 때의 일이었다. 1610년 『동의보감』을 끝마친 허준은 조선에 전염병이 유행하자, 왕명으로 이를 치료할 새로운 의학 서적인 『신찬벽온방』(1613)과 『벽역신방』(1613) 등을 간행했다. 전 생애를 조선의 백성을 치료하는 데 보낸 셈이다. 허준은 1615년 76세를 일기로 굵직한 생을 마감했다.

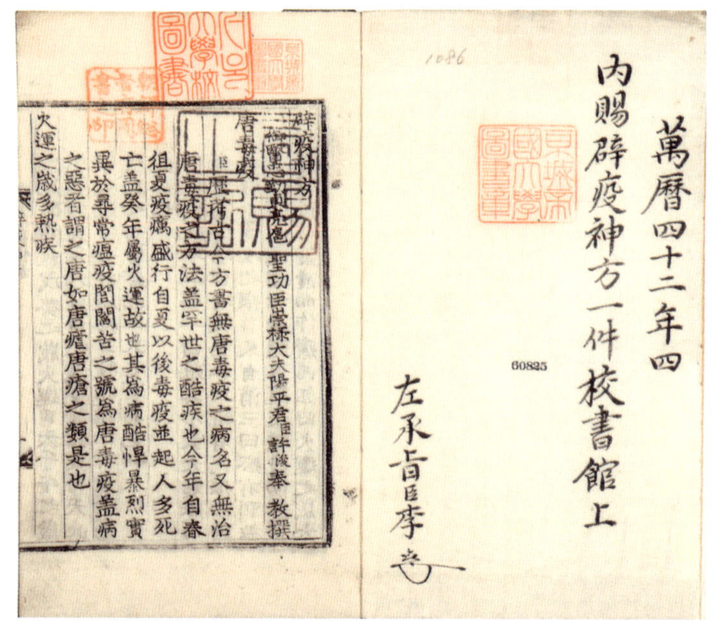

『동의보감』, 71세에 25권으로 완성하다

『동의보감』은 원래 허준이 선조의 명을 받아 정작, 양예수, 김응탁 등과 함께 편찬 작업에 들어갔다가 정유재란으로 중단되었고, 광해군의 독려로 1610년 완성을 보아 1613년 내의원에서 활자로 간행했다. 25권 25책이며, 크게 5개의 강목으로 구성되어 있다. 주요 구성은 앞에 서문과 집례가 있으며, 내경內景편 4권, 외형편 4권, 잡병편 11권, 탕액편 3권, 침구편 1권 등이다.

허준은 권1의 집례에서 중국과 조선을 포함한 동북아시아의 의학권을 북의北醫와 남의南醫, 그리고 자신의 동의東醫로 구분했다. 허준 당대의 조선 의학이 중국의 것 못지않다는 자부심을 나타낸 것이었다.

본문에 해당하는 내경편은 신형身形(몸), 기氣, 혈血(피), 언어, 오장육부 등 주로 현재의 내과병에 관한 내용을 기록하고 있다. 외형편은 얼굴, 코, 입, 귀, 치아, 가슴, 사지, 피부 등에 관한 외과적 질병을 기록하고 있다. 잡병편에는 천지기운, 진맥診脈, 약의 사용법 등 진단법으로부터 풍(중풍), 소갈(당뇨), 황달 등의 내과 질환과 상처 등의 외과 질환, 부인과 소아과에 관한 내용들을 기록했다. 탕액편은 약물을 소개한 부분으로 약의 성분, 약효와 채취 시기 등에 관한 지식을 기록했다. 침구편은 현재의 침술에 관한 내용으로 연침법, 화침법 등 침술의 방법과 함께 십이경맥十二經脈의 부위를 자세히 기록했다.

『동의보감』은 조선시대의 의학 서적인 『향약집성방』과 『의방유취』를 비롯하여, 중국의 의학 서적인 『본초』 『맥경』 『단계심

법』 등 70여 종의 책을 광범위하게 참고했다. 또한 구체적인 질병의 치료 방법 외에 정신 수양과 섭생攝生까지 기록하여 병의 근원을 치료하는 방안을 제시하기도 했다. 『동의보감』은 중국과 일본, 베트남 등지에도 전해져 조선 의학기술의 높은 수준을 동양세계에 알렸다.

세계가 인정한 우리의 기록 유산들

『동의보감』에 앞서 세계기록유산으로 등재된 기록물로는 『조선왕조실록』『승정원일기』, 조선왕조 의궤 등을 들 수 있다. 이들 기록물은 모두 서울대 규장각한국학연구원에 소장되어 있다.

역대 왕들의 행적을 중심으로 조선시대의 역사를 정리한 『조선왕조실록』은 1대 태조로부터 25대 철종에 이르는 472년(1392~1863)간의 기록을 편년체로 서술한 조선왕조의 공식 국가기록으로, 1977년에는 세계기록유산으로 등재되었다. 정족산본 완질의 경우 1707권 1188책(약 6400만 자)에 이르는 방대한 기록으로서 조선시대의 정치·외교·경제·군사·법률·사상·생활 등을 망라하여 조선시대판 타임캡슐과도 같다. 『조선왕조실록』은 역대 국왕의 사후에 전 왕대의 실록이 편찬되는 방식을 취했다. 국왕이 사망하면 임시로 실록청을 설치하고, 영의정 이하 정부의 주요 관리들이 영사領事·감사監事·수찬관·편수관·기사관 등의 직책을 맡아 실록 편찬을 공정하게 집행했다. 이후 국

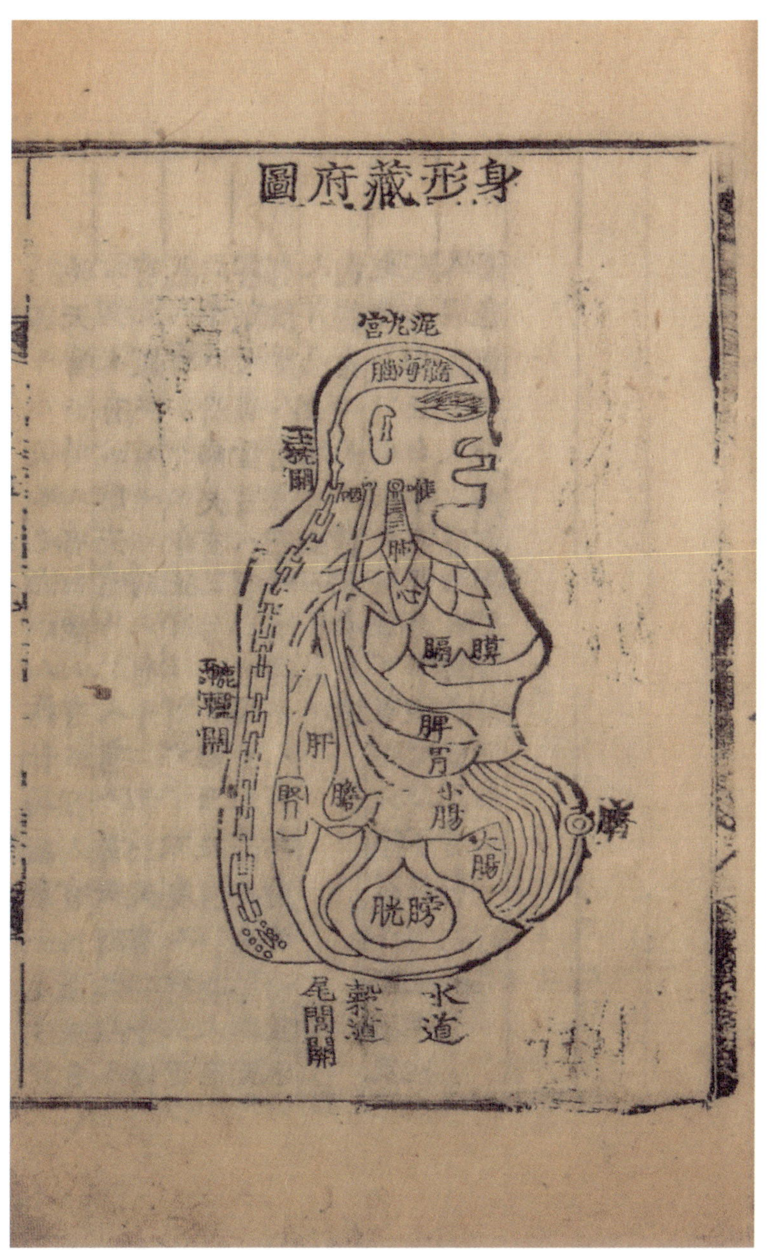

『동의보감』에 실린 신형장부도.

가에서 관리하는 사고史庫에 실록을 보관했다. 특히 조선후기에
는 가장 안전한 산간 사고를 설치하여 실록 보관에 만전을 기했
고, 그 결과 우리는 오늘날까지 실록의 원형을 접할 수 있게 되
었다.

『승정원일기』는 조선시대 왕명의 출납出納을 맡으면서 비서실
기능을 했던 기관인 승정원에서 날마다 취급한 문서와 사건을
일자별로 기록한 책이다. 원래 건국 초부터 작성된 것으로 여겨
지나 현재는 1623년(인조 1)부터 1910년(융희 4)까지 288년간의
기록 3243책이 남아 있다.

초서로 쓰여진 원본은 서울대 규장각한국학연구원에 소장되
어 있으며, 국사편찬위원회에서는 탈초한 영인본을 간행했다.
원본의 책 크기는 일률적이지는 않지만 대체로 세로 40센티미
터, 가로 28센티미터 정도이다. 『승정원일기』의 제목을 단 한 책
의 장수는 70~200장으로 편차가 나타나며, 평균하면 125장 정
도가 한 책 분량이 된다.

288년에 걸친 역사기록물이라는 점과 3243책, 총 문자량 2억
4000여만 자에 달하는 방대한 분량이라는 점에서 『승정원일기』
는 세계 최대의 역사기록물이라 할 수 있다. 『승정원일기』는 이
러한 자료 가치와 우수성이 확인되어 2001년 9월 세계기록유산
으로 등재되었다.

2007년에는 조선왕조 의궤와 해인사의 대장경판이 세계기록
유산으로 지정되었다. 의궤는 조선왕실의 주요 행사를 기록과
함께 그림으로 정리한 책으로서 왕실 문화의 현장 모습을 생생
하게 체험할 수 있게 하는 자료이다. 의궤의 기록을 바탕으로 최

근 왕실 문화를 재현하는 행사가 자주 열려 전통시대 문화의 진수를 직접 체험할 수 있게 한다. 해인사 대장경판은 『직지심체요절』과 더불어 선조들의 뛰어난 인쇄술을 체험하게 한다. 선조들이 수행한 자랑스러운 기록유산의 전통을 잇는 작업은 이제 우리들의 과제로 남아 있다.

忠贊衛

龍大旗
宣傳官

丙

조선의 농촌과 도시, 그리고 밑바닥 삶

으뜸 재산 노비,
그들이 도망간 까닭

최근 조선시대 최하위 신분층으로서 심한 차별을 받았던 노비에 대한 관심이 새롭게 떠올랐다. 노비에 대한 관심 증대의 일등공신은 바로 드라마 「추노推奴」. 과연 노비는 언제부터 존재했으며 조선시대 노비들은 어떻게 살았을까? 그리고 그들은 왜 도망의 길을 선택한 것일까?

전쟁포로나 채무자, 범죄자가 노비의 시작

한국 역사에서 노비제는 기원전 20년 이전 청동기시대로 거슬러 올라간다. 노비의 역사가 적어도 2000년은 넘은 것이다. 노비제가 고조선시대부터 존재했음을 보여주는 자료가 고조선

의 '8조법금法禁'이다. '남의 물건을 훔친 자는 노비로 삼는다'
는 규정은 고조선시대에 이미 사유재산 제도와 더불어 노비 제
도가 성립했음을 보여준다. 국가 간의 전쟁이 치열하게 벌어졌
던 고대사회에서는 전쟁포로들이 주로 노비가 되었다. 고대에
전쟁이 빈번했던 이유 중 하나는 노비를 확보하기 위함이었고,
전쟁은 이를 한꺼번에 얻을 좋은 기회였기 때문이다. 전쟁노비
이외에도 채무자나 범죄자가 노비가 되었다.

신라의 삼국통일 이후 정복전쟁이 사라지면서 전쟁노비 또한
사라졌다. 이에 노비의 절대다수를 충원시킬 수 없자, 왕실과 귀
족 등 지배층은 노비 충원 제도를 달리 고안했다. 노비 신분을
대대로 세습시키는 법, 이른바 노비세전법奴婢世傳法을 만든 것
이다. 그러자 노비들은 신분에서 벗어날 길이 막혔다.

고려시대에도 노비제도는 이어졌다. 당시 신분은 법제적으로
자유로운 공민公民인 양인良人과 재산처럼 매매, 상속, 증여가 되
는 천인賤人으로 나뉘어졌다. 천인의 대다수는 노비였다. 노비는
노비끼리만 혼인할 수 있었고, 부모 중 한 사람만 노비라도 그
자식은 노비가 되었다. 남자 노비는 머리를 깎고 여자는 짧은 치
마를 입어 복장에서도 양인과 구분을 했다. 그러나 주인이 노비
를 함부로 죽이는 것을 금하여 어느 정도의 인권은 보호했으며,
때때로 군인으로 선발되어 출세길을 걷는 경우도 있었다.

국가에서 정책적으로 노비를 본래 주인에게 돌려주는 조치도
있었다. 공민왕은 1366년 전민변정도감田民辨正都監을 설치하여
권세가들이 불법으로 차지한 토지와 노비를 빼앗아 본래의 주인
에게 돌려주는 일대 개혁을 단행했다.

고려시대의 노비는 국가기관에 소속된 공노비와 개인에게 소속된 사노비가 있었다. 노비는 주인을 위하여 농사일, 땔감 조달, 수공업품 제작, 가사노동 등을 했다. 노비는 주인과 함께 사는 경우 솔거率居노비라 했으며, 떨어져 사는 경우 외거外居노비라 했는데, 외거노비는 독립된 가옥과 약간의 재산을 소유할 수 있었다.

노비는 부가가치 높은 으뜸 재산

15세기 조선 사회의 기본적인 신분 구조는 양천제良賤制였다. 권리와 의무가 있는 양인과 권리가 없는 천인賤人으로 구분되었던 것이다. 그러다가 16세기 이후 양인의 최상부인 양반과 중인中人, 상민常民 평민의 신분 구분이 이루어져 천민과 함께 4대 신분으로 고정되었다. 양반이 가장 권리가 많은 신분이었다면, 바로 그 반대편에는 의무만 많았던 천민이 있었다. 조선시대 천민으로는 노비 외에도 백정·광대·사당·무격·기녀·악공 등이 있었다. 그러나 이들은 처음에는 양인이었다가 사회적으로 천시되는 직업에 종사하면서 점차 천민으로 간주된 사람들이었던 반면, 유일하게 노비만큼은 처음부터 천민이었기 때문에 최하위층의 대우를 받았다.

노비는 그를 소유한 주인의 재산과도 같아서 매매, 양도, 상속의 대상이었다. 조선시대 재산 상속에 관한 고문서를 보면 아들과 딸에게 상속할 노비 수가 기록되어 있다. 『경국대전』에도 노비에 관한 규정은 형전刑典에 기록되어 있다. 그만큼 노비는 처벌 대상으로 인식되었던 것이다. 노비는 젊고 건장할수록 값이 비쌌다. 반면 늙은 노비는 말 한 필 값에도 못 미쳤다. 양반들은 각종 일을 다 할 수 있는 노비의 부가가치를 높게 매겼다. 조선의 양반들은 부모 중 한쪽이 노비이면 그 소생은 무조건 노비가 되어야 하는 제도적 장치를 만들어 노비를 증식해나갔다.

노비는 조선의 어떤 신분보다도 인권의 사각지대에 있었지만 주인이 함부로 죽이는 것은 금지되었으며, 『경국대전』에는 노비가 출산하면 출산 전 30일, 출산 후 50일의 휴가를 주도록 규정되어 있었다. 그 남편도 산후 15일의 휴가를 주었다. 외거노비는 주인의 땅 일부를 경작하여 수확물을 바치고 남는 것은 자신의 재산으로 삼을 수 있었다. 공노비는 좁은 기회이긴 하지만 유외잡직流外雜織이라 불리는 하급기술직에 종사하여 물품의 제조나

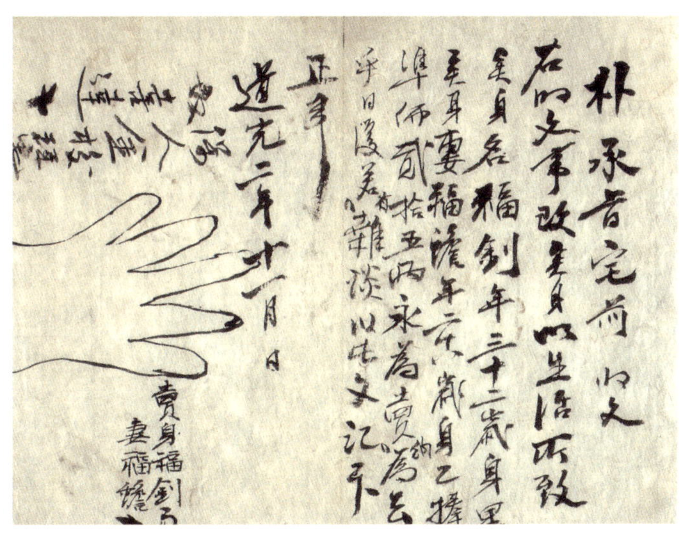

조선의 농촌과 도시, 그리고 밑바닥 삶

137

책 인쇄, 요리, 바느질, 말 기르기 등 잡일을 했다.

노비 중에서도 성공시대를 연출한 경우가 있었다. 중종 때 재상집 노비였던 반석평潘碩枰은 주인의 후원을 받아 과거에 급제하여 형조판서에까지 올랐다. 조선중기 서기徐起는 노비의 신분으로 태어났지만 제자백가의 학문과 이론에 통달하여 사후에 공주의 충현서원에 배향되었다.

조선시대의 노비는 주인이 누구냐에 따라서 공노비와 사노비로 나뉘었다. 노비의 상전이 왕실 및 국가기관일 경우는 공노비, 개인일 경우는 사노비라 했다. 공노비는 중앙관청, 지방관청, 내수사, 궁방 등에 소속된 노비로, 신역身役(노역)을 제공하거나 신공身貢(물품)을 바쳤다. 조선초기의 공노비 수는 『성종실록』(성종 15년 8월)의 기록에 '추쇄도감推刷都監'(의무를 다하지 않고 도망간 노비를 찾아내는 일을 맡아 임시로 설치한 본부)에서 아뢰기를, "추쇄한 서울과 지방의 노비는 모두 26만1984구이고, 여러 고을과 여러 역驛의 노비는 모두 9만581구입니다"라고 하여 35만여 명에 이르렀음을 보고하고 있다. 당시의 인구 대비 공노비 비율은 전체의 10퍼센트 정도였으며, 사노비의 수까지 고려하면 조선시대 노비 인구가 차지하는 비중은 상당했음을 알 수 있다.

경제력을 갖춰나간 도망 노비들

그러나 노비는 해야 할 일의 의무만 있었을 뿐 권리라고는 없었다. 조선시대 노비는 인간이라기보다는 물건이나 가축과 같은 재물이었다. 특히 사노비는 공노비와는 달리 직접적으로 구속되어 통제받았던 까닭에 신분적 예속이 더 심했다. 사노비는 주인의 소유물로 철저히 지배당했고, 국가의 공권력도 노비의 인권까지는 보호하려 하지 않았다. 노비가 주인을 구타했을 경우 무조건 참형에 처했다. 주인의 친족이나 외조부모를 구타한 노비도 교수형에 처해졌다. 노비가 과실로 주인에게 상처를 입혔을 경우에는 장형 100대, 유형 3000리의 중형에 처해졌다.

비단 주인에 대해서만 열악했던 것이 아니었다. 노비와 평민 간에 문제가 생겼을 때 법률은 노비에게 일방적으로 가혹하게 적용되었다. 이처럼 열악한 처지였기에 주인이 심하게 수탈하면 노비는 도망을 가거나, 심지어 주인을 살해하는 일도 발생했다. 그러나 재산이 도망가는 것을 국가건 양반이건 방치하지 않았다. 법전에 "노비를 신고한 자는 매 4구口에 1구를 상으로 준다"고 규정했고, 드라마에서처럼 노비를 쫓는 '추노'가 생겨났다.

『조선왕조실록』에는 노비가 주인을 살해한 사건 수십 건이 기록되어 있다. 1556년(명종 11) 4월 원주 노비 복수福守는 주인 원영사 및 그 가족 다섯 명을 죽였는데 심지어 뱃속의 아이까지 꺼내 죽였다. 당연히 노비 복수는 극형에 처해졌고 원주의 관리까지 처벌받았다. 숙종대에는 살주계殺主契가 조직되어 조직적으로 주인을 살해하는 사례도 있었다.

주인을 살해한 노비에 대한 국가의 대응은 단호했다. 주인과 노비의 관계는 임금과 신하, 아버지와 아들의 관계로 인식되었기 때문이다. 따라서 존속살해나 그 이상의 중죄로 여겨 극형에 처했다. 뿐만 아니라 사건이 일어난 지역의 수령을 파면하고 읍격을 낮추었다.

조선후기 도망 노비가 많이 생겨난 것은 도망 노비들이 자신의 노동력을 팔아 충분히 생계를 유지할 수 있을 만큼 사회경제적 토대가 변하고 있었기 때문이다. 조선전기까지는 연고지역을 이탈하면 갈 곳이 없었지만, 후기로 접어들면서 도망 노비들은 섬, 광산, 목장 또는 상업이 발달한 도시, 변경인 서북지방 등으로 숨어들었다. 이들은 새로운 정착지에서 고용노동에 종사하거나 장시 등에서 상업에 뛰어들면서 생계를 유지했다. 도망 노비들은 자신의 신분을 감추고 양인인 듯 행세했다. 경제력이 한껏 뛰어오른 노비는 양반의 후예임을 모칭冒稱하기도 했다.

왜란으로 신분의 굴레에서 벗어나다

도망 노비들이 자주 발생하는 것은 국가의 고민이었다. 그만큼 국가의 노동력이 상실되기 때문이었다. 1655년(효종 6) 1월에는 노비추쇄도감을 설치하고 도망간 노비를 본격적으로 조사했다. 북벌을 준비하던 효종은 노비 명부에 등록된 공노비 19만 명 중에서 신공을 바치는 자가 2만7000명밖에 되지 않는 사실에 충격을 받았다. 이에 각 도에 어사를 파견하여 도망 노비를 찾아 나섰고, 자수하는 노비는 이전의 신공을 면제해주었다. 효종 8년까지 거행된 추쇄사업 결과 42만7000여 명의 노비가 확보되었다. 효종은 노비 추쇄사업을 마무리하고 그 결과를 『추쇄도감의궤』로 제작했다. 의궤로 남긴 것은 노비의 추쇄를 국가 중대사로 인식했기 때문이다.

조선후기에는 노비에게 가해지던 신분적 제약이 상당히 완화된 데다 합법적으로 노비 신분에서 벗어날 기회가 있었다. 임진왜란은 노비의 신분 해방에 획기적인 계기가 되었다. 임란 후 국가는 재정 보충을 위해 일정한 금액을 국가에 납부하면 노비 신분을 면해주는 납속책을 광범위하게 시행했다. 재력 있는 노비는 국가에 돈을 내고 신분의 굴레에서 벗어날 수 있었던 것이다. 또 영조 때 이인좌의 난과 같이 역모 사건에 공을 세운 노비가 신분에서 벗어난 사례도 있었다.

전란이나 반란 때의 공헌, 경제력의 상승으로 신분 해방을 하는 경우도 있었지만, 국가나 주인의 압박이 심한 경우 노비는 도망으로 신분 해방을 꾀했다. 주인이 사는 곳으로부터 멀리 도망가서 신분을 감추고 살다가 양인으로 사칭했다. 조선후기에는 도망 노비가 급증했으며, 이것은 조선의 노비제도를 붕괴시킨 주요 원인이 되었다. 1894년 갑오개혁으로 마침내 노비제도가 폐지되었다. 이는 단순히 노비 해방만을 의미하는 것이 아니라 신분제 자체의 폐지였으며, 신분제의 폐지는 한국 사회가 근대 국가로 나아가는 길이었다.

조선의 농촌과 도시,
그리고 밑바닥 삶

옛사람들의
운동과 놀이

스포츠는 단순한 운동시합에 그치지 않는다. 전 세계인을 하나로 묶어주는 역할도 한다. 그래서 4년을 주기로 열리는 월드컵이나 올림픽은 세계적인 주목을 받고, 대부분의 사람은 자국 선수들의 활약에 일희일비하면서 카타르시스를 맛보기도 한다. 인류의 시작과 더불어 운동과 놀이가 시작되었다고 해도 과언이 아닐 만큼 이는 우리의 삶 속에 밀착되어 있다. 우리 역사 속에서도 스포츠는 고대사회부터 시작되었고, 그에 관한 기록들이 일부 남아 있다. 역사 속의 운동과 놀이문화 세계 속으로 들어가 보자.

축구가 맺어준 김유신과 김춘추의 인연

신라의 삼국통일을 이끈 주역인 김유신과 김춘추. 두 사람의 인연의 끈을 단단히 이어준 것은 바로 축구였다. 『삼국유사』의 '태종 춘추공 조'에는 이러한 기록이 나온다.

"김유신은 정월 오기일五忌日에 춘추공과 함께 자기 집 앞에서 축국蹴鞠(신라 사람들은 축국을 농주희弄珠戲라고 했다)을 하다가 일부러 춘추공의 옷을 밟아서 옷고름을 찢고는 말했다. '우리 집에 들어가 꿰맵시다.' 이에 춘추공이 따라갔다."

위의 기록은 김유신이 그의 누이동생 문희(후의 김춘추의 부인)와 김춘추의 만남을 주선하기 위해 축구하다가 일부러 김춘추의 옷을 밟고 이를 핑계로 동생에게 바느질을 부탁하는 장면이다. 이러한 기록에서 삼국시대부터 집 근처 공터에서 축구 놀이가 활발했던 시대상을 떠올릴 수 있다.

『세종실록』에는 "옛날 한나라의 축국, 당나라의 격환擊丸은 황제黃帝의 축국 유제遺制입니다. 그렇게 하는 까닭은 모두가 유희를 이용하여 전투를 연습하는 것이었습니다"라고 하여, 축구의 역사가 중국 상고시대부터 시작되었음과, 처음에는 전투의 일환으로 시작되었음을 기록하고 있다. 조선시대 정조의 왕명으로 편찬한 『무예도보통지武藝圖譜通志』에는 '국鞠'에 대해 '구球' 자와 같은 뜻으로서 축국을 구희球戲로 풀이했다. 이어 "옛날에는 털을 묶어 이를 만들었고, 지금은 가죽태(소나 돼지의 오줌통으로 공을 만든 것)로 속에 바람을 넣어 찬다"고 풀이했다.

19세기 백성들의 풍속을 기록한 『동국세시기』에는 "연소한 장정들이 축국 놀이를 한다. 그 축국은 큰 탄환 같은 것으로 위에는 꿩의 깃을 꽂았다. 두 사람이 마주 서서 서로 받아 차는데, 발로 잘 받아서 땅에 떨어뜨리지 않는 것이 기술이다"라고 하여 축구가 조선후기에도 널리 유행했음을 알 수 있다.

왕자가 하인과 더불어 즐겼던 장치기 놀이

운동은 놀이와도 통하는 개념이다. 운동과 놀이는 오랫동안 쌓인 스트레스나 피로를 풀어주고 마음에 흥을 돋우기 때문이다. 운동이나 놀이에서 가장 핵심적인 것은 재미다. 조선시대에 왕자부터 서민, 하인에 이르기까지 재미있게 놀던 놀이로는 장치기가 있었다.

장치기는 타구打毬라고도 했는데, 길 위에 여기저기 구멍을 파 놓고 긴 막대기로 둥글고 작은 공을 쳐서 그 구멍에 들어가게 하는 놀이로, 오늘날의 골프와 비슷했다. 구멍은 가능하면 공이 잘 들어가기 어려운 자리에 움푹하게 만들었는데, 까딱하면 빗나가는 다리 끝과 같은 곳에 파 아슬아슬한 승부를 맛보게 했다. 장치기 놀이를 할 때는 각자의 공을 구분하기 위해 자신이 좋아하는 재미있는 이름을 공에다 붙이기도 했다.

1413년의 『태종실록』에는 장치기하는 아이들의 모습이 선명하게 기록되어 있다. "혜정교惠正橋 거리에 아동 곽금郭金·막금

莫金·막승莫升·덕중德中 등이 있어 타구 놀이를 하는데, 매 구毬의 칭호를 하나는 주상主上이라 하고, 하나는 효령군孝寧君이라 하고, 하나는 충녕군忠寧君이라 하고, 하나는 반인伴人이라 했다. 서로 치다가 구 하나가 다리 밑의 물로 굴러 들어가자, 그 아이가 대답하기를 '효령군이 물에 빠졌다'고 했다."

장치기에 쓰이는 공의 크기는 달걀 정도였고 나무나 차돌멩이로 만들었다. 공을 치는 채의 모양은 긴 숟가락처럼 생겨 오늘날의 골프채나 하키채와 비슷했다. 세종도 왕자일 때 하인들과 어울려 장치기 놀이를 했다. 특히 날씨가 추워 궁궐 밖에 나가기 어려운 겨울부터 연초까지 이 놀이를 즐겼다 한다. 세종은 왕이 되어서도 장치기를 즐겼다. 『세종실록』은 왕이 주최하는 장치기가 궁궐 뜰에서 자주 거행되었음을 기록하고 있다.

공을 친다는 뜻의 타구는 격구擊毬라고도 했으며, 세조 때에 이르면 공을 치는 막대기의 한자어 '봉棒'과 합쳐져 '봉희棒戲' 또는 '격봉擊棒'이라고도 불렀다. 왕실에서는 타구 이외에 기마 격구와 활쏘기, 투호 등이 궁궐 놀이로 자리잡았다.

성리학 보급되곤 양반 따로, 평민 따로

조선시대 중엽에 이르러 성리학이 사회에 깊숙이 침투하면서 양반, 평민, 천민의 신분 차가 엄격해졌고, 이에 따라 왕은 서민들과 어울릴 수 없다는 생각이 커져갔다. 이러한 신분의 엄격성은 놀이 문화에도 그대로 나타났다. 왕실에서나 일부 지배층에서는 주로 말을 타고 하는 기마 격구와 투호병에다 막대기 같은 것을 집어넣는 투호, 승경도升卿圖(주사위놀이), 쌍륙雙六(윷놀이), 바둑 등을 즐겼다.

기마 격구는 말을 타고 공을 치는 놀이로, 고려시대부터 조선시대까지 최고의 스포츠로 인기를 누렸다. 이것을 하는 데는 말과 넓은 구장이 필요했기 때문에 일반 백성들이 하기는 힘들었으며, 주로 왕실에서 즐겼다. 기마 격구는 무예 훈련에도 효과적이어서 조선초기까지 성행하다가 임진왜란 이후 조총을 비롯한 신병기가 보급되어 자취를 감춰버렸다.

바둑·승경도·쌍륙 등은 실내에서 할 수 있는 놀이로, 외부에서 신체활동을 꺼리는 양반층에서 주로 즐겼다. 승경도놀이는 넓고 큰 종이 위에 정1품에서 종9품까지 조선시대의 관직을 그린 후 주사위를 던져 누가 높은 벼슬에 먼저 올라가는가를 내기한 것이다. 승경도놀이는 높은 벼슬에 오르고 싶어하는 양반들의 염원을 놀이로 표현한 것으로, 서당에 다니는 아동들 사이에서도 크게 유행했다.

조선시대에 일반 민중은 대동놀이의 성격을 지닌 풍물, 탈춤, 지신밟기, 별신굿 등 활발한 몸짓과 신바람 나는 장단으로 피로를 풀고 스트레스를 해소했다. 이러한 놀이에 양반들은 거의 참여하지 않았는데, 신분에 맞는 체면과 품위를 유지해야 한다고 생각했기 때문이다. 결국 조선시대 놀이 문화가 양반 따로 농민 따로가 되었던 것은 신분 차별을 강조하는 성리학 사상의 보급과도 깊은 관련이 있다.

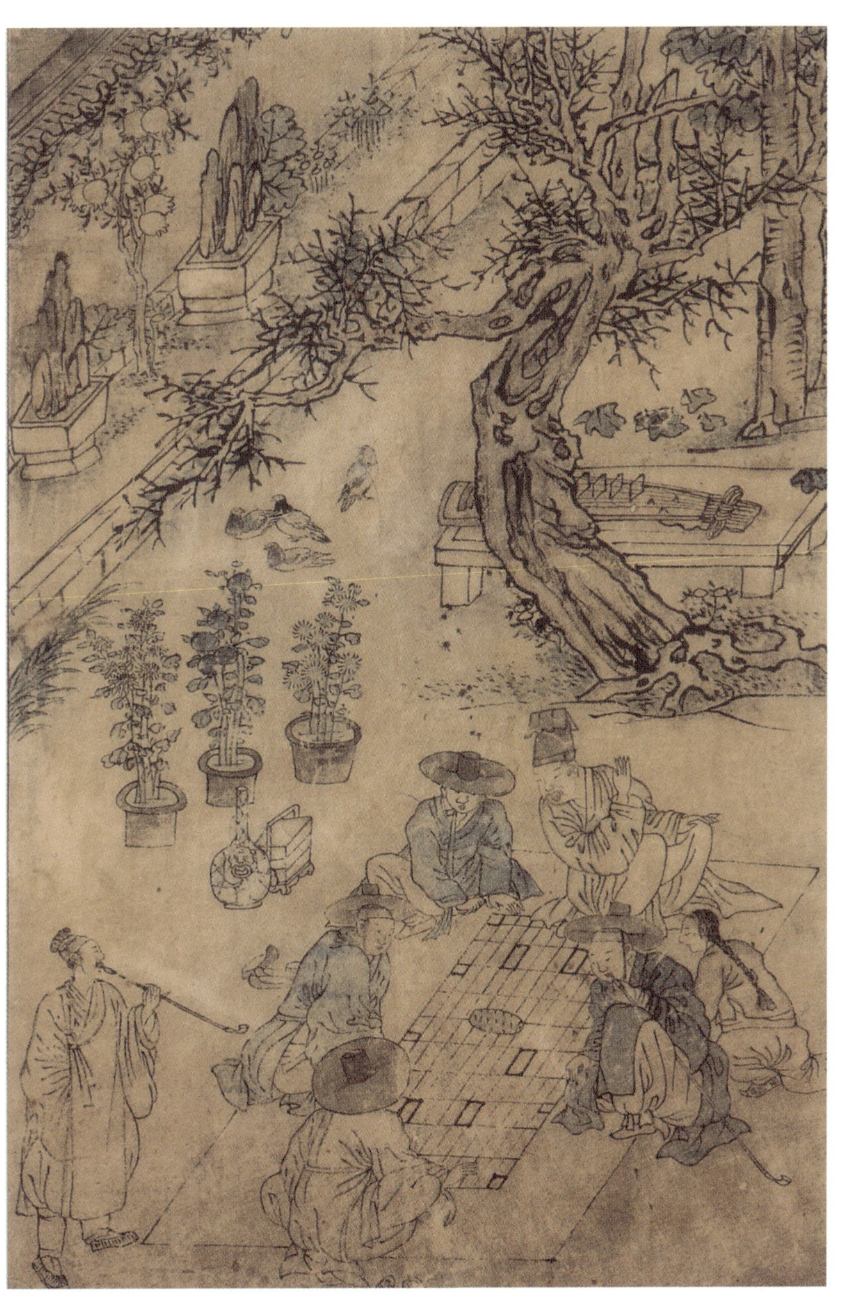

『풍속사계도』중「가을」, 38.6×60.3cm, 조선시대, 경희대박물관. 승경도놀이 하는 장면. 주로 양반 등 상류층에서 즐겼다.

"남녀유별한데 어찌 함께 노닐손가?"

조선시대 놀이 문화의 또 하나의 특징은 남자와 여자의 놀이
가 구분되어 있었다는 점이다. 우선 아이들의 놀이에서 남녀 구
분이 있었다. 남자아이들의 놀이로는 장치기·제기차기·깡통
차기·딱지치기·팽이놀이·말타기 등이 있었으며, 여자아이들

의 놀이로는 콩주머니놀이·그네뛰기·널뛰기·공기놀이 등이
있었다. 흥미로운 점은 이러한 놀이가 생활에 필요한 기술을 습
득하는 법을 가르쳐줬다는 것이다. 콩주머니놀이를 하기 위해
여자아이들은 바느질 솜씨를 이용해 콩주머니를 만들었으며, 남
자아이들이 팽이나 장치기에 필요한 막대를 깎고 다듬는 것은
바로 실생활에도 필요한 기술이었다. 이처럼 놀이를 통해 생활

의 지혜를 배우게 하는 것은 조상이 물려준 전통이었다.

어른들의 놀이는 남녀의 구분이 특히 심했다. 남자들이 즐긴 놀이로는 고싸움·농기싸움·편싸움·횃불싸움 등 주로 싸움 형식의 힘겨루기 놀이가 주류를 이루었다. 이러한 놀이는 고대 사회로부터 외적을 방어하기 위한 데서 유래한 것으로, 놀이를 통해 체력을 증진시키고 협동심과 책임감을 키워나갔다. 특히 이러한 놀이에는 대규모의 장비와 깃발이 필요했는데, 마을 사람들은 이러한 물품을 공동으로 만들면서 협동심을 기르는 한편 마을축제의 한마당을 만들어나갔다.

여성들의 놀이로는 강강수월래·놋다리밟기·길쌈놀이·다 듬이놀이 등이 있었다. 강강수월래는 마을 여성들 여럿이 어울 려서 손을 잡고 원을 그리며 춤을 추는 놀이로, 임진왜란 때 이 순신 장군이 왜적에게 우리 군사가 많게 보이도록 하고자 이 춤 을 추게 한 것으로 유명하다. 길쌈놀이와 다듬이놀이는 여성들의 일과 관련된 놀이였다. 피곤하고 힘든 일을 좀더 재미있게 할 수 있도록 내기를 하고, 이를 통해 일의 능률을 높였다. 여성들의 놀 이에는 노래와 춤이 반드시 뒤따랐으며, 여성들은 이를 통해 오 랫동안 구속되었던 생활에서 벗어나 멋과 여유를 찾아나갔다.

우리 역사 속에서 운동과 놀이는 고단한 삶 속에서 활력을 찾 는 청량제와 같은 기능을 했다. 이러한 기능은 최첨단 기기로 무 장한 현대의 올림픽 경기와도 상통하는 바가 많다.

백제의 수도, 조선의 수도 서울의 역사

2000여 년 전 한성 백제의 첫 수도로 출발한 서울은 조선왕조 500년 그리고 현재에 이르기까지 대한민국 심장부가 된 공간이다. 그런데 사실 몇 차례 천도 논의가 제기된 바 있다. 광해군 때는 교하 천도론이, 정조 때는 화성(지금의 수원) 천도설이 있었다. 현대에 들어와서도 수도가 교체될 뻔했다. 그러나 2004년 10월 21일 헌법재판소는 수도 이전은 위헌이라는 판결을 내렸고, 서울은 위기를 극복하고 계속해서 수도의 지위를 이어갈 수 있었다.

한양을 도읍으로 정한 까닭

1392년 조선이라는 나라를 새로 세운 태조와 신하들이 한 일 중 가장 중요한 것은 무엇일까? 그것은 바로 새로운 나라에 걸맞은 국호를 정하고, 새로운 수도를 건설한 것이었다. 고려의 수도였던 개성에는 여전히 옛 왕조에 미련을 갖고 살아가는 사람이 많았다. 그런 까닭에 조선 건국의 중심 세력들은 한반도 중앙에 자리해 있던 한양, 바로 지금의 수도에 도읍을 정하기로 했다. 1394년 10월 28일, 지금으로부터 615년여 전의 일이었다. 국호를 새로 정하고 한양으로 도읍을 옮김으로써, 이제 조선이라는 나라는 고려의 색깔을 지우고 새로운 국가의 모습을 비로소 갖추게 되었다.

고려 말 외적의 침입을 격퇴시키면서 영웅으로 떠오른 이성계는 변방인 함흥 출신이라는 점 때문에 개성 중심의 고려 귀족들로부터 냉대를 받았다. 이에 이성계는 새로운 지역에서 새 왕조를 건설해야겠다는 의지를 굳혀갔다. 고려왕조가 후반으로 접어들면서 개성 땅의 기운이 쇠했다는 설이 유행한 것도 자극이 되었다.

이러한 상황에서 정도전 등이 중심이 되어 1394년(태조 3) 10월 수도를 개성에서 한양으로 옮기는 작업을 주도했다. 한반도 중앙에 위치한 한양은 이미 500년간 백제의 수도였으며 고려 때도 남경이라 해서 수도에 버금가는 기능을 한 곳이었다. 특히 남쪽에 한반도를 관통하는 한강을 끼고 있어 교통이 매우 편리할 뿐 아니라, 주변에 높은 산들이 에워싸고 있어 국방상으로도 천

道峰
漢美山
清溪
雁岳

혜의 요지였다.

그러나 한때 새 왕조의 도읍지로 한양 이외에 계룡산 일대가 떠오른 적이 있었다. 태조는 2년 2월 정당문학政堂文學 권중화의 계룡산 길지설吉地說에 따라 계룡산을 답사한 뒤 신도시 건설 계획을 진행시키기도 했다. 그러나 그곳이 지리적으로는 남쪽에 치우쳐 있고 풍수학적으로도 불길하다는 정도전과 하륜의 주장에 따라 그 이듬해 백악 남쪽, 즉 지금의 서울 성곽 안을 중심으로 하는 새 도읍지를 정하게 되었다. 계룡산 부근이 수도로 될 뻔했던 것이다. 현재 계룡산, 공주 일대가 신행정중심도시로 선정된 것을 보면 계룡산 일대 역시 한반도의 수도로서 유리한 여건을 갖추고 있다고 볼 수 있다.

한양이 계룡산을 물리치고 도읍으로 된 데에는 수로와 해로의 교통이 편리하여 조세를 쉽게 거둘 수 있다는 점이 유리하게 작용했다. 한양으로의 마지막 결정 단계에서, 풍수지리상 이곳이 약간의 결점이 없지 않다는 지적을 듣고 태조가 "이곳의 형세를 살펴보니 왕자王者의 도읍이 될 만하다. 더구나 조운漕運이 통하고 사방의 이수里數도 고르니 사람들에게 편리하다"고 말한 것도 이러한 점을 잘 보여준다. 위의 기록은 수도로서 한양의 가치를 압축적으로 표현한 것으로, 한강과 서해를 활용한 세곡(세금으로 거두는 곡식)의 운송은 한양이 수도가 될 최적의 조건을 갖추고 있었다고 말할 수 있다.

도읍지가 한양으로 정해지긴 했지만 이때 왕궁을 어느 방향으로 할 것인가를 두고 왕사王師인 무학대사와 정도전의 의견은 팽팽하게 맞섰다. 무학이 인왕산을 주산으로 삼을 것을 주장하자,

燕岐界
公州界
錦江
自京來通三南大路
公州邑
高行路店
孝浦店
水通店
航川店
青城界
地境店
靈泉菴
七星閣
叅禮庵
北獅子庵
大蓮寺
五間閣
上峯
鷹峯
雄龍潭
北門址
東門址
白巖洞
舊閣基時程機
中峯
長山神村
七間閣
神接峯
日近峯

정도전은 국왕은 남면南面을 해야 한다는 이유로 북악산을 주산으로 할 것을 주장했고, 결국 정도전의 주장대로 신도시 건설이 추진되었다. 현재 세계적인 도시로 성장한 서울의 기본적인 골격이 비로소 갖춰진 것이다.

궁궐을 짓고 종묘사직을 조성하다

한양에 도읍을 정한 후 왕실이 거처하는 궁궐 조성 사업이 활발하게 진행되었다. 한양 북쪽에 우뚝 솟은 북악산 남쪽의 평평하고 넓은 터에 390여 칸 규모의 새 궁궐이 처음 세워진 것은 1395년(태조 4) 9월 29일이었다. 태조는 같은 날 낙성된 종묘에 4조祖의 신위를 개성으로부터 옮겨 모시고 친히 새 궁궐을 살핀 다음 신하들에게 잔치를 베풀었다. 술기운이 한껏 거나해진 태조는 최고의 참모 정도전에게 새 궁궐의 이름과 각 전당의 이름을 짓도록 명했다.

정도전은 『시경』의 한 구절을 인용해 "이미 술을 마셔서 취하고 큰 은덕으로 배부르니 군자께서는 만년토록 큰 복景福을 누리리라"라는 의미로 궁궐의 이름을 경복궁으로 정했고, 태조도 흔쾌히 받아들였다. 정전正殿인 근정전을 비롯하여, 정무를 보는 사정전, 침전인 강녕전 등의 이름도 이때에 지어진 것이었으니, 경복궁에는 정도전의 숨결이 짙게 배어 있다.

태조는 경복궁으로 이름을 지은 지 약 3개월 후 점을 쳐서 길일로 잡은 12월 28일 마침내 이곳에 들어와 살았다. '길하다'는 날을 골라서 건축하고 '군자 만년 큰 복을 누리리라' 라는 칭송으로 가득했던 경복궁이었다. 그러나 태조가 경복궁에 들어가 산 지 채 3년도 못 가서 궁은 태조의 아들들 사이에 골육상쟁의 피비린내 진동하는 '왕자의 난' 이 일어나는 비극의 공간이 되고 말았으니 역사의 아이러니가 아닐 수 없다.

조선은 유교 이념을 국시로 표방한 만큼 궁궐 건축의 기본적인 방향도 유교 경전의 하나로, 고대 중국의 이상사회로 여겼던 하夏·은殷·주周 3대의 정치를 정리한 『주례周禮』를 주로 참고했다. 『주례』「고공기考工記」에 기록되어 있는 국도國都의 구성 원리에는 좌묘우사左廟右社(법궁을 중심으로 좌측에 종묘, 우측에 사직을 배치함), 전조후시前朝後市(법궁을 중심으로 앞쪽에는 관청을, 뒤쪽에는 시장을 배치함)가 있는데, 조선은 이것을 채택하여 종묘와 사직, 관아, 시전市廛을 두었다.

현재 남쪽을 바라보는 것을 기준으로 할 때 종묘가 경복궁의 좌측에, 사직단이 우측에 조성된 것도 바로 이런 이유에서다. 경복궁 앞에는 의정부와 육조六曹의 관청을 비롯하여 한성부(지금의 서울시청) 등을 배치했고, 이 앞의 거리를 '육조거리' 라 불렀다. 최근에 광화문 광장을 조성하는 공사 과정에서 조선시대 육조거리로 추정되는 지역이 발굴되기도 했다.

새 왕조는 4대문을 중심으로 한양에 둘레 17킬로미터의 성곽을 쌓고, 그 안에 경복궁을 비롯한 궁궐·종묘·사직·관아·시장·학교 등을 건설했다. 도성을 드나드는 4대문의 이름은 동서남북의 방위에 따라 각각 흥인문興仁門·돈의문敦義門·숭례문崇禮文, 소지문昭智門이라 했는데, 이것은 유교의 인의예지仁義禮智

의 덕목을 상징적으로 반영한 것이었다.

도읍 건설 당시 한양의 인구는 10만 명쯤 되었다. 한양은 산수와 궁궐, 관청이 조화된 명당으로서의 특징을 최대한 살려 건설한 곳이었다. 북쪽의 백악산, 남쪽의 목멱산(남산), 동쪽의 낙타산(낙산), 서쪽의 인왕산에 둘러싸여 풍수지리적으로 최고라는 평가를 받았다. 이들 산을 내산이라 했고, 북한산(북), 관악산(남), 아차산(동), 덕양산(서)은 서울을 호위하는 외산外山 역할을 했다.

경복궁, 궁궐다운 모습으로 태어나다

정도전의 구상으로 완성된 법궁(정궁) 경복궁은 정전인 근정전을 비롯하여 정사를 보는 사정전, 침전 등을 갖추었으나 그 규모가 다소 작았다. 아마도 신하의 권력 강화를 주장한 정도전의 정치 이념이 궁궐 건축에도 일부 작용한 것으로 추정된다. 1395년 9월 완공 당시 경복궁은 건물의 전체 규모가 390여 칸에 불과했다. 왕과 왕비 등 왕실 가족의 전유 공간에 강녕전, 연생전, 경성전 등 세 채의 침전만 있었을 뿐 시설 역시 극히 빈약했다.

중추부, 삼군부 등 신하들의 회의기구를 궁궐 안에 설치하고 국왕을 보좌하는 기구로서는 상의원, 승지방, 내시다방 등 최소한의 기구만을 둔 점은 경복궁을 처음 세울 당시에는 궁궐이 왕권을 상징하는 막강한 공간이 아니었음을 보여준다. 그러나 왕권 강화를 추구한 태종대 이후 경복궁은 보다 궁궐다운 모습을 갖추게 된다. 1405년 개성에서 한양으로 도읍을 옮긴 태종은

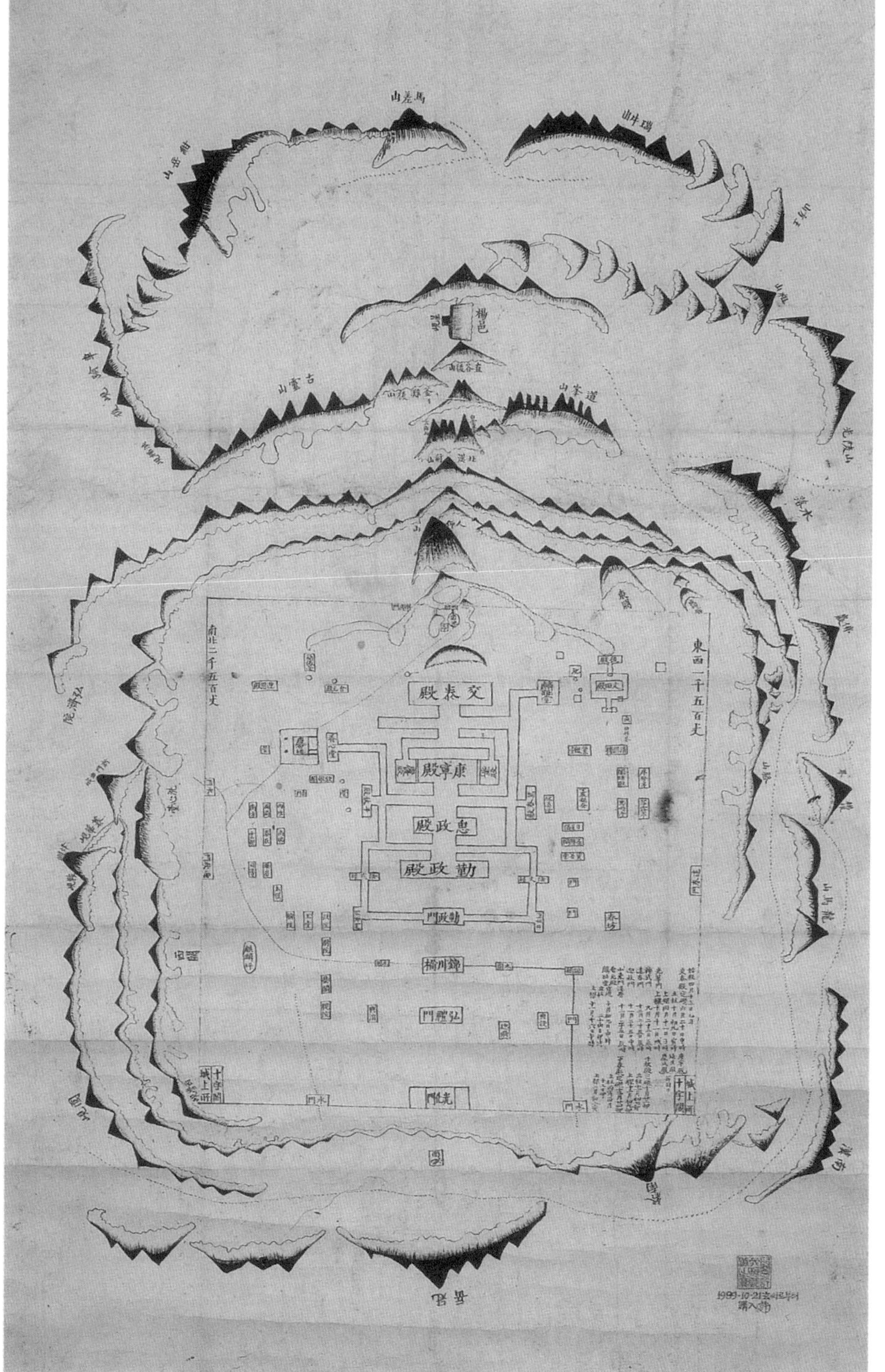

馬老山
瑞牛山
楊邑
直谷溪面
金傑縣山
古靈山
道峯山
莊溪山
東西二千五百尺
南北二千五百尺
交泰殿
康寧殿
惠政殿
勤政殿
勤政門
錦川橋
弘禮門
光化門
水門
城上所
十字閣
1999·10·21

1406년 정월 강원도와 충청도의 장정 3000명을 동원하여 경복궁을 수리하는 한편 1411년 경복궁 안 서쪽에 연못을 팠다. 1412년 4월에는 『주역周易』의 36궁宮을 모방하여 36칸에 46주柱의 돌기둥을 버텨놓은 경회루를 완공해 군신의 연회 장소를 마련하기도 했다. 태종은 도성의 중심을 관통하는 인공 하천 청계천을 처음으로 뚫음으로써 홍수에 취약한 서울의 약점을 보완했다.

세종 시대에는 동궁, 후궁, 혼전魂殿, 집현전을 비롯하여 후원까지 완비함으로써 경복궁을 완전한 법궁으로 자리잡게 했다. 세종은 또한 집현전에 명하여 경복궁의 여러 문 이름과 다리 이름을 짓게 했다. 근정전 앞 두 번째 문을 홍례문으로, 세 번째 문을 광화문으로 하고 동문은 건춘문, 서문은 영추문으로 정했다. 세종대에 이르러 광화문은 경복궁의 정문으로 명명되고 법궁으로서의 위용을 더욱 갖추게 되었다. 경복궁은 1592년 임진왜란으로 소실될 때까지 조선전기 법궁으로서 그 기능을 다하면서 서울의 상징이 되었다.

선비의 손자 사랑
이문건의 『양아록』

5월은 흔히 가정의 달이라고 한다. 이때 즈음 해서 역사 속에서 아이를 기른 과정을 일기 형식으로 기록한 책이 떠오른다. 그것도 할아버지가 쓴 손자에 대한 양육일기이다. 제목은 '양아록養兒錄', 저자는 16세기의 학자 이문건. 그는 왜 손자의 양육일기를 쓴 것일까?

이문건은 누구인가?

『양아록』의 저자 이문건李文健(1494~1567)은 16세기 중종·명종 시대를 살아간 관료이자 학자였다. 본관은 성주, 호는 묵재이다. 8대조는 고려 말 명재상인 이조년이었고, 5대조는 세종 때

영의정을 지낸 이직이었다. 증조부 이함녕도 과거에 급제했으며, 부친 이윤택과 백부 이윤식이 함께 과거에 급제하면서 명문가의 위치에 설 수 있었다. 이문건은 형 이충건과 함께 조광조의 문하에서 학문을 배우면서 관료의 꿈을 키워나갔다. 그러나 1519년 기묘사화가 일어나 스승인 조광조가 사약을 받으면서 그의 인생도 큰 위기를 맞았다.

이문건은 조광조를 축출하는 데 앞장섰던 실권자 남곤과 심정의 미움을 받아 형과 함께 옥사에 연루되었다. 1521년 형 이충건은 유배되어가던 중에 사망했으며, 이문건은 과거에 응시하지 못하는 형벌을 받았다. 1527년 다행히 사면이 된 이문건은 이듬해 과거에 합격했고, 인종이 즉위하면서 그의 인생은 순탄하게 풀리는 듯했다.

그러나 인종이 빨리 죽고 명종 즉위 후 문정왕후와 윤원형이

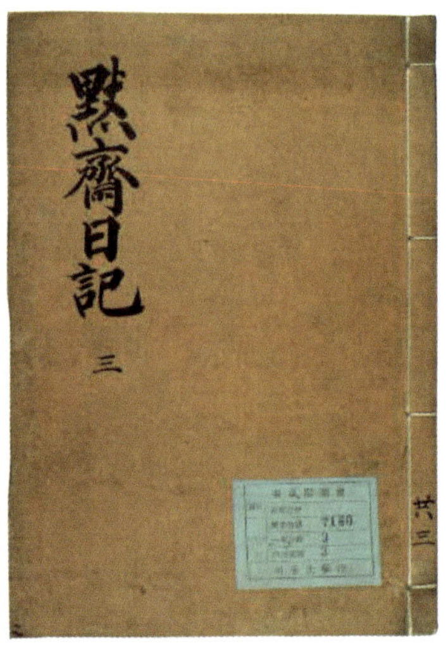

주도하는 외척정치가 시작되었기에, 인종의 편에 섰던 이문건 역시 정치적 탄압을 피할 수 없었다. 특히 큰형인 이홍건의 아들 이휘가 명종의 즉위를 반대하는 말을 퍼뜨렸다 하여 시신이 팔도에 효시되는 참형에 처해졌고, 이문건은 유배에 처해져 성주로 가게 되었다. 명문가의 전통을 이어가던 이문건 집안은 이처럼 정치적 소용돌이 속에서 몰락해가고 있었다.

이문건에게는 가정적인 불운도 겹쳤다. 23세가 되던 해에 안동 김씨 김언묵의 딸과 혼인했으나, 아이들은 대부분 천연두(마마) 등의 병으로 불구가 되거나 일찍 사망했다. 유일하게 장성한 아들이 둘째 아들 온이었다. 하나뿐인 아들에 대한 이문건의 애정과 기대는 컸다. 하지만 온 역시 어릴 때 앓은 열병의 후유증으로 정상적인 생활을 하지 못했다. 이문건은 모자란 아들을 교육시키기 위해 무던히도 애를 썼지만 전혀 기대에 못 미쳤다. 이문건은 공부를 제대로 따라오지 못하는 자식에게 매를 때리기도 했다. 이문건의 문집인 『묵재일기』에는 아들 온과 매일 씨름하며 분노를 참지 못했던 이문건의 모습이 나타나 있다.

"아침에 온이 시를 해석하지 못해 화가 치밀어 긴 나무로 때려 나무가 부러졌다."(11월 23일)

"저녁에 온이 화나게 해서 대나무로 때렸더니 기분이 상했다."(11월 24일)

"아침 일찍 온의 뺨을 발로 밟았다. 또 머리카락도 한 움큼 뽑아버렸다."(12월 8일)

이문건이 아들에게 화를 내고 손을 대는 장면은 오늘날 아버지들의 모습을 떠올리게 한다. 많은 자식을 잃고 하나 남은 자식에 대한 기대가 너무 컸던 때문일까? 그 혼내는 정도가 요즈음보다 심했다는 점도 주목된다.

육아일기를 쓴 까닭

정치적으로 유배길에 있었고, 자식 복은 지지리도 없었던 이문건에게 희망의 빛이 찾아들었다. 1551년 1월 5일 아들 온이 그렇게 고대하던 손자를 낳은 것이다. 58세에 맛본 2대 독자 손자. 그야말로 눈에 넣어도 아프지 않을 터였다. 이문건은 손자가 처음 태어난 날의 감격을 다음과 같이 기록하고 있다.

"천리는 생생불식生生不息(낳아서 쉼이 없음)이라더니 과연 아직 다하지 않아 어리석은 아들이 자식을 얻어 가풍이 이어졌다. 지하의 선령先靈들이 많이 도와주셔서 세상의 뒤의 일들이 모두 잘될 것 같다. 오늘 저 어린 손자를 기쁜 마음으로 바라보며, 노년에 내가 아이 크는 모습을 지켜보겠다. 귀양살이 쓸쓸하던 터에 좋은 일이 생겨나 혼자 술을 따르며 자축을 한다."

아이의 이름은 '길하라'는 뜻으로 숙길淑吉이라 했다(후에 숙길은 수봉守封으로 이름을 고쳤다). 이제 이문건의 모든 관심은 손자에게 향했다. 아이가 차츰 일어서고, 이가 나고 걷기 시작하는 모습, 그 모든 것이 신기했다. 이문건은 손자의 이 모든 상황을 기록으로 남기고 싶었다. 할아버지가 쓴 손자의 육아일기 『양아록』은 이렇게 탄생했다. 이문건은 일기를 쓴 동기를 다음과 같이 밝히고 있다.

"아이를 기르는 일을 꼭 기록할 것은 없지만 기록하는 것은 할 일이 없어서이다. 노년에 귀양살이를 하니 벗할 동료가 적고 생계를 꾀하려고 해도 졸렬해서 생업을 경영할 수 없으며 아내는 다시 고향으로 돌아갔다. 그래서 고독하게 거처하는데 오직 손자 아이 노는 것을 보는 것으로 시간을 보냈다. (…) 습좌習坐, 생치生齒, 포복匍匐 등의 짧은 글을 뒤에 기록하여 애지중지 귀여워하는 마음을 담았다. 아이가 장성하여 이것을 보게 되면 아마 글로나마 할아버지의 마음을 알게 될 것이다."

손자의 출생은 귀양살이와 연이은 가족사의 불운에서 오는 이문건의 좌절감을 일거에 씻어줄 가뭄 속의 단비였다. 이문건은 귀양살이의 여유(?) 속에 손자가 자라나는 모습을 가장 가까이서 지켜볼 수 있었고, 기록에 대한 그의 열망은 이 모습을 하나하나 정리해내게 했다.

선비가 육아일기를 쓰는 것이 크게 흠이 되지 않았던 조선전기의 사회 분위기 또한 『양아록』을 쓸 수 있는 배경이 되었다. 육아 문제를 철저히 여성의 분야로 한정했던 조선후기였다면 『양아록』은 쉽게 나올 수 없었을 것이다.

조선의 농촌과 도시, 그리고 밑바닥 삶

『양아록』에 의해 조선시대 아이가 태어나서 성장하는 모습이 완벽하게 복원되고 있다. 여섯 달 무렵 아이는 혼자 앉을 수 있게 되었고, 일곱 달이 되자 아래에 이가 생겨 젖꼭지를 물게 되었다. 9개월이 지나자 윗니가 생겼고, 11개월 때 처음 일어서는 모습에 대해서는 “두 손으로 다른 물건을 잡고 양발로 쪼그리고 앉았다. 한 달을 이렇게 하더니 점점 스스로 오금을 펴고 일어났다”고 기록하고 있다.

이 무렵 아이는 할아버지가 글 읽는 모습을 보고 할아버지 흉내를 냈다. 이문건은 “손자 아이가 커가는 것을 보니 내가 늙어가는 것을 잊어버린다”고 하면서 손자 키우는 재미에 흠뻑 빠져들었다. 그러나 위기도 있었다. 다섯 살 때에는 숫돌을 가지고 놀다가 엄지손가락 손톱 가운데를 찍어서 할아버지를 놀라게 했다.

아이가 6세 때 찾아든 천연두는 이문건을 특히나 긴장시켰다. 아들과 딸을 천연두로 잃은 경험은 이문건을 노심초사하게 했다. “열이 불덩이 같고 종기는 잔뜩 곪았는데, 몸 전체가 모두 그러했다. 눕혀놓아도 고통스러워하고 안아도 역시 아파했다. 아프다고 호소를 해도 구할 방법이 없다. (…) 이틀 밤낮을 틈틈이 미음을 먹이고 어루만져주며 답답함을 위로해주었다”는 기록에는 어쩔 줄 몰라 하는 이문건의 마음이 잘 표현되어 있다.

조선시대에 천연두는 많은 사람들을 공포로 몰아넣었다. 천연두를 겨우 극복한 사람들의 얼굴에는 마마 자국이 남아 힘겨운 사투의 흔적을 보여준다. 조선후기 관리들의 초상화를 모은 『진신화상첩』이나 『선현영정첩』과 같은 책을 보면 마마 자국이 남아 있는 인물이 상당수임을 확인할 수 있다. 다행히 손자는 병을 털고 일어섰다. 그러나 손자가 일곱 살 되던 해에 아들 온이 세상을 떠났고, 이제 손자 숙길을 돌보고 가르치는 것은 온전히 이문건의 몫이 되었다.

아이가 자라고 공부를 가르치면서 할아버지와 손자의 갈등은 커갔다. 이문건의 기대만큼 아이는 명석하지 못했고, 공부를 게을리 했기 때문이다. 아홉 살 되던 해 늦봄 손자는 하라는 공부는 하지 않는 것을 꾸짖는 할아버지의 충고를 듣는 둥 마는 둥 하다가 나가버렸다. 이에 화가 난 할아버지는 직접 내려가 손자를 데려오면서 뒤통수를 다섯 대 때리고, 엉덩이를 네 대 때렸다. 열 살 되던 해에는 그네놀이에 정신이 팔린 손자의 종아리를 쳤다. 열세 살부터 손자는 입에 술을 대기 시작했다. 만취해서 돌아오던 날 이문건은 가족이 모두 손자를 때리게 했다. 누이와

할머니가 열 대씩 때리게 했고, 자신은 스무 대도 넘게 때렸다.

하지만 손자의 술버릇은 쉽게 고쳐지지 않은 것 같다. 손자가 열네 살 되던 새해 첫날 이문건은 "늙은이가 아들 없이 손자를 의지하는데 손자 아이 지나치게 술을 탐하여 번번이 심하게 토하면서 뉘우칠 줄을 모른다. 운수가 사납고 운명이 박하니 그 한을 어떻게 감당할까"라며 손자의 음주벽에 대해 매우 마음 아파했다.

이후에도 공부 문제, 손자의 태도 문제 등으로 할아버지와 손자의 갈등은 커갔다. 이문건은 『양아록』의 마지막 「노옹조노탄老翁躁怒嘆」에서 손자에게 자주 매를 대는 자신에 대해 "늙은이의 포악함은 진실로 경계해야 할 듯하다"고 반성을 하면서도 "할아버지와 손자 모두 실망하여 남은 것이 없으니 이 늙은이가 죽은

후에나 그칠 것이다. 아, 눈물이 흐른다"면서 손자에 대한 야속함과 자신의 슬픔을 표현했다. 「노옹조노탄」을 끝으로 이문건은 더 이상 『양아록』을 쓰지 않았다. 손자가 이제 장성하여, 더는 자신의 품속에 품을 수 없는 존재라 생각했기 때문이리라.

손자가 여섯 살 되던 해에 쓴 다음의 기록은 이문건과 손자가 서로에게 가장 필요한 존재가 되던 행복한 시절이었다. "6월에 이르러 전염병에 걸려 아파할 때 손자는 죽 먹이고 똥 누이는 일을 일일이 할아버지가 해달라고 졸라댔다. 기쁜 마음에 꺼리지 않고 돌보아주니 즐거워하고 좋아했다. 할아버지가 밖에 나갔을 때 날이 저물면 곧 슬퍼하고 밤에 잠자리에 들어 졸려도 자지 않고 안타까워하며 늦게 돌아온다고 원망한다. 집에 들어오면 문앞에서 기쁘게 맞이하고 펄쩍펄쩍 뛰면서 마음에 있는 말을 한다. 이것이 진정 더불어 사는 것, 한 뿌리 한 가지에서 나온 까닭이다." 이문건은 최후까지 이러한 관계를 원하지 않았을까?

500년 전 이 땅을 살아간 조선의 선비 이문건이 쓴 『양아록』은 거의 유일한 양육일기라는 점에서 큰 의미가 있다. 그리고 책

속에 담겨 있는 할아버지의 손자에 대한 애정과 엄한 교육 방식, 여종의 아이 젖 주기, 누구도 피할 수 없었던 천연두, 단오의 그네놀이, 아이들의 음주 문화 등은 조선시대 생활사의 한 장면 한 장면을 생생하게 증언해주고 있다. 『양아록』은 단순한 양육일기가 아니라, 조선시대 역사 자료로서 가치를 지니고 있는 명저임에 틀림없다.

조선인들의 여름나기

푹푹 찌는 한낮의 무더위 속에서도 온갖 복장으로 위엄을 갖춘 왕실 사람이나 갓을 쓰고 도포를 차려입은 조선시대 선비들의 모습을 떠올리다보면 답답함이 먼저 와닿는다. 체면상 옷을 벗고 돌아다닐 수도 없고, 농민이나 노비처럼 시냇물에 '풍덩' 뛰어들기도 쉽지 않다. 부채를 부치면서 책을 읽으며 더위를 피해보려 하지만 이 역시 만만치가 않다. 과연 이들은 어떻게 더운 여름을 이겨낼 수 있었을까?

국가가 나서서 관리한 한여름 얼음

선풍기나 에어컨이 없었다뿐이지 선비들의 여름나기는 기본적으로 우리네 여름나기와 비슷했다. 간편한 복장, 부채질하기, 등목하기, 서늘한 나무 그늘에서 쉬기 등등. 일부 잘나가는 양반들은 귀하다는 한강의 얼음까지 맛볼 수 있었다. 신라시대 경주에 석빙고 유적이 있는 것을 보면 우리 조상이 오래전부터 얼음을 이용해왔음을 알 수 있다.

조선시대에는 겨울철 한강의 얼음을 떠서 동빙고와 서빙고에 보관했다. 동빙고는 한강변 두뭇개 즉 지금의 성동구 옥수동에 있었고, 서빙고는 지금의 서빙고동 둔지산屯智山 기슭에 있었다. 19세기 서울의 관청과 궁궐 풍속 등을 정리한 『한경지략漢京識略』의 궐외각사闕外各司 조항은 '빙고氷庫'에 대한 내용을 자세히 기록하고 있다.

"동빙고가 두뭇개에 있다. 제사에 쓰는 얼음을 바친다. 서빙고는 둔지산에 있다. 궁 안에서 쓰이고 백관들에게 나누어주기도 할 얼음을 공급한다. 이들 빙고는 개국 초부터 설치되어 얼음을 보관하고 공급하는 일을 맡았다. 동빙고에 옥호루玉壺樓가 있는데 경치가 뛰어나다."

동빙고의 얼음은 주로 제사용으로 쓰고, 서빙고의 얼음은 한여름인 음력 5월 보름부터 7월 보름까지 종친과 고위 관료, 퇴직 관리, 활인서의 병자, 의금부의 죄수들에게까지 나누어주었다. 네 치 두께로 얼은 후에야 얼음을 뜨기 시작했다. 이에 앞서 난지도 등지에서 갈대를 가져다가 빙고의 사방을 덮고 둘러쳤는데, 이는 냉장의 기능을 강화하기 위해서였다. 얼음을 뜰 때에는 칡으로 꼰 새끼줄을 얼음 위에 깔아놓고 사람이 미끄러지는 것을 방지했다고 한다. 얼음을 뜨고 저장하는 일은 쉽지 않았다. 『세종실록』에는 장빙군藏氷裙에게 술 830병, 어물 1650마리를 하사했다는 기록이 나와 얼음을 저장하는 사람들에게 세심한 배려를 했음을 알 수 있다. 얼음을 빙고에서 처음 꺼내는 음력 2월 춘분에는 개빙제開氷祭를 열었다. 얼음은 3월 초부터 출하하기 시작해 10월 상강霜降 때 그해의 공급을 마감했다고 한다. 겨울에 날씨가 따뜻하여 얼음이 얼지 않으면 사한단司寒壇에서 추위를 기원하는 기한제祈寒祭를 올렸다. 영조 때에는 기한제 이후 얼음이 꽁꽁 얼자 제관祭官들에게 상을 내리기도 했다.

나라에서 설치한 빙고가 있었지만, 일반인들도 얼음을 이용하면서 점차 얼음의 수요가 늘어나자 공급이 달렸다. 이에 18세기에 이르면 사적으로 얼음을 공급하는 사람들이 나타나 한강 근처에만 30여 개소의 빙고가 설치되었다. 한강에서 얼음을 채취하는 모습은 이제 낯선 풍경이 되어버렸지만 1970년대까지만 해도 얼음 채취의 명맥은 이어졌다.

산행하며 심신을 달랜 옛 선비들

얼음 공급이 국가적 차원에서 더위를 이겨내는 중요한 시스템이었다면, 선비들에게 일상화되었던 더위 극복 이벤트는 바로 산행이었다. 여름철 선비들은 장기간의 산행을 떠나 더위도 피하고 스승과 제자들이 회합하면서 학문과 현실을 토론하는 시간

『송도기행첩』 중 「태종대太宗臺」(뒤쪽), 강세황, 종이에 담채, 32.8×54cm, 18세기, 국립중앙박물관. 한여름 탁족하는 선비들의 운치 있는 기행 장면을 청량감 있게 묘사하고 있다. 발을 씻고 있는 이들 맞은편에는 지필묵을 갖추고 시를 쓰는 인물을 배치해 이들 풍속의 아취와 격조성을 잘 드러내주고 있다.

조선의 농촌과 도시, 그리고 밑바닥 삶

175

太宗臺

도 가졌던 것이다. 그리고 이때 느낀 감흥과 머릿속에 떠오른 생각들을 담아 기행문으로 남겼다. 선비들이 즐겨 찾았던 산은 백두산, 한라산, 금강산, 지리산, 오대산, 묘향산, 속리산, 가야산 등 예나 지금이나 명성이 높은 산들이었다.

1558년 여름 조식曺植(1501~1572)은 제자 일행과 함께 지리산 여행을 떠났다. 더위를 피해보고자 그의 제자들이 선생이 공부하던 지리산 근처에 모여 단체 산행을 한 것이다. 조식은 퇴계 이황과 같은 해에 태어나 당대에는 이황과 더불어 영남학파의 양대 산맥으로 불리던 학자였다. 지리산 산행에 앞서 조식 일행은 칼국수, 단술, 생선회, 찹쌀떡, 기름떡과 같은 음식과 소합원, 청양유 같은 비상 구급약도 준비했다.

조식은 산을 오르는 데에만 만족하지 않았다. 지리산 곳곳의

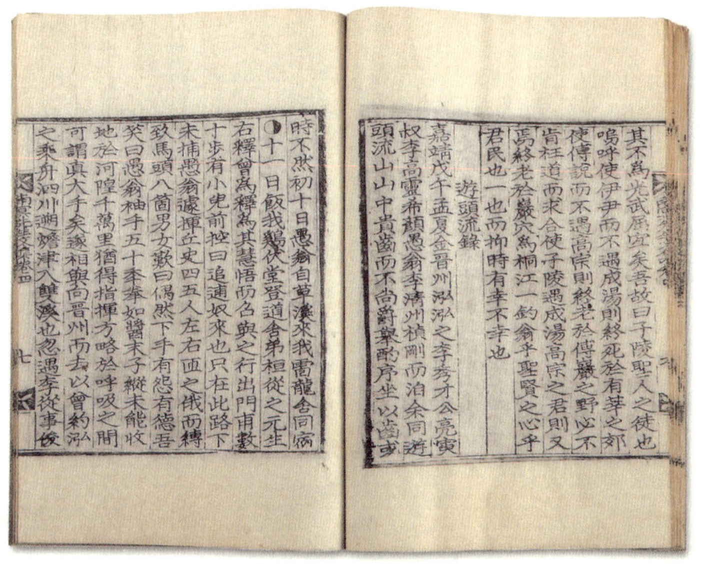

유적들을 보고 역사 속 인물들을 떠올렸고, 신응사라는 절에 들렀을 때는 세금이 무거워 백성들이 고통받는 현실을 기록으로 남겼다. 갑자사화로 희생된 사림파 선배 학자 정여창의 거처를 지나면서는 그의 죽음을 안타까워했다. 기행문 말미에서 조식은 지리산 산행을 떠난 것이 11번이나 된다고 했다. 그리고 그 기행의 감상을 『유두류록遊頭流錄』이라는 기록으로 남겼다.

조식의 『유두류록』을 비롯해 남효온의 『금강산유람기』, 김창흡의 『오대산기행』, 채제공의 『관악산유람기』 등 산행의 감흥을 선비들은 문집 속의 기록으로 남겼고, 상당수의 책은 번역까지 되어 있다.

팔덕을 갖춘 부채의 미학

조선시대 풍속화에도 일부 나오지만, 최근까지도 더위를 쫓는 일등공신은 부채였다. 휴대하기에 편리함과 더불어 선비들에게는 체면치레용으로, 부녀자에게는 장식품으로 활용되었다. 19세기의 학자 이유원이 쓴 『임하필기』에는 황해도 재령 등지에서 생산되는 풀잎으로 엮어 만든 부채 팔덕선八德扇에 대한 이야기가 나온다. 팔덕이란 바람 맑은 덕, 습기를 제거하는 덕, 깔고 자는 덕, 값이 싼 덕, 짜기 쉬운 덕, 비를 피하는 덕, 햇볕을 가리는 덕, 독을 덮는 덕 등으로 부채의 실용성을 압축적이고 해학적으로 표현한 것이다.

우리나라 문헌 가운데 부채에 관한 가장 오래된 기록은 『삼국사기』 견훤조에 보인다. 고려 태조가 즉위하자 견훤은 사신 편에 대화살竹箭과 함께 공작의 깃으로 만든 부채인 공작선孔雀扇을 보냈다. 부채가 귀한 사람에게 주는 상징물로도 기능했음을 알 수 있는 대목이다. 실제 조선시대 주요 왕실 행사에는 부채가 꼭 등장했다.

우리나라의 부채는 외국에서도 인기가 있었다. 고려, 조선시대에 걸쳐 부채는 중국을 비롯하여 일본, 몽고 등지에 국교품國交品으로 전해졌다. 명나라 사신들은 특히 조선의 부채에 관심을 보였다. 1622년(광해군 14)에는 명나라 사신에게 백선白扇 224자루, 유선油扇(기름 먹인 부채) 1830자루를 준 기록이 보인다. 도쿠가와 시대의 일본인들은 조선의 부채를 모방하여 조선골선朝鮮骨扇을 만들기까지 했다.

우리 속담에 '단오 선물은 부채요 동지 선물은 책력冊曆'이라
는 말이 있다. 음력 단오는 곧 여름이 시작됨을 의미하고 더위에
대비하여 부채를 준비하라는 뜻이 담겨 있다. 조선말기까지는
공조에서 해마다 단오 부채를 만들어 왕에게 올렸고, 왕은 다시
신하들에게 하사했다. 각 지방에서도 그곳 특산품으로 부채를
궁중에 진상했고, 도 관리나 친지들에게 선물했다.

　지방의 부채 중에서는 전주와 남평의 것이 상품上品으로 인정
받았다. 부채에서 또 하나 빠질 수 없는 것은 부채의 그림이다.
조선후기 서울의 풍속을 기록한 『경도잡지京都雜識』에는 "단오
에 부채를 서울 관원에게 나누어주는데, 부채 면에 새나 짐승의
그림을 그렸다"고 하여 부채에 그림 그리는 풍습이 오래도록 이
어졌음을 알 수 있다. 부채에 이름 있는 화가들의 그림이나 명필

「백선도 8곡병」, 박기준,
비단에 채색, 각 94.5×
41cm, 19세기, 삼성미
술관 리움.

가의 글씨를 받는 풍습으로 인해 현재 남아 있는 부채 중에는 김
홍도의 「서원아집」, 정선의 「정양사」, 최북의 「설경산수도」 등
명화들이 많다.

　부채는 여름에 주로 사용되었으나, 숯불을 피울 때나 다리미
질을 할 때 등 일상생활에도 자주 활용되었다. 양반이나 부녀자
가 체면용이나 얼굴을 가리는 용도로 쓰는 일도 흔했다. 부채는
더위를 쫓는 가장 간단한 휴대품이자 각 방면에서 사용할 수 있
는 실용품이었다. 최첨단 전자기기가 유행하는 오늘날에도 부채
가 그 생명력을 잃지 않는 것은 이러한 효용성 때문일지도 모르
겠다. 올여름 옛 선비들의 풍류가 묻어나는 부채를 들고서, 명산
대천을 유람해볼 것을 권한다. 옛 선비들의 기상까지 이어받는
다면 쉽게 더위를 이겨나갈 수 있지 않을까?

『토정비결』에
숨은 뜻은?

　새해가 되면 누구나 관심을 가지는 『토정비결土亭秘訣』. 믿든 말든 한 해 자신의 운수를 점쳐보면서 한 해를 계획하는 것은 언제부터인가 우리의 풍습으로 굳어졌다. 대부분 오래된 우리의 전통으로 알고 있지만 『토정비결』은 정작 조선시대의 새해 풍습 목록에는 들어 있지 않다. 『토정비결』의 저자가 조선시대의 학자 이지함(1517~1578)이라는 것을 알고 있는 사람은 의아하게 여길 것이다. 이지함의 저작이니 당연히 16세기부터 유행한 것이 아닌가? 결론적으로 『토정비결』은 이지함의 이름을 가탁한(빌린) 저작이라는 의견으로 무게가 쏠리고 있다. 그렇다면 왜 굳이 이지함의 이름을 빌린 것일까? 『토정비결』과 이지함의 삶 속으로 들어가 이러한 의문들을 풀어보자.

이지함의 행적에 대해서 잘 모르는 사람들도 『토정비결』 하면 이지함을 떠올린다. 『토정비결』은 『주역』의 이치를 응용하여 한 해의 운수를 알기 쉽게 풀이한 책이다. 그런데 『토정비결』은 『주역』을 바탕으로 하면서도 이와는 다른 방식을 취하고 있다. 『주역』의 기본 괘는 64개인 데 반해 『토정비결』에는 48개의 괘만이 사용되고 있다. 괘를 짓는 방법도 달라서 이른바 사주 가운데 시時를 뺀 연年·월月·일日을 사용할 뿐이다. 조선시대 민간에는 시계가 없어 시간을 정확하게 알지 못했기 때문에 그들의 편의를 도모한 것으로 생각된다.

이처럼 『토정비결』은 『주역』을 이용하면서도 조선적인 특성과 백성들에 대한 편의를 십분 고려했다. 그러다보니 점괘의 총수도 『주역』과는 다르게 되었다. 『주역』에는 총 424개의 괘가 있으나 『토정비결』에는 144개의 괘뿐이다. 훨씬 간편하다고 말할 수 있다. 『토정비결』은 열두 달의 운수를 시구詩句로 적어놓았다. 총 6480구로 구성되었으며, "동쪽에서 목성을 가진 귀인이 와서 도와주리라" "관재수가 있으니 혀끝을 조심하라"는 식이다. 간단명료한 글귀지만 생각할 거리가 많은 점괘다. 항목마다 길흉이 적절한 비율로 배합돼 있어 낙관도 실망도 하기 어렵다. 결과적으로 『토정비결』은 절망에 빠진 사람에게 희망을 불어넣어주며, 모든 일에 정성을 다하도록 이끄는 힘이 있다. 그런 점에서 운수를 판별하는 데 중점이 있다기보다 민중에게 삶의 활력을 불어넣기 위해 저술된 것으로도 풀이할 수 있다.

점통, 조선후기, 서울대 박물관.

조선의 농촌과 도시, 그리고 밑바닥 삶

『토정비결』에 대해서는 이지함의 저작이라는 설과 그의 이름을 후대에 가탁한 것이라는 주장이 함께 제기되고 있다. 숙종 때 그의 현손인 이정익李槓翊이 이지함의 유고를 모은 문집인 『토정유고』를 간행할 때 『토정비결』이 포함되지 않은 것으로 보아 현재 유행하고 있는 『토정비결』이 이지함의 저작일 가능성은 떨어진다. 특히 『토정비결』이 이지함 사망 직후에 유행한 것이 아니라 300여 년 뒤인 19세기 후반에 널리 퍼진 점을 고려할 때 이지함의 이름을 가탁한 것이라는 주장은 설득력 있어 보인다.

예를 들어 정조 때 홍석모가 쓴 『동국세시기東國歲時記』에는 조선후기 풍속 전반에 관한 내용이 기록되어 있는데, 정월의 경우 세배하기나 세찬歲饌, 떡국 먹기 등의 새해 풍습과 함께 새해의 신수를 보는 점으로 오행점五行占을 언급하고 있다. 또한 정조 때의 실학자 유득공이 서울의 세시풍속에 대해 쓴 저술 『경도잡지京都雜誌』에도 새해의 풍속 중 "윷을 던져 새해의 길흉을 점친다"는 기록이 있는 반면 『토정비결』에 대한 언급은 전혀 없다. 만약 『토정비결』이 조선시대에 유행했다면 『동국세시기』나 『경도잡지』에 틀림없이 소개되었을 텐데 그렇지 않은 것으로 보아 결국 『토정비결』이 빨라야 19세기 이후에 유행했다는 근거가 된다. 따라서 『토정비결』은 16세기를 살았던 이지함의 저작이 아니라 후대의 누군가가 이지함의 명성을 빌려 쓴 책으로 보는 것이 훨씬 타당성 있다.

그런데 『토정비결』에 담긴 뜻과 이지함의 사상은 서로 저작물과 저작자의 관계로 보아도 하등 이상하지 않을 만큼 통하는 면이 많다. 『토정비결』에는 『주역』에 바탕을 둔 상수학象數學적인

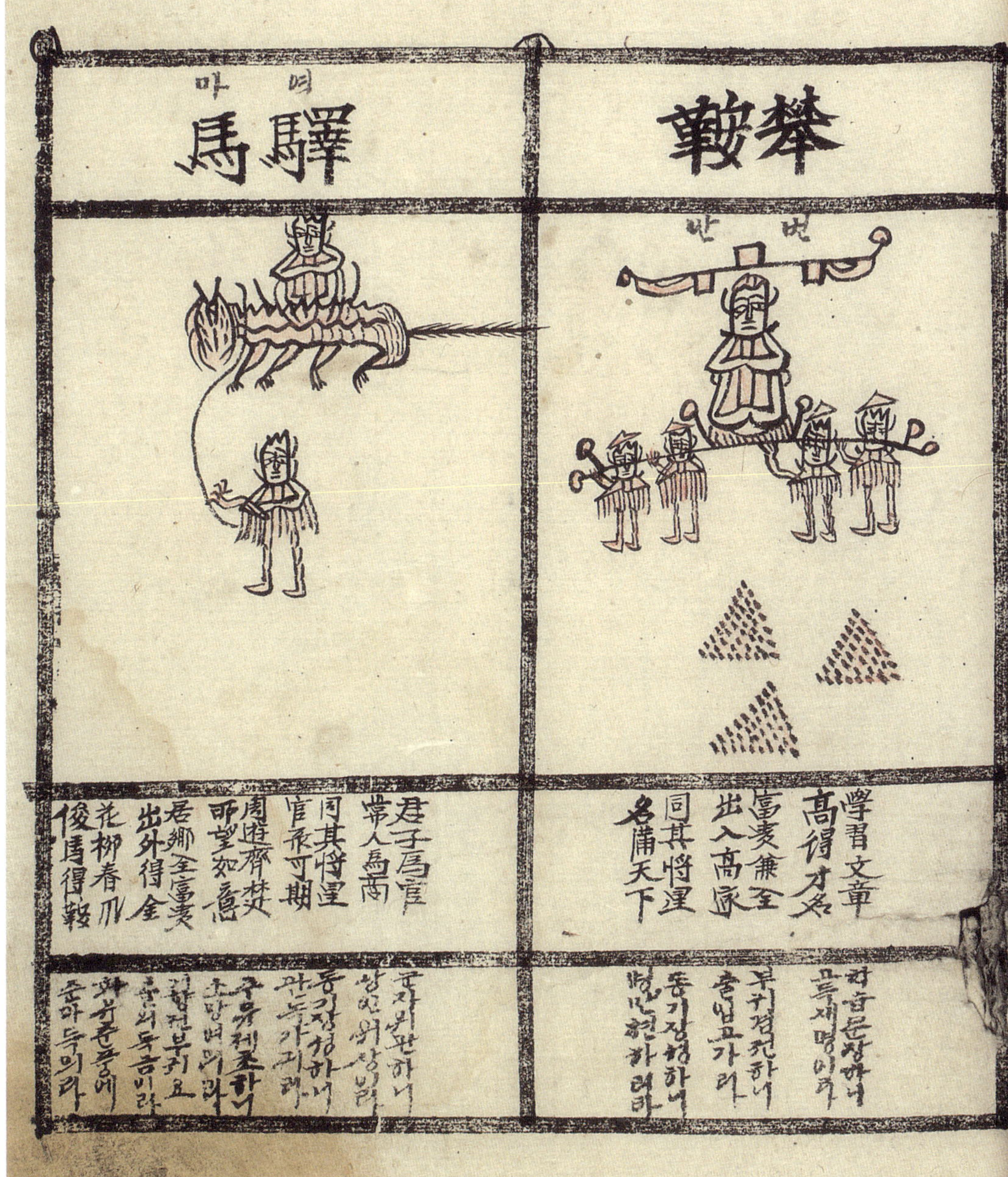

오른쪽 칸 · 攀鞍(반안)

學書文章
高得才名
富貴兼全
出入高家
同其將運
名蓋天下

왼쪽 칸 · 驛馬(역마)

君子爲官
常人爲商
同其將運
官承可期
周遊齊楚
所望如意
居鄉全富貴
出外得金
花柳春服
俊馬得鞍

사고가 많이 내포되어 있는데, 이지함은 스승인 서경덕으로부터 상수학을 배웠으며 상당한 조예가 있었다고 한다. 서경덕을 비롯한 16세기 당시 『주역』이나 상수학에 관심이 많았던 학자들은 대개 기氣에 주목하여 당시의 사회를 안정보다는 변화가 필요한 시기로 파악했다. 서경덕에게 『주역』을 배운 이지함이었던 만큼 주역 사상에 내포된 새로운 변혁 의지를 가지고 있었다고 보는 것이 자연스럽다. 이 점에서 『토정비결』에 담겨 있는 변화에 대한 갈망을 이지함의 사상과 연결지을 수 있다. 이덕형이 이지함을 두고 말하기를 "세상이 풍수를 숭상하고 믿게 된 것은 이씨 집안에서 시작되었다"고 한 것도 이러한 분위기와 맥락에 가닿는다.

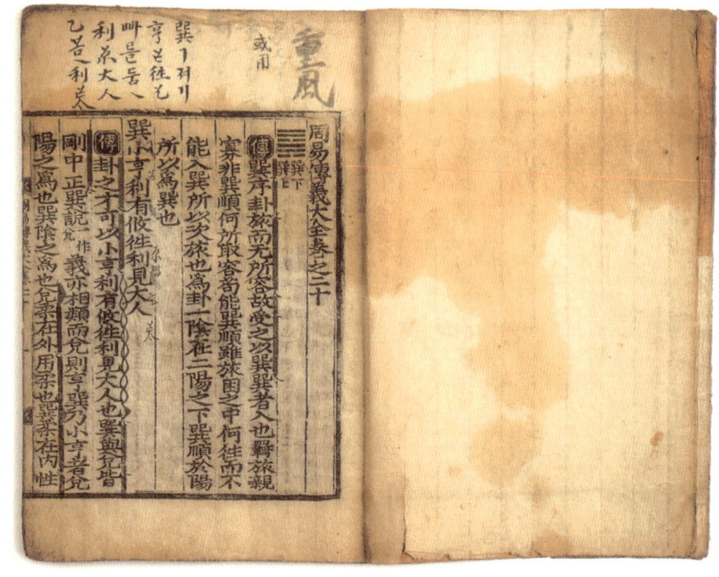

이지함의 자는 형백, 호는 토정, 본관은 한산韓山이다. 고려 말의 성리학자 이곡과 이색을 배출한 명문가의 후손으로, 이색은 이지함의 7대조가 된다. 이곡과 이색은 고려 말과 조선 초에 걸쳐 문명文名을 떨쳤으며, 이색의 아들 종선은 관직이 좌찬성에 이르렀다. 이후 이지함 가문의 영예는 조금 퇴색하는데, 조부 장윤과 부 치는 각각 현감과 현령직에 머물렀다. 이처럼 이지함은 목은 이색을 배출한 한산 이씨 명문가의 후손으로 태어났지만 과거를 포기하고, 생애의 대부분을 처사의 삶을 살면서 전국 각지를 돌아다녔다. 이러한 유랑생활을 통하여 생활고에 시달리는 많은 백성을 접했다. 그의 사회경제 사상의 핵심이 민생 문제 해결에 있었던 것도 이러한 경험에 바탕을 두고 있다.

이지함은 매우 개방적인 인물이었다. 신분이 미천한 사람이라도 능력이 있으면 문인으로 받아들였으며, 신분에 구애받지 않고 격의 없이 사람들과 어울렸다. 이지함은 전국을 유랑하며 현지 주민들에게 장사하는 법과 생산 기술을 가르쳤으며, 자급자족 능력을 기를 것을 강조했다. 또 가난한 주민들에게 자신이 소유한 재물을 고르게 분배해주었으며, 무인도에 들어가 박을 심어 수만 개를 수확해 바가지를 만들어 곡물 수천 석과 교환하여 빈민을 구제하기도 했다. 『토정유고』를 비롯하여 『연려실기술』 『어우야담』 등의 기록에 나오는 이지함에 관한 일화들에는 백성들의 편에 섰던 이지함의 치밀한 계획과 적극적인 실천의 모습이 나타나 있다. 명문가 출신의 선비가 백성의 이익을 위해 말업

未業으로 치부되던 수공업, 상업, 수산업에 직접 종사했던 것은 높이 평가할 만하다. 『어우야담』의 다음 기록은 이지함의 캐릭터를 선명하게 보여주고 있다.

"우묵한 길에 흙을 쌓아 가운데 높이가 백 척이나 되는 흙집을 짓고 이름을 토정이라 했다. 밤에는 집 아래서 자고 낮에는 지붕 위에 올라가 거처했다. 또 솥을 지고 다니기가 싫어 쇠로 관鐵冠을 만들었는데, 거기에 밥을 지어 먹고 씻어서 관으로 쓰고 다녔다. 팔도를 두루 유람하면서도 탈것을 빌리는 일이 없었다. 스스로 천한 사람의 일을 몸소 겪어보지 않은 것이 없었노라고 여겼는데, 심지어 남에게 매 맞기를 자청해 시험해보려 했다."

점술이나 관상비기觀象秘記에 능했던 이지함의 사상적 성향, 그리고 백성들과 함께 삶의 문제를 해결하기 위해 동분서주했던 모습이 후대에도 길이 기억되면서 이지함은 『토정비결』의 주인공으로 남았고, 현재까지 그 이름이 회자하고 있다. 원하든 원치 않았든 『토정비결』에 투영된 이지함의 이름 석 자는 백성의 편에 서서 살았던 한 지식인을 후대에까지 널리 기억하게 하고 있다. 이지함이 민간에 친숙한 인물이었다는 점은 야사류의 책에 그에 관한 기록이 풍부한 데서도 발견된다. 『대동기문』에는 이지함이 스스로 상업 행위에 종사한 일과 거지 아이에게 옷을 벗어준 일화 등이 소개되어 있으며, 『동패락송東稗洛誦』에는 이지함이 괴상한 행동을 하다가 노인의 놀림을 받았다는 이야기와 계집종의 유혹을 물리친 일화, 간질병에 걸린 사람을 치료했다

는 이야기, 음률音律을 아는 이인異人과 장도령을 만난 이야기 등
이 기록되어 있다. 이러한 일화는 모두 이지함이 민간에서 격의
없이 많은 사람을 만나 자신의 도움이 필요할 때 응한 내용이 대
부분이다. 이지함은 스스로에게는 철저히 엄격했으나, 다른 사
람에게는 매우 온화했다고 하는데, 이러한 기질 또한 민중을 쉽
게 만날 수 있었던 한 바탕이 되었을 것이다.

다시 생각해보면 『토정비결』과 함께 그의 이름이 오늘날까지
널리 회자하는 것은 어려운 시대에 고통받는 백성들의 삶 속으
로 직접 뛰어들어가 그들의 고통을 듣고 어려움을 해결한 그의
행적이 수많은 사람에게 감동을 주었기 때문일 것이다. 『토정비
결』은 16세기 그가 살던 시대는 물론이고 이후의 시대까지도 백
성들에게 슈퍼스타로 자리매김하던 이지함의 이름을 빌림으로
써, 현재까지도 새해 우리들의 삶 속에 빠지지 않는 베스트셀러
가 되었다.

조선을 뒤흔든 위기의 순간들

조선 역사의 흐름을
바꾼 계유정난

지금으로부터 560여 년 전인 1453년 10월 10일. 조선 역사의 흐름을 바꾼 대사건이 일어났다. 바로 수양대군이 주도하여 일으킨 쿠데타, 계유정난癸酉靖難이 발생한 것이다. 계유정난을 풀이하면 계유년에 일어난 '어려움을 평정한 사건'이 된다. 1453년 10월 10일 그날 무슨 일이 일어났던 것일까?

단종의 즉위와 신권의 부상

세종의 사망 후 왕위는 장남인 문종에게 계승되었다. 그러나 어릴 적부터 잔병치레가 많았던 문종의 병약함은 세종의 근심거리였다. 세종 자신도 건강이 악화되어 대리청정의 형식으로 세자에게 정치를 맡겼지만 불안감을 지우긴 어려웠다. 그러한 우려대로 1450년 2월 세종의 뒤를 이어 즉위한 문종은 대부분의 시간을 병상에서 보내다가 1452년 5월 사망했다. 사망 직전 문종은 이제 겨우 열두 살밖에 되지 않은 어린 세자가 걱정되었다. 문종은 고명대신誥命大臣(왕의 유지를 받드는 대신) 김종서, 황보인 등을 불러 마지막으로 세자를 부탁하고 눈을 감았다. 그러나 문종의 부탁은 새로운 비극의 싹을 잉태하고 있었다.

세자가 문종을 이어 단종으로 즉위하자 김종서는 좌의정, 황보인은 우의정이 되었고, 왕은 형식적인 결재만 한 채 모든 정사는 의정부에서 관할하는 이른바 의정부 서사제가 본격화되었다. 태종 때 신권의 비대화를 우려하여 폐지한 의정부 중심의 정치체제가 단종의 즉위로 다시 고개를 내민 것이다.

태종이 골육상쟁을 치르면서 확보한 강력한 왕권은 세종대에 이르러서는 왕권과 신권이 조화되는 형태로 나아갔지만, 문종·단종과 같은 약한 왕이 연이어 즉위하면서 권력의 균형이 깨지고 신하가 주도하는 정치체제가 자리를 잡아간다. 정도전이 그토록 희구했던 재상 중심 체제로 회귀했고, 피를 보는 진통 속에서 겨우 왕권의 안정을 다잡은 태종의 노력이 수포로 돌아가는 순간이었다.

의정부 대신들은 어린 왕을 보필한다는 이유로 일명 '황표정사黃標政事'를 했다. 이것은 조정에서 인사 지명권을 위임받은 신하들이 황색 점을 찍어 대상자를 표시하는 방식으로, 그만큼 신하들이 권력 남용을 할 위험성이 있는 제도였다. 김종서, 황보인 등은 자신들의 권력 기반을 강화하기 위해 세종의 3남인 안평대군과 손을 맞잡았다. 권력욕이 강하고 야심만만한 수양대군보다는 조정의 대신들과도 비교적 친밀한 교분을 가진 학자풍의 왕자 안평대군이 이들에게는 훨씬 부담이 적었기 때문이다.

수양대군의 반격과 대호大虎 김종서의 죽음

신하들의 권력 강화를 지켜본 수양대군은 칼을 갈고 있었다. 누구보다 김종서가 주된 목표였다. 운명의 날 새벽, 세조는 측근인 권람, 한명회, 홍달손 등을 불러 김종서 제거 계획과 의지를 구체적이고도 분명히 밝혔다.

"오늘은 요망한 도적을 소탕하여 종사를 편안히 하겠으니, 그대들은 마땅히 약속과 같이 하라. 내가 깊이 생각하여보니 간당奸黨 중에서 가장 간사하고 교활한 자로는 김종서 같은 자가 없다. 그가 만일 먼저 알면 일은 성사되지 못할 것이다. 내가 한두 역사를 거느리고 곧장 그 집에 가서 선 자리에서 베고 달려 아뢰면, 나머지 도적은 평정할 것도 없다. (…) 지금 간신 김종서 등이 권세를 희롱하고 정사를 오로지 하여 군사와 백성을 돌보지 않아서 원망이 하늘에 닿았으며, 군상君上을 무시하고 간사함이 날로 자라서 비밀히 이용에게 붙어서 장차 불궤不軌한 짓을 도모하려 한다. 당원黨援이 이미 성하고 화기禍機가 정히 임박했으니, 이때야말로 충신열사가 대의를 분발하여 죽기를 다할 날이다. 내가 이것들을 베어 없애서 종사를 편안히 하고자 하는데, 어떠한가?"

사실 쿠데타 이전부터 수양대군은 한명회, 권람, 신숙주 등 재사才士들과 양정, 홍달손, 홍윤성 등 무사들을 심복으로 끌어들이면서 서서히 거사를 준비해나갔다. 그리고 거사 1년 전인 1452년 9월 단종의 즉위를 인정하는 명나라 황제의 사은사를 자청하면서 자신에게는 권력욕이 없다는 것을 알려 대신들이 견제를 누그러뜨리도록 했다. 이때 사은사 수양과 함께 명에 갔던 것을 계기로 신숙주는 수양의 편에 서게 된다. 신숙주가 철저히 수양의 사람이 된 데에는 이러한 개인적인 인연이 크게 작용했다.

귀국 후 본격적으로 휘하에 재사와 무사들을 끌어들인 수양은 무엇보다 정국을 장악하고 있는 김종서의 제거만이 실추된 왕권을 회복할 수 있는 길이라 믿었다. '수양대군의 장량'으로 지칭되었던 모사꾼 한명회는 김종서와 황보인의 집에 염탐꾼을 들여 이들의 동선動線에 대한 정보를 입수했다.

마침내 1453년 10월 10일이 거사일로 정해졌다. 수양은 거사 당일 직접 김종서의 집을 방문했다. 자신의 심복 군사 일부만을 대동했기 때문에, 김종서는 크게 경계하지 않고 있다가 수양의 지시를 받은 심복들에 의해 아들과 함께 철퇴를 맞았다. 수양이

김종서에게 청을 드릴 것이 있다며 편지를 건넸고, 김종서가 편지를 보려고 고개를 숙이는 순간 임어을운이 재빨리 철퇴를 휘둘렀다. 갑작스런 공격을 받은 김종서가 쓰러지자 아들 승규가 아버지의 몸을 덮었다. 그러나 다시 날아온 수양의 심복 양정의 칼을 맞고 두 사람은 곧 쓰러졌다. 세종 때 북방 육진 개척에 큰 공을 세우며 오늘날 우리 영토를 확립하는 데 주역이 된 인물, 대호大虎(큰 호랑이)라는 별명으로 여진족에겐 두려움의 대상이 되었던 인물이지만, 수양의 계획된 기습 공격에는 속수무책이었다.

세종~단종 시대를 이끈 거물 정치인 김종서와 그의 아들 승규가 수양대군과 함께 온 자객들의 철퇴를 맞고 쓰러짐으로써 권력은 일순간에 수양에게로 넘어갔다. 계유정난 이후 단종은 왕의 자리를 지켰지만 실질적인 권력자는 삼촌인 수양대군이었고, 이제 단종은 허수아비 왕으로서 수양에게 왕위를 물려줄 때만을 찾는 처지로 전락하고 말았다. 실제 수양대군은 단종을 압박하여 1455년 조선의 7대왕 세조로 왕위에 오른다.

성공한 쿠데타는 처벌할 수 없다?

김종서 살해 후 수양은 왕명을 빙자해 황보인을 비롯한 조정의 대신들을 불러들이게 했다. 그리고 이미 한명회 등에 의해 작성되어 있던 살생부殺生簿에 따라 '김종서가 황보인, 정분 등과 모의하여 안평대군을 추대하려 한다'는 것을 명분으로 내세우면서 정부의 핵심 인물들을 제거했다. 한명회가 작성한 살생부에 따라 황보인·조극관·이양 등 살부殺簿에 포함된 인사들은 처형되었고, 정인지·신숙주 등 생부生簿에 포함된 인사들은 목숨을 부지하고 세조의 대표적인 참모가 되었다. 이날만큼은 염라대왕 못지않은 권세를 누린 한명회였다. 대군 중에서 가장 큰 경쟁자인 수양의 동생 안평대군은 강화로 유배된 후 사사賜死되었다.

계유정난이 있던 날 단종은 수양에게 모든 군국軍國의 중사重事를 결정하게 했다. 수양이 정권과 병권을 완전히 장악한 것이다. 43명의 정난공신은 단종이 책봉하는 형식을 취했지만 모든 것이 수양의 뜻대로 이루어졌다. 수양은 자신을 포함하여 거사에 가담한 정인지, 한명회, 권람 등 12명을 1등 공신에 포함시킨 것을 비롯해 43명을 정난공신에 책봉했다. 당시 성삼문은 3등 공신에 올랐다. 수양이 성삼문과 같은 인재를 포섭하려 했고, 성삼문 또한 김종서 등 노성한 신하들의 월권에 비판적인 입장이었기 때문이다.

세조는 쿠데타 성공 후 결국에는 왕위에까지 올랐는데, 집권의 명분과 도덕성의 취약점을 극복하기 위해 민본정치와 강력한 부국강병책을 추진했다. 세조의 참모로 자리를 굳힌 신숙주, 정인지, 양성지 등은 세조를 도와 조선전기의 학술과 문화사업을 주도해나갔다. 세조의 의지대로 태종 시대에 그랬던 것처럼 육조 직계제가 회복되어 왕권이 강화되었다. 『경국대전』이나 『국조보감』 『동국통감』 같은 편찬물은 왕권 강화와 함께 신하들의 역량을 적재적소에 투입한 세조 시대의 주요 성과물이었다.

세조대에 확립된 이러한 기반은 성종 시대에 조선전기의 정치·문화를 완성하는 데 원동력이 되었다는 점을 고려하면 세조의 집권을 부정적으로만 평가할 수는 없다. '성공한 쿠데타는 처벌할 수 없다'는 논리는 과연 세조에게도 적용될 수 있는 것일까?

유교정치 이념으로 볼 때 세조의 집권에는 명분과 정통성, 도덕성에 하자가 있었음이 분명하다. 당시에도 사육신과 같이 수양대군에 직접 대항하다가 처형된 지식인을 비롯하여 벼슬을 버리고 재야에 은거하면서 비판활동을 전개한 학자들이 상당수에 이르렀고, 이들은 결국 조선전기 사림파의 뿌리가 되었다.

그러나 국가의 공식 기록인 『노산군일기』는 세조의 힘에 밀린

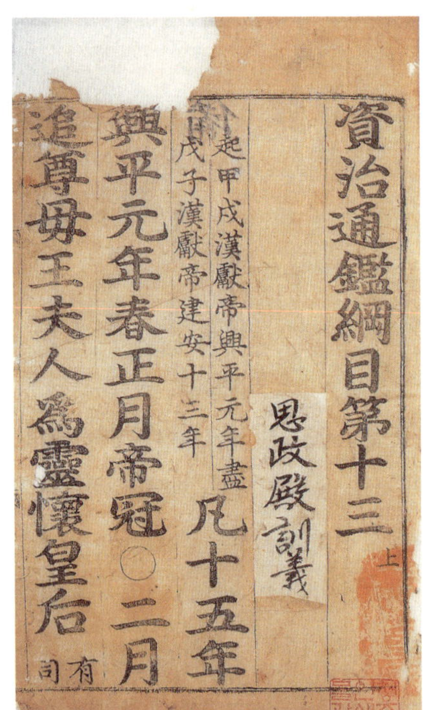

단종은 '노산군'으로, 수양대군은 '세조'로 기록했고, 그 후의 어떤 왕도 세조의 집권에 대해 문제를 제기할 수 없었다. 단종의 묘호 회복과 사육신에 대한 복권도 200여 년이 훨씬 지난 숙종 때에 조심스럽게 이루어졌다. 1691년(숙종 17) 숙종은 사육신의 복작復爵을 명하면서, "이 일은 실로 세조의 유의遺意를 계승하고 세조의 큰 덕을 빛내는 것이다"라고 하여 세조의 치명적인 아픔을 가능한 한 건드리지 않는 발언을 하기도 했다. 그러나 숙종 시대에 단종과 사육신의 명예를 회복시키면서 수양대군의 쿠데타에 대한 면죄부는 사라졌다.

집권에 성공했다고 해도 불법적인 쿠데타가 면죄부가 될 수 없음은 현대의 정치사에서도 재현되고 있다. 한때 '성공한 쿠데타'로 선전되었던 1979년 12월 12일 쿠데타의 주역 전두환과 노태우는 대통령 자리에까지 올랐지만 결국은 역사의 심판대에 서서 각각 사형과 무기징역을 구형받았었다.

'성공한 쿠데타'의 원조 세조가 지하에서 전두환과 노태우의 말년 상황을 알게 된다면 어떤 입장을 취할까?

嚴上
愍忠
南三
為侍
亭
三間
德浦村
錦江亭
錦江

조선왕조의
사라진 2인자들

부왕의 장기 집권욕과 코드 차이. 조선시대 왕 스물일곱 명 중 적장자로서 왕위에 오른 이가 여덟 명에 불과한 사실이 이를 입증하고 있다. 왕위 계승에서 여러 변수가 발생했다는 뜻인데 그 배경에는 무엇이 자리하고 있었을까? 양녕대군, 소현세자, 사도세자의 사례는 조선시대에 2인자의 길이 얼마나 험난했는지를 여실히 보여준다.

양녕대군의 비극

조선왕조의 왕위 계승은 장자 세습이 원칙이었다. 그러나 태종 때까지 이 원칙은 단 한 번도 지켜지지 않았다. 피를 보는 왕위 계승 소용돌이의 중심에 있었던 태종은 누구보다도 적장자가 왕위에 올라 나라의 기틀을 잡는 것을 보고 싶어했다. 다행히 아들도 낳아, 태종은 첫째 아들 양녕대군(1394~1462)을 1404년 8월 왕세자로 책봉했다. 그러나 1418년 양녕대군이 세자에서 폐위되어 경기도 광주로 추방되고 만다. 11세에 세자로 책봉된 지 14년 만의 일이었다. 그간 왕세자 신분이었던 그가 폐위된 까닭은 무엇일까?

무엇보다 양녕대군은 부왕인 태종과 성격이 맞지 않았다. 치밀하고 엄격한 성격의 태종에 비해 양녕은 호방하면서도 풍류를 즐기는 인물이었다. 글공부보다는 사냥이나 풍류에 관심이 많았다. 공부를 게을리 해 주변 사람들도 곤란을 겪었다. 1405년 10월 태종은 세자가 학업을 소홀히 한다며 세자를 대신하여 환관들에게 태쏨(매)를 치기까지 했다. 세자를 가르치는 시강원 선생들도 무척이나 고생을 했다. 엎친 데 덮친 격으로 궁궐에 건달패나 기생을 들인다는 소문이 사실로 드러나면서 태종의 분노는 극에 달했다. 달밤에 궁궐 담을 넘어 무뢰배들과 비파를 타기도 하고, 기생들을 궁궐에 불러들여 밤새도록 술에 취해 노래를 부르고 잡희雜戲를 즐겼다. 정종의 애첩이었던 기생과 사통하기도 했다. 비행이 이어지자 마침내 태종은 신하들의 건의를 받는 절차를 취해, 1418년 양녕을 세자 자리에서 물러나게 했다.

태종이 황희 등 일부 신하들의 반대에도 불구하고 폐위를 결정한 것은 양녕의 기행奇行이 큰 문제였지만, 셋째 아들 충녕에 대한 믿음도 큰 몫을 했다. 성실하고 진지한 자세로 학문에 열중하는 충녕의 됨됨이를 믿었던 태종은 일찌감치 후계자로 그를 염두에 두고 있었다. 풍류생활에 빠진 양녕이나 불교에 심취했던 둘째 효령에 비해 셋째 충녕은 태종의 든든한 버팀목이었다. 태종은 자신이 그랬던 것처럼 왕의 자리를 차지하는 데는 장자라는 원칙보다는 능력이 중요하다는 점을 인식했고, 왕조가 굳건히 뿌리내리려면 충녕처럼 능력 있는 왕이 필요하다고 확신했던 것이다. 태종의 후계자 선택의 희생양이 되었던 양녕대군은 2인자에서 물러나 야인으로 일생을 보낼 수밖에 없었다.

소현세자, 그 의문의 죽음과 몰락

1645년 소현세자가 9년 만의 오랜 인질생활을 끝내고 청나라에서 조선으로 돌아왔다. 그러나 2인자이자 차기 왕인 그의 귀국을 반기는 사람은 거의 없었다. 소현세자에 대한 청나라의 호의적인 입장과 신뢰는 인조를 비롯한 조정 대신들에게는 하나도 달갑지 않았다. 소현세자가 왕이 되면 인조와 서인 정권이 추진한 숭명반청崇明反淸 이념이 퇴색할 것이기 때문이었다.

조정 관료 대부분은 남한산성의 치욕을 안겨준 청나라를 현실의 군사대국, 문화대국 청으로 보지 않고 여전히 오랑캐로 인식하는 분위기였다. 따라서 청의 과학기술 수용에 적극적이었던 세자는 경계 대상이 될 수밖에 없었다. 무엇보다 인조는 청이 자신을 물러가게 하고 소현세자를 왕으로 삼으려는 움직임을 경계했다. 정통으로 왕위에 오르지 않고 쿠데타로 집권한 왕으로서 본능적으로 왕위 유지에 집착하면서 아들까지도 경쟁자로 본 것은 아닐까?

　귀국 직후 소현세자는 의문의 죽임을 당했다. 실록에도 독살설로 의혹을 살 만한 내용이 기록될 정도로 의문투성이의 죽음이었다. 특히 소현세자에게는 아들이 셋이나 있었으나, 인조는 세자의 동생인 봉림대군을 효종으로 즉위시켰다. 누가 보아도 효종의 즉위는 인조의 의도가 강하게 개입된 것이었다. 야사에 '소현세자가 청나라 물건을 가져와 인조에게 내놓자 인조가 벼루를 던져 세자가 죽었다'고 할 정도로, 인조와 소현세자는 이미 부자의 정이 끊긴 상태였다.

　소현세자의 죽음도 억울하지만 자신의 아들이 왕이 되지 못하자 세자빈 강씨는 가만있지 않았다. 그 상대가 시아버지인 인조였으나 세자빈은 강하게 저항했다. 그러나 그녀에게 찾아온 것 역시 죽음뿐이었다. 세자빈 강씨는 인조 독살 혐의로 사약을 받았고, 세자의 세 아들은 제주도로 유배되었다가 첫째와 둘째는 풍토병으로 죽었고 막내도 젊어 요절했다. 2인자 소현세자, 그리고 그 가족은 처참하게 몰락했다.

　인조의 뒤를 이어 봉림대군이 효종으로 즉위하면서 청을 물리쳐야 한다는 '북벌北伐'이 국시國是로 자리잡았다. 소현세자가 심양의 인질생활 속에서 습득하고 추구했던 새로운 과학기술과 문명의 수용, 즉 북학의 꿈은 그의 죽음과 함께 묻혀버리고 말았다. 시대를 지나치게 앞서갔던 2인자에게 다가왔던 불운이었다.

첫아들 효장세자孝章世子를 잃고 42세라는 늦은 나이에 얻은 사도세자는 영조에게 더없이 귀한 아들이었다. 영조는 세자에게 큰 기대를 걸었지만 불행히도 세자는 성격부터 영조의 마음에 들지 않았다. 세자는 말이 없고 행동이 날래지 못해 성격이 세심하고 민첩했던 영조를 늘 답답하고 화나게 했다. 또 세자는 커가면서 공부에는 별다른 관심이 없고 칼싸움이나 말타기 같은 놀이에만 열중하여 학문에 정진해주기를 바라는 영조의 기대를 저버렸다.

부자 사이는 세자가 15세이던 1749년(영조 25) 대리청정하면서 회복할 수 없는 지경으로 치달았다. 형 경종을 독살하고 왕위에 올랐다는 혐의를 받았던 영조는 자신이 왕위에 연연하지 않는다는 것을 보여주기 위해 일찍부터 세자에게 왕위를 물려주거나 정사를 대신 돌보게 하는 일종의 정치적 제스처를 취했으며 결국 세자에게 대리청정을 명했다. 경륜이 부족한 세자가 국정 운영에 미숙한 것은 두말할 나위도 없는데 영조는 사사건건 세자를 꾸중하며 못마땅하게 여겼다. 1752년에는 세자가 멋대로 일을 처리했다고 영조가 진노하자 세자는 홍역에 걸린 몸으로 사흘이나 눈 속에 꿇어앉아 용서를 빌어야 했고, 영조가 왕위를 넘기겠다며 창의궁으로 거처를 옮기자 이번엔 이마에 피가 나도록 엎드려 사죄해야 했다.

영조의 질책이 심해지면서 세자는 부왕에 대해 큰 공포심을 갖게 되었고 주색에 탐닉하는 등 노골적으로 반발했다. 영조가 국가에 내린 금주령을 비웃기라도 하듯 술을 마셨으며 여자를 데려다 살림을 차린 일도 있었다. 세자에 대한 신뢰가 완전히 무너질 즈음 때마침 나경언의 고변 사건이 터졌다. 나경언이 세자가 역모를 꾸미고 있다는 내용으로 투서하면서 세자의 비행을 10여 조목에 걸쳐 나열한 것이다. 이는 세자가 자기 대신 내관을 방에 앉혀놓고 20일 동안 평양을 몰래 다녀온 것이 발각된 지 얼마 지나지 않아서의 일이었다. 세자는 나경언의 고변이 거짓이라며 맞섰다. 이에 나경언은 역적으로 몰려 죽임을 당했지만 이 사건은 영조와 세자를 영원히 갈라서게 하는 계기로 작용했다.

　1762년(영조 38) 윤5월 12일 오후 세자를 창경궁 휘령전(현재의 문정전)으로 나오도록 하라는 영조의 명이 떨어졌다.　영조는

세자에게 칼을 휘두르며 자결할 것을 명했다. 세자는 옷소매를 찢어 목을 묶는 동작을 취했지만, 세자 시강원의 관원을 비롯한 신하들이 제지했다. 사도세자는 결국 영조가 직접 뚜껑을 닫고 자물쇠를 채운 뒤주 속에서 8일 만에 28세의 나이로 생을 마감했다.

영조는 조선시대 최장수 왕(83세)이자 최장기 집권(52년)을 한 왕이었다. 사도세자의 비극적인 죽음 이후에도 영조는 14년을 더 살았다. 왕위가 세습되던 시절 장수는 장기집권의 최고 비결이었다. 영조의 이례적인 장수가 결국은 사도세자가 왕위에 오르지 못한 비극을 낳은 근본 원인은 아닐까? 영조의 후계자가 소현세자의 경우와는 달리 손자인 정조에게로 이어진 점도 이러한 추론을 가능케 한다.

한국 현대사에서도 2인자가 최고의 자리에 오르는 길은 순탄하지 않았다. 전두환을 이어 대통령에 오른 노태우 정도가 2인자에서 비교적 쉽게 1인자에 오른 경우였고, 다른 인물들은 치열한 경쟁을 뚫고 최고의 자리에 올랐다. 박정희 대통령 시절부터 2인자였던 김종필은 김영삼 · 김대중 대통령 시절을 거치면서도 2인자의 위치를 놓치지 않았다. 하지만 계속된 견제 속에서 2인자의 자리를 결코 뛰어넘을 순 없었다.

뿌리 깊은 정쟁의 시작,
동서 분당

한국 현대 정치사를 지켜보는 국민들은 이합집산을 거듭하는 정당들에 혀를 내두르곤 한다. 모였다 흩어지기를 거듭하는 이른바 정당의 분열사는 정당의 성립과 그 역사를 함께해왔다. 그런데 그 뿌리를 찾아보자면, 논란이 곧잘 제기되곤 하는 조선시대 붕당정치가 자리하고 있다.

사림파, 권력의 중심에 들어오다

16세기는 조선의 정치사에서 사화士禍의 시대로 정리된다. 네 차례에 걸쳐 사화가 일어나면서 훈구파와 사림파는 정치적, 사상적으로 대립했다. 그리고 그 와중에 사림파는 적지 않은 피해를 입었다. 하지만 사림파는 지방사회를 중심으로 입지를 계속 확산해나갔고, 1565년 문정왕후의 사망 후 외척정치가 끝나면서 본격적으로 사림정치의 시대를 맞게 된다.

특히 왕실의 방계에서 국왕의 자리에 오른 선조의 집권기부터 사림파는 명실상부한 정치 주도 세력으로 자리매김했다. 선조는 성리학 이념에 충실한 사림을 가까이하고 공신과 왕실의 외척들을 배척했다. 기묘사화 이후에 위축되었던 사림은 대거 정계에 진출했고, 을사사화 때 죄인의 누명을 썼던 노수신, 유희춘 등은 다시 관직에 등용되었다. 이제 역사 속에서 훈구파라는 용어는 사라졌고 일부 훈구파는 사림파로 전향했다. 이처럼 선조 즉위 후 재야 정치가의 입지에서 벗어났던 사림은, 그러나 집권자의 위치에 서자 내부 분열을 맞는다. 외척정치를 비판하는 위치에서는 그들 모두 한목소리를 냈지만, 세를 얻자 학파의 성향이나 지역적 기반에 따라 제각각의 색깔을 드러내기 시작한 것이다. 현대사에 비유하자면 박정희의 유신정치, 전두환의 군사독재가 판치던 세상에서는 똘똘 뭉쳤던 김영삼과 김대중 세력이 군부독재가 종말을 고한 후 대통령의 자리나 정치적 주도권을 차지하기 위해 각자 당을 만들고 정치적으로 대립한 것에 비할 수 있을 것이다.

붕당정치의 서막, 동과 서로 갈린 학맥

학파 간 분열의 조짐은 우선 이황과 조식의 학통을 이은 영남학파와 이이와 성혼의 학통을 이은 기호학파 간에 나타났다. 1572년 노련한 정치인 이준경은 죽기 직전 조정에 붕당이 일어날 것을 경고했다. 그리고 그 예언은 적중했다. 1575년(선조 8) 이조전랑직을 둘러싼 김효원과 심의겸의 마찰을 계기로 완전히 당을 달리하는 분당이 이루어진 것이다. 사건의 전말을 요약하자면 이렇다.

1572년 이황과 조식에게 학문을 배운 영남학파의 학자 오건은 자신의 후임으로 김효원을 추천했다. 김효원 역시 이황과 조식의 문하에 출입한 학자로 1565년 문과에 장원급제한 인재였다. 그런데 당시 인순왕후의 아우였던 외척 심의겸은 오건의 추천을 거부했다. 심의겸은 윤원형의 세도가 하늘을 찌르던 시절 윤원형의 집을 방문한 김효원을 기억하고 그를 권신의 집에 드

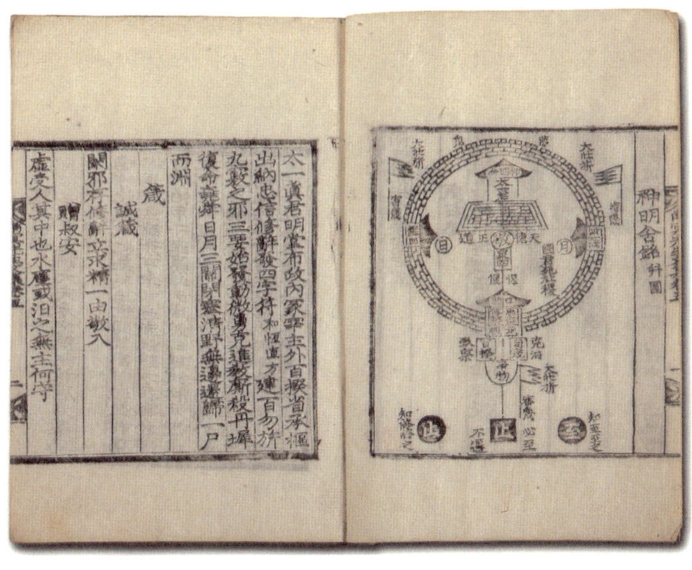

나드는 소인배로 여겼던 것이다. 그러나 당시 김효원이 윤원형의 집에 잠시 들른 것을 우연히 심의겸이 목격한 것일 뿐, 윤원형에게 줄을 대고 있던 식객이 아닌 게 판명나면서 김효원은 심의겸의 반대에도 불구하고 1574년 마침내 이조전랑에 임명된다. 이조전랑은 조선시대 관리들의 인사권을 담당한 이조의 정랑과 좌랑을 통칭하는데, 직급은 낮지만 관리들의 인사를 결정하는 요직이라는 점에서 청요직 중에서도 으뜸으로 쳤다. 특히 정랑직은 자신의 후임을 직접 추천하는 자천권自薦權을 가지는 등 상당한 권한을 누렸다.

시간이 흘러 김효원의 후임이 논의되자, 그 후보자로 심의겸의 아우인 심충겸이 거론되었다. 상황이 역전되면서 이번에는 김효원의 역공이 시작되었다. 김효원은 심의겸이 명종의 비인 인순왕후의 아우인 점을 들어 이조정랑과 같은 청요직을 외척에게는 절대 맡길 수 없다는 입장을 분명히 했고, 이것이 발단이 되어 김효원을 지지하는 세력과 심의겸을 지지하는 세력으로 당론은 나뉘어졌다. 심의겸을 지지하는 세력은 주로 서울과 경기 지역에 기반을 둔 기호학파의 학자들이었다. 그러나 김효원을 지지하는 세력은 "척신 심의겸은 본격적인 사림정치가 구현된 시점에 부적절한 인물"이라며 강력히 반대의 뜻을 나타냈다. 김효원을 지지하는 세력의 중추는 이황과 조식의 학문을 이은 영남학파였다. 당시 김효원의 집이 서울의 동쪽인 건천동(지금의 동대문시장 근처)에 있었고, 심의겸의 집이 서울의 서쪽인 정릉(지금의 정동)에 있다 하여 이들은 각각 동인과 서인으로 불리게 되었다. 최근까지도 정치인의 동명을 따라 김대중 전 대통령의 사람

들을 '동교동계', 김영삼 전 대통령의 사람들을 '상도동계'라고
부른 것과 흡사하다.

동인, 남인과 북인으로 분열되다

1575년 동서 분당으로 붕당정치의 서막이 열린 후 동인은 다
시 남인과 북인으로 갈라졌다. 1589년 정여립의 역모 사건이 일
어나면서, 남명 조식 학파와 화담 서경덕 학파의 학자들은 이 사
건에 연루되어 크게 희생되었다. 이 과정에서 이황 학파는 남인,
조식 학파는 북인의 중심을 이룬다.

선조 후반 북인이 권력을 잡으면서 북인 간에 다시 분열이 일
어났다. 당시 왕위 계승을 둘러싸고 영창대군을 지지하는 소북

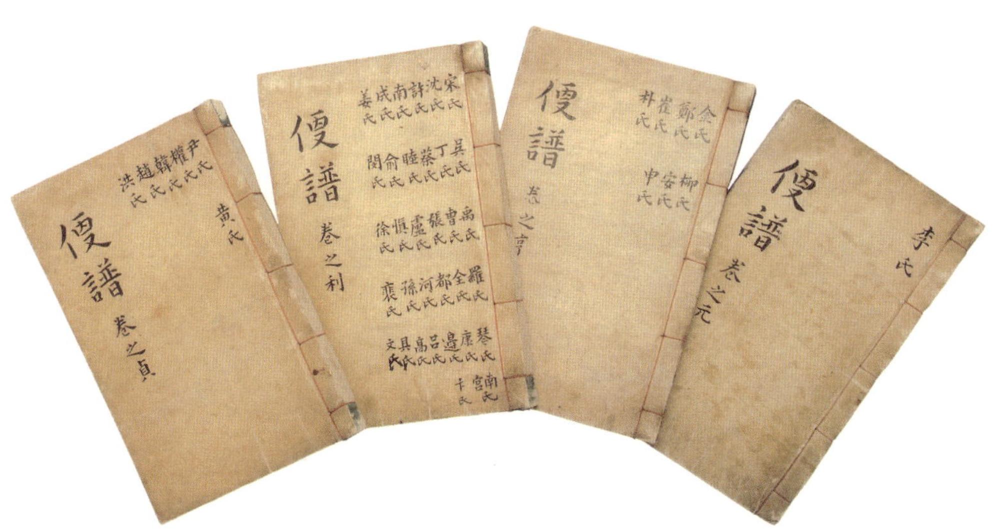

과 광해군을 지지하는 대북의 분열이 일어났다. 광해군 즉위 후 정인홍·이이첨 등 대북 세력이 권력을 잡았으나, 독주하는 과정에서 육북·골북·중북 등 북인 간의 내부 분열이 또 일어났다. 광해군 후반 대북 세력은 학문적 이념이나 정책 수립 면에서 뚜렷한 색채를 내지 못하고 강경하게 반대파를 숙청하는 무리수를 두었다. 그 결과 서인이나 남인 등 반대파 세력이 결집하는 계기를 마련해줬고, 1623년 인조반정이 일어나면서 북인은 역사 속에서 완전히 사라져버리고 말았다. 북인의 비극은 권력을 잡는 것보다 지키는 게 훨씬 어렵다는 것을 역사적으로 여실히 입증해 보였다.

1623년 정권을 잡은 서인은 형식적으로 남인과 연합정국을 구성했으나, 인조대 이후 잠깐의 기간만 제외하고는 계속 집권층의 기득권을 누리면서 조선의 정치, 사상계를 주도해나갔다. 특히 효종이 즉위 후 북벌론을 국시國是로 하면서 성리학의 의리론과 원칙론에 충실한 서인의 입지는 더욱 커져갔다. 그러나 이 과정에서 조선은 멸망한 명나라에 대한 의리만을 강조하고 신흥 강국 청나라를 인정하지 않는 폐쇄적인 외교 전략으로 일관했다. 남인이 견제 세력의 역할을 일부 담당하긴 했으나, 서인의 지나친 독주 속에 조선은 중국보다도 성리학의 이념만을 고수하는 보수적인 국가로 그 틀을 굳혀가고 있었다.

조선시대의 붕당정치를 당쟁으로 크게 비판한 쪽은 일제 관학자들이었다. 이들은 식민사관의 관점에서 붕당정치를 부정적으로만 평가했다. 폐원탄幣原坦(시데하라)과 같은 관학자는 『한국정쟁지韓國政爭志』에서 "조선인의 오늘날 작태를 이해하려면 그 원인을 과거의 역사에서 찾아야 한다. 그 근원은 고질적인 당쟁이었다"라고 주장하며 한국인의 분열적 속성이 당쟁에서 기인함을 노골적으로 서술했다.

그러나 조선시대의 붕당정치에서는 현대의 정당정치처럼 특정 세력의 독주에 대한 견제와 균형이라는 긍정적인 요소도 발견된다. 각 붕당은 정치 기반을 확보하기 위해 백성의 지지를 얻는 데 주력했기 때문에 붕당정치가 활발했던 시기에는 민란이 별로 발생하지 않았다. 붕당정치가 대민 안정이라는 긍정적인 측면을 지닌 것이다. 붕당정치는 식민사관의 논리처럼 꼭 국력을 낭비하고 민생을 도탄에 빠지게 하는 정치 형태만은 아니었다.

오늘날의 정당정치에서도 한 당의 일방적인 독주보다는 비판 세력의 견제가 정치를 건전하게 만든다. 그러나 정당의 이합집산이 선거를 앞두고 당선을 위해 잠시 제휴했다가 또 갈라진다든가, 정책이나 이념의 비전 없이 지역색에만 편승하려는 이들은 진정한 비판 세력이라 할 수 없다. 조선중기 이후 정치사를 좌우했던 붕당정치의 긍정적인 면은 오늘날 한국 정당정치인들이 반면교사로 삼아야 할 것이다.

옛 문헌에 나타난
한반도의 지진

　　2011년 3월 일본 동북부 지역을 휩쓴 대지진과 쓰나미, 그리고 지진의 여파로 이어진 원자력 발전소의 파괴는 인류가 자연의 대재앙 앞에 얼마나 무기력한 존재인가를 여실히 보여 주었다. 지진의 대재앙은 최근 세계 각국에서 주기적으로 벌어지고 있다. 2011년 뉴질랜드 지진, 2010년 인도네시아 수마트라 지진, 2008년 중국 쓰촨성 일대를 한 순간에 폐허로 만든 대지진 앞에서 인간은 속수무책의 모습을 보여왔다. 우리 역사서들 역시 이런 현상들을 중요하게 기록해왔는데, 현존하는 최초의 역사서인 『삼국사기』는 물론이고 『조선왕조실록』에 1967건이나 등장하는 지진 관련 기록은 한반도 역시 지진이라는 위협에서 벗어날 수 없음을 경고하고 있다.

　　문헌 기록 가운데 지진에 관해 체계적인 내용을 담은 최초의 책은 『삼국사기』이다. 그러나 여기에 보이는 지진 기록은 매우 간단하고, 발생 건수 또한 비교적 적다. 모두 107건의 지진을 기록하고 있는데, 1년 평균으로 잡으면 0.1회 정도 발생한 것으로 나타나 있다.

그렇다고 삼국시대가 후대에 비해 지진이 드물게 일어났다고 보기는 어렵다. 『삼국사기』에는 신라의 경주, 백제의 위례성과 부여, 고구려의 국내성과 평양 등 삼국의 수도에서 일어난 지진만 기록했기 때문에 빈도가 낮은 것이었다. 이것은 이 시대의 지진 관측이 수도권에서만 이루어졌기 때문으로, 즉 전국적으로 실시되지 못했음을 의미한다. 따라서 삼국의 전 영토에서 일어난 지진의 횟수는 훨씬 많았을 것으로 추정된다. 『삼국사기』의 지진 관련 기록은 삼국시대부터 국가 차원에서 이에 대한 관심이 매우 컸음을 짐작케 한다.

고려시대의 지진에 관한 기록은 조선전기에 편찬된 역사서인 『고려사』와 『고려사절요』에 나타나 있다. 475년간 194건의 지진이 보고돼 있어서 1년 평균 0.4회로 삼국시대보다는 빈도가 높다. 이것은 앞서 이야기했듯이 고려시대가 삼국시대보다는 체계적으로 지진을 관측했기 때문이다. 『고려사』에서는 천문 현상을 기록한 『오행지五行志』보다도 왕실의 정치를 기록한 『세가世家』 부분에 지진 현상이 수록된 것이 주목된다. 본문에 해당되는 『세가』에 지진을 넣은 것은 이를 정치와 연관시켜 봤기 때문으로 풀이된다.

"유시酉時 오후 6시경에 세 차례 크게 지진이 있었다. 그 소리가 마치 성난 우레 소리처럼 커서 인마人馬가 모두 피하고, 담장과 성첩城堞이 무너지고 떨어져서, 도성 안 사람들이 모두 놀라 당황하여 어찌할 줄을 모르고, 밤새도록 노숙하며 제 집으로 들어가지 못하니, 고로故老들이 모두 옛날에는 없던 일이라 했다. 팔도가 다 마찬가지였다. (…) 얼마 있다가 또 처음과 같이 지진이 크게 일어나 전우殿宇가 흔들렸다. 상이 앉아 있는 용상은 마치 사람의 손으로 밀고 당기는 것처럼 흔들렸다. 첫 번부터 이때까지 무릇 세 차례 지진이 있었는데 그 여세가 그대로 남아 있다가 한참만에야 가라앉았다. (…) 영의정 정광필이 아뢰기를, '지진은 전에도 있었지만 오늘처럼 심한 적은 없었습니다. 이것은 신 등이 재직하여 해야 할 일을 모르기 때문에 이와 같은 것입니다' 라고 했다."

위의 기록은 1518년(중종 13) 5월 15일 서울을 비롯한 전국에 큰 지진이 일어났음을 보여주는 기록이다. 실록뿐만 아니라 조광조의 문집인 『정암집』에도 '1513년 5월 16일에 상이 친히 정사를 보는데 지진이 세 번 일어났다. 전각 지붕이 요동을 쳤다' 고 하여 이날의 지진 상황을 기록하고 있다. 조광조가 개인 문집에 이 사건을 기록했다는 것은 그만큼 당시의 지진이 심각했음을 보여준다.

1392년(태조 1)부터 1863년(철종 15)까지 472년간 『조선왕조실록』에 기록된 지진 건수는 무려 1967건에 이른다. 대략 1년에 네 번꼴로, 삼국시대나 고려시대보다 빈도가 훨씬 높다. 이것은 조선시대에 지진 발생이 비약적으로 증가했다기보다는 지진에 대한 관측이 정밀해지고, 보고 체계가 전국적으로 확대되었기 때문이다. 조선시대에는 중앙에 천문 현상과 지변을 관측하는 관상감이라는 관청을 두었고, 관상감에서는 천재지변에 관한 사항을 정리하여 『관상감 일기』를 남겼다. 실록을 편찬할 때는 사관들이 쓴 사초史草와 함께 각 관청의 업무 일지인 시정기를 참고했는데, 시정기인 『관상감 일기』에 기록된 지진 관련 내용이 실록에 포함되어 지금까지 전하는 것이다.

특히 지진에 관한 보고는 진도震度가 극히 약한 경우는 지진이 발생한 지역만을 언급했지만, 그 정도가 심한 경우에는 발생 지역과 시간, 소리의 크기, 피해 정도까지 상세히 기록했다. 지진에 대한 국가의 대응은 어떠했을까? 중종대의 일을 실록의 기록을 중심으로 살펴보자.

"중종이 전교하기를, '이번에 있은 지진은 실로 막대한 변괴라 내가 대신들을 불러 보고자 하니 시종은 그들을 부르라' 고 했다. 예조판서 남곤 등이 먼저 입시하니, 상이 이르기를 '요즈음 한재가 심한데 이제 또 지진이 있으니 매우 놀라운 일이다. 재앙은 헛되이 일어나는 것이 아니요, 반드시 연유가 있는 것인데 내가 어둡고 미련해서 그 연유를 알지 못하겠노라' 고 하자, 남곤이 아뢰기를 '신이 처음 들을 때에 심신이 놀랐다가 한참 만에 가라앉았으니, 상의 뜻에 놀랍고 두려우실 것은 더구나 말할 것이 없습니다. 요즈음 경상 · 충청 두 도의 서장書狀을 보니 모두 지진이 있었다고 보고했는데, 서울의 지진이 이렇게 심한 것은 뜻밖입니다. 옛날 역사서를 보면 한나라 때 농서에 지진이 일어나 1만여 명이 깔려 죽은 일이 있었습니다. 이것이 늘 큰 변괴라고 생각하고 있었는데, 이번 지진도 가옥을 무너뜨린 일이 있지 않습니까? 땅은 고요한 물건인데, 그 고요함을 지키지 못하고 진동하니 이보다 더 큰 변괴가 없습니다. 상께서 즉위하신 뒤로 사냥이나 토목 공사나 성색聲色에 빠진 일이 없고, 아랫사람이 또한 성의聖意를 받들고 모두 국사에 마음과 힘을 다하여 태평시대라고는 할 수 없어도 소강小康이라 할 수는 있습니다. 그런데 재변이 하루하루 더 심각하니, 신은 고금과 학문에 널리 통하지 못하여 재변이 일어나는 원인을 알 수 없습니다' 라고 했다."(『중종실록』 중종 13년 5월 15일)

위의 기록에서 중국 역대의 대지진을 언급한 것과, 지진 발생의 원인을 정치에서 찾으려 한 점이 주목된다. 남곤의 보고에 대해 중종은 "오늘의 변괴는 더욱 놀랍고 두렵다. 내가 사람을 쓰는 데 항상 잘못이 있을까 두려워하고 있는데, 친정親政이 끝나자 곧 변이 일어났고, 또 오늘의 친정은 보통 때의 친정과는 다른데도 재변이 이와 같으니, 이 때문에 더욱 두려운 것이다"라고 하여, 왕이 정치를 잘못한 것이 지진의 원인인가 하면서 전전긍긍하는 모습을 보이고 있다.

임진왜란 중인 1594년 서울에 지진이 일어나자 선조는 왕세자 광해군에게 왕위를 물려줄 뜻을 내비치기도 했다. 선조는 지진의 원인을 자신의 부덕의 소치라고 생각하고 하늘의 꾸짖음으로 받아들이려 했던 것이다. 지진을 과학적인 기준보다 도덕적인 기준으로 평가하는 것이 조선시대의 지진에 대한 일반적인 인식이었다.

이익의 과학적인 지진 인식

조선후기의 대표적인 실학자로 평가받는 이익은 자신의 저술 『성호사설』에서 지진에 대한 과학적인 견해를 피력했다. 이익은 천지문天地門의 '지진풍뇌'라는 항목에서 먼저 일본에는 들이 많고 산이 적어서 지진이 많다고 전제한 후, 지진은 하늘과 전혀 무관한 것임을 강조했다. 땅속의 빈 곳에서 진동이 일며 소리가 울리는 것이 지진이며, 땅이 푹 꺼져 들어가는 것이 지함地陷이라고 했다. 이익은 우주 자연에는 큰 힘이 존재하는데, 물체가 없는 빈 곳에도 이러한 힘이 있다고 보았다.

이익은 땅속이 비어 있다는 증거로 석굴石窟을 예로 들기도 하

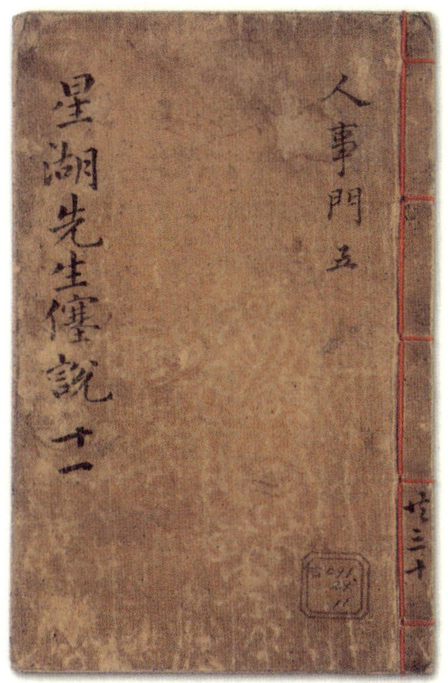

『성호사설』, 이익, 16.2 ×26cm, 국립중앙도서관. 조선후기의 실학자 이익의 『성호사설』은 천문·지리·역사·정치·경제 등의 내용을 총망라하고 있는 가운데, 지진에 대한 과학적인 견해도 서술하고 있다.

고 강물이 도중에 끊기는 곳이 있다는 점을 들기도 했다. 이익은 지각 변동에 대해 과학적으로 완전히 이해하지는 못했지만, 지진을 땅속의 빈 공간에서 연유한 것으로 해석하여 보다 과학적으로 접근했다고 볼 수 있다.

*

『조선왕조실록』에는 지진 발생 지역과 함께 '집이 흔들렸다' '들짐승들이 놀라 숨었다' '산 위의 바위가 무너졌다' 등 지진의 규모를 추론할 만한 기록이 다수 남아 있다. 꼼꼼하게 정리된 역사 속 지진 관련 기록은, 내진耐震이 인류 생존의 중요한 관건이 되는 원자력발전소 건설 등 현대의 건설 현장에서도 적극 참고해야 할 것이다.

조선을 휩쓴
전염병의 공포

　전염병, 즉 역병疫病 또는 역질疫疾에 관한 기록 중 가장 오래된 것은 기원전 15년 백제 온조왕 4년의 일이다. 『삼국사기』 온조왕에 관한 기록에는 '봄과 여름에 가물어 기근이 생기고, 역병이 유행했다' 고 하여 당시 전염병이 들끓던 시대상을 짧게 보여주고 있다. 『조선왕조실록』에서 역병이나 역질에 관한 기록을 찾아보면 250건 이상이, 전염병에 관해서는 600건 이상의 기록이 나타난다. 최초의 기록은 1393년 3월 태조가 심혈을 기울여 창건한 절인 양주 회암사에 역질이 유행한 것이다. 회암사의 역질이 수개월간 계속되자 왕사王師 자초는 급히 거처를 광명사로 옮겼다.

"왕사王師 자초自超가 이르니 광명사에 거처하게 했다. 처음에 자초가 회암사에 있었는데, 금년 봄에 이르러 회암사에서 역질이 발생했으므로, 자초가 연복사의 문수 법회文殊法會에 왔다가 법회가 파하고 난 뒤에 회암사로 돌아가지 않고 곡주의 불국장으로 가서 거처했다. 여름에 회암사에서 역질이 크게 성하니 중들이 많이 죽었다."(『태조실록』 태조 2년 7월 19일)

실록에는 이후에도 꾸준히 역질에 관한 기록들이 나온다. 태종 11년 5월에는 '봄에서 여름으로 바뀌는 동안 경외에 역질이 돌아 백성들이 많이 요사天死했다'고 했고, 세종 4년 3월에는 '이달에 서울과 지방에서 큰 역질이 있어 죽은 사람이 매우 많았다'고 하는 등 역질의 유행은 끊이지 않았다. 현종 12년 1월 3일에는 '경상도에 굶주리는 백성이 5100여 명이었는데 역병이 잇따라 번져서 죽은 자가 200여 명이었다. 소의 역질도 계속 심하게 번졌다'는 기록이 있고, 이해 8월에는 역질로 소 779마리가 죽었다 했다.

전염병이 전쟁보다 무서웠음은 『현종실록』에서 생생히 증언하고 있다.

"팔도에 기아와 여역(열병)과 마마로 죽은 백성을 이루 다 기록할 수 없을 정도였는데, 삼남三南이 더욱 심했다. 그리고 물에 빠지고 불에 타서 죽고 범에게 물려 죽은 자도 많았다. 늙은이들의 말로는 이런 상황은 태어난 뒤로 보거나 들어본 적이 없는 것으로서 참혹한 죽음이 임진년의 병화보다도 더하다고 했다."(『현종실록』 현종 12년 2월 29일)

1733년(영조 9)에는 전라도에 역질이 유행하여 2081명이 사망했고, 1741년(영조 17) 7월에는 관서지방에 역질이 들어 3700명이 죽어나갔다. 당시 평안도 지역의 인구수를 고려하면 엄청난 숫자의 백성들이 희생된 것이었다. 1750년(영조 26)에는 전국에서 역질이 유행했다. 실록은 '이때에 8도에 역질이 성하여 죽은 자가 즐비했다'고 하여 당시의 참상을 증언하고 있다. 영조는 즉시 하교를 내렸다.

"시신을 묻어주는 것은 왕정王政의 큰 일이다. 더군다나 경외에 역질이 치성하여 사망자가 끊이지 않는다고 한다. 아, 해는 이미 바뀌어 만물이 모두 봄기운을 타고 있는데, 아, 우리 백성들은 친척 · 형제 · 고아 · 과처寡妻가 울부짖고 서러워하니, 생각이 여기에 미치매 저절로 처절해진다. 경외에 분부하여 죽은 자는 방법을 다하여 거두어 묻어주고 산 사람은 특별히 구원하여 살려내게 하라."

이에 사망자의 시신 수습과 산 자의 구휼정책에 즉각 나섰지만 사망자 수는 급격히 늘어갔다. 경기에서 3487명, 강도江都에서 349명, 영남에서 1933명, 해서에서 464명의 사망자가 발생하는 등 엄청난 폭풍이 조선을 휩쓸고 지나갔다.

조선후기의 주된 전염병은 콜레라, 두창, 성홍열, 장티푸스,

이질, 홍역 등이었다. 이중에서도 백성들을 가장 공포에 떨게 한 것은 콜레라와 마마라고도 불렸던 두창(천연두)이었다. 질병사 연구에 따르면 18~19세기 전염병의 유행은 세계적인 현상이라고 하는데, 조선 또한 이 유행에서 결코 벗어날 수 없었다.

신神이라 불린 마마

현대인에게 가장 무서운 질병을 꼽으라면 무엇일까? 아마도 곧 사형선고를 연상시키는 암일 것이다. 암이라는 존재에 대해 거의 몰랐던 조선시대, 백성들을 가장 두렵게 했던 병은 바로 천연두天然痘였다. 얼마나 큰 공포의 대상이었으면 호환虎患보다도 무서웠고, 아예 '마마신'이라 하여 엎드려 절하면서 제발 가달라고 부탁하는 신이 돼버렸을까. 천연두는 인공적인 인두人痘,

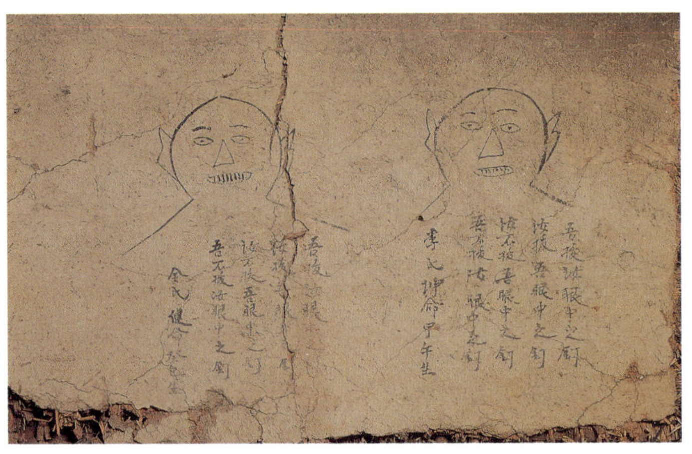

우두牛痘가 생긴 후 천연적으로 생기는 병이라 해서 이름 붙여졌다. 두창痘瘡, 두진痘疹이라 부른 것은 피부에 콩알만 한 돌기疹가 솟아 곪고 헐기瘡 때문이다. 마마가 무서웠던 것은 사망률이 높았을 뿐 아니라, 겨우 살아나도 병의 후유증으로 얼굴이 얽기 때문이었다. 곰보 자국이 생기는 것이다.

현재 규장각한국학연구원에는 『진신화상첩』이라는 선비들의 초상화첩이 소장되어 있다. 그런데 여기에 그려진 인물 22명 중 오재소 등 5명의 얼굴에 선명한 곰보 자국이 나타나 있다. 고위 관료까지 지낸 사람들 중에서도 상당수가 곰보였다면 의료 혜택을 거의 받지 못했던 평민들이 곰보였을 확률은 더 높아진다. 추사체로 유명한 김정희의 초상화에도 마마 자국이 나타나며, 독립운동가 김구 선생의 사진에서도 어렵지 않게 찾을 수 있다. 마마의 공포는 왕실에도 예외 없이 들이닥쳤다. 세종이 총애했던 막내아들 성녕대군은 마마로 열네 살에 목숨을 잃었고, 선조 역시 마마로 아들과 손자를 잃었다. 숙종은 왕으로 재위하던 시절 마마를 앓아 큰 곤욕을 치렀으며, 숙종의 첫 왕비 인경왕후는 마마로 세상을 떠났다.

영조는 세제인 연잉군으로 있을 때인 1711년(숙종 37) 마마를 앓았다. 세제가 마마를 앓자, 그와 함께 거처했던 중궁전中宮殿(숙종의 계비 인원왕후)의 자리를 옮겼다. 결국 인원왕후는 마마에 걸렸으나 곧 회복되었다. 당시 이를 기념하는 별시別試가 행해졌을 만큼 마마는 두려움의 대상이었다.

일반적으로 못생긴 여자를 뜻하는 박색薄色이라는 용어는 원래 얽었다는 뜻의 박색縛色이란 말에서 유래한 것을 보면, 마마

를 앓은 사람은 병에 걸린 것도 억울한데 그 흔적으로 사회적인 천시를 받는 이중의 아픔을 겪었음을 알 수 있다.

역신에게 제 올리기부터 의학 치료까지

조선시대에도 역병이 유행하면 기본적으로 격리 조치를 했다. 한양에 역병이 발생하면 일단 환자나 시체를 도성 밖으로 추방하는 조처를 취한 것이다. 성 밖에서 역병에 걸린 환자를 전담하던 곳은 활인서活人署였다. 동소문 밖에 동활인서를, 서소문 밖에 서활인서를 두고, 의원醫員과 의무醫巫를 배치했다. 평소에는 무의탁 병자를 돌보는 일을 맡다가 역병이 유행하면 따로 여막廬幕을 가설하여 환자들을 보살폈다. 활인서에서는 약물 치료보다는 죽 등의 음식물을 공급하여 죽음에 이르지 않도록 하는 데 최선을 다했다. 귀신을 겁주어서 쫓아내는 방법도 동원되었다. 무당이 나서서 굿을 해서 몸에 악귀가 붙지 않도록 부채와 방울도 흔들고 장구도 쳤다. 『무당내력巫黨來歷』이라는 책에는 마마신의 저주에서 벗어나기 위한 무당의 노력이 그림과 함께 실려 있다.

역신에게 제사를 지내는 여제厲祭 또한 상시적이거나 임시적으로 베풀어졌다. 서울은 북한산에 여제단을 설치하여 청명, 7월 보름, 11월 초하루에 제사를 지냈다. 역병을 예방하고자 함이었다. 역병이 유행할 때에는 국왕까지 나섰다. 1750년(영조 26) 전국에 역병이 돌아 사망자가 10만 명에 이르자, 영조는 근신近臣에게 명하여 8도에 두루 제사를 지내라고 했다. 숙종 역시

1708년(숙종 44) 3월 '역질이 치열하게 만연했기 때문에' 중신重
臣을 보내어 경도京都의 산천과 성황당에 제사를 지내게 했다.

굿을 하고 제사를 지내도 역병의 유행을 근원적으로 해결할
수는 없었다. 결국은 의학적인 치료 방법이 필요했다. 허준은 광
해군의 두창을 치료해 명의名醫의 반열에 섰으며, 숙종 때의 어
의御醫 유상은 숙종의 두창을 치료한 공으로 종2품직까지 올랐
다. 정약용은 마진(홍역)에 관한 이론을 집대성한 책인 『마과회
통』을 남겼다. 정약용 역시 어린 시절 천연두를 앓았고 자식들도
천연두를 앓는 아픔을 겪었던 만큼 천연두 극복에 남다른 노력
을 기울였다. 정약용은 규장각에 근무하면서 최신 의학 서적을
볼 기회를 얻었고 이것이 『마과회통』의 집필로 이어졌다. 근대
에 들어와 천연두 극복에 앞장선 인물은 우두법을 처음 시행했던

지석영이었다. 1885년 지석영은 『우두신설牛痘新說』을 저술하여 천연두 치료에 공헌했다. 의학자들의 노력은 난공불락과도 같았던 천연두의 벽을 결국에 무너뜨렸다.

전통시대 수많은 사람을 죽음의 공포로 몰아갔던 전염병의 악몽은 현대에 들어와서 의학의 발달, 위생 관념의 강화, 건강에 의한 면역력 증강 등이 맞물리면서 점차 사라지고 있다. 그러나 잊힐 만하면 강한 내성으로 무장한 새로운 바이러스들이 또다시 우리 인체를 공격한다. 전염병과 인류의 전쟁은 결코 끝나지 않는 것일까?

태조의 무덤이
동쪽으로 간 까닭은?

조선왕조에서 왕릉이 가장 많이 조성된 곳은 어디일까? 바로 현재 경기 구리시에 자리잡고 있는 동구릉 지역이다. 이곳에는 조선의 첫 왕인 태조의 무덤 건원릉도 있다. 그런데 조금만 관심을 가지면 건원릉에 태조의 무덤만 덩그러니 조성되어 있는 것에 의문이 든다. 태조에게 왕비가 없었던 것도 아니었다. 신의왕후뿐만 아니라 계비인 신덕왕후까지 있었음에도 태조가 홀로 묻힌 까닭은 무엇일까?

신덕왕후의 무덤, 정릉을 둘러싼 갈등

유교사상이 국가 이념으로 자리잡은 조선시대. 돌아가신 선왕에 대한 상례와 제례는 현왕이 최고의 정성을 다하는 의례였다. 왕의 제사를 지내는 공간인 왕릉 조성에 왕조의 역량이 총결집 되었던 것 역시 예법을 다하려 했기 때문이었다. 그러나 결과적 으로 첫 왕인 태조의 무덤부터 최선의 예를 다하지 못하는 상황 이 일어났다. 태조가 왕비 없이 혼자 묻히는 불운을 맞은 것이 다. 그리고 이 불운의 배경에는 조선초기 태종과 계비 신덕왕후 강씨의 갈등이 똬리를 틀고 있다.

태조 말년 태조는 왕위를 계승할 후계자로 본처인 신의왕후의 자식들을 제쳐놓고, 계비인 신덕왕후의 아들 방석을 지명했다. 이에 신의왕후의 다섯째 아들이자 가장 정치적 야심이 컸던 방 원은 격분했다. 급기야 1398년 왕자의 난을 일으켜 방석을 제거 하고 형 정종을 왕으로 추대했다. 태조 역시 막내를 죽인 주범 이방원을 자식으로 여기지 않았다. 방석의 죽음에 화가 난 태조 는 고향인 함흥으로 돌아가 태종과 한곳에 있으려 하지 않았다. '함흥차사' 이야기가 전해진 것은 태조와 태종의 갈등을 압축적 으로 보여준다. 죽기 직전 태조와 태종의 화해는 이루어졌지만, 태조가 죽은 후 왕릉을 조성하는 과정에서 태종의 고민은 이어 졌다. 조선 건국 전에 죽은 친어머니 신의왕후의 무덤(재릉)은 개 성에 있었고, 계모 신덕왕후의 무덤(정릉)이 서울에 조성되어 있 었지만 그 옆에 아버지를 모셔두고 싶은 마음은 추호도 없었다.

강씨가 생존하던 시절에도 이방원과 강씨의 갈등은 상상을 초 월할 정도로 심각했다. 태조의 마음을 사로잡고 정도전 등의 힘 을 빌려 자신의 아들 방석을 세자에 앉힌 강씨에 대한 방원의 분 노는 극에 달했다. 결국 그 분노는 그녀가 죽은 후에도 이어졌

다. 태조에 앞서 계비 강씨가 죽자 태조는 그녀에게 신덕왕후라
는 존호를 내리고, 왕릉도 궁궐에서 잘 보이는 곳에 만들고 정릉
貞陵이라 했다. 태조는 궁궐에서 정릉의 아침 재 올리는 종소리
를 듣고서야 수라를 들 정도로 계비에 대한 사랑이 깊었다고 전
해진다.

그러나 왕위에 오른 방원의 눈에는 태조가 조성한 정릉이 눈
엣가시처럼 여겨졌다. 결국 그는 정릉 파괴와 이전을 지시했다.
1409년(태종 9) 정릉은 도성 밖 양주 지방, 현재의 정릉(서울 성북
구) 자리로 옮겨졌다. 이어 태종은 원래 정릉의 정자각을 헐고 봉
분을 완전히 깎아 무덤의 흔적을 남기지 말도록 명했으며, 1410
년 광통교가 홍수에 무너지자 정릉의 병풍석을 광통교 복구에
사용하게 하여 온 백성이 이것을 밟고 지나가도록 했으니, 강씨
에 대한 태종의 증오가 어떠했는가는 충분히 짐작할 수 있다. 현
재 복원된 청계천의 광통교 밑에는 신덕왕후의 무덤에서 가져왔
다는 석물이 여전히 남아 있어 옛 역사를 증언해주고 있다.

태종은 정릉의 흔적을 완전히 없애도록 했으나, 현종 시대에
송시열 등의 건의에 의해 복구되었다. 잡초가 우거져 찾기가 무
척이나 어려웠다는 이야기가 전할 정도로 정릉은 철저히 방치되
었다가 비로소 왕비릉의 모습을 갖출 수 있었다. 정릉에 대한 제
사를 다시 베풀던 날에 소낙비가 이 일대에 쏟아졌는데, 백성들
은 신덕왕후의 원혼을 씻는 비라고 했다는 기록도 전해진다. 원
래 정릉이 있었던 자리는 현재에도 정동貞洞으로 불리면서 희미
하게나마 신덕왕후의 자취를 알려주고 있다.

건원릉, 검암산 자락에 들어서다

결국 태조의 무덤 건원릉은 신의왕후나 신덕왕후의 무덤 곁에 조성되지 못했다. 신의왕후는 조선이 건국되기 전에 사망하여 개성의 재릉에 묻혔으나, 개성은 새 왕조 조선의 첫 왕이 묻힐 곳으로는 적절하지 못했다. 그렇다고 태조의 무덤이 신덕왕후 곁에 갈 수는 없었다. 왕릉 조성의 실질적인 집행자인 태종의 의지가 워낙 강했기 때문이다.

조선 왕실의 첫 왕릉인 건원릉을 처음 조성할 당시의 의궤는 현재 남아 있지 않다. 의궤가 제작되었을 것으로 추정되나, 조선 전기의 의궤는 임진왜란과 병자호란을 겪으면서 대부분 없어졌다. 따라서 건원릉 조성 과정은 실록의 기록을 통해 찾을 수 있다.

1408년 5월 22일 태조가 별전에서 승하했다. 조선에서 처음 맞는 왕의 죽음인 만큼 국장에 관한 각종 의식과 절차가 요구되었다. 의정부에서는 즉시 빈전殯殿 · 국장國葬 · 조묘造墓 · 재齋

의 네 곳 도감을 설치하고 상복, 옥책, 제기, 관곽棺槨, 의장 등의
일을 담당했다. 빈전도감은 관을 임시로 모시는 일을, 국장도감
은 왕의 장례를, 조묘도감은 왕릉 조성을 담당했다. 조묘도감은
후에 산릉도감으로 불리게 되었다.

『태종실록』에는 건원릉에 관한 기록이 몇 차례 등장한다.
1408년(태종 8) 6월 12일 산릉 자리를 찾아보라는 태종의 명을
받은 하륜이 행주를 천거하지만 태종이 다른 곳을 알아볼 것을
지시했고, 6월 28일 마침내 태조의 산릉을 양주의 검암儉巖에 정
한 기록이 나타난다. 하륜 등이 양주의 능 자리를 보는데, 검교
김인귀가 하륜 등을 보고 말하기를 "내가 사는 검암에 길지가 있
다"고 했다. 하륜 등이 가서 보니 과연 좋아서 조묘도감 제조 박
자청이 공장工匠을 거느리고 작업을 시작했다. 7월 26일에는 산
릉의 기일이 가까워지자 석실石室을 만들었으며, 7월 29일에는
태조 산릉의 재궁齋宮에 개경사開慶寺라는 이름을 내려주었다.
개경사에 노비 150명과 전지 300결을 소속시켰다. 태종은 황희
에게 "불씨佛氏의 그른 것을 내 어찌 알지 못하랴마는, 이것을 하
는 것은 부왕의 대사를 당하여 시비를 따질 겨를이 없기 때문이
다. 내 생전에 마땅히 해야 할 일을 자세히 제정하여 후손에게
전하겠다"고 했다.

위의 기록에서 태조의 장례식에 불교적 요소가 다분히 묻어났
음을 볼 수 있다. 이러한 분위기는 회암사와 같은 왕궁에 비견되
는 절을 조성하고 이곳에 기거하려 했던 태조 생전의 처신과도
부합된다. 태종은 산릉의 수호군 100명을 두어 왕릉을 지키게
했으며, 산릉 조성이 끝난 후인 9월 9일 태종은 영구를 받들고

건원릉에 가서 장사를 지냈다. 태조의 무덤은 특이하게 봉분에
잔디가 아닌 억새가 심겨져 있는데, 고향 함흥을 그리워하는 아
버지를 위해 태종이 함흥의 억새를 가져와 봉분을 덮어준 것이
라고 한다. 아버지가 진정 원치 않는 곳에 묻은 불효를 조금이라
도 만회하고자 했던 것일까?

동구릉에 숨어 있는 역사와 문화

조선의 첫 왕인 태조의 무덤이 양주 검암산 자락, 현재의 구리

시 동구릉 일대에 조성된 이래 풍수지리상으로 명당이라 그런지 태조 이후에도 조선의 왕과 왕비의 무덤이 이곳에 속속 모여들 었다. 문종(현릉), 선조(목릉), 현종(숭릉), 영조(원릉), 헌종(경릉) 등 여섯 왕이 뒤를 이었고, 장렬왕후(인조의 계비)의 휘릉과 단의왕 후(경종의 원비)의 혜릉 등 두 명의 왕비, 왕세자로 승하했다가 왕 으로 추존된 효명세자가 함께하여 총 9기의 왕과 왕비릉이 조성 되었다. 조선시대에도 동육릉, 동칠릉으로 불리다가 문조(효명세 자)의 무덤이 철종 때 이곳으로 옮겨지면서 현재의 지명인 동구 릉으로 굳어졌다.

조선시대 27명의 왕 중 6명(22.2퍼센트)의 왕릉이 조성되었다 는 것은 무엇보다 이 지역이 왕릉 공간으로 적합했음을 입증한 다. 산자락이 여러 군데로 뻗쳐 있어서 대규모 왕릉군이 조성되 기에도 유리했고, 풍수지리상으로 명당이었다. 또한 왕실의 무 덤은 서오릉이나 서삼릉의 예에서도 보듯 특별한 변수가 없는 한 집단적으로 조성되는 경향이 있으며, 가능한 한 선조의 무덤 이 있는 곳에 묻히려는 왕의 의지, 같은 경역 내에 왕릉을 조성 하면 관리가 용이하다는 점 등이 고려되어 동구릉 지역은 조선 최대의 왕릉 조성지가 되었다.

동구릉의 왕릉들은 서로 비슷한 모양을 하고 있지만, 자세히 살펴보면 왕릉은 숨은 역사 이야기를 전해준다. 선조의 무덤인 목릉 지역에는 정비 의인왕후와 계비 인목왕후가 서로 다른 산 자락에 모셔져 있고, 영조의 원릉은 조강지처 정성왕후를 버리 고 계비 정순왕후와 함께 묻힌 모습이다. 헌종의 무덤인 경릉은 정비와 계비의 구분이 부담스러웠던지 그 곁에 두 왕비를 나란히 묻은 삼연릉三連陵 형식을 띠고 있다.

비슷한 것처럼 보이는 왕릉의 석물들 역시 시대별로 조금씩 다른 모습을 하고 있으며, 병풍석이 없는 왕릉 등 석물 구성도 조금씩 다르다. 역사와 문화가 살아 숨 쉬는 곳, 동구릉을 답사하면서 조선 왕실의 숨결을 느껴보는 것도 좋을 듯하다.

戌
변화하려 했으나 좌절하다

광해군의
교하천도론

　세종시 문제로 나라 전체가 골머리를 앓은 것은 불과 얼마 되지 않은 일이다. 원래 노무현 정부는 수도를 옮기려는 구상을 했는데, 이 문제는 헌법재판소에서 위헌 결정을 받았고, 그 대안으로 행정중심복합도시를 조성하는 과정을 밟았다. 그렇다면 역사에서 수도를 옮긴 일들은 어떻게 진행되었던가? 이번 글에서는 도읍을 옮긴 사례들을 통해 이에 대한 간접적인 해답을 구해본다.

잇단 천도로 국력 쇠퇴한 백제

　우리 역사에서 수도를 옮긴 사례는 몇 차례 있었다. 먼저 고구려는 지금의 압록강 근처인 국내성에 도읍을 정했다가 5세기 장수왕 때 수도를 평양으로 옮겼다. 선왕인 광개토대왕대까지는 요동 일대를 중심으로 한 북방지역의 영토 확장에 힘을 기울였지만 장수왕은 한강 유역을 비롯한 남쪽의 비옥한 땅에 주목했다. 평양으로 도읍을 옮긴 것은 남하정책을 원활하게 추진하기 위해서였다.

고구려의 남하정책은 백제의 수도 천도에 바로 영향을 주었다. 원래 백제는 지금의 서울, 즉 한강 일대를 도읍으로 정했다. 현재의 풍납토성과 몽촌토성 일대에서는 백제의 유적과 유물이 다량 발견되어 이 지역이 백제의 초기 수도임을 입증해주고 있다. 그러나 고구려의 남하정책에 밀린 백제는 한반도 최고의 지역, 서울과 한강 일대를 포기할 수밖에 없었다.

475년 백제의 문주왕은 수도를 웅진(지금의 공주)으로 옮겼다. 『삼국사기』의 백제본기 '문주왕' 부분에는 "개로왕이 재위한 21년에 고구려가 내침하여 한성을 포위하므로 개로왕이 농성하여 굳게 지키고 문주왕으로 하여금 신라에 구원을 요청하게 했다. 문주왕은 군사 1만 명을 얻어가지고 돌아왔다. 고구려 군대가 비록 물러갔으나 성은 함락되었고, 문주왕은 개로왕의 뒤를 이어 즉위했다. 10월에 서울을 웅진으로 옮겼다"고 하여 고구려의 침략 후 백제가 도읍을 옮긴 상황이 기록되어 있다. 웅진으로 도읍을 옮긴 후 백제는 더 이상 뻗어나가지 못했다. 전략상의 요충지인 한강 유역의 상실은 백제 발전에 큰 타격이 된 셈이다.

6세기 성왕聖王(재위 523~554)은 백제의 중흥을 추진했다. 웅진이 수도로서 부적합하다고 판단한 성왕은 넓은 벌판에 새로운 도읍을 건설할 필요성을 느꼈다. 성왕은 수도를 사비(지금의 부여)로 옮기고 국호를 '남부여'라 했다. 북방지역에서 출발한 백제의 부흥을 꿈꾼 것이었다. 그러나 고구려의 힘에 밀려 한성(지금의 서울)을 버리고 수도를 웅진으로, 다시 사비로 옮긴 후 백제는 결국 옛 영광을 되찾지 못했다. 삼국 쟁패의 최고 요충지인 한강 유역의 한성을 포기한 것은 그만큼 국력의 약화를 야기했기 때문이다. 결국 백제는 마지막 수도 사비에서 삼천궁녀의 낙화암 전설과 함께 멸망의 길을 걸었다.

묘청의 서경 천도운동과 고려의 북진정책

고려는 918년 왕건이 개경에 나라를 세운 후, 후삼국 통일 과정을 거쳤으므로 통일 고려의 수도 개성은 고려와 그 시작과 끝을 같이했다. 그러나 고려시대에도 천도를 둘러싼 팽팽한 논쟁이 있었다. 12세기 초 승려 묘청이 풍수지리 사상에 근거하여 서경西京(지금의 평양) 길지설을 주장하고 나선 것이다. 묘청의 서경 천도는 개성의 지덕地德이 쇠했다는 것을 근거로 나온 것이지만, 그 속에는 개경파와 서경파의 갈등, 금金나라에 대한 강경 외교와 온건 외교의 갈등이 자리잡고 있었다. 당시 북방에는 신흥 강국 금나라가 흥기하여 고려를 압박하고 있었다. 금나라가 고려에 대해 중국의 송나라와 같은 사대事大외교를 요구하자, 묘청 등의 강경파는 이 기회에 금나라를 정벌할 것을 주장했다. 서경을 북방의 전진 기지로 삼아 고려초기의 북진정책을 계승하고자

交河別号宣城屬
原升八面
戶二千五百
田二千九百結
谷四千七百石
兵一千三百
京七十里

開城四部七面
戶四萬大千四百
田六千二百結
谷四萬四千八百石
兵一萬三百
京一百六十里
聖卷三 豊海三 十萬四

江華別号沁河沁都十七面
戶四千三百結
田四千三百結
谷四萬三千石
兵二千二百
京一百六十里
月橋二

金川別号金陵十六面
戶二千八百
田三千八百結
谷五千三百石
兵二千八百
京二百十里
迆二百十里
開城七十里
四邑三 古江冷五 積頁三

青邱圖
線表
第十五層十五

한 것이었다.

묘청의 서경 천도와 북진정책에 강력히 반발한 인물이 개경파를 대표하는 김부식이었다. 김부식은 금나라의 힘을 인정하고 안정적인 관계를 유지하려면 금나라와 사대외교를 맺는 것이 국익에 훨씬 도움이 된다고 인식했다. 한때 서경 천도에 관심을 보였던 고려 국왕 인종이 김부식 등의 의견을 따라 서경 천도를 없던 일로 하자, 1135년 묘청은 국호를 대위大爲로 하면서 서경에서 반란을 일으켰다. 반란 진압군의 총사령관에는 그의 라이벌 김부식이 임명되었다. 반란군 내부에서 일어난 묘청의 변사에도 불구하고, 반란군은 1년 가까이 정부군에 저항했다. 그러나 반란이 진압되면서 묘청이 꿈꾸었던 서경 천도운동 또한 역사 속에 묻히고 말았다.

광해군이 천도를 피한 사연은?

조선의 건국 후 수도가 된 곳은 개성이었다. 태조 이성계는 고려의 마지막 왕 공양왕의 양위를 받는 형식으로 즉위했는데, 개성의 수창궁에서 즉위식을 올렸다. 개성은 1392년 7월부터 1394년 10월까지 2년여 간 조선의 초기 수도로 역할했다. 그러나 이성계와 정도전 등 조선의 건국 주체 세력은 나라를 세움과 동시에 천도 작업에 착수했다. 고려의 수도였던 개성에는 여전히 구왕조에 미련을 갖고 살아가는 구세력이 많았기에 조선이란 나라를 세움과 동시에 주역들은 한반도 중앙에 자리잡고 있던 한양에 새로운 도읍을 정했던 것이다.

조선에서도 수도 천도에 대한 구체적인 논의가 이루어진 시기가 있었다. 바로 광해군 때였다. 광해군은 개혁정치의 일환으로 천도를 모색했다. 기득권을 지닌 정치 세력들이 서울에 거주하면서 대동법을 반대하는 등 개혁정치의 발목을 잡았기 때문이다. 술관 이의신이 '총대'를 멘 광해군의 교하交河 천도는 이러한 배경에서 나왔다. 1612년 11월 예조판서 이정귀는 이의신이 제기한 교하 천도에 대해 조목조목 반박하면서 한양이 도성으로서 차지하는 역사적, 정치적, 경제적 가치를 언급했다.

"술관 이의신이 상소하여, 도성의 왕기旺氣가 이미 쇠했으므로 도성을 교하현交河縣에 세워 순행을 대비해야 한다고 말하니, 왕이 예조에 내려 의논토록 했다. 예조판서 이정귀가 회계하기를 '삼가 이의신의 상소를 보건대, 장황하게 늘어놓은 말들이 사람을 현혹시킬 뿐 무슨 뜻인지 헤아릴 수 없습니다. 풍수의 설은 경전에 나타나지 않은 말로 괴상하고 아득하여 본디 믿을 수 없습니다. 그런데 이제 참위와 여러 방술의 근거 없는 말들을 주워 모아 까닭도 없이 나라의 도성을 옮기자 하니 역시 괴이합니다. 삼가 생각건대 한양의 도읍은 화악華岳을 의거하여 한강에 임했으며, 지세는 평탄하고 도로의 거리는 균일하여 주거舟車가 모두 모이는 중심지로서 천연적인 비옥한 토지와 굳건한 성곽 등 형세상의 우수함은 나라에서 제일이니 이야말로 전후의 중국 사신들도 모두 칭찬한 바였습니다. 우리 성조께서 나라를 세우려고 터를 마련하면서 여러 곳을 살펴보고 여러 해를 경영했으나 끝내는 이곳에 정했으니, 깊고 먼 계략을 어찌

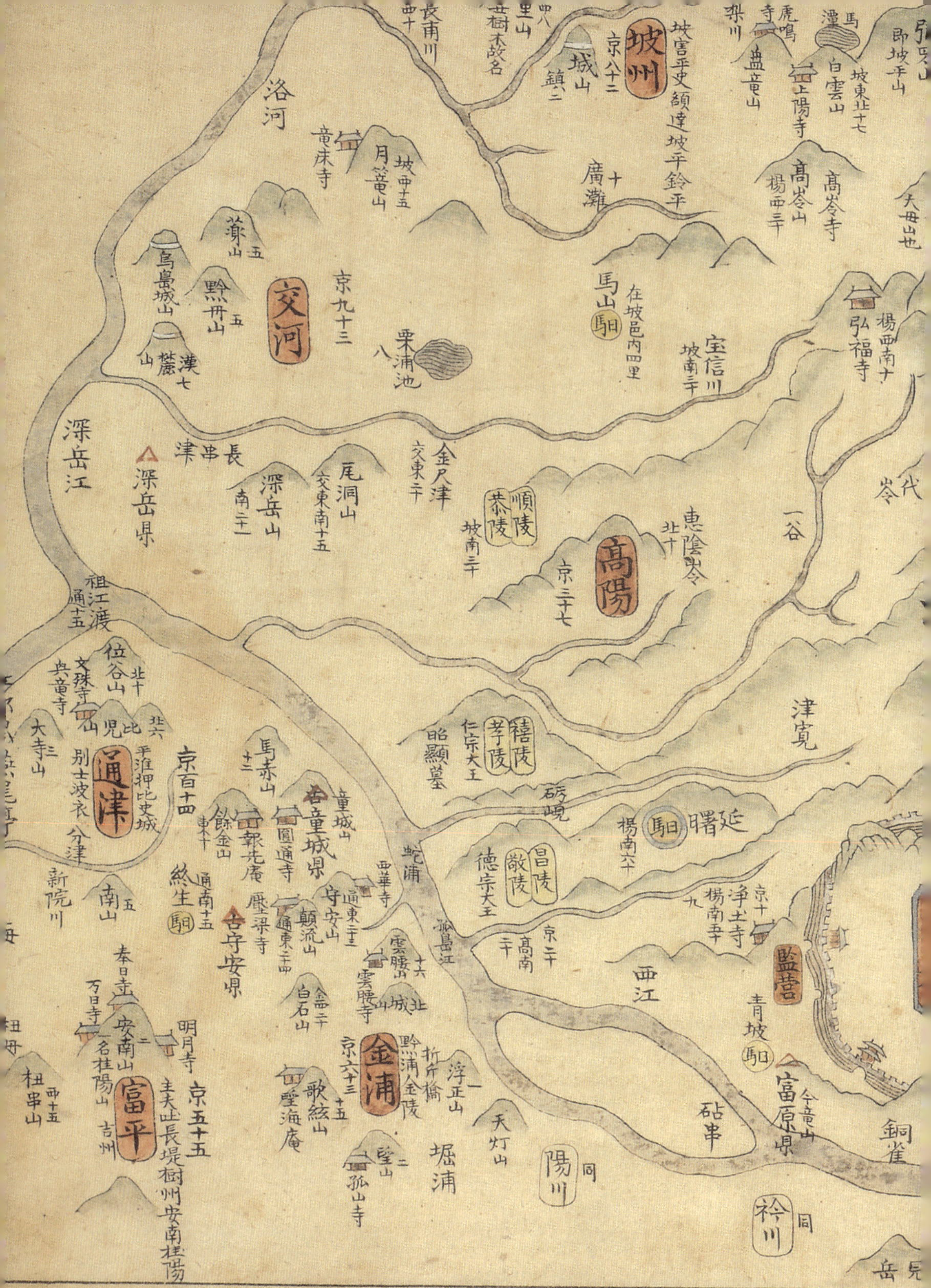

坡州
京八十二

城山
鎮二

洛河

竜床寺
月笄山
坡東北十五

廣灘
十

交河
京九十三

鳥島城山
黔丹山
漢七
藔山
五

栗浦池
八

馬山 駒
在坡邑內四里
宝信川 坡南三十

弘福寺
楊西南十
代岺

一谷

深岳江
深岳縣

津串
長 南三十
深岳山 南三十
尾洞山 交東南十五
交東三十
金尺津 坡南三十
順陵 恭陵
惠陰岺 北十
高陽 京三十七

祖江渡 通十五
位谷山 北十
文殊寺 共
與竜寺 兒山
大寺山 平淮押比史城
通津
別士波衣分津
京百十四
南山 五
新院川
馬赤山
若童城縣
童城縣
西華寺
圓通寺
報先庵
歷梁寺
雲腰寺
城 北十
雲腰山
金山
白石山
守安山
頓流山
通東三十
通南十五
昭顯墓
仁宗大王
禧陵 孝陵
硯峴
昌陵 敬陵
德宗大王
高南三十
楊南六十 駒
曙 延
津寛
净土寺 楊南三十
京十 九

監營
青坡 駒

富原縣 今竜山
銅雀

蛇浦
孤島江
京二十

西江

砧串

本日串
安南山
万日寺
富平
京五十五

明月寺
古守安縣
終生 駒
通南十五

金浦
京六十三
黔浦人金陵
堀浦
天灯山
浮正山
折斤橋

歌絃山
壁海庵

陽川 同
同

衿川 同

枑串山
枑毌山

金岳

미미한 일개 술관과 비교해 논의할 수 있겠습니까? 200년이 되도록 나라는 태평하고 백성은 편안했으며 다스림은 융성하고 풍속은 아름다웠으니 실로 만세토록 흔들리지 않을 터입니다. 복지福地가 아니고 무엇이겠습니까?"(『광해군일기』 광해군 4년 11월 15일)

"200년이 넘도록 백성은 평안하고 다스림은 융성했다"

이정귀는 이어서 "당당한 국가가 어찌 일개 필부의 허망한 말을 선뜻 믿어 200년의 굳건한 터전과 살고 있는 수많은 우리 백성으로 하여금 갑자기 일거에 떠돌이로 만들 수 있겠습니까? 이 소장이 들어오면서부터 사람들이 마음을 안정시키지 못하고 서로 뜬소문에 동요되어 더러는 '성상께서 이 말을 믿는다' 하고, 더러는 '새 궁궐에 나가지 않는 것은 이 말 때문이다' 하여, 원근이 모두 놀라고 현혹되어 분위기가 좋지 않습니다"라고 하면서 당시의 부정적인 민심을 전한 후에, "이단이 국가에 해독을 끼치는 일이 예로부터 그러했으니, 고려 말엽에는 요승妖僧 묘청이 음양의 설로 임금을 현혹하기를 '송경松京은 왕업이 이미 쇠퇴했고 서경에 왕기가 있으므로 도읍을 옮겨야 한다' 고 하여 드디어 새 궁궐을 서경 임원역에 지었으나 끝내는 유참 등의 변란이 일어나고 말았습니다. 예전의 고사도 이와 같은데, 어찌 경계할 일이 아니겠습니까?"라면서 묘청의 난을 경계로 삼을 것을 강조했다.

조정에서 반대 의견이 세를 얻자, 광해군은 1612년 윤11월 5일 교하로 도읍을 옮기는 일에 대해 2품 이상의 대신들에게 논의하게 했다. 그들 중에서는 박홍구가 유일하게 찬성했다고 할 정도로 천도에 대한 지지는 높지 않았다. 그러나 광해군은 의지를 완전히 꺾지 않았다. 『광해군일기』에 1612년 9월경부터 40여 차례 교하 천도에 대한 논의가 거듭된 것을 보면 수도 이전이 당시 정국의 '뜨거운 감자'였음을 알 수 있다.

1613년 1월 3일에도 광해군은 비밀리에 비변사에 명하여 교하 지역을 살피고 그 형세를 그려오게 했다. 광해군은 "예로부터 제왕들은 반드시 성읍을 따로 건설하여 예기치 않은 일에 대비했으니, 도읍 옮기는 것을 이르는 것은 아니다. 교하는 강화를 앞에 마주하고 있고 형세가 심히 기이하다. 독성산성의 예에 따라 성을 쌓고 궁을 짓고는 때때로 순행하고 싶다. 대신과 해조 당상은 헌관·언관·지관과 같이 날을 택해 가서 살피고 형세를 그려오라"는 명을 내렸다. 광해군은 천도가 아님을 강조했지만, 최종 목표가 천도에 있음은 다음의 기록에도 나타난다. "왕이 이의신의 말을 받아들여서 장차 교하에 새 도읍을 세우려고 했는데, 중론이 한꺼번에 일어나서 그렇게 하지 못했다."(『광해군일기』 광해군 8년 3월 24일)

이처럼 광해군은 교하 천도에 상당한 의지를 가지고 기초공사까지 벌였지만 결국은 중지하고 말았다. 여론의 반대가 극심했을 뿐만 아니라 수도를 옮길 경제력도 갖추지 못했기 때문이다. 습지인 데다 험준한 산과 강이 없는 등 수도로서의 부적절한 입지에 대한 상황도 고려되었다. 광해군에 의한 천도운동은 조선 건국 후 220여 년 만에 처음 본격적으로 제기된 것이었으나, 한양을 대체할 명분이나 실리가 부족하고 지지 세력이 거의 없었기 때문에 실패로 끝나고 말았다. 광해군의 천도 실패는 한 나라의 도읍 천도에는 뚜렷한 동기와 국가적 합의, 그리고 역량이 모아져야 함을 증명해주고 있다.

1506년,
중종반정이 일어나다

　1506년 신하들의 힘으로 현재의 국왕을 폐출시키는 사건이 일어났다. 그리고 그 사건은 조선의 역사에서 최초이면서, 일본이나 중국의 동양사회에서는 쉽게 찾을 수 없는 '반정反正'의 형태로 나타났다. 잘못된 것을 바른 것으로 되돌린다는 뜻의 '반정'은 포악한 군주를 내쫓되 반정을 주도한 세력이 권력을 잡지 않고 왕위 계승의 적임자를 찾아 왕위를 돌려주는 것이다. 중종반정의 원인 제공자는 연산군이었다. 성종 시대 조선의 정치·문화가 정비되면서 풍요의 시대가 온 듯했지만 연산군은 독재정치와 향락정치로 일관했다. 그리고 성리학 이념으로 무장한 조선의 신하들은 이를 결코 용납하지 않았다.

끝을 모르는 연산군의 폭정

1498년의 무오사화, 1504년의 갑자사화라는 두 차례의 사화를 거치면서 비판 세력의 입지는 더욱 작아졌다. 이에 편승해 연산군의 독재정치의 행태는 극에 달했다. 연산군은 자신의 정치에 비판적인 입장을 보였던 사림파들뿐만 아니라 일부 훈구파 대신들까지 제거해나갔다. 유흥과 사치는 보다 심해졌고, 자신의 사냥터를 확보하기 위해 인근의 민가를 철거시키기도 했다.

갑자사화 이후 연산군의 수탈은 보다 본격화되었다. 한 해의 세금도 버거워하던 백성들에게 2~3년 치의 세금을 미리 거두어들이는가 하면, 노비와 전답에도 각종 명목을 붙여 세금을 부과했기에 백성들의 부담은 커져만 갔다. 또한 1504년 8월, 연산군은 금표禁標를 확대해 경기도 일원의 민가를 철거하라는 명을 내렸다. 금표는 본래 군사 훈련이나 왕의 사냥을 위해 일시적으로 백성의 출입을 통제하는 지역을 말한다. 연산군은 민가를 허물고 그 입구마다 금표비를 세워 백성들의 출입을 막고 자신만의 향락 무대가 되는 사냥터를 넓혀갔다. 또한 연산군은 누구보다 궁궐에서 자주 잔치를 베풀어 타락한 군주의 전형을 보여주었다. 연산군은 자태가 고운 여자들을 전국 팔도에서 찾아내 이들을 궁궐의 기녀로 차출했다. 채홍사採紅使로 칭해진 사람들이 기녀들의 선발에 나섰고 이때에 뽑힌 기녀들은 운평, 가흥청, 흥청 등으로 불렸다. 연산군이 흥청과 같은 기생을 끼고 노는 것을 한탄한 백성들은 연산군의 위세에 눌려 감히 그 앞에서 말하지는 못했지만 이를 조롱하고 비판하는 의미로 '흥청망청興淸亡淸'이라는 말을 민간에 유행시켰다. 흥청들과 놀면서 정사에는 관심 없는 연산군으로 인해 나라가 곧 망할 것이라는 생각에서였다. 여기서 유래한 흥청망청이라는 말이 오늘날까지 유행하는 것에서 역사의 잘못을 경계하는 민중의 의식이 수백 년을 넘어 지속됨을 알 수 있다.

연산군은 관리들에게 '신언패愼言牌'라는 패쪽을 차고 다니게 해 말조심을 하도록 억눌렀으며, 자신의 행동을 비난하는 글이 한글로 쓰였다 하여 한글 학습을 탄압하고 한글로 간행된 서적을 불사르기도 했다. 그만큼 스스로도 자신의 행위에 문제가 많았다는 것을 느끼고 이러한 사실이 알려지는 것을 두려워했기 때문이다. 연산군은 폐위되기 얼마 전 까지도 "조선은 왕의 나라다. 조선의 백성 모두가 왕의 신하요, 조선 땅의 풀 한 포기까지도 모두 내 것이다. 조선의 모든 것이 본시 내 것인데 너희가 내 것을 빼앗아간 것이 아니더냐? 이제 다시 내가 찾아오려 하는데 무엇이 문제인가?"라고 하는 등 자신의 독재와 폭정을 정당화하는 발언을 하곤 했다. 그러나 그것은 오히려 자신의 운명을 재촉하는 길이 되고 말았다.

1506년, 신하들의 반란

한국영화 사상 가장 먼저 관객 천만을 끌어들이면서 히트를 친 영화 「왕의 남자」, 연산군대를 주요 배경으로 하는 이 영화의 마지막 장면을 기억하시는지? 공길이와 장생이가 줄타기하는 너머에 조선의 궁궐 전각이 눈에 들어온다. 창덕궁의 정전인 인정전이다. 역사에 조금 관심이 있는 예리한(?) 이라면 연산군이 주로 활동한 곳은 경복궁이고, 경복궁의 정전은 근정전인데 왜 인정전을 마지막 무대로 삼았을까 하는 의구심도 가질 수 있다. 결론적으로 왕의 남자에 나오는 마지막 장면은 역사적 고증에 충실했다. 연산군이 반정군에 의해 쫓겨난 마지막 장소는 창덕궁이기 때문이다. 1506년 창덕궁에서는 반정군들의 함성이 울려 퍼졌다.

연산군의 폭정에 견디는 데 한계를 느꼈던 일부 관리들은 점차 비밀리에 회합을 거듭하면서 연산군을 폐위시키려는 계획을 차곡차곡 세워나갔다. 그리고 마침내 1506년 9월 2일 박원종, 성희안, 유순정 등 훈구대신들이 중심이 되어 연산군을 추방하고 그의 이복동생인 진성대군을 추대했으니, 그가 곧 중종이다. 반정의 선봉에 섰던 3인방 중 박원종은 특히 연산군과 개인적으로 원한관계에 있었다. 연산군의 음행은 도가 지나쳐서 성종의 형인 월산대군의 부인 박씨를 범했다. 연산군에게 큰 어머니뻘 되는 박씨는 이때의 수치심을 이기지 못하고 자결하고 마는데, 박씨는 바로 박원종의 누이였다. 박원종은 누이의 자결로 연산군에게 늘 원통함을 품고 있던 차에, 이조참판으로 있다가 연산군을 비판하는 시를 써서 말직인 부사용副司勇으로 좌천된 성희안과 의기투합했다.

거사 하루 전날인 9월 1일 저녁 훈련원에는 성희안, 박원종, 김감, 김수동, 유순정, 유자광 등 반정 주체 세력과 건장한 무사들이 훈련원에 쏙쏙 모여들었다. 남이의 옥사, 무오사화 때 고변의 중심에 섰던 유자광은 이번에는 반정군에 가담함으로써 처세의 달인이라는 평가를 다시금 확인시켜주었다. 이날 밤 반정군들은 창덕궁의 돈화문을 통해 연산군의 처소를 급습했다. 반정군의 규모에 놀란 궁궐 수비군은 거의가 궁궐을 빠져나왔고, 몇몇의 승지와 함께 끌려나온 연산군은 그 화려했던 독재자의 이미지에 걸맞지 않게 벌벌 떨기만 했다. 이제 그를 지켜주는 신하는 아무도 없었다. 박원종 등은 곧이어 경복궁에 가서 대비인 정현왕후(성종의 계비)에게 진성대군을 추대할 것을 청했고 진성대군(후의 중종)은 경복궁 근정전에서 즉위식을 올렸다. 중종은 곧바로 연산군을 폐위시켜 강화도 교동으로 유배를 보냈고, 연산군은 그해 11월 강화도에서 병을 얻어 31세의 일기로 생을 마감했다.

두 차례의 사화로 조정에 피바람을 일으키고, 자신이 원하는 곳 어디에나 금표를 쳐서 백성을 괴롭혔으며, 기생들과 즐기면서 영세를 누릴 것처럼 보였던 연산군, 그러나 이처럼 최고 독재자의 말로는 너무나 비참했다. 중종은 곧바로 연산군을 폐위시켜 유배에 처했고, 연산군은 그해 11월 강화도에서 병을 얻어 사망했다. 그리하여 연산군은 현재까지 왕의 명예를 회복하지 못하고 '군'으로 남아 있다. 신위도 종묘에 배향되지 못했고, 무덤도 '능'이 아닌 '연산군묘'라는 이름으로 서울 도봉구 방학동에 조성되어 있다.

반정은 '바른 것으로 되돌린다'는 뜻으로 원래 중국의 역사서인 『춘추』「공양전」의 '발란반정撥亂反正'(난리를 평정하여 바른 것으로 되돌림)에서 유래한 말이다. 그러나 중국의 역사에서는 한

번도 반정이 일어나지 않았다. 왜냐하면 중국 역사에서는 반란을 성공시킨 인물 자신이 바로 왕위에 올랐기 때문이다. 반정은 조선이라는 나라가 그만큼 성리학적인 명분을 이념화하고 있었음을 보여주는 대표적인 예로 이해된다. 비록 정권을 무너뜨린 권력의 실세라도 왕위에 오르는 것은 잘못이며 왕위는 왕통을 이을 가장 적합한 인물을 올리는 것이 마땅하다고 인식한 것이다. 조선의 역사에서 두 차례의 반정(중종반정, 인조반정)이 있었다는 사실은 이웃 나라인 중국이나 일본과도 비교되는 부분이다. 그러나 명목상으로 폭군 연산군을 몰아내고 중종을 왕위에 올리면서 반정의 모양새를 갖추었지만 실제 권력은 반정을 주도한 훈구 공신들에게 있었다.

중종은 중단되었던 경연을 다시 실시하고 홍문관과 사간원 등 언론기관을 복구시키는가 하면, 연산군대에 수없이 설치되었던 금표를 해제시키는 등 달라진 모습을 보여주기도 했지만, 반정 이후 조정의 실권은 반정 공신들 차지가 되었다. 무려 130명이 넘는 반정 공신들이 책봉되었고 중종은 자신을 추대한 공신들의 그늘에서부터 자유로울 수 없었다. 중종 초기 정권은 반정을 성공시킨 훈구 대신들에 의해 장악되었고 중종은 허약한 왕으로 존재할 수밖에 없었다. 그러나 중종은 집권 10여 년이 지난 무렵부터는 기존의 훈구 공신들에 대항할 세력으로 사림파들을 서서히 등용했고, 그중에서도 가장 급진적인 성향을 띠었던 조광조를 파격적으로 등용하는 승부수를 띄운다. 그리고 이 승부수는 우리 역사상 가장 주목할 만한 개혁정책을 수행하는 기반이 된다.

1623년,
서인들의 쿠데타

　　1623년의 인조반정은 조선 사회의 분기점이 된 사건으로 이해되고 있다. 정치적으로 북인에서 서인으로 정권이 교체되었다는 것 이외에 서인들이 정권 실세가 되면서 성리학 이념이 조선 사회에 완전히 굳혀지는 계기가 된 사건이었다. 이런 점 때문에 인조반정을 조선전기와 후기를 가르는 기준점으로 보는 견해도 있다. 또한 인조반정은 현대의 군사쿠데타와 유사한 상황들이 여러 차례 발견된다는 점에서 주목된다. 따라서 인조반정은 단지 과거의 사건에 그치지 않고 현재의 역사에도 생생히 되살릴 여지가 상당히 많다.

서인들이 들고일어나다

1623년 3월 13일 『인조실록』은 인조가 반정을 일으켜 경운궁에서 상이 의병을 일으켜 인목대비의 명으로 경운궁에서 즉위한 것으로부터 시작된다.

"상이 의병을 일으켜 왕대비를 받들어 복위시킨 다음 대비의 명으로 경운궁에서 즉위했다. 광해군을 폐위시켜 강화로 내쫓고 이이첨 등을 처형한 다음 전국에 대사령을 내렸다."

비록 광해군에 의해 유폐되긴 했지만 당시 왕실의 최고 어른인 인목대비의 지시를 받아 정통성에 차질이 없게 한 것이나, 경축일을 맞아 사면령을 내리는 것은 현재의 경우와도 유사하다. 이어 실록에서는 반정의 명분과 반정 세력들이 규합한 과정을 설명하고 있다.

"상이 윤리와 기강이 이미 무너져 종묘사직이 망해가는 것을 보고 개연히 난을 제거하고 반정할 뜻을 두었다. 무인 이서와 신경진이 먼저 대계를 세웠으니, 경진 및 구굉·구인후는 모두 상의 가까운 친속이었다. 이에 서로 은밀히 모의한 다음 문사 중 위엄과 인망이 있는 자를 얻어 일을 같이하고자 했다. 곧 전 동지同知 김류를 방문한 결과 말 한마디에 서로 의기투합하여 드디어 추대할 계책을 결정했으니, 곧 경신년이었다. 그 후 경진이 전 부사 이귀를 방문하고 사실을 말하자 이귀도 본래 이 뜻을 두었던 사람이라 크게 좋아했다. 드디어 그 아들 이시백·이시방 및 문사 최명길·장유, 유생 심기원沈器遠·김자점金自點 등과 공모했다. 이로부터 모의에 가담하고 협력하는 자가 날로 많아졌다."(『인조실록』 인조 1년 3월 13일)

위에서 나타난 바와 같이 인조반정의 주도 세력인 이서, 김류, 최명길 등은 모두 서인이었다. 학통상으로 보면 이항복과 이이의 학문을 계승한 인물이 많았다. 이귀의 합류와 훈련대장 이흥립의 포섭이 반정군에게 결정적인 힘이 되었음은 아래의 자료에서 나타난다.

"임술년 가을에 마침 이귀가 평산부사로 임명되자 신경진을 이끌어 중군中軍으로 삼아 중외에서 서로 호응할 계획을 세웠다. 그때 모의한 일이 누설되어 대간이 이귀를 잡아다 문초할 것을 청했다. 그러나 김자점과 심기원 등이 후궁에 청탁을 넣음으로써 일이 무사하게 되었다. 신경진과 구인후 역시 당시에 의심을 받아 모두 외직에 보임되었다. 마침 이서가 장단 부사가 되어 덕진에 산성을 쌓을 것을 청하고 이것을 인연하여 그곳에 군졸을 모아 훈련시키다가 이때에 와서 날짜를 약속해 거사하게 된 것이다. 그런데 훈련대장 이흥립이 당시 정승 박승종과 서로 인척이 되는 사이라 뭇 논의가 모두들 '도감군都監軍이 두려우니 반드시 이흥립을 설득시켜야 가능하다'고 했다. 이에 장유의 아우 장신이 흥립의 사위였으므로 장유가 흥립을 보고 대의大義로 회유하자 흥립이 즉석에서 내응할 것을 허락했다. 그리하여 이서는 장단에서 군사를 일으켜 달려오고 이천부사 이중로도 편비編裨들을 거느리고 달려와 파주에서 회합했다."

(『인조실록』 인조 1년 3월 13일)

훈련대장이라는 중책을 맡고 있던 이흥립이 반정군 편에 가담한 장면은 전두환 세력이 12·12 쿠데타 당시 육군본부의 정식 지휘 계통을 무시하고, 쿠데타군을 주도한 상황을 떠올리게 한다. 역사의 주요 장면에서 변절자가 등장하는 사례는 여러 차례 있어왔다.

반정군은 이날 밤 2경(오후 9시에서 11시)에 홍제원弘濟院에 모이기로 약속했으나, 대장으로 임명된 김류가 바로 합류하지 않았다. 김류는 고변이 있었다는 말을 듣고 포자捕者가 도착하기를 기다려 그를 죽이고 가려 했다. 김류가 지체하며 출발하지 않고 있는데 심기원과 원두표 등이 김류의 집으로 달려가 '시기가 이미 임박했는데 어찌 앉아서 붙잡아오라는 명을 기다리는가' 하자 김류가 드디어 갔다. 김류의 도착이 늦어지자 반정군들은 즉석에서 이괄을 대장으로 지명했다. 그러나 다시 김류가 나타나자 예정대로 김류가 대장 역할을 맡았다. 김류에서 이괄로, 다시 김류로 대장이 바뀌는 등 반정 초기 어수선했던 과정은 훗날 반정 주체 간의 세력 다툼으로 나타났다. 1624년 이괄은 반란을 일으켜 반정 주체이면서도 정당한 대접을 받지 못한 자신을 감시하는 인조와 반정 세력을 공격했다.

인조반정은 중종반정과 달리 국왕으로 내정되었던 인조가 직접 반정에 참여한 점도 눈길을 끈다. 또한 훈련대장 이흥립은 반정군과 내통하여 궁궐 문을 열어주었고 이것은 반정군이 조기에 궁궐을 접수하는 데 큰 힘이 되었다. 이후 반정군은 광해군의 최

측근 세력들을 잡아서 참수시켰다. 광해군은 의관인 안국신의 집에 잠시 피신했다가 체포된 후 강화도 교동도로 유배되었다.

1622년 평산부사로 부임한 이귀는 호환虎患이 많은 것을 적절히 이용해 범을 잡는다는 구실로 군사활동을 하면서 점차 자신의 군사력을 키워나갔고, 훈련대장 이흥립의 합류와 북병사 이괄의 참여로 반정군의 규모는 점차 확대되었다. 권신 김자점은 미리 술과 안주를 준비해 광해군과 가까웠던 김상궁(일명 김개똥)에게 보내기도 했는데, 이 부분은 1979년 12·12 군사쿠데타를 성공시킨 전두환 세력이 준장 진급 모임에 자신들의 반대파를 대거 참여시킨 것과도 유사한 방법이다. 조직적으로 임무를 부여받은 반정군은 거사일을 3월 13일로 정했다. 반정의 주역 최명길이 점을 쳐서 정한 날짜였다.

인조반정의 주도 세력이 동원한 군사는 대략 1000명으로, 조선의 최정예 군사인 훈련도감군에 비하면 양적으로나 질적으로 미미한 수준이었다. 그러나 집중적으로 권력의 중심부를 강타함으로써 반정을 성공으로 이끌 수 있었다. 이것은 1961년 해병대 병력을 중심으로 5·16 군사쿠데타를 성공시킨 박정희나, 1979년 12월 12일 하나회 출신 부대를 중심으로 군사쿠데타를 성공시킨 전두환의 경우와도 유사하다. 이들이 주도한 쿠데타군도 진압군에 비해 수적으로는 훨씬 열세였으나 권력의 포스트를 장악함으로써 쿠데타를 성공적으로 이뤄낼 수 있었다. 이런 측면에서 보면 인조반정은 현대사의 군사쿠데타와 비교할 만한 부분이 상당히 많다.

광해군과 북인 세력의 최후

반정이 성공한 다음 날부터 피의 숙청이 시작되었다. 광해군을 보좌한 북인, 그중에서도 대북 정권의 실세들은 대부분 자결하거나 처형되었다. 광해군은 폐위된 직후 부인 유씨, 폐세자된 아들 부부와 함께 강화도로 유배되었다. 겨우 목숨은 부지했지만 강화로 옮긴 지 얼마되지 않아 아들 부부가 사망하는 사건이 발생한다. 폐세자는 연금된 집 안마당에 땅굴을 파고 탈출을 시도하다가 발각된 후 인조에게 자진自盡의 명을 받아 죽고, 폐세자빈 역시 이에 충격을 받고 자살했다. 1623년 10월 왕비 유씨가 세상을 떠난 뒤 광해군은 혼자 몸이 되었다. 그러나 타고난 체력 덕분인지 1636년 강화도 교동, 1637년 제주도 등 유배지를 옮겨다니면서 그 모진 세월을 잘도 견뎌나가다가 1641년 7월 1일 제주도 유배지에서 생을 마감했다. 젊은 시절 전장을 누빈 튼튼한 체력 때문에 유배생활도 잘 견딘 것으로 여겨진다.

광해군을 보좌한 대북 세력의 핵심들은 거의 처형되거나 유배되었다. 이위경, 한찬남 등 대북파들은 많은 사람들이 보는 저잣거리에서 처형되었고, 외척으로서 권세를 한껏 누렸던 박승종은 아들과 함께 도망하다가 스스로 목을 맸다. 광해군 정권의 정신적인 영수 정인홍도 고향인 합천에서 서울로 압송되어왔다. 그는 89세의 고령의 몸이었지만 광해군 정권의 정신적인 후원자였다는 점과 반정의 주역인 이귀 등 서인과의 오랜 악연 탓으로 처형을 면할 수 없었다. 중앙 정부에서 정인홍의 대리자 역할을 하면서 공안정국을 주도했던 이이첨은 이천까지 도주했다가 체포된 후 처형되었다. 이외에도 광해군의 외교정책을 적극 받들어 실천했던 평안도 관찰사 박엽과 의주부윤 정준도 체포되어 처형되었다. 실리외교의 일선에서 활약했던 인물들도 반정의 주요 명분인 '친명배금'의 논리에선 역적일 수밖에 없었다. 북인 세력으로서 겨우 처형을 면한 사람들은 대부분 투옥되거나 유배되면서 대북파는 거의 전멸했다. 이제 역사 속에서 북인의 이름은 지워졌다. 광해군 정권을 타도하고 반정을 성공시킨 서인들은 인목대비의 교서를 통해 반정의 정당성을 다시금 공표했다.

"적신賊臣 이이첨과 정인홍 등이 악행을 부추겨 임해군을 해치고 영창대군을 죽이며 조카(능창군)를 죽이는 등 여러 차례 큰 옥사를 일으켜 무고한 사람을 해쳤다. 또 대비를 서궁에 유폐하는가 하면 의리로는 군신이며 은혜로는 부자와 같은 명明에 대해 배은망덕하여 속으로 다른 뜻을 품고 오랑캐에게 성의를 베풀었다. 이에 인조가 윤리와 기강이 무너지고 종묘와 사직이 망해가는 것을 볼 수가 없어 반정을 일으켰다."(『인조실록』 인조 1년 3월 14일)

인조반정의 주요 명분은 '폐모살제'와 광해군대의 중립외교에 대한 비판이었다. 이후 인조대에는 광해군대의 잘못된 정책을 만회하기 위해 재성청裁省廳 등의 기구가 만들어졌지만 개혁은 지지부진했고, 권세가들에게서 빼앗은 토지는 반정 공신에게 다시 불하되는 등 공신들의 배를 불리는 문제점을 초래했다. 특히 공신 내부에서도 갈등이 일어나 반정 이듬해에 이괄의 난이 일어나기도 했다. 또한 시대를 한탄하는 「상시가傷時歌」도 민간에서 유행했는데, 반정 주체 세력의 선전과는 달리 인조반정이 백성들에게는 별다른 도움이 되지 못했음을 시사하고 있다.

아 훈신들이여 / 잘난 척하지 말아라 / 그들의 집에 살고 / 그들의 토지를 차지하고 / 그들의 말을 타며 / 또다시 그들의 일을 행하니 / 당신들과 그들이 / 돌아보건대 무엇이 다른가.

반정을 성공시킨 서인 세력은 영의정의 자리에 남인 출신 이원익을 올렸다. 쿠데타에 따른 정치권이나 백성들의 충격을 최소화하기 위한 장치였다. 그러나 「상시가」에 나타나듯이 권력의 주체만 바뀌었을 뿐 민생의 현실은 바뀐 게 없다는 백성들의 푸념이 이어졌다. 또한 500년 전에 일어난 사건이지만 인조반정의 성공방정식은 현대의 군사쿠데타와 유사한 점이 매우 많다. 역사를 단지 과거 속의 이야기로만 돌릴 수 없는 이유도 여기에 있다.

인조반정으로 정치적으로는 서인 세력의 독주, 사상적으로는 성리학 중심주의가 조선 사회에 뿌리를 내렸다. 외교적으로는 친명배금과 대명의리론이 자리를 잡는 계기가 되었다. 인조반정은 단순한 정치 세력의 교체가 아니라 조선 사회를 근본적으로 변혁시킨 사건이기도 했다.

조선시대 태안반도에
물길공사 왜?

　이명박 정권이 들어선 이후 중점 공약으로 내세웠던 대운하 문제로 나라 전체가 떠들썩했다. 대운하 건설은 청계천 공사처럼 일자리를 창출하고 관광이나 미래의 자원을 확보하는 데 매우 유효한 방안이라는 찬성 쪽 의견과, 경제성이나 수질 및 환경 문제 등을 고려하면 거의 실익이 없을 것이라는 반대쪽 의견이 팽팽히 맞서왔다. 그런데 조선시대에도 운하 공사가 국가 과제로 대두된 적이 있다. 태안반도에서 육지 간 거리가 가장 짧은 지역인 흥인교에서 굴포까지 운하 공사가 논의되고 실제 공사가 시도되기도 했다.

세금의 주요 운송로, 뱃길

조선시대에는 수로 교통이 지금보다 훨씬 중요하게 인식되었던 까닭에 적극적으로 활용되었다. 남한강의 뱃길은 국가의 세곡稅穀을 운반하는 주요 루트였고, 남해안과 서해안의 뱃길을 이용해서도 세곡을 실어 날랐다. 현재 한반도 대운하 사업의 핵심 경로인 경부운하는 남한강과 낙동강의 뱃길을 부산에서 서울까지 수로로 연결하자는 것이다. 그런데 실제 조선시대까지도 남한강 뱃길은 세금의 주요 운송로로 큰 역할을 담당했다. 남한강 뱃길은 경상도 북부와 충주, 단양, 청풍, 제천 등지에서 거두어들인 세곡을 운반하는 주요 통로였다. 충주 남한강변에 설치한 조창漕倉(지방의 세곡 창고)인 가흥창은 당시 이 일대 세곡의 최고 보관처였고, 15척의 조운선이 배치되어 있었다고 한다. 충주에서 뱃길을 이용하여 운송된 세곡은 경창京倉인 한강의 용산 풍저창에 보관되었다.

한편 전라도 곡창에서 나는 세곡 대부분은 바닷길을 따라 운반되었다. 나주의 영산창, 영광의 법성포창이 주요 창고였다. 호남지역이 곡창인 만큼 영산창에는 53척의 조운선이, 법성포창에는 39척의 조운선이 배치되었다. 세곡은 서남해안의 해로를 따라 강화도 앞바다를 거쳐 한강의 서강에 모여들었다. 서강의 광흥창이 그 중심지로서, 지금으로 치면 서울 국세청 자리쯤 된다. 현재의 마포구 창전동이라는 지명은 '창고 앞 동네'라는 뜻으로, 옛날 광흥창이 있었던 흔적을 희미하게나마 보여준다.

『청구도』 중 '태안지
도', 종이에 채색, 26×
19cm, 한국학중앙연구
원 장서각.

태안에 운하 공사를 시도한 까닭은?

한반도 최대의 곡창인 호남지역의 세곡을 서울까지 운반하는데 있어 가장 난코스가 바로 태안 앞바다 일대였다. 태안 앞바다 안흥량安興梁은 물살이 빠르고 파도가 높아 이따금씩 세곡선이 침몰하는 위험지대였다. 수도 개성으로 호남의 세곡을 운반했던 고려시대부터 고민은 시작되었다. 『신증동국여지승람』 권19에 있는 '태안군'의 기록을 보면, "고려 때 인종이 안흥정 아래의 물길이 여러 물과 충격을 일으키는 곳이 있고, 또 암석 때문에 위험한 곳이 있으므로 가끔 배가 뒤집히는 사고가 있으니, 소태현 경계로부터 도랑을 파서 이를 통하게 하면 배가 다니는 데에 장애가 없을 것이다 하여, 정습명을 보내어 인근 군읍 사람 수천 명을 징발하여 팠다"는 내용이 나온다.

이후에 종실 왕강이 건의하여, "예전에 파던 도랑이 깊이 판 곳은 10여 리나 되고 파지 않는 곳이 불과 7리인데, 만약 다 파서 바닷물로 하여금 유통하게 한다면 매년 조운漕運할 때 안흥량 400여 리의 위험한 물길을 경유하지 않게 될 것입니다"라고 하자, 이에 인부를 징발하여 다시 파니 돌이 물밑에 깔려 있었고, 또 조수가 왕래하여 파는 대로 이를 메워버리므로 공을 거두지 못했다. 다시 세조 때에는 건의하는 자가 혹은 팔 만하다 하고 혹은 팔 수 없다고 하여 세조가 안철손을 보내어 시험했다. 안철손은 이 일을 이룰 수 없다 하여 대신에게 자세히 살피게 했으나 논의가 일치하지 않아 중지되고 말았다는 기록이 전한다.

이러한 기록에서 고려시대와 조선시대에 운하 공사에 대한 논

結城 十面
龍川三
廣川四
戶三千八百
田三千二百結
谷三千石
兵三千七百
京三千七里
沘二百四里
洪川三十里
城三百三十五尺

瑞山 十六面
戶六千二百
田七千結
谷四千五百石
兵五千二百
京四百百
沘二百千里
海天三十里
城二千七百七尺
割與夢城藾城

人二百 二開市
人三五 二開市

泰安 九面
戶三千七百
田四千五百結
谷二千八百石
兵三千三百
京四百三十里
沘二百二十里
城五千百空尺
瑞山三十里

靑丘圖
第十八層十六
望日山
波門
場門
大山
古波知
烟文
大兒山
文
橋川
奧
昌
瑞山
將基師
羅區城
瑞川
大寺
馬山
飛禾口
艇所
船所
高靡本祖屢鑿本城
熊
三作
收場
新
利山
開市浦
止二道寺
汀沙白
方項
奈山
封山
所介
泰安
府省文号縣
羅薒泰郡
楓川
平
古城
浦
白日
東二道寺
東
龍橋
智
靈
冠
文
興
安
宮機
近西
南
大岩
行
居兒
黃
賈
靑
安眠申
比州洪
者月
下血
辻泊
船口
高山
上川
龍
大乾里
部山
金海口

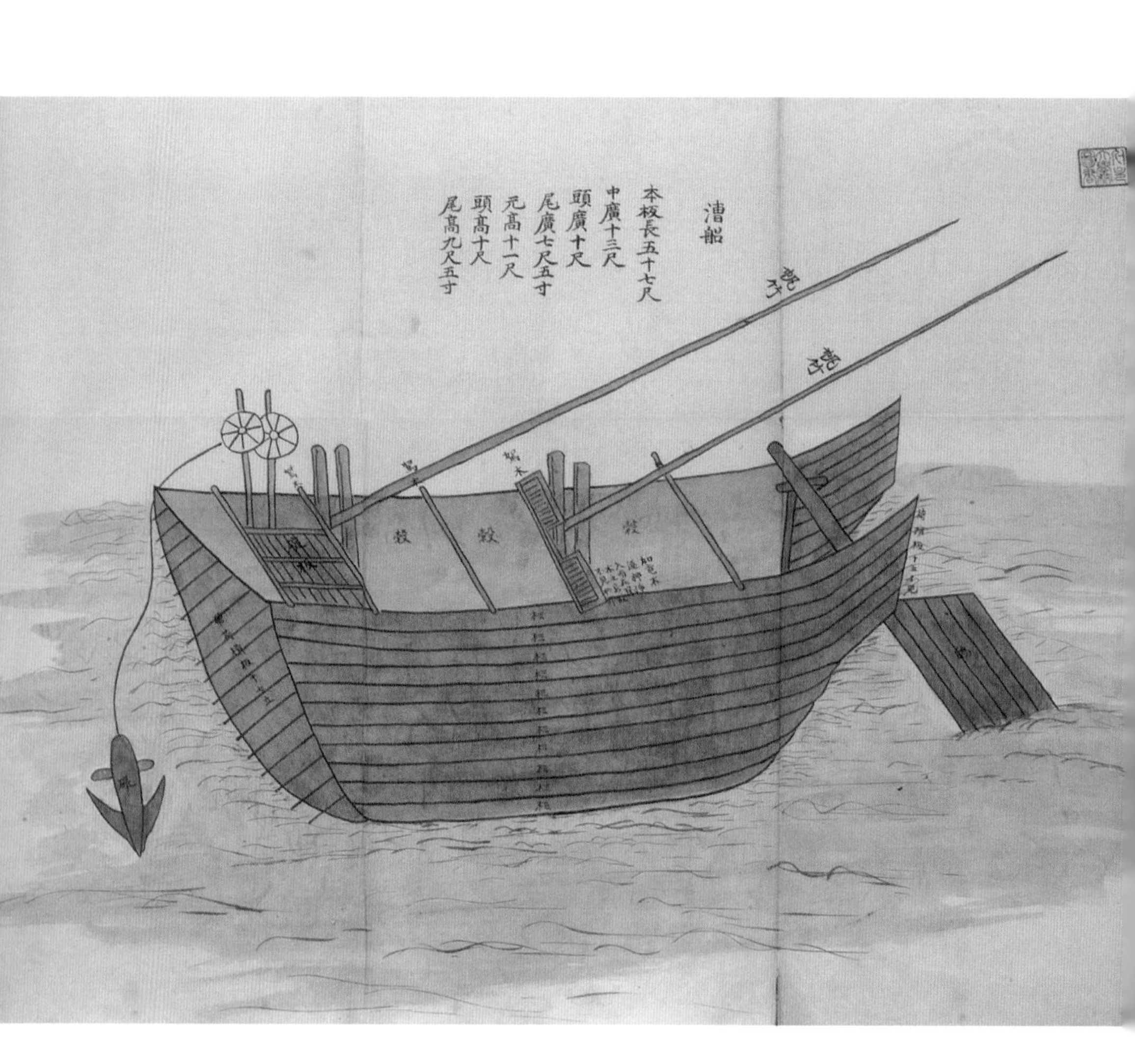

漕船
本板長五十七尺
中廣十三尺
頭廣十尺
尾廣七尺五寸
元高十一尺
頭高十尺
尾高九尺五寸

의와 시도가 계속되었음을 알 수 있다. 하지만 이 지역에 돌산이 많아 굴착 공사가 어려웠고, 조수 간만의 차로 배가 항시 운하 지역을 통과할 수 없다는 점 때문에 쉽게 완공을 이루지 못했던 것이다. 특히 고려시대에는 이 지역의 수로가 험하여 조운선이 자주 실패를 보자, 이를 막기 위해 안파사安波寺 즉 '파도를 안정시키는 절' 까지 세웠다고 한다.

조선시대 운하 공사는 주로 태안반도에서 육지 간 거리가 가장 짧은 흥인교에서 굴포리까지 운하를 뚫는 논의들이 시도되고 직접 굴착 공사에 착수하기도 했다. 한양에 청계천을 뚫어 현재 서울 모습의 원형을 갖추는 데 기여한 태종은 태안반도의 운하 공사에도 관심을 가졌다. 태종 때에는 운하 공사의 어려움을 들어 운하지역에 제방을 쌓아 포구를 만듦으로써 포구에서 육로로 세곡을 운송하는 방안을 모색하기도 했다.

이 문제는 현종 때에도 국가의 중대 현안으로 이어졌다. 그러나 운하로 굴착할 지역이 육로로 30리쯤 되어 굴착 후에 남북의 물이 들어와 자연히 흙이 채워질 것이라는 우려 때문에 공사에 착수하지는 못했다.

정조, 운하 공사에 대한 대책을 묻다

조선시대의 태안반도 운하 건설은 세곡 운반이라는 국가적 사업을 위해서 꼭 필요한 공사였기 때문에 여러 차례 시도하려는 움직임이 있었다. 세종 때의 신숙주, 효종 때의 김육과 같은 학

「각선도본 조선」, 종이에 채색, 52.3×70cm, 규장각한국학연구원. 조선의 세곡을 실어 날랐던 배의 도면이다. 선수가 선미보다 넓고 깊이가 깊은 편인데, 이는 세곡의 적재량을 늘리기 위한 것으로 보인다.

자가 대표적으로 나선 인물이었다. 이처럼 운하의 효용성은 충
분히 인정되었건만 돌산이라는 이 지역의 토질 여건, 조수 간만
의 차의 고려, 새로운 조창의 설치 등 난제가 뒤따르면서 공사는
시행되지 못했다.

효종대를 대표하는 경제학자 김육(1580~1658)은 서산과 태안
사이를 관통하는 석맥石脈 때문에 운하 공사가 이루어지지 못함
을 간파했다. 김육은 대안으로 서산의 팔봉산 아래에 큰 창고를
설치하여 험한 안흥량 일대의 바닷길을 피하는 대신 육로 일부
를 활용하여 세곡을 운송하는 방안을 제시하기도 했지만 이 역
시 부작용이 제기되면서 폐기되었다.

조선시대의 운하 공사는 꼭 필요한 사업이었지만 당대의 기술
력이나 비용·인력 조달 등의 문제로 인해 완공되지 못했다. 그
러나 이 운하 공사는 전 시기에 걸쳐 조선왕조의 지속적인 관심

거리였고, 신하와 백성들의 의견을 적극 수렴하면서 공사의 시행 여부를 결정한 점은 상당히 주목할 만하다. 정조가 태안반도 운하 건설에 관한 내용을 과거시험 문제로 낸 것은 당대의 분위기를 대표적한다고 할 수 있다.

"어떤 이는 양서지방(관서, 해서)의 곡식은 장산長山에서 손실을 당하고 삼남 지방의 곡식은 안흥에서 손실을 당하는데, 운하를 파고 뱃길을 뚫어서 배가 다니도록 한다면 양서의 곡식이 서울에 도달될 수 있고 삼남의 곡식이 복몰당할 염려가 없을 것이라고 했다. 그러나 더러 발언은 했어도 시험해보지 않은 경우도 있고 더러는 시작을 했다가 바로 그만두기도 했으니, 이것은 고위 당국자의 수치요 또한 백성들이 다같이 걱정해야 할 일이 아닌가 한다. 여러 선비들은 고금古今의 일을 널리 알고 있을 것이니, 반드시 폐단을 바르게 고칠 계책이 있을 것이다. 이에 대해 각각 마음껏 기술하라." (『다산 시문집』 제9권, 책문, '조운책')

이 기록에서 태안반도 운하 문제가 조선후기에도 국가 과제로 계속 제기되었음을 알 수 있다. 정조는 책문을 내면서 "마음껏 기술하라, 내 친히 열람하리라"라고 했다고 한다. 역량 있는 젊은 인재들의 목소리를 경청하려 했던 정조의 자세는 오늘날에도 의미 있게 다가온다.

한반도 운하는 단순히 공사의 성공 여부를 판가름할 문제로 그치지 않는다. 먼 미래에까지 후손들에게 '축복'이 되어야지 '재앙'으로 남아서는 안 되기 때문이다. 현재의 자본과 기술력

을 감안한다면, 대운하 건설은 조선시대 때보다는 훨씬 수월하게 끝낼 수 있을 것이다. 그러나 자연 상태를 인공으로 변화시켜 나가는 과정에서 야기되는 환경이나 수질 문제는 결코 우리 당대의 문제만이 아니라는 점을 염두에 두어야 한다. 더욱이 조선시대는 물론이고 오늘날에도 정치권에서 국민들의 합의를 제대로 이끌어내고 이를 바탕으로 정책을 수립해야 한다는 점은 가장 유념에 둬야 한다. 운하 공사에 관한 한 고려시대에서 조선시대에 이르기까지 최고 지도자들은 실무자와 백성의 의견을 최대한 존중했던 것이다.

변화하려 했으나
좌절하다

275

420년 전 조선을 뒤흔든
정여립 역모 사건

지금으로부터 420여 년 전인 1589년(선조 22) 10월 황해도 관찰사가 조정에 올린 한 장의 비밀보고서. 이 보고서는 이후 1000여 명의 선비가 역모에 관련되어 처형 또는 유배되는 도화선이 되었다. 조선중기 사림을 뒤흔든 사건 기축옥사己丑獄事. 이 옥사는 바로 이 한 장의 보고서에서 시작되었던 것이다. 흔히 정여립 역모 사건이라 불리는 이 사건의 실체는 무엇이었을까?

"천하는 공물", 왕조 세습에 맞서다

420여 년 전 기축년 10월 2일(양력 11월 18일). 안악군수 이축, 재령군수 박충간, 신천군수 한응인 등이 연명으로 황해도 관찰사 한준에게 보고서를 올렸다. 내용은 전주를 거점으로 한 정여립의 역모 상황을 알리는 것이었다. 한준은 급히 조정에 이 문서를 올렸고 3정승과 6승지가 참여하는 비상대책회의가 열렸다. 즉시 정여립에 대한 체포령이 떨어졌고, 의금부 도사가 황급히 황해도와 전라도에 급파되었다. 이 사실을 감지하고 있던 정여립은 전북 진안의 죽도 별장에서 스스로 목숨을 끊었다. 역모의 주모자인 정여립의 자살…. 그러나 그것은 조선중기 사림사회를 뒤흔든 엄청난 회오리의 시발점이었을 뿐이다.

정여립(1546~1589)의 본관은 동래, 자는 인백이며 전주 출신이다. 첨정을 지낸 희증希曾의 아들로 전주 남문 밖에서 태어났다. 반대파에 의해 서술되었지만 그의 태몽에는 고려 의종 때 무신란을 일으킨 정중부가 나타났다고 하는데, 왕을 시해한 전 시대의 반역자가 꿈에 나타났다는 것은 일찍이 정해진 정여립의 운명을 말해주는 듯하다.

정여립은 무예나 활쏘기에 뛰어나 어린 시절부터 또래의 우두머리였으며, 경사經史와 제자백가諸子百家의 학문에도 두루 능통했다. 15세 때 이미 익산군수인 아버지를 대신하여 고을 일을 맡아보았는데, 당시 아전들은 그의 부친보다 정여립이 업무를 처리할 때 훨씬 부담을 느꼈다고 할 정도였다. 그의 강한 개성과 기질은 형제 및 친척과 소원하게 지내는 원인이 되기도 했으나, 학문적 자질은 뛰어나 1567년 진사시에 합격하고 1570년 식년문과에 을과로 급제했다.

이후 중앙 정계에서 능력을 인정받아 예조좌랑, 홍문관 수찬 등의 요직을 거쳤는데, 정여립의 순탄한 관로에는 그의 자질을 일찍부터 주목한 이이와 성혼 등 서인의 지지를 받은 인사들의 후원이 컸다. 당시 조선의 정국은 1575년(선조 8)부터 시작된 붕당정치가 본격화되는 시기였다. 따라서 중앙 정계에서 활동하는 인물은 필연적으로 한 당파의 정치 노선을 따를 수밖에 없었다.

서인의 후원 속에 관직에 발을 들여놓았던 정여립은 본격적인 정치활동을 시작하면서는 오히려 집권 세력인 동인의 입장에 경도되는 모습을 보인다. 특히 그의 기질은 동인의 돌격장 역할을 맡기에 충분했다. 홍문관 수찬 시절 그는 서인의 핵심 인물인 박순·성혼 등을 극렬하게 비판한 후 서인들로부터 자신의 정치적 후원자인 이이를 배반했다는 비난을 받고 고향인 호남으로 낙향하기에 이른다. 중앙의 정치 무대에서는 그의 이름이 지워졌지만 오히려 호남 일대를 중심으로 그의 명망은 점점 높아져갔다. 직선적이고 적극적인 기질, 무예와 병법에 능한 활동가, 학문적 소양을 갖춘 지식인…. 당시 지방사회에서 이만큼 교양을 갖추고 적극적으로 활동하는 카리스마형 인물은 흔치 않았다. 당연히 그의 명망은 높았고, 인근 지역의 수령들은 다투어 그의 문전을 두드렸다.

정여립의 다재다능한 능력이 가장 빛을 발한 것은 1589년 전주부윤 남언경의 부탁으로 왜적을 물리쳤을 때이다. 정여립은 무사나 공사 천민의 무리를 이끌면서 왜적의 침입을 막아냈다. 그러나 불행하게도 정여립의 이러한 자질은 반대 세력이 공격할 빌미가 되기도 했다. 1589년의 고변 때 반대파들은 정여립의 대동계 조직, 무장활동 등의 경력을 지적하고 실제 역모를 계획했던 위험인물로 부각시켰던 것이다.

사림사회에 회오리가 불다

『연려실기술』에는 정여립의 역모 내용이 기록되어 있다. 기축년(1589) 겨울 서황해도와 남전라도에서 일시에 병사를 일으켜 얼어붙은 강을 건너 성을 직접 쳐들어가 무기고를 불사르고 조운漕運 창고를 약탈하며 심복을 도성 요소에 배치한다는 것이 역모의 기본 시나리오였다. 이어 자객을 나누어 보내 대장 신립과 병조판서를 살해하고 거짓으로 교지를 꾸며 인근의 수령과 병사兵使, 수사水使를 죽이며 언관을 사주하여 전라감사와 전주부윤을 파직시키고 그 틈을 타서 일제히 궐기한다는 것이었다.

정여립이 황해도를 역모의 진원지로 삼은 데에는 이곳이 일찍이 임꺽정의 난이 일어날 정도로 중앙 정부에 대항하는 분위기가 조성되어 있었기 때문이라고 본다. 실제 정여립과 함께 역모에 핵심적으로 참여한 변승복(안악), 박연령(안악), 지함두(해주) 등은 모두 황해도 출신이었다.

1589년 정여립에 대한 역모 고변으로 기축옥사가 시작되고 주모자 및 연루자에 대한 체포령이 떨어졌다. 정여립의 자살로 역모의 주창자는 사라졌지만 역모에 참여한 인물들이 대거 체포되었으며, 본격적인 수사가 시작되었다. 그런데 수사에 돌입하자 이 사건의 파장은 점점 커졌다. 이는 무엇보다 당시 정국이 동인과 서인의 정쟁이 가열되어갔던 상황과 밀접한 관련이 있다.

11월 8일 서인의 돌격장 정철이 정언신을 대신하여 우의정에 임명되어 위관委官(수사 책임자)을 맡으면서 사건에 연루된 동인 공격의 선봉에 섰다. 12월 12일에는 낙안향교 유생 선홍복이 가혹한

宣祖朝故事

己丑鄭汝立之獄

六承旨禁府堂上入對復命入直揔管及玉堂上下番皆

八侍獨檜閣李震吉勿入以秘狀下示乃安岳郡守李軸

載寧郡守朴忠侃信川郡守韓應寅等上變事也全州居

前修撰鄭汝立謀反為群其同黨安岳趙球密告云云分

遣禁府都事于海西湖南命下李震吉于禁府即汝立甥

也時政錄日月錄朝野記闕癸甲錄也○汝立父希曾世居全州南門外初

孕時其父夢見鄭仲父生時又如之親舊來賀而無喜色

年七八與羣兒嬉戲鵲雛從嘴至尾希曾問曰誰所為也

수사를 받자 초사招辭에서 이발, 이길, 백유양 등이 연루되었다고 자백했고, 12월 14일에는 전라도 유생 정암수가 상소문을 올려 한효순, 정개청, 정언신 등 조정의 대신들이 이 사건에 크게 연루되었음을 주장했다. 당시 역모 혐의로 상소문이나 공사供辭에 이름이 오르내렸던 인물은 대부분 동인으로, 서인들에게 있어서 이 사건은 정국의 전환을 꾀할 수 있는 절호의 기회로 인식되었다.

정국에서 수세에 몰려 있던 서인들이 정여립 역모 사건을 동인의 공격에 적극 이용하면서 옥사는 걷잡을 수 없을 정도로 확대되었다. 동인 강경파인 이발 · 이길 형제가 처형된 것을 비롯해 홍가신, 허당, 김창일 등 수십 명의 관리가 벼슬을 삭탈당하고 금고되었다. 또한 성균관과 사학의 유생 중 조금이라도 혐의가 있는 자들은 수감됨으로써 정국은 초긴장 상태로 치달았다.

이후에도 남명 조식 학파의 핵심 인물인 최영경이 길삼봉이라는 무고를 받아 옥중에서 사망하고, 이에 연루된 남명의 문인들이 대대적으로 탄압받는 등 사건의 파장은 사림사회 전체에 휘몰아쳤다.

조선중기 정치 · 사상 변화의 분수령

정여립의 학문과 사상에서 우선 주목되는 것은 주자성리학의 의리론에 매이지 않고 다양한 학문을 섭렵하고 이를 적극 실천하려는 성향이 강했다는 점이다. 그런데 정여립의 이러한 학풍과 사상은 16세기를 대표하는 남명 조식 학파와 화담 서경덕 학

平難原從功臣錄券

前衛李山光

萬曆十九年三月二十一日同副承旨臣

骨叅敬奉

傳旨除完討逆臣子之至褒賞功酬勞帝王

之大柄無細大而畢錄豈貴賤而有殊顧

子眇躬叨守鴻業雖勵精圖治恆戰兢而

自持而遺艱荼事機之難察附圖家

獍之惡延出搢紳之閭幸賴

파의 학자들에게서도 나타나고 있었다. 정여립과 친밀한 교분을 유지했던 최영경, 이발, 정개청 등은 남명이나 화담의 문인들로서, 이들이 기축옥사에 연루되어 희생된 것은 이 사건이 조선중기 사상사에서 하나의 분수령이 되었음을 뜻한다.

정통 주자성리학의 학풍과는 거리가 있었던 화담과 남명의 학풍을 계승한 인물들이 기축옥사의 주요 연루자였던 것은 정여립 사건이 단순한 정치적 사건이 아닌 사상적인 차이에서 발생한 것이었음을 확인시켜주고 있다. 즉 이 사건의 주역인 정여립과 그 연루자들은 성리학의 이론이나 명분론에 큰 비중을 두지 않는 화담이나 남명 학파의 학자들이었다. 기축옥사에서는 주로 성리학 이해에 있어서 절충적인 성향이 강하고 보다 탄력적·실천적인 성향의 계열들이 희생되었다.

역모에 가담한 혐의로 체포되어 국왕으로부터 직접 조사를 받은 일부 하층민은 '우리는 반역이 아닌 반국叛國을 했습니다. 반국은 먹고 입는 것이 넉넉한 것입니다' 라고 하여 국왕의 쓴웃음을 자아내기도 했는데, 이러한 사례는 정여립의 사상이 이론보다는 구체적인 실천 행위, 즉 민생 문제의 해결에 더 큰 비중을 두고 있음을 보여준다. 정여립은 스스로가 "천하는 공물公物이니 어찌 일정한 주인이 있으리오"라는 파격적인 주장을 할 만큼 정통 주자성리학의 입장에서 일탈한 사상의 소유자였다. 그는 "충신이 두 임금을 섬기지 않는다고 한 것은 '왕촉'이라는 사람이 죽을 때 일시적으로 한 말이고 성인의 통론은 아니다"라고 하여 경우에 따라 두 임금을 섬길 수 있음을 암시하기도 했다. 또 "누구를 섬긴들 임금이 아니리요"라는 중국 성현 유하혜의 말을 인용하여 세습되는 절대군주의 존재 자체를 부정하기도 했다. 이외에 무사들을 직접 통솔한 것에서 미루어 알 수 있듯이 병법과 무예에 대한 자질 또한 특별했다. 또 이씨가 망하고 정씨가 흥한다는 뜻으로, '목자는 망하고 전읍은 흥한다木子亡 奠邑興'는 동요를 옥판에 새겨서 지리산 석굴에 감추어놓았다는 일화가 전해질 만큼 여론 조성에도 능한 인물이었다.

시대를 앞서갔던 정여립의 급진적인 사상과 혁명적인 발언은 근대 민족주의 역사학자 신채호에 의해서 주목받았다. 신채호는 정여립을 가리켜 이미 400년 전에 군신강상론君臣綱常論을 타파하려 한 혁명적인 사상가로 평가했다. 정여립은 명분론, 성리학의 이론 탐구만을 중심 사상으로 한 사회 분위기에 쉽사리 적응하지 못했다. 그리고 자신과 같은 능력 있는 인재가 정치의 중심에 설 수 있는 그런 세상을 꿈꾸었다.

그러나 그에게 보수적인 조선 사회는 너무나 큰 장벽으로 다가왔다. '천하는 공물'이라고 외쳤지만 그 공물을 자신의 것으로 만들려는 야심이 있을 만큼 정여립이 선택한 길은 결국 '역모'라는 극단이었다.

혁명을 꿈꾸었지만 그 혁명은 착수하기도 전에 실패로 끝났고, 정여립은 자살로 생을 마감했다. 그러나 그것은 그의 죽음만으로 끝나지 않고 수많은 사람을 희생양으로 삼은 기축옥사라는 대참극의 단서를 제공했다. 조선중기의 풍운아 정여립의 죽음과 이로 말미암아 파생된 대참극 기축옥사. 이 사건은 급진적인 지식인이 존재할 수 있는 조선중기의 토양 또한 매우 척박했음을 여실히 보여주었다.

불후의 고전 명작
『춘향전』 뒤집어 읽기

조선후기로 들어서면서 일반 백성들까지 책을 빌리거나 필사
해서 읽는 일은 흔해졌다. 독자의 요구에 따라 여기저기 원하는
서적과 소설을 구해주는 서적중개상은 독서문화를 일으키는 데
큰 역할을 했고, 이들은 전문 직업인으로서 '서쾌'라 불렸다. 그
렇다면 당시 무슨 책이 가장 인기 있었을까? 요즘도 명절이 되면
심심찮게 특집극으로 편성되는 고전소설 『춘향전』은 조선시대
에도 베스트셀러 목록에서 빠지지 않았다. 이도령과 춘향의 사
랑 이야기와 부패한 사또 변학도에 대한 통쾌한 복수 등 시대를
뛰어넘어 공감할 만한 요소들이 잘 어우러진 『춘향전』. 조선후
기 창작된 이래 오늘날까지 많은 이들이 빠져든 소설 『춘향전』
에는 독자의 흥미를 위해서 역사적 상황이 아닌 사실들이 자주
등장한다.

로맨스 즐기다 1년 만에 장원급제, 이도령은 천재?

　많은 사람은 『춘향전』의 스토리를 그대로 믿으면서 이것이 역사적 실제인 것처럼 해석하곤 한다. 그런데 여기에는 중요한 함정이 있다. 『춘향전』 또한 허구적 상황을 담은 소설이라는 점이다. 전통시대의 소설에도 허구와 과장이 적절히 놓이면서 그럴듯한 이야기가 전개된다. 물론 가장 있음직한 상황들을 배경으로 설정하면서 말이다. 과연 『춘향전』에는 어떤 허구적 상황들이 숨어 있을까? 소설의 내용에서 역사적으로 맞는 장면들과 그렇지 않은 부분들을 그 내용을 짚어보면서 살펴보자.

　『춘향전』은 퇴기退妓의 딸 춘향과 남원부사의 아들로 잘나가

는 양반집 선비인 이몽룡의 사랑 이야기를 다룬다. 신분의 벽을 허물은 남녀의 결합이라지만 신분사회가 무너져가는 조선후기 사회에서도 그리 쉽지 않은 상황 설정이다. 우리는 청춘남녀의 만남을 생각할 때 가장 먼저 결혼을 염두에 둔다. 소설에서는 주인공 둘의 연령을 똑같이 '이팔청춘', 즉 열여섯 살로 표현하고 있다. 오늘날에는 결혼이란 생각조차 할 수 없는 나이지만 조선시대에는 법적으로 혼인하는 데 전혀 하자가 없었다. 조선의 헌법인 『경국대전』에는 "남자 15세, 여자 14세가 되면 혼인하는 것을 허락한다"는 규정이 있고, 일상생활에서 지켜진 예법인 『주자가례』에도 남자는 16~30세, 여자는 14~20세가 혼인 적령기로 기록되어 있다.

　혼인 연령에서 무사히 조선의 법망을 빠져나간 춘향과 이도령의 다음 이야기. 이도령이 춘향과의 만남 후 1년여 만에 과거에 장원급제한다는 설정은 과연 가능할까? 조선시대의 과거제도는 3년마다 한 번씩 뽑는 식년시式年試와 특별한 경우 실시하는 별시別試로 구성되어 있었다. 문과 급제자가 33인이니 식년시라면 3년에 전국에서 33인이 뽑히는, 그야말로 낙타가 바늘구멍을 통과할 만큼 힘든 관문이었다. 과거길을 일컬어 영광을 보러 간다는 뜻으로 '관광觀光길'이라 한 것 역시 치열했던 과거의 시대적 상황을 보여준다. 또 문과에 급제하려면 소과에 해당하는 생원시나 진사시를 거쳐 성균관에서 일정 기간(대개 4~5년) 수학해야만 했으니, 기간으로 보아 이몽룡이 문과를 거쳤을 가능성은 거의 없다.

　그렇다면 조선후기에 널리 시행된 별시에 합격했을 가능성이 남는다. 이몽룡이 별시를 치렀을 가능성은 당시의 시험문제가 '춘당춘색 고금동春塘春色 古今同'으로 나타나 이 시험이 창덕궁 춘당대에서 실시되었음을 알 수 있다. 또 시험 후 바로 왕이 급제자들을 시상했다는 기록이나, 이몽룡이 진사나 생원을 거치지 않았다는 점에서도 그가 별시에 응시하여 장원급제했음은 분명해 보인다. 그러나 아무리 별시라 해도 천하의 인재가 모여드는 과거시험에 서울에 올라간 1년여 만에 수석합격하는 것은 결코 쉬운 일이 아니다. 그것도 처녀가 그네 뛰는 것을 충분히 감상하고 적당한 로맨스를 즐겼던 위인이 말이다. 물론 점찍은 자신의 여자 춘향을 위해서라도 눈에 불을 켜고 공부를 했을 터이지만, 아무리 양보해도 소설 속 이도령은 흔치 않은 천재임에 틀림없다.

자기 고향의 암행어사가 될 수 있나?

장원급제 후 이도령이 바로 암행어사로 나가는 것도 대단히 예외적인 경우다. 대개 과거에 급제하면 종9품이라는 최하위직에서 출발하는데, 장원급제인 경우에 한해서만 종6품직에 임명되기도 했다. 따라서 장원급제자는 동기생보다 4~5년 승진 시기가 빨랐다. 암행어사로 파견될 수 있는 최소한의 직급이 종6품직으로 이것도 가능한 설정이긴 하지만, 과거에 급제한 신참을 왕의 밀명을 받아 암행 업무를 수행하는 어사로 파견한 사례는 거의 없었다.

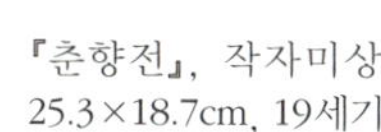

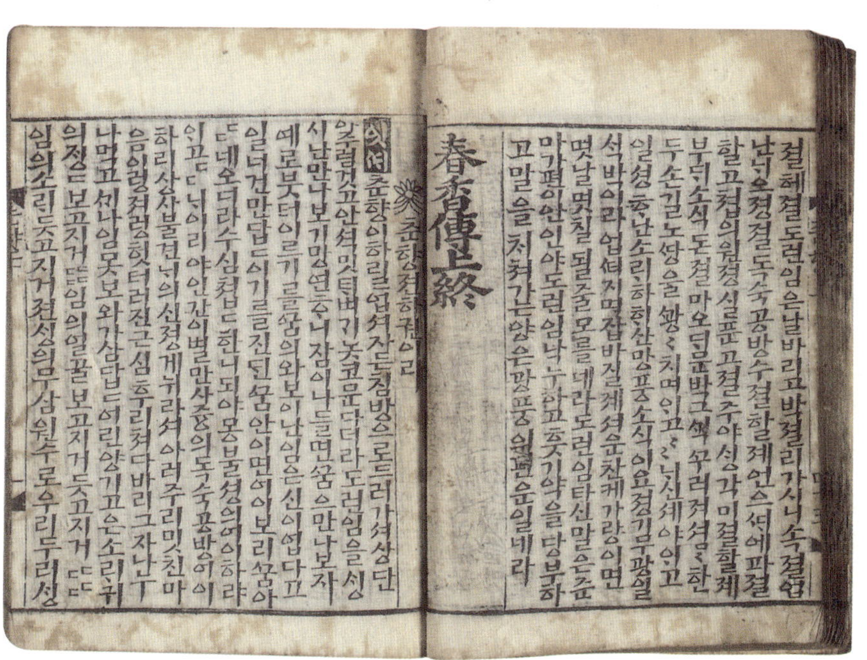

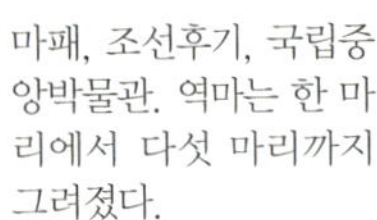

마패, 조선후기, 국립중앙박물관. 역마는 한 마리에서 다섯 마리까지 그려졌다.

이도령이 남원에 파견된 것에서는 소설적 허구의 극치를 이룬다. 조선시대에는 상피제相避制가 엄격히 적용되어 자신의 출신지에 암행어사를 파견하지 않는 것이 관례였다. 연고 지역에 파견을 나가 안면이 있는 벼슬아치들의 청탁을 받는다면 어떻게 공정한 암행의 업무를 수행할 수 있겠는가? 상피제의 적용은 부정과 청탁을 원천적으로 차단하기 위한 제도적 장치로 조선시대 내내 지켜졌다.

특히 암행어사의 파견지를 결정할 때는 추생이라는 엄격한 추첨제도를 적용했다. '추抽'는 뽑는다는 뜻이며, '생'은 나무껍질로 만든 '제빗대'라는 뜻으로 직접 제비를 뽑고 왕명을 받아 감찰할 지역을 정하게 했다. 요즘도 흔히 쓰는 용어인 '제비뽑기'란 '잡다'의 명사형인 '잽이'에서 유래했다는 설이 있는데, 한자로 표현하면 추첨抽籤이라는 말이 된다. 『춘향전』의 배경이 되는 조선후기 전국의 군현은 400여 개에 달했다. 물론 상피제의 적용으로 이도령은 남원으로 갈 수 없었지만, 추첨에 의한다 할지라도 남원에 갈 확률은 400분의 1에 불과한 것이다. 그러나 『춘향전』은 소설이니까 작가는 춘향이가 고통 속에서 신음하는 남원으로 암행어사 이도령을 파견시킬 수밖에 없었던 것이다.

추첨으로 암행어사가 그 부임지를 뽑으면 봉서封書(암행어사가 수행할 임무를 적은 명령서)에 그 지역의 이름을 써주었다. 그러나 봉서는 현장에서 바로 개봉하는 것이 아니고, 동대문이나 남대문 밖을 벗어나면 열어볼 수 있게 했다. 그만큼 보안 유지를 철저히 한 것이다. 암행의 임무를 맡은 어사는 봉서와 함께 왕이 친히 하사한 마패, 그리고 유척鍮尺을 소지하고 암행길에 나선다. 마패는 역마驛馬가 그려진 숫자대로 공식적으로 말을 사용할 수 있는 증명서의 기능과 함께 출도 때 암행어사의 신분을 증명해주는 증명서의 기능을 했다. 현재 전해지는 마패는 대부분 말 2마리가 그려진 2마패의 형태로, 일반적으로 2마패가 사용되었음을 알 수 있다. 유척은 지방의 관리가 형구刑具를 함부로 사용하는지와 도량형의 통일 여부를 파악하여 세금을 제대로 징수하는지를 조사하기 위해 사용하는 자尺로서, 바로 변사또와 같은 수령들이 임의로 법을 집행할 때 그 증거를 확보하는 도구로 쓰였다.

사또는 초법적 존재인가?

이제 춘향이가 변사또의 탄압을 받는 장면으로 들어가보자. 소설에서도 그렇지만 영화로 제작된 「춘향전」에서 춘향은 머리가 헝클어진 채 긴 칼을 목에 두른 처참한 상태로 그 모습을 드러내 관객들의 분노를 자아낸다. 도대체 얼마나 잘못했기에 춘향은 역모나 살인을 저지른 대역죄인의 모습으로 나타난 것일까? 이 역시 정상적인 상황에서는 거의 나타날 수 없는 설정이다. 지방의 치안과 풍속을 책임져야 할 사또, 지방의 수령이 이처럼 함부로 법을 집행해도 되는가? 소설 속의 구성은 특히 조선시대 지방관들 모두를 부패하고 여성을 노리개로 삼는 인물로 몰아가는 위험성도 내포하고 있다. 조선시대에는 수령이 함부로 사법권을 집행하는 것이 금지되어 있었으며, 단지 자신에게 수청을 들지 않는다는 이유로 목에 칼을 씌우는 형벌은 더더욱 집행할 수 없었다. 물론 자신의 목숨을 내놓은 사또가 아니라면 말이다.

『경국대전』에 따르면 조선시대에도 삼심제三審制가 엄격히 시행되었으며, 인권을 보호하기 위한 각종 법제도가 완비되었음이 잘 드러나고 있다. 『춘향전』에서는 사또의 잔혹성을 부각시키고 이를 통쾌한 복수로 연결하기 위해 변사또를 자의적이고 임의적인 법 집행과 고문을 일삼는 인물로 묘사했지만, 이러한 설정은 자칫 조선 사회의 법 집행과 형벌제도가 나름의 짜임새를 갖추고 있으면서 인권 보호를 위한 여러 조치들을 마련해두었다는 점을 간과하게 하여 은연중 법률의 사각지대였던 것으로 오해하게 만든다.

고전소설이건 현대소설이건 모두 그 시대의 거울 역할을 한다. 즉 소설이라는 제한된 공간에서 시대의 부조리와 모순을 과감히 폭로하고 독자들에게 대리만족을 불러일으킨다. 이러한 점에서 『춘향전』은 수령의 부패와 탐학, 청춘 남녀의 사랑, 선비의 출세와 여성의 절개 등 조선후기 사회에서 중시되던 덕목과 사회상을 적절히 반영하면서 그 시대인들의 가슴을 깊이 파고들었다. 그러나 한편으로 소설에서 설정된 장면들이 모두가 역사적 사실이 아니라, 보다 극적인 효과를 담아내기 위해 과장되고 허구적인 장면들이 요소요소에 배치된 것도 주목해야 할 것이다. 고전소설에 담긴 이러한 허점(?)들을 과감하게 파고들 때 역사소설을 읽는 재미가 보다 더해지지 않을까?

권
조선의 은밀하고 신비로운 이야기들

조선시대의 온천

　찬바람이 코끝을 스쳐오면 따뜻하게 몸을 녹이며 피로를 풀수 있는 온천욕이 생각난다. 이제는 누구나 쉽게 찾을 수 있는 곳이지만 조선시대에 온천은 특별한 곳이었다. 특히 왕이 자주 찾는 온양온천에는 따로 행궁을 두고 이곳에서 정무를 보기도 했다. 왕을 위한 특별한 목욕 시설이 여의치 않았던 시절, 온양온천은 목욕뿐만 아니라 질병을 치료하는 곳이기도 했다. 온양행궁에 대해서는 당시 모습을 그린 그림까지 남아 있다. 조선시대 왕들의 온천 행차 이야기로 들어가본다.

실록에는 첫 왕 태조부터 온천을 자주 찾은 기록이 나타난다. 태조가 즐겨 찾은 온천은 황해도 평산. 당시에는 평주로 불렸던 곳이다. 태조는 1392년 8월 대간·중방重房·사관 각 1명씩과 의흥친군위 군대를 거느리고 평주온천에 거둥했다. 1393년 4월에도 평주온천을 다녀온 기록이 있다. "하찮은 병으로 온천에서 목욕하고 돌아와서 몸이 몹시 피곤하다"고 토로한 것으로 보아 신병 치료를 위해 온천에 갔음을 짐작할 수 있다. 이후에도 태조의 온천 행차는 계속된다. 몇몇 신하들은 평주 온천이 한양과 300리나 떨어져 있으므로 자제할 것을 청했지만, 태조는 자신의 병을 걱정하지 않는다며 오히려 신하들에 대해 불만을 감추지 않았다.

1396년의 실록에는 "임금(태조)이 충청도 온천으로 행차했다"는 기록이 있다. 정확한 지명을 표기하지는 않았지만, 온양온천을 지칭한 것으로 짐작된다. 온양온천은 태조 때부터 왕실이 주로 이용한 대표적인 명소였다. 중종 때 편찬된 『신증동국여지승람』의 '온양군'의 '온천' 항목에는 "질병 치료에 효험이 있어서 우리 태조·세종·세조가 일찍이 이곳에 거둥하여 머무르면서 목욕했는데, 유숙한 어실御室이 있다"고 기록하고 있다.

태종은 아버지 태조를 뵙기 위해 평주온천을 몇 차례 찾았으며, 자신 역시 풍질風疾이 심해지자 평주·이천 등지의 온천에 거둥했다. 세종 역시 평산·이천 등지의 온천을 찾았으며, 서울과 가까운 경기지방에 온천이 있는 곳을 찾게 하여 찾은 자에게

는 후한 상을 내릴 것을 약속했다. 1443년(세종 25) 3월 1일 세종
은 왕비와 함께 충청도 온양온천에 거둥했다. 평소 피부병과 안
질로 고생하던 세종이 왕세자와 의정부·육조의 대신 등 대규모
관리들을 거느리고 온양 행차를 결심한 것을 보면, 온천욕에 대
한 믿음이 깔려 있었던 것으로 보인다.

그렇다면 조선시대에 일반 민들도 온천에 갈 수 있었을까? 성
종 1년 4월 17일 성종이 충청도 관찰사 김필에게 내린 하교에서
그 단서를 찾을 수 있다. "도내 온양 온정溫井의 어실御室 및 휴
식소와 세자궁의 침실 외에는 다른 사람이 목욕하는 것을 허락
하고, 남쪽 탕자湯子는 재상 및 사족의 부녀에게 또한 목욕하는
것을 허락하라"는 기사에서, 비록 사족의 부녀에게 한정되었지
만 일반인도 온천욕을 할 수 있었음이 나타난다.

온천 마니아, 현종

조선시대 최고의 온천욕 장소로 각광을 받았던 곳은 온양이었
다. 조선초기에는 평산과 이천온천에 왕들이 거둥하기도 했지

만, 온양온천의 뛰어난 치료 효능과 지리적 여건으로 인해 이곳에 행궁이 조성되고 정사도 볼 수 있는 공간으로 탈바꿈시켰다. "평산온천은 너무 뜨겁고 이천은 길이 험해 온양으로 정한다"는 『현종실록』의 기록에서 온양이 왕들의 온천으로 완전히 정착되어갔음을 알 수 있다.

실록의 기록에 따르면 온양 행궁에 행차하여 장기간 머물렀던 왕은 세종·세조·현종·숙종·영조 등 다섯 명의 임금과 사도세자로 확인되고 있다. 세종과 세조·현종 등이 모두 피부병으로 고생한 전력이 있음을 감안하면, 왕의 온양 행차는 질병을 치료하고 휴식을 취하기 위한 목적이 가장 컸음을 알 수 있다. 조선의 왕 중에서 온양 행궁을 가장 많이 찾은 왕은 현종이었다. 재임 기간 내내 종기와 피부병으로 시달렸기 때문이다. 현종 6~10년의 실록 기록에는 왕이 온천에 머문 기사가 매년 평균 50건이나 발견될 정도이다. 『현종실록』의 다음 기록에는 민폐가 걱정되기는 하지만, 온천욕의 뛰어난 효능을 인정한 왕의 입장이 잘 나타나 있다.

"상이 의관을 시켜 약방에 말을 전하기를 '요즈음 부스럼이 온몸에 나 고통을 견디기 어려운데, 온천에 목욕하는 것이 효험이 있다는 것을 알고 있으면서도 민폐가 염려되어 할 생각을 못 했다. 지금 눈병과 부스럼이 한꺼번에 발하여 약은 오래 복용했으나 효험이 없고 침은 겨우 당장 위급한 것만 치료할 뿐이다. 일찍이 듣건대, 온천이 습열濕熱을 배설시키고 또 눈병에 효험이 있다고 하니 지금 기회에 가서 목욕했으면 한다. 여러 의원들에게 물어서 아뢰라' 했는데, 도

제조 허적 등이 아뢰기를 '신들이 성상의 몸을 돌보는 자리에 있으면서 보익補益한 바는 없이 마음 졸이며 걱정만 하고 있었습니다. 지금 성상의 분부를 받들고는 즉시 여러 의관을 불러 물어보니, 여러 의관이 '성상의 눈병과 부스럼은 모두 습열 탓에 생긴 것이다. 이런 때에는 온정溫井이 가장 좋다' 고 했습니다' 하였다."(『현종개수실록』 현종 6년 3월 14일)

위의 기록에는 어의들이 현종의 눈병과 피부병에 온천욕만큼 효능이 뛰어난 것이 없음을 강조한 대목이 나온다. 실제 현종은 자신의 병에 침과 약이 효험이 없자 온천욕을 대안으로 찾았고 잦은 행차를 했다. 왕의 행차였던 만큼 그 규모도 대단했다.

"상이 온양온천에 거둥했다. 인시에 상은 군복을 입고 칼과 활·화살통을 차고서 작은 수레를 타고 나가 인정문 밖에 도착했다. 수레에서 내려 말을 타고 숭례문 밖에 도착하여서부터는 교자를 타고 출발했다. 영의정 정태화, 우의정 허적, 병조판서 홍중보, 호조판서 정치화, 이조판서 김수항, 한성판윤 오정일… 각사의 관원과 종반宗班 숭선군 이징 등 8인, 의빈儀賓 익평위益平尉 홍득기洪得箕 등 5인, 침의鍼醫 윤후익尹後益 등 4인, 약의藥醫 이동형李東馨 등 4인이 따라갔으며, 영풍군 이식 등 형제 4인도 자원하여 어가를 수행했다. 무예별감武藝別監 30인, 어영군 1200명, 기병 50명, 군뢰軍牢와 잡색雜色이 합해 400명이었는데, 대장 유혁연과 중군中軍 유정이 이끌고, 금군 500명은 별장 이지원李枝遠이 이끌고, 마병 470명과 포수 800명은 별장 유비연柳斐然·한여윤韓汝尹이 이끌었다."(『현종개수

실록』 현종 (6년 4월 17일)

이렇듯 왕의 온천 행차에는 대신들과 대규모 병력이 수행했다. 이로써 국정에 상당한 차질을 빚었음도 물론이다. 현종 시대에 주목할 만한 업적이 많이 나오지 않았던 한 원인을 현종의 잦은 온천행에서 찾을 수 있을 것이다.

온양온천 모습이 담긴 「온양별궁전도」

조선시대 왕실 목욕탕의 모습은 어떠했을까? 이 궁금증을 풀어주는 자료가 규장각한국학연구원에 소장되어 있다. 『영괴대기

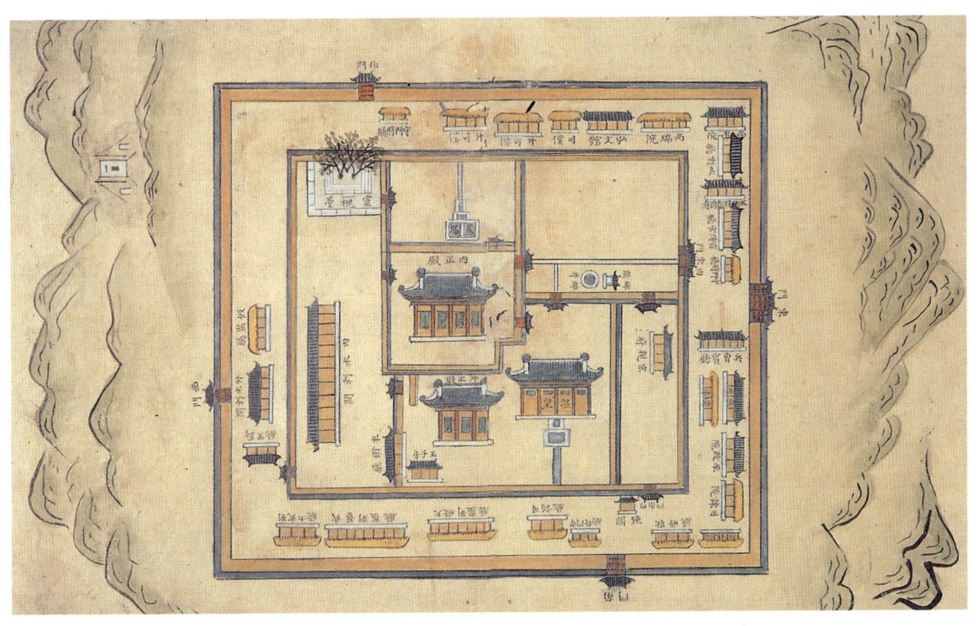

靈槐臺記』라는 책 속에 포함되어 있는 「온양별궁전도」가 그것이다. 『영괴대기』는 정조가 온양에 왔던 아버지 사도세자를 그리며 그 자취를 1795년(정조 19)에 기록한 책이다. '영괴대'란 신령스러운 느티나무 옆에 설치한 사대射臺라는 뜻이다. 1760년 사도세자가 온양행궁에 행차해서 활을 쏠 때 그늘을 만들기 위해 심었던 세 그루의 느티나무에서 그 이름을 따왔다. 영괴대는 현재 충남 아산시 온양온천동에 자리하고 있다.

『영괴대기』에는 온양온천의 모습을 담은 「온양별궁전도」가 그려져 있다. 지도에 하얗게 표시된 어도御道를 따라 들어가면 왕의 침소인 내정전內正殿과 집무실인 외정전外正殿이 눈에 들어온다. 초가지붕 또는 기와지붕으로 표시된 홍문관·승정원·상서원·사간원·수문장청 등의 건물은 온양행궁이 임시 궁궐로 기능했음을 보여준다. 가장 넓게 표시된 수라간의 존재는 수행 인원이 행궁에 대거 머물렀음을 짐작하게 한다. 화면의 좌측 상단에는 '영괴대'가 표시되어 있어 이곳에 머물렀던 사도세자와 정조의 자취를 느낄 수 있다.

화면 중심에 온천이라고 표시된 큰 건물이 바로 왕이 목욕을 즐겼던 온천탕이다. '온궁 사실'의 기록에는 그림으로 표시된 '온천'의 구조에 대한 자세한 기록이 나타난다. 12칸짜리 온천 건물에는 욕실, 양방涼房, 협실挾室, 탕실湯室이 있었다. 탕실은 온천수가 솟는 곳과 욕조가 있는 곳으로 구성된 듯하다. 탕실을 중심으로 남쪽과 북쪽에 통로로 보이는 협루가 있고, 찬바람을 쐴 수 있는 방이 남북으로 하나씩 있었다. 온돌을 깐 욕실은 동서 양쪽에 있었음이 나타나 기본 구조는 현재의 목욕탕과도 유사하다고 할 수 있다.

온천 행차를 기록으로 남기다

현재 서울대 규장각한국학연구원에는 왕들의 온양 행차에 관한 기록이 몇 건 소장되어 있다. 『온행일기溫幸日記』는 1750년(영조 26) 9월 12일부터 19일까지 영조가 온양온천에 이르기까지의 상황을 기록한 책이다. 영조가 피부병이 생겨 온천욕을 하고 이를 기념하기 위하여 세금을 감면하고 과거시험을 치르게 한 내용이 담겨 있다. 1760년(영조 36) 사도세자가 온양에 행차한 사실은 『온궁사실溫宮事實』과 『온천일기』라는 책으로 남아 있다. 1760년 7월 18일 온양행궁에 도착한 사도세자는 보름간의 요양을 끝내고 8월 1일 온양을 출발, 4일 서울에 도착했다.

사도세자의 온양 행차는 세자의 다리에 종기가 곪아터지자 여러 의원들이 습창濕瘡을 제거하는 데는 온천이 좋다고 하여 추진되었다. 사도세자가 묵는 것을 대비하여 온양 행궁에서는 건물을 보수하고 각종 준비물을 챙겼다. 『온궁사실』에는 오동나무 바가지, 큰 함지박, 조그만 물바가지, 놋대야, 의자, 수건 14장 등 사도세자가 목욕할 때 사용했던 목욕 용품들까지 기록되어 있어서 조선의 왕들 역시 현대인과도 비슷한 용품을 사용했음을 확인할 수 있다.

조선 국왕의
식성과 식단

　얼마 전까지만 해도 커다란 이슈가 되었던 미국산 소고기 수입 관련 광우병 문제, 조류인플루엔자 등은 오늘날 먹을거리에 대한 대표 이슈 중 하나이다. 평균 수명이 늘어나면서 날로 커지는 먹을거리에 대한 관심은 이것이 건강한 삶과 직결된다는 인식 때문일 것이다. 그래서 가정이나 음식점에서는 건강식과 웰빙식 같은 식단을 짜는 데 골몰하기도 한다. 규칙적인 운동 또한 건강한 삶을 담보하는 보증수표라는 인식 때문인지 운동하는 인구가 날로 늘어나고 있다. 조선시대 최고의 자리에 있었던 왕, 어의를 곁에 두고 최고의 수라를 받았던 왕. 그러나 그들도 인간인 이상 건강을 잃을까 노심초사하는 것에서 자유로울 수는 없었다. 세종과 영조의 사례를 중심으로 조선시대 왕의 식단과 운동, 그리고 건강과의 관계를 짚어본다.

『조선왕조실록』에서는 국왕의 건강과 관련된 기사를 쉽사리 찾을 수 있다. 특히 기록 중에는 현대인의 건강과 관련해 시사하는 바가 큰 내용들도 숨어 있다. 대표적으로 조선의 최장수 왕이었던 영조는 채식 위주의 식단을 따랐으며, 최고의 업적을 쌓았음에도 각종 질환에 시달렸던 세종은 육식을 좋아했음을 알 수 있다.

『영조실록』의 영조 26년(1750) 2월 10일의 기록을 보자.

"내가 일생토록 얇은 옷과 거친 음식을 먹기 때문에 자전께서는 늘 염려를 하셨고, 영빈暎嬪(영조의 후궁이자 사도세자의 생모)도 매양 경계하기를, '스스로 먹는 것이 너무 박하니 늙으면 반드시 병이 생길 것이라'고 했지만, 나는 지금도 병이 없으니 옷과 먹는 것이 후하지 않았던 보람이다. 모든 사람의 근력은 순전히 잘 입고 잘 먹는데서 소모되는 것이다. 듣자니 사대부 집에서는 초피貂皮(담비 모피)의 이불과 이름도 모를 반찬이 많다고 한다. 사치가 어찌 이토록 심하게 되었는가?"

영조는 당시 사치의 문제점을 지적하는 가운데, 자신이 병이 없는 것은 일생 동안 거친 음식을 먹고 얇은 옷으로 생활했기 때문이라 했다. 실제 영조는 숙종과 무수리 출신으로 알려진 어머니(숙빈 최씨) 사이에서 출생했기 때문에 정통 왕세자 교육을 받지 못했다. 18세부터 28세까지는 궁궐이 아닌 사가에서 생활했는데, 백성들 사이에 섞여 산 서민적인 삶의 경험은 왕이 된 이후 영조의 식단에도 큰 영향을 미쳤을 것으로 여겨진다. 보통 하루 5회로 준비했던 수라를 3회로 줄일 정도로 소식을 즐긴 왕이기도 했다.

영조는 조선시대에 제작된 실물 모습 그대로의 초상화가 남아 있는 몇 안 되는 국왕 중 한 명이다. 그런데 그의 초상화를 보면 상당히 마른 모습을 하고 있다. 이것은 영조의 채식 위주의 식단과도 깊은 관련이 있음을 알 수 있다. 83세로 조선의 왕 중에는 최고 장수를 했다. 조선시대 왕의 평균 수명이 48세 전후인 점을 고려하면 영조의 장수는 대단히 이례적이다. 채식 위주의 식단과 젊은 시절 궁궐이 아닌 사가에서의 생활 경험, 왕에 오른 후에도 잦은 행차를 나서고 청계천 공사나 균역법 시행을 위해 백성들을 직접 만나는 부지런함, 이런 것들이 어우러져 조선 최고의 장수를 누릴 수 있는 왕이 되게 했던 것으로 추정된다.

세종의 질병에 관한 보고서

영조와는 달리 태종 때 세자로 책봉되어 정통 왕세자 교육을 받은 세종은 평소에 기름진 궁중 요리와 육식을 즐겼던 것으로 보인다. 성산 부원군 이직 등이 세종의 건강을 염려하여 올린 글을 살펴보자.

"졸곡卒哭(상을 당한 지 석 달 만에 지내는 제사) 뒤에도 오히려 소선素

膳(고기나 생선이 들어 있지 않은 반찬)을 하시어 성체聖體가 파리하고 검게 되어, 여러 신하들이 바라보고 놀랍게 생각하지 않는 사람이 없으며, 또 전하께서 평일에 육식이 아니면 수라를 드시지 못하시는 터인데, 이제 소선한 지도 이미 오래되어 병환이 나실까 염려됩니다.”(『세종실록』 세종 4년 9월 21일)

이중 ‘전하는 육식이 아니면 수라를 드시지 못하신다’는 대목은 세종이 육식을 무척이나 즐겼음을 암시한다. 이외에도 실록에는 세종이 비만이었음을 보여주는 기록들이 여러 건 나타나고 있다. 육식을 즐기는 식단이 세종의 건강을 위협한 것은 아닐까? 실제 『세종실록』에 나타난 세종의 질환 관련 기사는 모두 50건에 이른다. 세종 6년과 7년인 20대 후반에는 두통과 이질에 관한 기록이 있으며, 30대 중반에는 풍병과 종기에 대한 기록이 자주 나타난다. 40대 중반에는 안질과 소갈증에 관한 기록이 있으며, 수전증과 한쪽 다리가 말을 듣지 않는다는 기록도 있다.

『세종실록』의 세종 21년 6월 21일의 기록에는 세종 스스로가 건강상의 이유로 강무講武(왕이 신하들과 무예를 닦는 행사)를 할 수 없으며 큰일은 세자에게 맡기겠다는 취지로 한 발언이 나타나는데, 이 기록에는 세종이 당시까지 앓고 있던 질병에 대한 내용이 잘 드러나 있다.

“내가 젊어서부터 한쪽 다리가 치우치게 아파서 10여 년에 이르러 조금 나았는데, 또 등에 부종으

조선시대 궁중에서 왕과 왕비가 먹었던 음식이다. 숭어, 곤자소니, 해산물과 표고버섯, 도라지 등 갖가지 야채에 녹말가루를 묻혀 만들었다.

로 아픈 지 오래다. 아플 때를 당하면 마음대로 돌아눕지도 못하여 그 고통을 참을 수가 없다. (…) 또 소갈증消渴症(당뇨)이 있은 지 열서너 해가 되었다. 그러나 이제는 역시 조금 나았다. 지난해 여름에 또 임질淋疾을 앓아 오래 정사를 보지 못하다가 가을 겨울에 이르러 조금 나았다. 지난봄 강무講武한 뒤에는 왼쪽 눈이 아파 안막을 가리는 데 이르고, 오른쪽 눈도 인해 어두워서 한 걸음 사이에서도 사람이 있는 것만 알겠으나 누구누구인지를 알지 못하겠으니, 지난봄에 강무한 것을 후회한다. 한 가지 병이 겨우 나으면 한 가지 병이 또 생기매 나의 쇠로衰老함이 심하다. (…) 이제는 몸이 쇠하고 병이 심하여 금년 가을과 내년 봄에는 친히 사냥하지 못할 듯하니, 세자로 하여금 숙위宿衛 군사를 나누어서 강무하게 하라."

기록에서 한쪽 다리가 아팠다는 것과 부종이 생겼다는 것, 13년 동안 소갈증을 앓았다는 것, 임질, 눈이 아파 안막을 가렸다는 것 등 세종은 각종 질환에 시달려왔음을 스스로 고백하고 있다. 그렇다면 세종이 앓았다는 등창, 소갈증, 임질 등은 구체적으로 어떤 병들일까? 『세종실록』의 기록을 현대 전문의에게 문의한 결과 안질은 요즈음으로 치면 백내장, 소갈병은 당뇨 질환, 임질은 성병이라기보다는 전립선염이나 방광염을 뜻한다고 한다.

특히 당뇨는 여러 가지 합병증을 일으키는 병으로서 무엇보다 절대 안정을 취하는 것이 최선의 회복책이었다. 물론 말년에 세자인 문종을 시켜 섭정하게 했지만 세종은 훈민정음 창제와 같은 대사업에서 손을 뗄 수 없었다. 각종 질환에 시달리면서도 자

신에게 맡겨진 역사적 책무를 다한 국왕, 세종. 각종 질환의 고
통 속에서도 주옥 같은 업적들을 남겼기에 인간 세종의 모습은
더욱 아름답게 다가서는 것이 아닐까?

연산군과 광해군, 그 닮은꼴과 차이점

연산군과 광해군은 닮은 점이 많다. 반정에 의해서 폐위된 조
선의 두 명뿐인 국왕이라는 점에서 닮았고, 공교롭게도 두 사람
은 폐위된 이후 거처한 유배지도 같았다. 강화도의 교동도라는
섬이 그곳이다. 그러나 유배 직후의 삶은 완전히 달랐다. 연산군
이 유배 직후 31세의 나이로 생을 마감한 반면, 광해군은 유배
후에도 꿋꿋이 긴 삶을 살았다. 광해군이 교동도를 거쳐 최후의
유배지인 제주도에서 목숨을 거둔 것은 그의 나이 67세 때였다.
조선 국왕 전체로 보아도 영조(83세), 고종(68세)에 이어 세 번째
로 긴 수명을 누렸다.

두 왕의 수명에 차이가 있었던 것은 개인적인 건강이 일차적
인 요인이겠지만, 두 왕의 성장 배경 또한 무관치
않았을 것이다. 연산군은 알다시피 적장자로 왕
위에 올라 궁궐에서 그야말로 호사롭게 생활
한 왕이었다. 특히 사치와 향락생활에 젖어
전국의 기녀들을 뽑아 수시로 잔치를 베풀어
'흥청망청' 한 주인공이 아니었던가? 화려한
궁궐에서 호사로운 음식만을 먹었던 연산군에

게 유배라는 폐쇄된 공간과 거친 음식은 죽음을 재촉하는 한 원인이 되었을지도 모른다.

이와는 다르게 광해군은 후궁의 몸에서 태어나 정식 왕세자가 되지 못하다가 임진왜란이라는 비상사태 속에서 왕세자의 자리에 올랐다. 그는 왕세자 시절부터 전장을 누볐고, 국왕 재임 시에는 임진왜란의 후유증 극복과 격변하는 국제 정세에 대응하기 위해 현장을 누비고 다녔다. 이처럼 거친(?) 생활 경험은 유배라는 극한 상황을 헤쳐나가는 데 큰 힘이 되었고 결국에는 그의 장수와도 깊은 연관이 있었을 것이다.

조선에 전래된
고구마·감자 이야기

　차가운 바람이 부는 겨울이 되면 늘 생각나는 음식이 있다. 옛날에는 따뜻한 아랫목에서 가족과 함께 먹던 것이었고, 요즈음에는 포장마차에서 만날 수 있는 것, 바로 고구마이다. 특히 한겨울 군고구마를 먹으며 손이 새까맣게 되었던 것은 누구라도 갖고 있는 흔한 기억이다. 지금은 기호식품으로 먹지만 조선에 처음 도입되었을 때는 기근을 극복하게 해줄 구황식품으로 각광받았던 것이 고구마와 감자였다. 조선후기 일본과 청나라에서 전래되어 이제 우리와는 너무나 친숙한 겨울 음식이 된 고구마와 감자 이야기를 역사 속에서 찾아보려 한다.

　"연해 지방 고을에는 이른바 고구마라는 것이 있습니다. 고구마는, 명나라의 서광계가 편찬한 『농정전서農政全書』에 처음 보이는데 칭찬을 하며 말하기를 '그것은 조금 심어도 수확이 많고, 농사에 지장을 주지 않으며, 가뭄이나 황충蝗蟲(메뚜기 떼)의 피해에도 재해를 입지 않고, 달고 맛있기가 오곡과 같으며, 힘을 들이는 만큼 보람이 있으므로 풍년이든 흉년이든 간에 이롭다'고 했습니다."(정조 18년 서영보 특별보고)

생존의 문제, 구황식품

고구마와 감자는 무엇보다 구황救荒식품으로 활용되었다. 구황식품은 먹을거리가 특히 부족했던 겨울과 봄까지 선조들의 목숨을 이어가게 한 중요한 식품이었다. 한자로는 '구할 구, 거칠 황', 즉 먹을거리가 완전히 황폐화된 상태에서 목숨을 구해주는 식품이라는 뜻이다. 조선시대에는 백성들의 먹을거리를 해결해주는 것이 국가의 중요한 과제였다. 먹을거리의 해결은 지금처럼 복지가 아닌 국가의 존립과 생존의 문제였기 때문이다. 『조선왕조실록』에 '구황'이라는 용어가 980여 건 기록된 것은 그만큼 비중이 컸음을 보여준다. 조선시대에는 국가적으로 구황 정책을 펴나갔다. 국가에서는 주로 '진휼賑恤' '진제賑濟' '구휼救恤' '구제救濟'라는 용어를 사용했다.

『태조실록』에서부터 구황에 관한 기록이 나온다. 1397년(태조 6) 9월의 기록에 "경상도는 수재·한재로 인하여 농사에 실패했으니, 그 도의 감사로 하여금 군기軍器를 월과月課하는 것을 파하고, 오로지 구황하는 것을 힘쓰게 하라"는 내용이 보인다. 『세종실록』에는 '흉년에 대비해 일정한 수량의 도토리를 예비하도록 하다'라는 기록(세종 6년 8월 20일)이 나타나 도토리가 구황식품으로 적극 활용되었음을 알 수 있다.

임진왜란 직후인 1593년 『선조실록』의 기록에는 구황이란 단어가 열세 차례 나올 정도로 구황이 중요한 정치·사회문제였음을 짐작케 한다. 굶주린 백성 구제를 위해 황해도에서 소금을 굽기도 했다. '황해도의 초도椒島·백령도·기린도 등에서 소금을 구워 곡식을 무역貿易하는 것이 국가에 피해가 없고 굶주린 백성을 구제하는 데 도움이 된다'(『선조실록』 선조 26년 7월 1일)는 기록이 보인다.

구황에 관해 체계적인 대책을 수립하기 위해 서적 편찬도 활

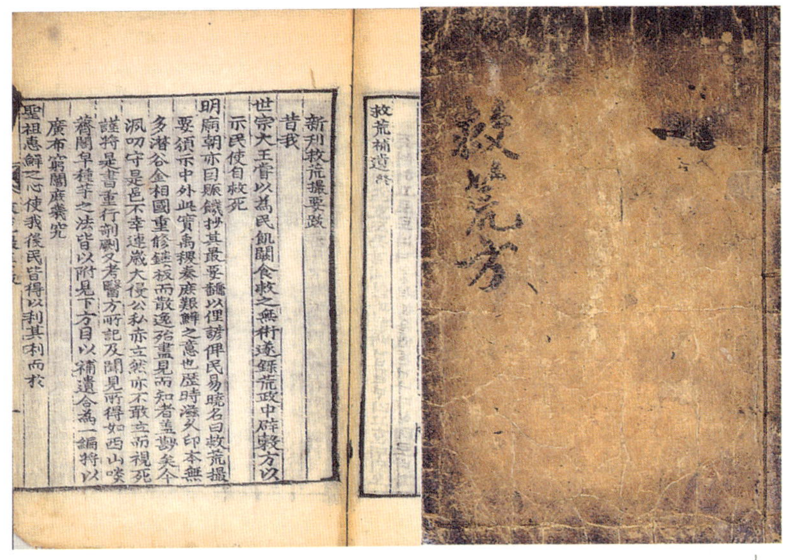

311

발히 이루어졌다. 세종 때는 『구황벽곡방救荒壁穀方』이 편찬되었으며, 명종 때는 『구황촬요救荒撮要』를 언해본으로 편찬하기도 했다. 선조는 "진휼할 때에 『구황촬요』에 기록되어 있는 상실橡實·송피松皮·초식草食 등의 물품도 조처하도록 하라"는 지시를 내리기도 했다.

즉 소나무 껍질이 대표적인 구황식품임을 알 수 있다. 소나무는 잎을 비롯해 솔방울, 송진, 소나무 껍질 등 매우 다양하게 구황식품으로 이용되었다. 정조시대의 학자 서유구는 '촉나라에는 토란이 있어 백성들이 덕분에 굶주리지 않았고, 우리나라의 경우를 가지고 말하더라도 소나무 껍질과 칡뿌리로 크게 기근을 구제할 수 있었으니 이는 모두 징험할 만한 일로 이미 시험해 효험을 본 것입니다' 라고 하여 소나무와 칡뿌리가 대표적인 구황식품임을 언급했다. 소나무 뿌리, 칡뿌리로 연명하던 어두운 시대에 한 줄기 빛과 같은 존재로 다가온 식품이 바로 고구마와 감자였다.

고구마의 전래와 재배

조선후기에는 고구마와 감자가 도입되면서 구황식품으로 적극 활용되었다. 고구마는 17세기 중엽부터 통신사나 조선에 표류한 왜인 등을 통해 그 존재가 서서히 알려지기 시작했다. 그러다가 1763년(영조 39) 일본에 통신사로 갔다 온 조엄이 고구마 종자를 들여와 동래와 제주도에서 시험 재배했다.

고구마를 '조저趙藷'라 하는 것은 조엄이 들여왔기 때문이다. 이후 고구마는 흉년에도 잘 자라 주로 제주도와 남부 해안가 지역에서 경작되기 시작했다. 1778년(정조 2) 박제가가 쓴 『북학의』에는 '나라에서 관리를 시켜 고구마를 따로 심게 하고, 서울의 살곶이와 밤섬 등에도 많이 심게 한 적이 있어서, 백성들에게 스스로 심게 한다면 잘 번식할 것이다'라고 하여 고구마가 오늘날 서울의 뚝섬, 한강의 밤섬 등에서 경작된 정황을 알 수 있다. 고구마에 대해서는 『정조실록』 정조 18년(1794) 12월 25일에 호남 위유사로 지방 사정을 살피고 백성을 위무하기 위해 관리로 파견된 서영보가 올린 특별 보고에 자세한 설명이 있다. "연해 지방 고을에는 이른바 고구마라는 것이 있습니다. 고구마는 명

『북학의』, 박제가, 1778, 규장각한국학연구원. 청나라의 선진 문물을 들여오고 상공업 진흥과 농업 개혁에 대해 주장한 이 책에서 고구마 재배에 대해 국가적 차원에서 나설 것을 말하는 대목이 눈에 띈다.

나라의 서광계가 편찬한 『농정전서』에 처음 보이는데, 칭찬을
하며 말하기를 '그것은 조금 심어도 수확이 많고, 농사에 지장을
주지 않으며, 가뭄이나 황충蝗蟲의 피해에도 재해를 입지 않고,
달고 맛있기가 오곡과 같으며, 힘을 들이는 만큼 보람이 있으므
로 풍년이든 흉년이든 간에 이롭다'고 했습니다. 수천 마디를 늘
어놓으며 이렇게까지 상세하게 말한 것을 보면 그 말이 반드시
속인 것은 아닐 것입니다. 고구마 종자가 우리나라에 나온 것이
갑신년이나 을유년 즈음이었으니, 지금까지 30년이나 되는 동안
연해 지역의 백성들은 서로 전하여 심은 자가 매우 많았습니다.
(…) 이 곡물은 단지 민절지역에서만 성하고 우리나라가 종자를
얻은 것도 일본에서였으니, 이것의 성질이 남방의 따뜻한 지역
에 알맞다는 것을 알 수 있습니다."

고구마가 1764~1765년경 우리나라에 전래되었다는 것과 풍
년이나 흉년 모두에 잘 자라나서 구황에 유리한 식품임을 언급
하고 있다. 한편 고구마 종자의 도입을 고려시대 문익점이 목화
씨를 도입한 것에 버금가는 성과로 보기도 했다.

"세상에 이처럼 좋은 물건이 있어 다행히 종자를 가져오게 되었으
니, 국가로서는 마땅히 백성들에게 주어 심기를 권장하고 풍속을
이루게끔 해서 온 나라 사람들이 좋은 혜택 받기를 문익점이 가져
온 목화씨처럼 하여야 할 것입니다. 그런데 번식도 하기 전에 갑자
기 가렴주구를 행하여 어렵사리 해외의 다른 나라에서 가져온 좋은
종자를 오래 자랄 수 없게 하고 씨받이 종자까지 먹어버렸으니, 어
떻게 종자를 취할 수 있겠습니까?'

고구마 전문 서적들

　조선후기에도 고구마 종자가 번식력이 뛰어나므로 이를 잘 재배해야 한다는 생각이 지배적이었다. "남방의 토지 성질은 어디든 고구마 심기에 알맞지 않은 곳이 없는데, 오곡을 심기에 적당치 않은 산밭이나 돌밭에는 더욱 심기가 좋습니다. 그러니 우선 삼남 연해안 고을과 섬 지방부터 널리 심기를 권장하고 차차 토질이 알맞은 곳에 보급시켜나간다면 서북지역 외의 6도에는 심지 못할 곳이 없을 것입니다. 제주도의 3읍에 있어서는 아주 작은 섬이라 호령이 행해지기 쉬울 것이고 또 대마도와 마찬가지여서 토질에도 적합할 것입니다. 이렇게 잘 심으면 비록 흉년을 당하더라도 거의 배로 곡식을 실어 나르는 폐단을 제거할 수 있을 것입니다"라고 하여 제주도를 비롯한 남해안 지역에서 고구마가 재배될 수 있음을 강조하고 있다.

　고구마의 전래와 더불어 그것에 관련된 서적들도 많이 나왔다. 18세기 말 서호수가 편찬한 농서인 『해동농서海東農書』의 「감저조甘藷條」는 고구마의 13가지 이점을 나열하면서 고구마를 구황작물로 소개했다. 감저甘藷는 '달 감甘' '마 저藷'에서 나온 것으로 고구마를 가리켰다. 1766년(영조 42) 강필리는 『감저보』를 저술했는데, 이것이 우리나라 최초의 고구마 전문서적이다. 1813년에는 김장순과 선종한이 『감저신보甘藷新譜』를 지었다. 김장순은 남쪽 해안 지방에서 고구마를 먹어보고 구황작물로 적합하다고 판단했다. 이후 김장순은 전라도 보성에서 9년 동안 고구마를 연구한 선종한을 만나 서울에서 시험 재배에 성공하여 고구마 재배에 불을 지폈다.

1834년 서유구는 일본과 중국의 서적을 참조하여 『종저보種藷譜』를 저술함으로써 고구마 재배법을 소개했다. 19세기 초에 이르면서 고구마는 남해안 지역의 특산물이 되었는데, 특히 제주도와 강진의 고구마가 유명했다. 19세기의 학자 이규경은 백과사전적인 저술 『오주연문장전산고五洲衍文長箋散稿』에서 "고구마가 전파된 지 80여 년이 지났지만, 기호지방에는 보급되지 못하고 남방의 연해읍에서 재배되었다"고 소개하고 있다. 이 무렵 기호, 관동지역에서 고구마의 '최대 라이벌'인 감자가 보급됨으로써 고구마가 확산되지 못한 것으로 풀이된다.

고구마의 라이벌, 감자

조선시대에 감자는 북저北藷 또는 토감저土甘藷라 불렸다. 감자의 유입에 대해서는 북방유입설과 남방전래설이 있다. 『오주연문장전산고』에 의하면 감자는 19세기 초인 1824년경 국경인 두만강을 넘어 들어왔다고 한다. 인삼을 캐려고 국경을 넘어온 청나라 사람들이 산속에서 감자를 경작해 먹다가 다시 국경을 넘어 돌아가면서 밭이랑 사이에 감자를 남겨놓고 갔다는 것이다. 생김새는 무나 토란 같으나 어떤 것인지 알지 못해 우리 쪽 국경으로 옮겨 심었는데 크게 번식했다. 김창한의 『원저보』에는 영국 선교사에 의해 감자가 전래되었음을 밝히고 있다. 1832년 영국 상선이 전라북도 해안에서 약 1개월간 머물렀는데, 그때

선교사가 감자를 나누어주고 재배법도 가르쳐주었으며, 김창한이 그 재배법을 수록하여 『원저보』를 편찬했다고 한다.

감자는 고구마에 비해 전래와 동시에 전국에 널리 퍼진다. 『오주연문장전산고』에는 감자가 전파되면서 구황과 생계에 도움이 되었음을 언급하고 있다. 감자가 보급된 지 얼마 지나지 않아 곳곳에서 감자를 심어 이득을 얻었으며, 특히 양주, 원주, 철원 등 강원도 지역에서는 흉년에 기아를 면하게 하는 작물이라고 언급했다. 함경도 경성부 관할 수성역과 20리 떨어진 산골짜기 촌락에는 50~60호 가구가 있는데, 이들은 감자만 심어 1년 치 양식을 마련한다며 구체적인 사례를 소개했다.

감자는 북쪽에서부터 사방에 퍼져 심지 못하는 곳이 없었고, 감자나 줄기만 확보하면 종자를 구하는 것도 어렵지 않았다. 또한 줄기만 꽂아도 살아나는 등 재배 조건도 까다롭지 않아 백성의 구제에 일익을 담당하게 되었다. 조선후기에 도입된 감자와 고구마는 외래 작물이지만 구황식물로 깊은 사랑을 받았고 현재까지 우리들의 식탁을 풍요롭게 하고 있다.

실록에 등장하는 코끼리,
낙타, 호랑이 이야기

　서울 어린이대공원의 코끼리가 코로 사람에게 돌을 던졌다는 이유로 소송을 당한 이야기, 멧돼지가 도심 주택가나 학교뿐만 아니라 고속도로까지 침범하여 사람들을 놀라게 한 이야기… 먼 옛이야기가 아니다. 바로 얼마 전 대한민국에서 벌어졌던 사실이다. 조선시대 국가 공식 기록인 『조선왕조실록』에도 다양한 동물들이 등장한다. 호랑이를 비롯해 코끼리, 낙타, 원숭이, 물소 등 주변에서 흔히 볼 수 없는 동물들이 많다. 실록에 등장하는 동물들 이야기 속으로 들어가본다.

태종 때 한양에 첫발 디딘 코끼리

『태종실록』에는 태종 때 들어온 코끼리 이야기가 소개되어 있다. 대마도주가 조선의 환심을 사기 위해 바친 것이었다. 실록에는 '일본 국왕 원의지源義持가 사신을 보내 코끼리를 바쳤다. 코끼리는 우리나라에 일찍이 없었던 것이다'라고 하여 코끼리가 처음 들어온 상황을 기록하고 있다. 그런데 이 코끼리는 하루에만 콩 4~5말 등 엄청난 곡식을 먹어치워 나라의 고민거리가 되었다고 한다. 그러던 차에 코끼리가 왔다는 소문을 듣고 구경 나온 관리가 밟혀 죽는 사건이 발생했다.

"전 공조전서 이우가 죽었다. 처음에 일본 국왕이 사신을 보내 코끼리를 바치자 삼군부에서 기르도록 명했다. 이우가 기이한 짐승이라는 소문을 듣고 구경 갔다가 그 꼴이 추하여 비웃고 침을 뱉었는데 코끼리가 노하여 밟아 죽인 것이다."(『태종실록』 1412년(태종 12) 12월 10일)

결국 코끼리는 한양을 떠날 수밖에 없었다. 병조판서 유정현이 태종에게 보고한 내용을 보자. "'일본에서 바친 코끼리는 이미 즐겨 보는 물건도 아니요, 나라에 이익도 없습니다. 두 사람을 다치게 했는데, 만약 법으로 말한다면 사람을 죽인 죄로써 죽이는 것이 마땅합니다. 또 일 년에 먹이는 꼴은 콩이 수백 석에 이르니, 청컨대 주공周公이 코뿔소와 코끼리를 몰아낸 사례를 본받아 전라도의 섬에 두게 하소서' 하니 태종이 웃으면서 그대로

따랐다."(『태종실록』 1413년(태종 13) 11월 5일)

그러나 6개월 후 코끼리는 다시 육지로 나오게 된다. 실록에는 "길들인 코끼리를 순천부 장도라는 섬에 방목했는데 수초를 먹지 않아 날로 수척해지고 사람을 보면 눈물을 흘린다고 하니 태종이 듣고서 불쌍히 여겨 육지로 내보내 처음과 같이 기르게 했다"는 기록이 나온다. 그러나 코끼리는 끝내 애물단지로 전락하고 만다.

> "전라도 관찰사가 보고하기를, '코끼리란 유익하게 쓸 곳이 없는 짐 승입니다. 지금 도내 네 곳의 지방관에게 돌아가면서 기르라고 했으나 폐해가 적지 않고 도내 백성들만 괴로움을 받게 되니 청컨대 충청, 경상도까지 돌아가면서 기르도록 하소서' 라고 청했다. 상왕 (태종)이 그대로 따랐다."(『세종실록』 1420년(세종 2) 12월 28일)

이후 코끼리는 충청도 지역으로 옮겨졌으나 "코끼리는 쌀과 콩 들어가는 것이 다른 짐승보다 열 곱절이나 되어 하루에 쌀 2말, 콩 1말씩입니다. 1년에 소비되는 쌀이 48섬이며 콩이 24섬입니다. 화를 내면 사람을 해치니 이익이 없을 뿐 아니라 도리어 해가 되니, 바다 섬 가운데 있는 목장에 옮겨줄 것"을 청하는 충청도 관찰사의 상소를 받아들여 세종은 "물과 풀이 좋은 곳을 가려서 내어놓고 병들어 죽지 말게 하라"고 지시했다. 요즘 같으면 전국의 각 동물원에서 데려가려고 치열하게 경쟁했을 코끼리. 그러나 조선시대에는 천덕꾸러기가 되어 이곳저곳을 전전하는 신세로 전락하고 말았다.

흔히 '사막의 동물'로 알고 있는 낙타가 실록에 자주 등장하는 것도 흥미롭다. 사실 낙타는 고려시대 역사서에도 기록되어 있다. 태조 왕건은 942년 거란족 사신이 고려와 화친을 맺기 위해 낙타 50필을 가져오자 사신 30인은 섬으로 유배가게 하고, 낙타는 모두 굶어 죽게 하는 강경한 정책을 취했다. 거란족이 발해를 멸망시킨 데 대해 깊은 반감을 품고 있었기 때문이다. 고려시대에 수난을 당한 낙타는 『조선왕조실록』에 20여 차례나 기록되어 있다. 성종 때에는 낙타가 유사시 식량 운반을 위한 동물로 인식되어 중국을 통해 수입하려 했음이 나타난다.

"호조판서 이덕량 등이 아뢰기를 '…중국에서 낙타를 사라고 명하셨는데, 신들은 그 값이 얼마인지 모르겠으니 적당히 헤아려서 세포細布 30필을 보내어 사게 하소서' 하니, 전교하기를 '순찰사를 시켜 손실을 다시 살피게 하라. 또 낙타는 무거운 짐을 싣고 멀리 갈 수 있으니, 군사를 일으킬 때에 양식을 나를 만하다. 베 60필을 보내어 사오도록 하라' 했다."(『성종실록』 1486년(성종 17) 9월 19일)

그러나 대사헌 이경동 등이 낙타 수입을 반대하는 상소문을 올렸다. 먼 지방의 기이한 짐승을 비싼 값으로 구하는 것은 잘못이라는 것과 고려 태조가 낙타를 죽인 사례가 있다는 것, 백성들의 살림살이가 어려운 상황에서 콩 400석에 해당하는 베 60필을 쓸 수 없다는 것 등 크게 세 가지 이유에서였다. 성종은 결국 이경동 등의 의견을 받아들여 낙타 수입을 포기했다.

한편 숙종은 개인적인 관심사에서 낙타를 궁중에 들이려 했다가 신하들의 반대에 부딪혔다.

"저녁에 임금이 액정서의 하인에게 명하여 낙타 한 마리를 궁중에 끌어오도록 했는데, 승지 박세준 등이 간하니 임금이 즉시 내보낼 것을 명했다. 그전부터 청나라 사신이 올 때 간혹 낙타나 호마胡馬를 몰고 와서 의주에 떨어뜨려두었다가 돌아갈 때 도로 데리고 가는 경우가 있었다. 이에 앞서 청나라 사신이 낙타 한 마리를 데리고 왔다가 여위어 먼 길을 달리는 것을 감당할 수 없게 되자 내버리고 갔는데, 마침 한 궁노宮奴가 서도에 가서 사오니, 성중城中의 사족과 부녀자들이 듣고 너도나도 모여들어 구경하느라 길거리에 사람들이 가득했다. 임금이 이를 듣고 은밀히 끌어오도록 했는데 (…) 박세준 등이 '이상한 짐승은 기르지 않는다'는 뜻으로 아뢰니, 숙종은 '그것을 잠시 궁중으로 끌어오도록 한 것은 다만 한번 그 동물의 모양을 보려고 한 것에 불과하다. 어찌 궁중에 두고서 기를 뜻이 있겠는가?' 했다." (『숙종실록』 1695년(숙종 21) 4월 14일)

위의 기록에서는 '신기한 동물' 낙타를 구경하기 위해 백성들이 몰려나온 상황과 숙종이 낙타에 깊은 관심을 보였다가 신하들의 반대로 물러선 정황이 나타나 있다.

공포의 대상이자 경외의 대상 호랑이

‘호랑虎狼’이란 원래 ‘범과 이리’라는 뜻으로 잔인하고 포악
한 사람을 빗대어 이르는 말로 자주 쓰였다. 그런데 언제부턴가
범이라는 말 대신에 호랑이가 훨씬 친숙하게 사용되었다. 『호
질』과 같은 소설이나 우리의 전래동화에는 호랑이 이야기가 심
심치 않게 나온다. 몸집이 크고 날렵하여 사람들까지 해쳐 조선
시대 호환虎患의 주범이기도 했지만 호랑이는 민화와 각종 장신
구, 관복 등에 곧잘 등장했다. 그만큼 호랑이에 대한 경외심이
남달랐기 때문일 것이다. 그러나 한편으로 호랑이는 일상적인
공포의 대상이기도 했다. 다음의 기록은 호환의 비참함을 잘 보

『청구야담』, 규장각한
국학연구원. 19세기 중
엽 편찬된 이 책의 첫
면에는 「수정절최효부
감호守貞節崔孝婦感虎」
라 하며, 홍주의 최씨
여인이 과부가 되어 수
절했는데 부모가 재혼
시키려 하자 시집으로
몰래 도망가다가 호랑
이에게 도움을 받았다
는 내용이 나온다. 이처
럼 전통적인 관념에서
호랑이는 사람들에게
자신을 지켜주거나 혹
은 인간의 숭배의 대상
이 되기도 했다.

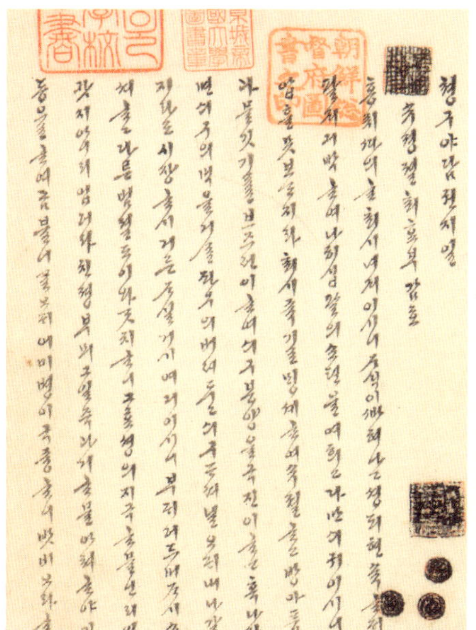
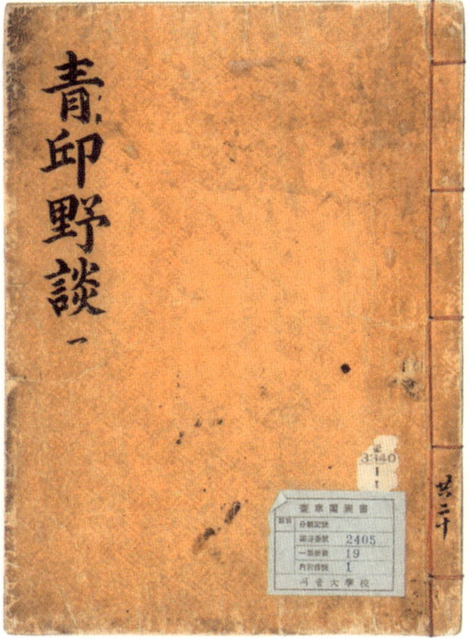

여주고 있다.

"의주에 거주하던 최산석은 10세의 어린아이로 그 아비 최천동과 산으로 갈 때 큰 범이 으르렁거리며 내달아 아비를 잡아채어가자 낫을 가지고 범의 등을 마구 치며 고성으로 구원을 청했다. (…) 최산석은 오른쪽 손으로는 그 아비를 잡고 왼쪽 손으로는 낫을 잡고 울기도 하고 부르짖기도 하며 온갖 방법으로 범을 막았다. 동행한 사람들이 최산석의 손을 잡고 끌고 오려 하니, 최산석이 '나쁜 범이 곁에 있는데, 아비를 버리고 홀로 돌아가는 것은 마음에 차마 못 할 바이다. 나는 마땅히 한곳에서 같이 죽겠다. 어떻게 먼저 가겠는가' 했다. 동행했던 사람들이 군사를 거느리고 달려오니, 최천동이 죽게 되어 쓰러져 누워 있었다. 최산석이 간 곳을 물으니 '범에게 잡혀갔다'고 했다. (…) 또 범 있는 곳에 가서 자취를 살펴보았더니, 범이 최산석을 잡아가서 몸뚱이를 다 먹고 두골頭骨만 남겨놓았다."

(『명종실록』 1565년(명종 10) 1월 14일)

호환이 심하여 민가는 물론이고 궁궐에까지 호랑이가 들어와 문제가 된 적도 많았다. 특히 조선후기에는 창덕궁 후원의 숲속에 암범이 새끼를 쳤다는 말이 나돌아 장수들이 문책을 당하기도 했다. 『동국신속삼강행실도』와 같은 조선시대 교화서에는 호랑이의 위협으로부터 아버지나 지아비를 구한 효자, 열녀들의 이야기가 심심치 않게 등장한다. 1623년 인조반정의 성공에는 '호랑이 사냥'이 큰 역할을 했다. 반정의 주모자 이귀는 광해군 때 평산부로 임명되면서, 평산에서 개성에 이르는 길목의 호랑

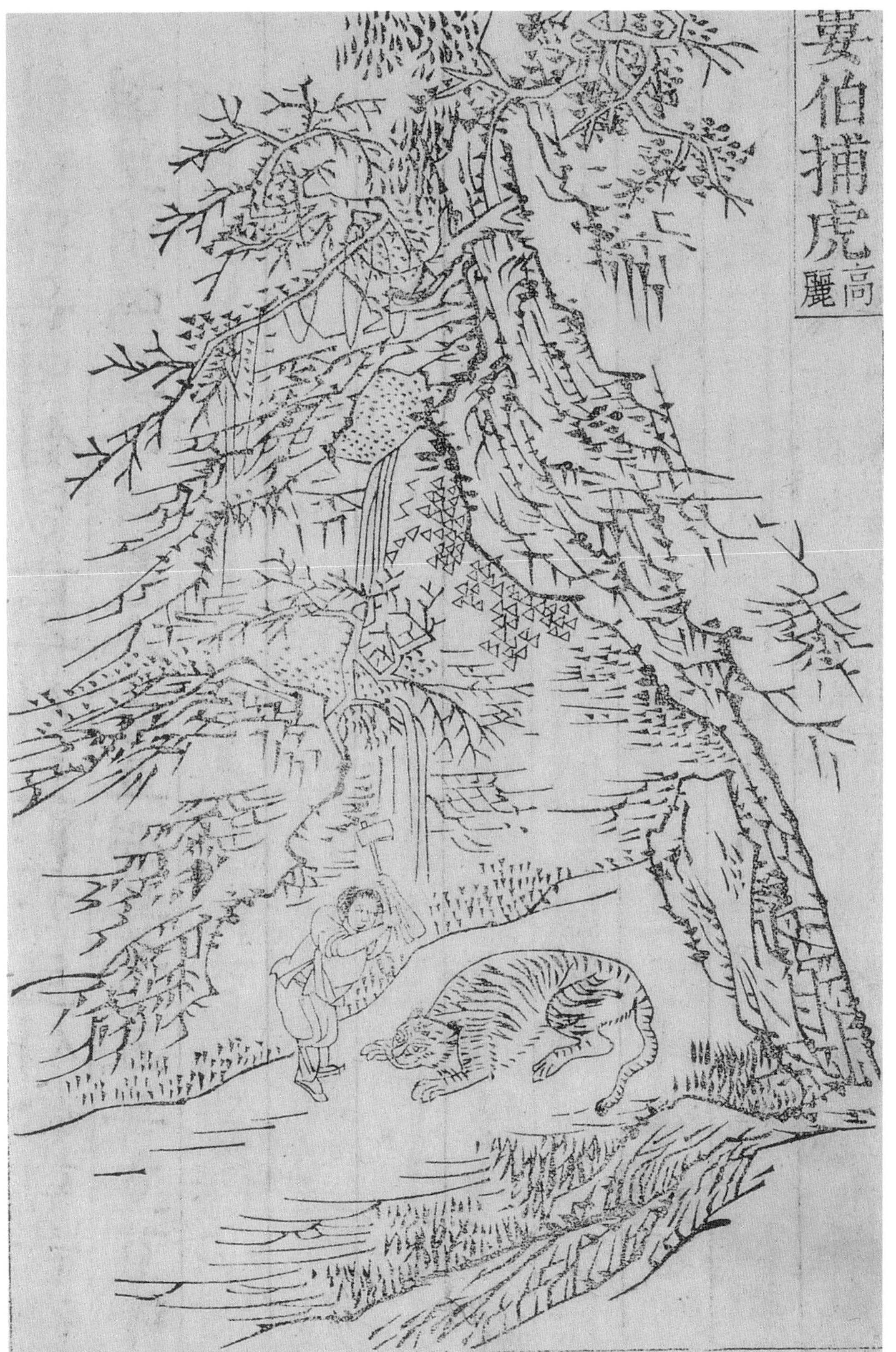

婁伯捕虎
高麗

「호도虎圖」, 작자미상,
종이에 설채, 58.3 ×
81cm, 성균관대박물관.

이 퇴치를 위한 명분으로 군사들을 기를 수 있었고, 이들 군사는 1623년 광해군을 몰아내는 중심에 섰다.

사납고 용맹스러운 호랑이에 대한 두려움은 그에 대한 숭배로 이어졌다. 무엇보다 호랑이는 잡귀나 액운을 물리치는 영물로 인식되었다. 정초가 되면 국왕은 신하들에게 그림을 내려주었다. 이러한 그림을 세화歲畫라 하는데 세화에는 호랑이 그림이 많았다. 문에도 붙여놓아 잡귀나 사나운 짐승이 발을 들여놓지 못하게 했다. 백성들이 자주 찾는 산신당山神堂에도 으레 잘생긴 큰 범을 거느리고 있는 산신의 그림을 모셔놓기도 했다.

호랑이가 무서움의 대상이 아닌 친숙한 모습으로 다가서는 것은 민화에 까치와 함께 그려진 경우이다. 일명 '까치호랑이'로 불리는 민화에는 소나무에 앉은 까치와 전혀 무섭지 않게 해학적인 모습을 한 호랑이가 등장한다. 정월은 인월寅月, 즉 호랑이의 달이며, 까치는 노래에도 나오듯 새해의 기쁜 소식을 전해주는 새로 알려져 있다. 무섭기만 한 호랑이와 가녀린 까치의 결합은 편안함을 안겨준다. 이외에도 호랑이 그림은 삼재三災를 막는 부적으로 활용되었으며, 호랑이를 소재로 한 장신구와 의장 깃발이 널리 사용되었다. 또한 무관의 관복의 가슴과 등에 붙이는 흉배에는 호랑이 그림을 수놓아 무관의 용맹함을 상징했다. 박지원은 '호랑이의 꾸짖음'이란 뜻의 소설 『호질』에서 호랑이를 주인공으로 등장시켰다.

이 소설에서 호랑이는 위선적인 양반인 북곽이라는 사람의 꼴을 보고 얼굴을 찌푸리며 몇 번이고 구역질을 한다. "유학자들은 참으로 구리기도 하다"라고 한 뒤 "유儒란 유諛(아첨할 유)라더니 과연 그렇구나” 하면서 양반 유학자들의 위선과 아첨, 이중인격을 신랄하게 꾸짖는다. 조선시대 호랑이는 양반까지 꾸짖을 수 있는 위엄을 갖춘 동물이었던 셈이다.

'바람의 화원들'은
어떤 그림을 그렸을까

　최근 드라마나 영화에서 조선 화원畵員에 대한 열기가 뜨겁다. 조선후기 화원 바람의 진앙은 드라마 「바람의 화원」과 영화 「미인도」다. 단원 김홍도와 혜원 신윤복의 묻힌 삶과 그림에 대한 관심도 부쩍 늘었다. 이처럼 '화원 신드롬'이 일어나는 것에는 방송이나 영화의 힘도 크지만, 현대인들의 문화적인 욕구가 잊혔던 조선후기의 천재 화가들에 대한 관심으로 이어진 것으로도 볼 수 있다. 그런데 우리는 김홍도, 신윤복의 이름 석 자와 그들의 대표 작품 이외에 화원들의 삶 자체에 대해서는 얼마나 많은 것을 알고 있을까?

　조선의 문화예술 분야에서 큰 변화는 18세기 이후 일어났다. 영·정조 시대에 들어서면서 중국에서 유행한 남종 문인화를 우리의 고유한 자연과 풍속에 맞추어 토착화하려는 화풍이 일어났다. 이른바 '진경산수화眞景山水畵'가 그것이다. 진경 문화 유행의 배경에는 조선 중화사상이 큰 몫을 했다. 이제껏 오랑캐라 멸시하던 청나라에 패배하여 왕이 항복까지 한 정치적 치욕을 문화적으로 회복하고, 문화의 중심은 명에서 조선으로 이어졌다는 자신감의 발로였다.

　그림에서 진경 문화의 주역은 겸재 정선이었다. 몰락한 양반 출신이었던 정선은 인근에 살던 안동(장동) 김씨의 후원을 받으면서, 자신이 살았던 인왕산 등 서울 주변의 수려한 경관과 금강산의 모습 등을 독특한 필치로 그려넣었다. 정선이 그린 서울 도성과 한강 일대의 모습은 마치 오늘날 사진작가가 당시의 모습을 찍어놓은 듯한 느낌을 준다.

　정선의 뒤를 이어 산수화와 풍속화의 새 경지를 열어놓은 화가는 화원 출신의 화가 김홍도와 신윤복이다. 김홍도는 정조의 각별한 총애를 받아 궁중 화가의 중심인물이 되어 화성행차와 관련된 병풍 및 행렬도를 비롯해 국가의 행사도와 각종 궁중 풍속화 제작에도 참여했다. 프랑스에서 나폴레옹 집권기에 그의 치적을 화폭에 담았던 궁정화가 다비드처럼, 김홍도 역시 정조의 총애 속에 당대의 생활상과 국가의 주요 행사를 기록화로 담았던 것이다.

김홍도는 일반 사대부들의 감상을 위한 신선의 모습이나 산수화도 많이 그렸지만, 그의 그림의 백미는 무엇보다 서민 생활상을 담은 풍속화이다. 대장간, 씨름, 서당 풍경, 집짓기, 추수 등 그의 풍속화는 조선시대 사람들의 삶 그 자체를 표현했다고 해도 과언이 아니다. 김홍도와 비슷한 화풍을 지닌 풍속화가 김득신, 김석신 형제도 정조대에 화원으로 활약하면서 사대부들의 사랑을 받았다.

김홍도와 같은 정조 시대에 활약한 신윤복은 주로 도시인과 부녀자의 풍속을 감각적이고 해학적인 필치로 묘사하여 풍속화의 또 다른 지평을 열었다. '바람의 화원'이라는 소설과 드라마, 영화에서는 김홍도와 신윤복의 관계를 스승과 제자로 설정하고 있지만 기록상으로는 별 관련이 없다. 신윤복은 아버지 신한평과 함께 부자가 화원으로 활약했으나, 그에 관한 기록은 19세기 오세창이 지은 『근역서화징』이라는 책에 짧게 전할 따름이다. 이처럼 기록의 부재는 신윤복에 대한 갖은 상상력을 더해 심지어 남장 여인에까지 이르게 되었다.

김홍도와 신윤복 외에 18세기 조선 화단을 풍요롭게 장식한 화가들은 심사정, 변상벽, 최북 등이었다. 사대부로서 그림을 잘 그린 화가로는 이인상, 강세황 등이 손꼽힌다. 한편 민간에서는 민화가 유행했다. 그림에 대한 수요가 늘면서 장시를 떠돌아다니던 화가들은 그림을 그려 생계를 유지했다. 문자도, 까치호랑이, 책거리 그림 등 민간 풍속을 담은 내용이 민화의 주류를 이루었다.

글씨 분야에서도 우리 것에 대한 애정이 강하게 나타났다. 이

전까지 중국 글씨를 모방하던 단계에서 벗어나 '동국진체'라 하여 우리 글씨를 독창적으로 쓰는 사조도 유행했다. 윤순, 이광사 등이 이 분야에 일가를 이루었으며, 김정희의 추사체는 동국진체의 흐름을 계승한 바탕 위에서 청의 학문을 수용하여 완성한 서체로 평가된다.

기록을 만드는 역사가 또는 사진작가

우리는 조선시대 그림 하면 김홍도와 신윤복 등의 풍속화를 떠올리지만 실상 주요 기록화와 초상화 등은 화원들의 붓끝에서 이루어졌다. 조선시대 화원은 국가의 공식기구인 도화서圖畵署라는 관청에 소속되어 그림 그리는 일을 전문으로 했던 사람들을 일컫는다. 오늘날로 말하자면 그림을 그려서 생계를 꾸려나가는 미술가, 화가인 셈이다.

화원들의 활동은 도화서를 중심으로 이루어졌으며, 대개는 국가에 필요한 실용적인 그림이나 기록화를 그려야 했다. 화원 이외에 화가를 부르던 명칭으로는 화공畵工, 화사畵師 등이 있었다. 도화서는 조선초기에는 도화원이라 불렸으나, 격을 낮추는 과정에서 도화서가 되었다. 『경국대전』에 따르면 종6품의 관청으로, 제조 1인, 별제 2인 외에 잡직으로 화원 20인이 있었다. 정조대에 편찬된 『대전통편』에는 화원 수가 증원되어 30인으로 기록되어 있다.

화원들은 왕이나 명망가들의 초상을 그렸으며, 지도를 제작하

松亭
村廳
社稷壇
城隍祠
別觀時
鄕廳
客舍
蓮塘
獄
南門樓
南門
紅門
二東南城內里場市
東
里
上
二東

는 일도 국초부터 화원들 몫이었다. 또한 기계류와 건축물의 설계도, 책의 삽화, 외교사절을 수행하면서 외국의 풍물을 그리는 일도 이들이 담당했다. 즉 화원들은 오늘날 사진을 찍어 기록으로 남기는 이들과 같은 역할을 했다고 볼 수 있다.

조선시대에는 결혼식, 장례식, 궁중 잔치 등 국가의 주요 행사가 거행되면 의궤를 제작했으며, 의궤에는 행사 장면이나 기물 등을 첨부했다. 물론 그림 제작은 화원들이 담당했고, 의궤에는 그들의 실명을 기록했다. 이들에게 책임감과 함께 자부심을 부여하기 위함이었다. 왕의 혼례 의식을 그린 『가례도감의궤』의 끝부분에 그려진 반차도에는 결혼식에 동원된 사람과 말의 모습, 복장과 깃발 등 당시의 모습이 입체적으로 표현되어 있다.

채색으로 표현된 그림은 선명도가 뛰어나 오늘날에도 생생한 모습을 띠고 있는데, 이는 물감의 재료가 식물이나 광물에서 채취한 천연 재료여서 그 생명력이 오래갔기 때문이다. 1866년 병인양요 때 프랑스군이 강화도 외규장각에 소장된 도서 중에서도 유독 의궤류만을 집중적으로 약탈한 것은 의궤에 그려진 채색그림이 지닌 가치와 예술성에 눈이 번쩍 뜨였기 때문일 것이다.

화원들은 조선시대에 국가적 사업으로 추진된 지도 제작에도 크게 공헌했다. 조선시대 지도 가운데는 한 폭의 산수화를 보는 듯한 착각이 일으킬 정도로 뛰어난 작품이 많다. 조선후기 우리 산천의 모습을 있는 그대로 그리는 진경산수화가 널리 유행하면서 이러한 화풍은 지도 제작에도 반영되었다. 18세기 서울의 모습을 그린 「도성도」는 세련된 진경산수 화풍으로 도성 주변의 산세를 아름답게 그려내 뛰어난 예술작품으로 꼽히고 있다.

화폭에 담긴 조선의 사회상

대원군이 집권하고 있던 시절인 1872년 전국 460여 군현의 모습을 그린 지도는 지역별로 제작되어 지역마다 독특한 양상을 띠고 있다. 이중 가장 회화적으로 그려진 전라도의 지도들은 음양오행 사상에 입각하여 색채를 적절하게 조화시켰으며, 예술적 가치도 가장 뛰어나다. 이들 지도에는 당시의 사회 모습이 영상 자료처럼 담겨 있다. 대원군 시대의 국가 정책인 쇄국정책이 지도에 반영되어 작은 군현에 이르기까지 척화비를 그린 모습이나, 남원 지도에 과장되게 표현된 광한루와 오작교, 해남과 진도의 지도에 표시된 거북선 모습, 천안 지도의 관아 건물에 표시된 태극무늬 등은 130여 년 전 현장의 모습을 직접 보는 듯한 착각을 일으킨다. 조선시대의 화원들은 기존에 알려진 것과는 달리 개인적인 작품활동보다는 의궤나 지도 제작 같은 국가 공식 행사에 참여하는 경우가 훨씬 많았다. 연행사나 통신사와 같이 중국이나 일본으로 가는 사신단 명단에는 화원이 꼭 포함되었다. 화원들이 남긴 일반 감상화는 국가와 궁중의 각종 행사에 동원되고 남은 시간에 자신의 기량을 키우는 방편으로 그린 것이 많았다.

조선후기에 이르러 공식 국가 행사에서 차지하는 화원들의 역할이 커짐에 따라 이들에 대한 대우도 높아지기 시작했다. 화원들은 국왕이나 유력한 벼슬아치들의 영정도 직접 그리면서 자신들의 능력을 한껏 발휘했다. 조선후기 이후 화원들은 중인의 신분이 되었고, 그 직업은 세습되어나갔다. 양천 허씨와 인동 장

조선의 은밀하고
신비로운 이야기들

近侍軍士十
承傳宣傳官六
待令捕校

將
武藝廳一百二十
三軍門令旗手一百十五
武藝廳挾門旗
欄後牢子二十
冬軍門候馬巡羅牢百
別監八十
紅日傘
御座馬
織扇
織扇
衛內侍令二十

씨, 경주 김씨, 배천 조씨 등은 17세기가 지나면서 영향력 있는 화원 가문으로 성장했다.

화원들이 그린 의궤 등의 기록화나 초상화에는 우리가 미처 인식하지 못했던 많은 사실이 담겨 있다. 조선후기에 고위직을 지낸 인물의 초상화에는 대부분 곰보 자국이 있는 것이 주목된다. 이것은 이들이 어린 시절 마마를 앓았다는 증거로서, 당시 벼슬아치들도 마마를 앓은 것으로 봐서 일반 백성은 대부분 홍역으로 큰 곤욕을 치렀음을 짐작할 수 있다. 정조가 혜경궁 홍씨를 모시고 수원으로 가던 상황을 기록한 병풍에는 임금의 행차를 백성들이 자유롭게 구경하고 행렬 주변에 임시로 장사꾼들이 좌판을 벌이는 모습, 정렬된 상태지만 자유로운 표정을 짓고 있는 군인들의 모습, 정조가 한강을 건너기 위하여 설치한 주교舟橋(배다리)의 구체적인 모습을 살펴볼 수 있다. 이처럼 화원들의 그림 속에는 살아 숨 쉬는 역사 현장이 생생히 드러나 있다.

조선시대에는 당시의 역사적 흔적들을 더욱 생생하게 후대에 전달하려는 목적에서 뛰어난 화원들의 능력을 필요로 했으며, 화원들은 그 역할을 충실히 수행했다. 이들 화원은 당대의 역사적 산물을 입체적 기록으로 남겼다는 점에서 오늘날의 사진작가, 나아가 역사가로서 큰 역할을 했다고 평가할 수 있다.

영조·정조의 새해맞이

민족 최대의 명절인 설날을 맞는 새해맞이는 전통시대부터 있어왔다. 특히 조선의 국왕들은 새해 첫날을 분주하게 보냈다. 조정 신하들의 새해 문안을 받고 정전 뜰에서 신년하례식을 했다. 지방의 관리들은 특산물을 왕에게 올렸으며, 왕은 세화歲畵와 같은 선물을 나누어주기도 했다. 노인들을 불러 잔치를 베풀었고, 종묘와 경복궁을 찾기도 했다. 70세의 영조와 40세의 정조가 보낸 새해 하루의 모습을 통해 조선시대 왕들의 새해 동선을 따라가본다.

영조의 새해 행차

궁궐의 새해 하루는 "왕이 면복冕服 차림으로 왕세자와 문무

여러 신하를 거느리고는 망궐례望闕禮를 행하고, 근정전에서 여
러 신하의 조회를 받고, 경회루에서 종친과 2품 이상의 관원에
게 연회를 베풀었다. 중궁中宮 역시 내전內殿에서 연회를 베풀었
다"는 『세종실록』의 기록처럼 새해를 맞아 왕과 신하가 모여 신
년하례식을 하는 것이 일반적인 풍속도였다. 실록 이외에도 왕
의 비서실에서 쓴 『승정원일기』와 왕의 일기 형식에서 출발한
『일성록』과 같은 자료에는 왕이 보낸 새해 행적이 자세히 기록
되어 있다.

1763년(영조 39) 1월 1일의 『영조실록』과 『승정원일기』에는
칠순을 맞아 유난히 바쁜 거둥을 했던 영조의 하루를 자세히 적
고 있다. 경희궁 경현당에서 새해 첫날을 맞이한 영조는 여러 신
하들이 성수聖壽가 칠순에 올랐다 하여 천안天顔(용안)을 우러러
뵈올 것을 청하니 이를 허락하고 진시辰時(오전 7~9시)에 선왕과
왕비의 위패가 모셔진 종묘에 거둥했다. 이 거둥에는 도승지 심
수, 좌승지 김효대, 우승지 이유수 및 사관史官 홍검·이승호 등
이 수행했다. 종묘에 행차한 영조는 선왕들의 신위에 참배한 익

선관과 곤룡포 차림으로 연輦(왕의 가마)을 타고 시가로 나왔다.

　시가로 들어선 국왕은 여러 계층의 사람들을 만났다. 이날 영조가 처음 불러들인 이들은 국왕에게 문안을 드리기 위해 나온 노인들이었다. 노인들을 본 영조는 왕의 앞으로 나오게 한 뒤 나이 순서대로 서게 하고 고마움을 전했다. 이어 영조는 경희궁 흥화문興化門 밖으로 나아가 가마를 멈추게 하고 지방 향리의 우두머리인 각 읍 호장戶長들을 앞으로 나오도록 했다. 영조는 재임 중 궁궐 앞 문 밖에까지 나가 백성들을 자주 만났다. 균역법 등 주요 현안을 결정할 때마다 백성들의 현장 의견을 듣기 위해서였다.

　영조는 "내가 비록 칠순이지만 마음만은 오막살이집과 같아 오늘도 마음을 놓지 못한다. 하물며 삼남지방(경상, 전라, 충청)을 생각하는 나의 마음은 더욱 절실하다. 해가 시작되기 전에 모두 진휼賑恤을 베풀었는데, 지금 백성들은 근심이 없는가?"라고 물었고, 나주 호장은 "진휼을 베풀었으므로 백성들이 지금까지도 흩어지는 근심이 없습니다"라고 대답했다. 이에 영조는 왕 앞에서 의례적으로 하는 말임을 간파하고, "너희의 말이 이와 같지만 어사가 보고하는 것과 서로 다르다. 내가 마땅히 처분이 있을 것이다. 오늘의 거둥은 중요한 바가 있으니, 지난해 애휼愛恤의 뜻을 생각하여 너희들을 소견하는 것이므로 품은 바가 있으면 말하도록 하라"며 솔직히 민원을 말할 것을 독려했다. 호장들과의 면담이 끝난 후 영조는 이들에게 머물지 말고 속히 내려가라고 지시했다. 현장에서 백성들을 잘 보살피라는 의미였다.

종묘, 기로소, 경복궁으로 바쁘게 이어지는 하루

영조는 역대 왕과 왕비의 신위가 모셔진 종묘로 다시 향했다. 영조는 신위가 모셔진 전각을 살핀 뒤에 수리가 필요한 부분을 직접 만지며 영의정 신만申晚 등에게 고칠 것을 지시했다. 이어 종각에서 잠시 머물며 시전 상인들의 애로 사항을 들었다. 그리고 책임자에게 문제점을 해결할 것을 지시하겠다고 약속했다. 시전 상인과의 면담에 이어 영조는 기로소耆老所의 기영각耆英閣으로 갔다. 기영각은 연로한 고위 문신의 친목 및 예우를 위해 설치한 기구인 기로소에 들어가는 것을 기념해 만든 건물이다. 유교사상의 핵심인 경로사상의 상징적인 공간이었다. 왕으로는 태조와 숙종에 이어 영조가 들어갔으니 이곳에 대한 영조의 감회는 남달랐을 것이다. 기영각에 들어간 영조는 이곳의 방문을 기념하여 '기영각전 칠순군신耆英閣前七旬君臣'이라는 글씨를 남겼다.

새해 거둥은 경복궁까지 이어졌다. 당시 경복궁은 임진왜란 때 불에 탄 뒤에 복구되지 못한 채 터만 남아 있었다. 이곳에 영조가 거둥한 것은 조선의 정궁인 국가의 상징 경복궁을 국왕이 여전히 잊지 않고 있음을 보이기 위함이었다. 경복궁 앞에 이르러 영조는 자신을 맞이하러 나온 유생에게 내일 글을 짓는 시험을 실시하겠노라고 했다. 영조는 숭현문을 거쳐 생모인 숙빈 최씨를 모신 사당인 육상궁을 찾아 사적인 예를 다했다.

이어 경복궁의 북문인 신무문을 거쳐 사정전의 옛 터에 이르러 작은 막차를 세우고 근정전 쪽으로 향했다. 근정전 앞에서 신하들의 진하陳賀를 받은 영조는 사면령을 내렸다. 영조의 행보는 늦은 밤까지 이어졌고, 출발한 궁궐 경희궁으로 돌아오면서 새해 하루의 긴 여정은 끝이 났다. 종묘와 육상궁에서의 새해 인사, 조선의 상징 경복궁 터 답사를 통해 왕으로서의 책무를 다하고, 지방 호장과 노인, 유생 등 각계각층을 대표하는 인사들과의 만남을 통해 영조는 70세가 되는 1763년 새해의 긴 하루를 보냈다.

정조의 새해맞이

1791년(정조 15)은 정조가 40세 되던 해였다. 왕으로서 가장 왕성하게 활동할 시기의 새해 첫날 정조는 먼저 역대 왕의 어진을 봉안한 선원전璿源殿에 나아가 인사를 올렸다. 이어 예조 관리들의 인사를 받고, 4일에 종묘와 경모궁景慕宮(사도세자를 모신 사당)에 나아가 예를 표할 것을 지시했다. 정조는 종신宗臣으로서 가장 나이가 많고 벼슬한 지 오래된 서계군에 대해 별도로 음식물과 옷감을 내렸다. 새해를 맞아 왕실의 친척 대표를 배려한 것이다. 나이가 많은 재상들에게는 세찬을 하사했다.

정조는 교서를 내려 "판부사 이복원과 좌상은 대신이자 각신閣臣이다. 나이가 모두 70이 넘었지만 정력이 왕성하여 젊은이와 다름이 없다. 좌상이 근래에 혼자서 수고하는 것으로 말하면 젊은이도 억지로 할 수 없는 일이라 내가 항상 칭찬하고 감탄하고 있다. (…) 두 대신의 집에는 원래의 정식 외에 더 보내주고 이어서 낭관으로 하여금 문안하게 하라"고 지시했다.

이어 "신하로서 나이가 70이 넘었고 내외가 해로하는 자가 자그마치 13명이나 된다. 이런 경사스러운 때를 맞아 기축祈祝하는 일로는 노인을 공경하는 것보다 더한 것이 없고 노인을 공경하는 정사는 또한 은혜를 베풀어 봉양하는 것보다 더한 것이 없다"고 하면서 구체적으로 연로한 신하들과 그 부인의 나이를 언급했다. "지사 송제로는 81세이고 정부인 엄씨는 80세이며, 전 참판 서병덕은 80세이고 정부인 박씨는 74세이며, 전 참판 신응현은 70세이고 정부인 윤씨 또한 70세이다. 이상 여러 기로耆老들의 집에는 별도로 쌀과 고기를 주고 안사람들에게는 명주를 주고 이어서 오부五部의 낭청으로 하여금 문안하게 하라고 해당 조 및 한성부에 분부하라"고 하면서, 조정에서 70세 이상의 노인들과 그 부인을 각별히 챙길 것을 당부했다.

농사를 권장하는 윤음을 내리다

이어 정조는 팔도에 농사를 장려하는 윤음綸音(왕이 백성이나 신하에게 내리는 글)을 내렸다. 농업을 기반으로 하는 만큼 새해에도 농사에 매진할 것을 각 도의 관리들에게 당부한 것이다. 정조는 "내가 하늘과 조종祖宗의 보살핌과 도움을 받아 지난해 경술년(1790)에 나라에 원량元良(세자)을 두게 되었고 가을에는 풍년이 들었다. 성인이 탄생하신 해에 맞추어 상서로운 징조를 얻었으니 내가 온 나라와 더불어 그 경사를 함께하면서 백성을 사랑하는 일념은 언제나 은혜를 널리 베푸는 데 있고 거듭 풍년이 들었으면 하는 바람은 금년에 더욱 간절하다"면서 세자후의 순조를 얻은 기쁨을 표시했다.

정조는 "내가 왕위에 오른 이후 새해에는 언제나 권농 윤음을 내린 것은 곧 삼가 열성조께서 근본을 중시하고 농사에 힘쓰셨던 거룩한 법도를 계승한 것인데, 이해 이달에는 더욱더 간절하다. 원량이 나라의 근본이 되듯이 백성도 나라의 근본이니 백성이 편안해야만 나라가 평안한 법이다. 둘의 관계가 떼려야 뗄 수 없을 정도로 하나의 이치로 연결되어 있다는 것은 자명하면서도 명백하다. (…) 나는 백성이 하늘로 삼는 것을 소중히 여겨 '권농'이란 두 글자를 앞에 닥친 많은 일 가운데 첫째가는 급선무로 삼으려고 한다"면서 새해를 맞아 권농과 민본정책을 더욱 강화할 것을 다짐했다.

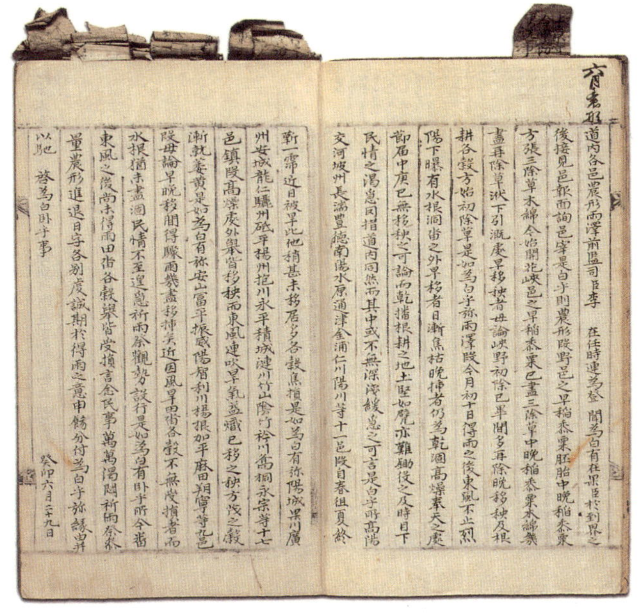

345

이어 정조는 새해 계획을 발표했다. 관례대로 했던 5일의 조참은 거둥과 겹치므로 10일 전후로 연기할 것을 지시했다. 또한 종묘와 경모궁 참배에 대한 경호 계획까지 세세히 점검했다. 정조는 병조에서 종묘와 경모궁에 전알展謁(찾아뵙고 인사를 함)할 때 군병을 마련하는 방안을 보고하자, "훈련도감의 보병 15개 초哨와 마군 3개 초를 선상先廂(앞에서 호위함)과 후상後廂(뒤에서 호위함)으로 삼고, 금군 3개 번番이 가마를 수행하고, 금위영과 어영청은 머물러 진을 칠 것"을 지시했다.

40세를 맞이한 정조의 새해 첫날은 선원전 행차, 조정의 70세 이상 대신들에 대한 배려, 권농 윤음의 반포, 종묘와 경모궁의 행차 점검, 1월 10일을 전후한 조참 계획 확정 등으로 이뤄졌다. 영조와 정조의 새해 모습을 통하여 분주하게 국정을 구상하고 민심을 챙기던 왕들의 모습을 구체적으로 만나볼 수 있다.

庚
조선을 뒤덮은 재난들

『난중일기』로
되살아난 이순신

이순신 장군이 쓴 『난중일기』 가운데 그동안 소개되지 않은 32일치 일기가 발견돼 화제를 낳은 바 있다. 『난중일기』는 이순신이 임진왜란 중에 쓴 7년간의 진중일기이다. 1592년 4월 임진왜란이 일어난 다음 달인 5월 1일부터 전사하기 한 달 전인 1598년 10월 7일까지의 기록으로, 친필 초고는 아산 현충사에 보관되어 있으며 국보 제76호로 지정되었다. 왜적과 대치하는 팽팽한 긴장감 속에서도 평정심을 잃지 않고 일기를 정리해나간 것에서 이순신의 섬세한 면모가 돋보인다. 일기에는 가족에 대한 심려나 라이벌 원균에 대한 감정 등 진솔한 인간 이순신의 모습이 담겨 있다.

어머니와 아들의 죽음 앞에 통곡하다

『난중일기』에는 한 치의 오차도 없이 군사를 지휘하는 전쟁 영웅 이순신의 모습과 함께 가족을 걱정하는 인간 이순신의 모습이 곳곳에 스며 있는 점이 흥미를 끈다. 특히 어머니에 대한 그리움과 어머니와 아들을 잃은 아픔이 속속들이 표현되었고, 그와 고락을 나누었던 군사들에 대한 애정과 전쟁으로 고통받는 백성의 삶을 걱정하는 모습이 곳곳에 나타나 있다. 이순신은 특히 어머니에 대한 그리움과 애틋한 정을 짤막한 문장으로 여러 곳에 써넣었다. 1593년 5월 4일 "오늘이 어머니 생신이지만 적을 토벌하는 일 때문에, 가서 오래 사시기를 축수하는 술잔을 올리지 못하니 평생의 한이다"라고 했으며, 1594년 5월 5일에는 "탐후선이 들어와 어머님이 평안하신 줄 알다. 다행이다"라고

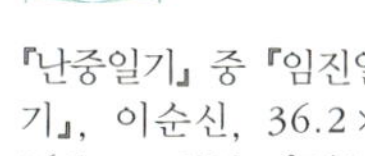

『난중일기』 중 『임진일기』, 이순신, 36.2 × 26.5cm, 국보 제76호, 아산 현충사.

기록하고 있다. "오랫동안 어머님의 안부를 듣지 못하니 답답하다"(1596년 8월 12일), "어머님의 소식을 못 들은 지 7일이나 되니 몹시 초조하다"(1595년 5월 15일), "병드신 어머님을 생각하니 눈물이 절로 난다. 종을 보내 어머니의 안부를 물어오게 했다"(1597년 4월 11일)는 기록에서는 전쟁 영웅보다는 한 자식으로서의 모습이 여실히 드러난다.

1597년 4월 13일 이순신은 어머니가 세상을 떠났다는 소식을 들었다. "조금 있다가 종 순화가 배에서 와서 어머님의 부고를 전했다. 뛰쳐나가 뛰며 뒹구니 하늘의 해조차 캄캄하다. 곧 해안으로 들어가니 배가 벌써 와 있었다. 길에서 바라보는, 가슴이

미어지는 슬픔이야 어찌 이루 다 적으랴." 4월 19일의 일기에는 "일찍 길을 떠나며 어머님 영 앞에 하직을 고하고 울며 부르짖었다. 어찌하랴, 어찌하랴, 천지간에 나 같은 사정이 또 어디 있을 것이랴. 어서 죽는 것만 못하구나"라면서 어머니의 죽음을 가슴 아파했다.

이순신은 임진왜란 중에 아들의 죽음까지 겪어야 했다. 1597년 10월 14일 일기에는 아들 면의 전사 소식이 기록되어 있다. "저녁에 어떤 사람이 와서 집안 편지를 전했는데 봉함을 뜯기도 전에 뼈와 살이 떨리고 정신이 혼란해졌다. 겉봉을 뜯고 영이(순신의 아들)의 글씨를 보니 거죽에 '통곡' 두 글자가 씌어 있어 면의 전사를 알고 간담이 떨어져서 목을 놓아 통곡했다. 하늘이 어찌 이다지도 인자하지 못하시는고. 간담이 타고 찢어지는 것 같다. 내가 죽고 네가 사는 것이 마땅한데 네가 죽고 내가 살았으니 이런 어긋난 일이 어디 있을 것이냐. 천지가 캄캄하고 해조차도 빛이 변했구나."

일기는 부인에 대한 이야기도 빼놓지 않았다. "아침에 탐후선이 들어왔는데 아내의 병이 매우 중하다 한다. 그러나 나랏일이 이러하니 다른 일은 생각할 수 없다"(1594년 8월 30일), "아내의 병이 좀 나아졌으나 원기가 약하다 하니 걱정스럽다"(1594년 9월 2일), "아내는 불이 난 뒤로 크게 상처를 받았고 담과 기침이 심해졌다고 한다. 걱정이다."(1595년 5월 16일) 아내에 대한 이처럼 짤막한 기록은 인자한 남편의 모습과 동시에 나랏일 걱정에 아내의 병에 대해서는 근심을 최대한 절제하려는 것으로 비친다.

원균에 격한 감정을 보이다

『난중일기』에는 대표적인 라이벌 원균에 대한 이순신의 격한 감정이 숨김없이 드러나 있다. 원균에 대한 내용은 대부분 그를 비판한 것으로, 이순신도 '성웅' 이기 이전에 감정을 지닌 '인간' 임을 보여주고 있다.

"경상 좌위장과 우부장은 보고도 못 본 체하고 끝내 구하지 않았으니 아주 괘씸했다. 분하기 짝이 없는 일이었다. 이를 두고 경상도 수사 원균을 나무랐다. 이 모두가 경상도 수사 때문이다"(1593년 2월 22일)
"수사 원균이 나타나서 술주정을 했다. 배 안의 모든 군사들이 분개했다. 그 망측한 꼴을 차마 입으로 말할 수 없었다."

원균에 대한 이러한 부정적인 인식은 전장에서도 그와는 거리감을 두고 협조하지 않는 것으로 이어졌다. "경상도 수사 원균이 웅천에 있는 적들이 감동포로 들어올지 모른다고 하며 함께 물리치자고 공문을 보내왔다. 흉계가 실로 가소로웠다"(1593년 6월 5일), "저녁에 경상 수사의 군관 박치공이 찾아와 적선이 물러갔다고 전해주었지만, 원수사와 그 군관이 본래 헛소리를 잘하기 때문에 믿을 수가 없었다."(1593년 8월 7일)
1597년(정유재란) 이순신은 선조의 공격 명령에 복종하지 않고 공을 허위로 보고했다는 이유로 조정에 끌려와 고초를 당하고 결국 백의종군의 길을 나선다. 라이벌 원균은 삼도수군통제사에

임명되면서 둘의 관계는 완전히 역전되었지만 원균은 칠전량해
전에서 대패했다. 이순신은 부하들의 입을 빌려 간접화법으로
원균의 마지막 모습을 기록하고 있다.

"우후 이의득이 찾아왔기에 패전한 당시의 정황을 물었다. 모든 사
람이 울면서 말하기를, 대장 원균이 적을 보자 먼저 육지로 달아나
고 여러 장수들도 모두 육지로 달아나는 바람에 이 지경에 이르렀
다고 했다. 대장의 잘못을 말하는 건 차마 입으로 옮길 수 없고 다만

살점이라도 뜯어먹고 싶다고들 했다."(1597년 7월 21일)

부하들이 '무능한 대장의 살점이라도 뜯어먹고 싶다'고 한 표현을 일기에 그대로 옮겨놓으면서 이순신은 패장 원균에 대해 품었던 분노를 드러냈다.

영원한 동반자 유성룡에 관한 기록

이순신은 절친했던 벗이자 형뻘인 서애 유성룡(1542~1607)에 대해서는 매우 우호적인 입장이었다. 이순신의 형 이요신의 친구이기도 한 유성룡은 어린 시절부터 이순신과 교분을 가졌다. 유성룡이 이순신을 상당히 신뢰했다는 것은 정읍현감으로 있던 이순신을 추천하여 일약 전라좌도 수군절도사로 임명한 사례에서도 볼 수 있다. 현감이 종6품직이고 수군절도사가 정3품직이니 그야말로 파격적인 승진을 한 셈이다. 이러한 인연으로 둘의 좋은 관계는 지속되었으며, 『난중일기』에도 그러한 친밀감은 곳곳에 배어 있다.

"좌의정 유성룡이 편지와 함께 『증손전수방략增損戰守方略』이란 책을 보내왔다. 수륙전과 불로 공격하는 전술 등에 관한 것이 낱낱이 설명되어 있었다. 참으로 만고에 보기 드문 뛰어난 저술이다."(1592년 3월 5일)

"유정승(유성룡)과 지사 윤우신의 편지가 왔다."(1593년 6월 12일)

"순변사에게 유정승이 세상을 떠났다는 부음이 왔다고 한다(유성룡은 1607년에 죽었으므로 잘못된 소식이었다). 이는 필시 유정승을 질투하는 자가 말을 만들어 그를 훼손하려는 것이리라. 분한 마음 이길 길 없다. 저녁에 마음이 매우 어지러웠다. 혼자 빈 동헌에 앉아 있으니 마음을 걷잡을 길 없고 걱정이 더욱 심해져서 밤 깊도록 잠들지 못했다. 유정승이 만약 돌아가셨다면 나랏일을 어떻게 할까."

조선을 뒤덮은 재난들

(1594년 7월 12일)

"유자 30개를 영의정 유성룡에게 보냈다."(1595년 9월 17일)

이순신은 자신을 알아주는 벗이자 후견인 유성룡에게 시종 우호적이었다. 유성룡과 이순신의 우정과 무한 신뢰는 임진왜란을 승리로 이끄는 또 하나의 힘이었다.

*

『난중일기』는 역사상 가장 뛰어났던 무장 이순신이 쓴 진중일기라는 점에서 역사적 가치가 있다. 치열한 격전이 있던 날도 일기는 거르는 법이 없었으며, 노량해전에서 전사하기 직전까지도 기록했다. 『난중일기』를 통해 또한 임진왜란의 구체적인 경과와 전술, 병사들의 심리 등 전쟁의 여러 정황을 파악할 수 있다. 또 다정다감하면서도 과단한 성격의 소유자인 이순신의 가족애와 부하들에 대해 엄격한 장군의 모습이 생생히 묘사되어 있다. 임진왜란 초부터 이순신을 압박해왔던 인물 원균에 대한 기록도 『난중일기』에서는 빠뜨릴 수 없는 부분이다.

한 편의 그림으로 남겨진 임진왜란

호국 선열들을 기리는 현충일이 포함되어 있는 6월은 호국의 달로 인식되고 있다. 6일이 현충일로 지정된 데는 우리 현대사의 최대 비극인 6·25전쟁을 상기하고, 악귀가 없는 날에 제사를 지내는 민속 풍습을 고려했기 때문이다. 6·25전쟁은 1953년에 끝났지만, 오늘날까지도 그와 관련한 행사는 지속적으로 열린다. 특히 남북의 대립이 치열했던 시절 초등학생들은 6·25전쟁과 공산당의 만행을 표현하는 그림과 표어 등을 늘 작성했다. '상기하자 6·25' '때려잡자 공산당'과 같은 내용이 주요 주제였다. 남과 북이 팽팽하게 대립하던 시기 6·25전쟁은 언제나 긴장감을 조성하는 소재가 되었던 것이다.

조선시대에도 비슷한 사례가 있었으니 바로 임진왜란에 대한 기억이다. 임진왜란에서 순절한 인물들의 활약을 상기시킴으로써 왜적에 대한 경계와 긴장의 끈을 놓지 않도록 한 것이다. 18세기 말에 간행된 『이충무공전서』와 19세기에 제작된 「임진전란도」는 바로 이러한 시대 분위기 속에서 조선인들의 기억 속에 다시 나타났다.

1592년 4월, 절박했던 순간

1592년 4월 13일 일본군은 20만 대군을 이끌고 조선을 침공했다. 선봉대는 4월 14일 부산진을 침공한 고니시 유키나가小西行長 부대였다. 부산진 첨사 정발(1553~1592)이 항전하다가 전사하고, 15일에는 동래부사 송상현이 동래성을 사수하다가 전사했다. 당시 일본군 선발대는 '싸우려면 싸우되 싸우고 싶지 않으면 길을 비켜라' 라는 나무 팻말을 세웠지만, 동래부사 송상현은 '싸워 죽기는 쉬워도 길을 비키기는 어렵다' 는 글귀를 팻말에 적어 일본군 진영에 보내면서 결사 항전의 의지를 보였다. 그러나 신식 무기 조총으로 무장한 2만 명의 일본군을 2000명의 군사와 도성민으로 대적하기에는 역부족이었고, 결국 송상현은 전사하고 말았다. 임진왜란 초 조선의 항쟁 의지를 대표했던 정발과 송상현의 죽음은 당대의 사건으로 끝나지 않았다. 이들의 충절은 후대에도 널리 기억되었고, 마침내 「임진전란도」의 주인공으로 되살아난다.

「임진전란도」는 1834년(순조 34)에 화원 이시눌이 임진왜란 당시 부산진과 다대포진의 전투 장면과 주변의 지리를 묘사한 족자 그림이다. 비단으로 된 1축 족자에 그려져 있다. 그림에서 묘사하고 있는 전투는 다대포진과 부산진 두 성에서 벌어진 치열한 것으로, 화면의 중심은 부산진 전투 장면이 차지하고 있다. 「임진전란도」는 위에서 내려다보는 부감법을 써서 한눈에 들어오도록 했으며, 조선군에 비해 왜군의 수를 훨씬 많이 그려넣어 군사적으로 조선이 열세에 있었음을 분명히 했다.

그림 중심부에는 부산진과 다대포진을 빽빽이 둘러싼 왜적의 모습과 엄청난 물량의 선박이 전투에 동원되어 치열한 전투를 벌이고 있는 모습이 묘사되어 있다. 둥그렇게 쌓은 성의 사방에는 문루門樓가 있고 남문에는 '수帥' 깃발과 함께 조선의 병사가 밀집해 방어하고 있는 모습이 눈에 들어온다. 해안과 연결된 산수의 모습은 매우 입체적으로 표현되어 있다. 또한 그림 곳곳에 설명을 부기하여 당시 상황을 전해주는 기록화의 성격을 잘 보여준다.

그림을 구체적으로 살펴보면 가까운 장면 왼편에는 다대포진의 전투 모습을 그리고 성의 사방에는 문루가 있으며 왜적과 대치한 남문 안쪽에는 장수 깃발이 크게 그려져 있다. 조총과 창검을 무기로 몰려 들어오는 왜적에 아군이 힘겹게 대항하고 있다. 다대포진 남쪽에는 몰운대沒雲臺, 고리도古里島, 팔경대八景臺 등이 그림과 함께 표시되어 있다. 설명에 따르면 몰운대 위에 서 있는 장수는 이순신의 선봉장인 정운鄭運(1543~1592) 장군이며, 그 옆에 서 있는 두 사람은 정운의 부하임을 알 수 있다. 정운은 이순신이 가장 아꼈던 인물로, 그가 부산진 전투에서 사망하자 비통한 심정을 『난중일기』에 적기도 했다.

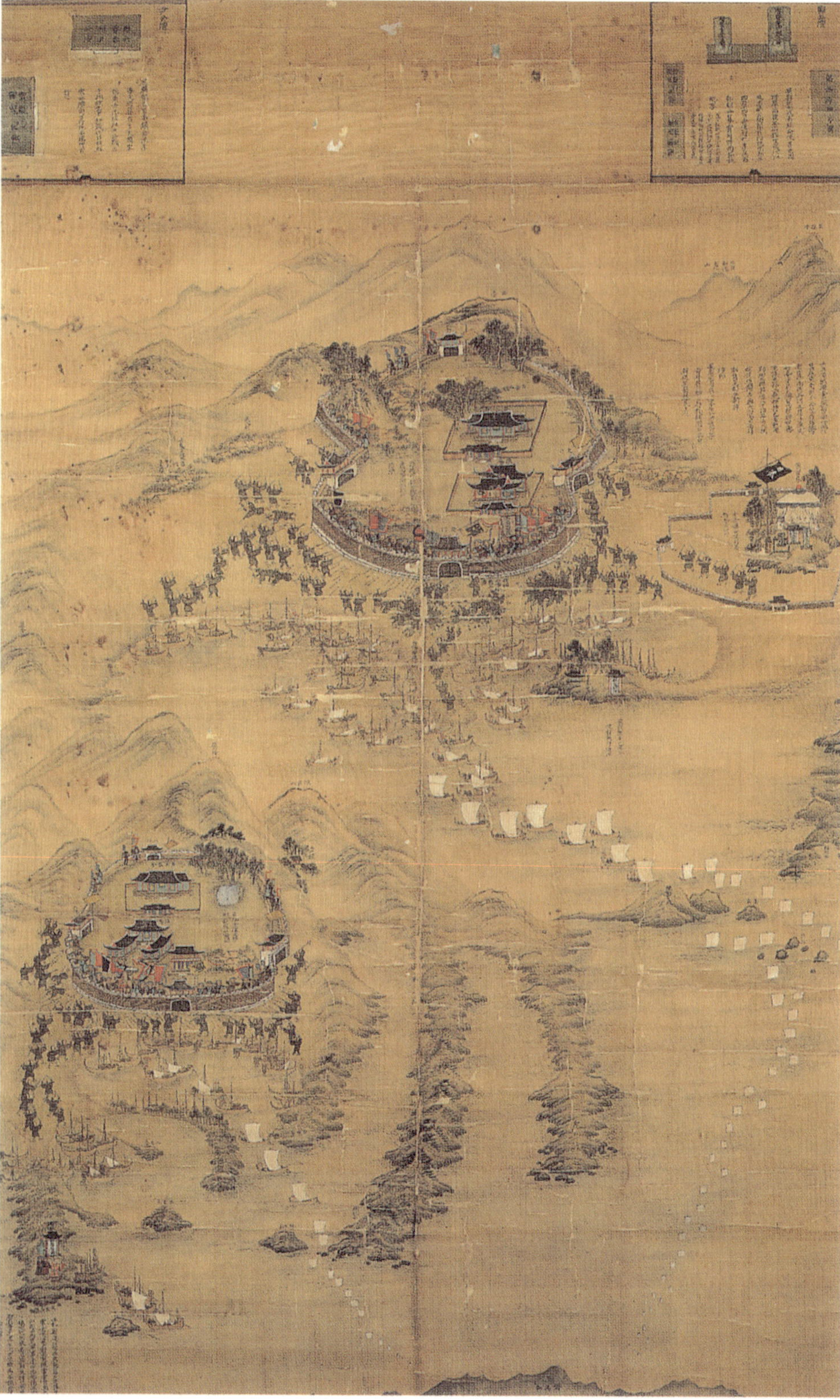

멀리 보이는 그림은 부산진 전투로 이 그림의 중심을 이룬다. 갑작스런 왜군의 침공에 부산진에서는 첨절제사(종3품 무관으로서 각 지방의 큰 진鎭을 지휘함, 첨사라고도 함) 정발을 중심으로 결사 항전했다.

그림은 이곳의 치열한 전투 상황을 압축적으로 묘사하고 있다. 남문을 사이에 두고 왜적과 아군이 팽팽히 맞선 모습 하며, 성 주변을 빼곡히 둘러싼 왜군들, 지원을 위해 대량의 선박까지 출동시킨 상황은 긴장감을 불러일으킨다.

남문 밖에는 왜병의 시체가 쌓여 있는 것도 기록했으며, '수帥' 깃발 뒤편에는 한 여인이 자결하는 모습도 그려져 있다. 부기된 설명에 의하면 부산진 첨사 정발의 첩인 애향愛香이 패배를 앞두고 자결하는 장면이다. 이로써 전란의 긴박한 상황을 생생히 묘사하는 한편 여인의 정절을 강조하고 있다. 또한 「임진전란도」에는 전투에서 순절한 인물들이 후대에 추숭된 내력이 여백 곳곳에 배치되어 있다. 그림 오른쪽 위에는 부산진 함락과 함께 순절한 부산진 첨사 정발과 그의 첩 애향, 노비 용월 등의 비석과 제단을 넣었으며 왼쪽 윗부분에는 다대포 첨사 윤흥신(?~1592)과 함께 순절한 사람들의 비석과 제단을 그려넣고 설명을 곁들였다.

19세기까지 이어진 전쟁의 기억

「임진전란도」는 기록화 전문 화가인 이시눌의 정밀한 묘사로

조선을 뒤덮은 재난들

임진왜란 당시 전투의 생생한 모습을 접할 수 있는 작품이다. 성의 구조와 군사 배치를 비롯하여 전투에 사용된 무기와 복장, 전함의 구조, 일대의 지리 정보 등이 잘 나타나 있다. 또한 전투에 관계된 구체적인 지명, 전투 후에 제단과 비석이 들어선 상황까지 기록하여 전쟁 후 이 지역이 성역화되어가는 모습도 확인할 수 있다.

임진왜란을 겪은 지 240년이 지난 시점에 이러한 그림이 그려진 사실에서 19세기에도 임진왜란은 국가에서 주도하는 기록화의 주요한 소재였음을 알 수 있다. 즉 전란과 같은 국가적 위기를 항상 경계하도록 하고, 위기 시 치열하게 항전했던 충신을 포상하는 조치를 지속적으로 취한 국가의 모습을 강조하고 있는 것이다. 다시 말해 충의 이념을 기록화를 통해 압축적으로 전달한 것이다.

이 작품은 유교 이념에서 특히 중시한 충과 정절을 그림을 통해 보여줌으로써 신하와 백성들의 교화에 큰 몫을 한 것으로 여겨진다. 회화사적 측면에서는 전투 장면과 인물을 정확하게 묘사한 것이라든가, 뛰어난 색감을 발휘했다는 점에서는 19세기 화원들이 그린 기록화가 높은 수준에 이르렀음을 알 수 있다.

임진왜란 이후 부산진과 동래부에서 최선을 다해 싸우다가 장렬히 전사하는 장면을 담은 그림을 국가적 차원에서 계속 그리게 한 것은 일본에 대한 경계심을 조금도 게을리 하지 않게 하는 한편, 위기 시 국가를 위해 목숨을 바치는 분위기를 널리 조성하기 위한 것으로 볼 수 있다.

정조, 성웅 이순신을 기억하다

조선후기에는 전쟁 영웅에 대한 추숭사업도 활발히 전개되었다. 특히 왜란을 승리로 이끈 이순신 장군의 행적을 국가 차원에서 정리하고 홍보하는 작업이 널리 이루어졌다. 문무를 겸비한 군주 정조는 1795년(정조 19) 충무공 이순신의 유고 전집을 간행할 것을 명했다. 1793년 이순신을 영의정으로 추증하고, 이듬해 왕이 직접 신도비명을 지은 것은 이순신 존숭 작업의 완결판이었다. 『이충무공전서』에는 각종 문헌에 나오는 이순신에 관한 기록과 전쟁 중에 올린 장계狀啓, 진중陣中에서 쓴 일기 등이 포함되었다. 특히 책에 수록된 두 개의 거북선 그림은 거북선의 실체를 밝히는 데 귀중한 자료가 되고 있다. 규장각에서 활동한 신하 유득공·이만수가 편찬을 총지휘했으며, 정성을 들인 활자(정유자丁酉字)와 화려한 표지가 책의 품위를 높였다.

편찬이 된 후에는 왕실 도서관인 규장각에 직접 보관했다. 『이충무공전서』 간행은 이순신이라는 구국 영웅의 행적을 널리 알림으로써 임진왜란에 대한 기억을 상기시키는 한편, 혹시라도 전란이 다시 터진다면 이순신과 같은 영웅이 재탄생하기를 염원한 시대 분위기와도 맞물려 있었다.

1960년대 5·16 군사정변과 함께 이순신은 성웅으로 다시금 우리에게 다가왔다. 조국을 위기에서 구한 무인 이순신과 구국의 혁명임을 강조한 군인 박정희의 이미지가 비슷해서였을까? 박정희 정권 시대 이순신 동상이 광화문 사거리에 우뚝 솟았고, '성웅 이순신'이라는 제목의 영화는 '문화교실'이라는 명목하에

全羅左水營龜船

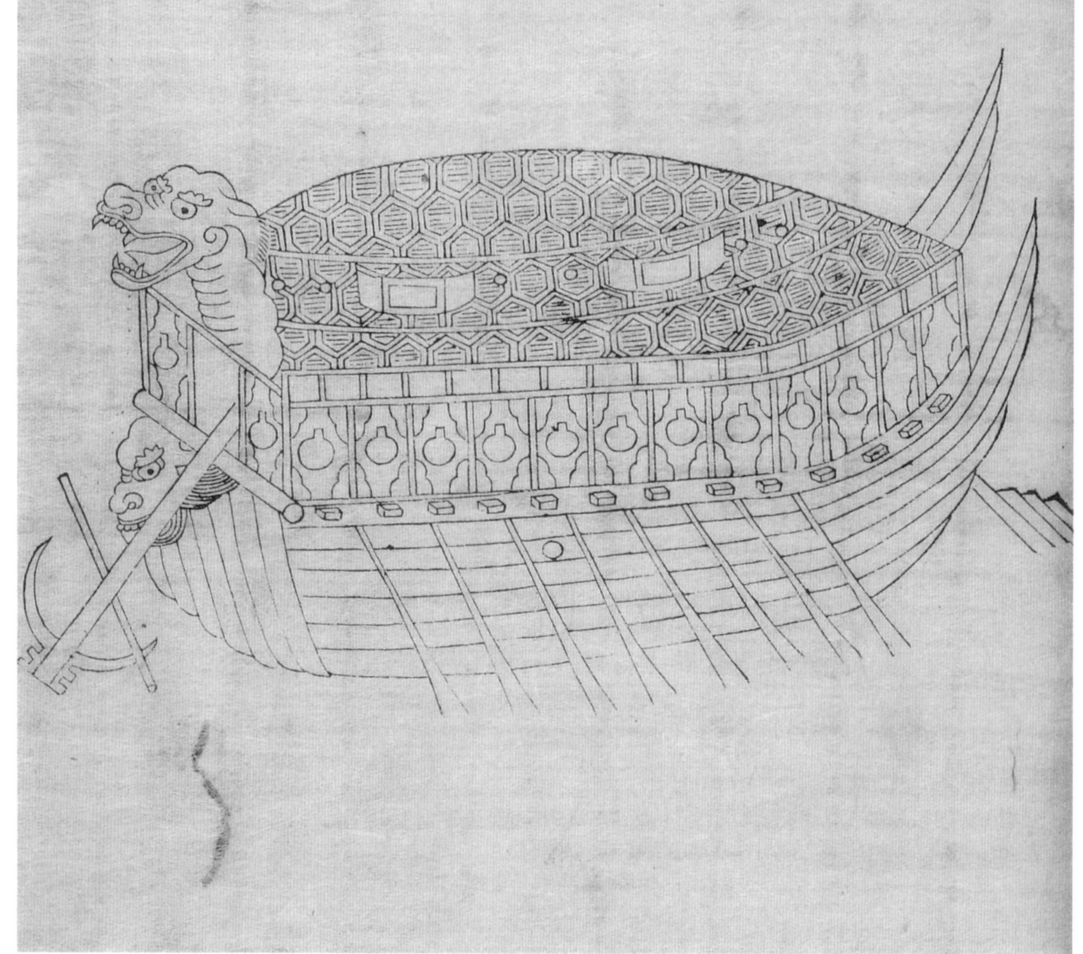

중·고등학생은 물론이고 초등학생까지 꼭 보아야 할 작품으로
자리잡기도 했다. 이순신은 조선후기 정조 시대, 현대의 박정희
시대에 특히 그 이미지가 강조되고 그에 관한 기록들은 저술로,
영화로 탄생했다. 조국을 위기에서 구한 전쟁 영웅 이순신의 기
억은 시대를 초월한 후대의 기록으로 이어진 것이다. 이를 통해
위기의 시기에 또 다른 전쟁 영웅의 출현을 고대하는 점은 조선
시대나 현재나 별반 다를 것이 없다는 것을 알 수 있다.

『이충무공전서』에 실린
'전라좌수영거북선' 도
면, 34.1×21.6cm, 조선
후기, 국립중앙도서관.

임진왜란의 생생한 증언,
『쇄미록』

    전쟁은 모든 사람을 절망의 나락으로 떨어뜨린다. 근래의 천안함 피격이나 연평도 포격 사태가 일어났을 때 많은 사람들이 전쟁의 공포를 떠올리면서, 가능한 한 전쟁은 억제해야 한다는 생각을 했을 것이다. 조선시대에 가장 큰 전쟁은 1592년의 임진왜란과 1636년의 병자호란이었다. 당시에도 전쟁이 얼마나 비참했는가를 알려주는 생생한 전쟁 기록물들이 있는데, 그중에서 『쇄미록鎖尾錄』은 직접 피난을 하면서 겪은 상황을 정리한 기록이다.

『쇄미록』, 피란의 기록물

『쇄미록』은 조선중기의 학자 오희문吳希文(1539~1613)이 쓴 일기이다. 임진왜란이 일어나기 전인 1591년 11월부터 시작하여 1601년 2월까지 9년 3개월간의 내용을 담고 있다. 제목을 『쇄미록』이라 한 것은 『시경詩經』의 '쇄혜미혜瑣兮尾兮 유리지자遊離之子'에서 나온 것으로, 유리기遊離記 또는 피난의 기록이라는 뜻을 담고 있다. 『쇄미록』은 장기간에 걸쳐 쓴 전란의 기록물이며, 생활사 연구에 단서가 되는 다양한 내용이 기록되어 있다.

오희문의 본관은 해주, 자는 비연斐然이다. 1539년 7월 25일 출생이다. 자신은 과거에 급제하지 못했으나 아들 오윤겸이 영의정에 오르고, 손자 오달제가 삼학사三學士의 한 사람으로 명성을 떨치면서 해주 오씨 '가문의 영광'을 안겨준 인물이 되었다. 증손자 오도일 역시 숙종 시대 소론의 중심인물로 정치, 문장 방면에서 이름을 날렸다. 그리하여 오희문 가문은 조선후기 서인-소론을 대표하는 명문가로 자리잡았다. 오희문은 관직이 선공감 감역에 머물렀으나 임진왜란 당시 피란생활을 하는 틈틈이 일기 기록인 『쇄미록』을 남겼다. 비록 높은 관직생활은 하지 못했지만 『쇄미록』에서 보듯 그의 투철한 기록정신과 문장력은 조선후기에 그의 후손들이 문장가, 정치가로서 성장하는 데 많은 기여를 했던 것이다.

妙筆吾東豈有
二觀圖仍忽感
前事䂓君不暫
心忘國對虜何
嘗口絕譽節義
昭昭三子同孝
忠炳炳一身備
誰知嗣續終無
傳於此雖諶福
善理
乙酉臘月下澣題

『쇄미록』의 전반부는 임진왜란의 발발과 여러 지역을 전전하는 힘겨운 피난 행적이 중심을 이룬다. 일기를 보자.

16일: 전하는 말을 들으니 왜선倭船 수백 척이 부산에 모습을 나타냈다 하더니 저녁에 들으니 부산과 동래가 모두 함락되었다고 하여 놀라움을 이길 수가 없다. 생각건대 성주城主가 굳게 지키지 못한 까닭이다.

19일: 영남에서 변의 보고가 하루에 세 번이나 왔는데, 용맹스러운 장수와 강한 군사가 왜병의 소식만 듣고 먼저 무너지고, 큰 고을과 견고한 성이 하루도 못 되어 함락되었다고 한다. 왜병은 세 길로 나누어 바로 서울로 향하여 산을 넘고 강을 건너서 마치 사람이 없는 데로 들어가듯이 한다. 신립, 이일 두 장수는 조정에서 믿는 바로 견고하게 지킬 줄 알았는데, 부월斧鉞을 받고 와서 지키다가 중도에서 패한 바 되어 조령의 험한 곳을 지키지 못하여 적이 서울로 들어가서 대가大駕가 서쪽으로 파천하고 도성을 지키지 못했으니 슬프다. 우리 생령生靈들이 모두 흉한 칼날 앞에 피를 흘리고 늙은 어머니와 처자가 유리流離하여 떠돌아 죽고 산 것을 알지 못하니 밤낮으로 통곡할 뿐이다.

1592년 7월의 여름은 오희문에게 무척이나 더웠다. 피난의 고통이 처절했던 것은 7월 초부터 한 달 이상 거의 매일을 산속 바위 밑에서 지낸 것에서 잘 드러나고 있다.

초4일: 산속 바위 밑에서 잤다.

초5일: 산속 바위 밑에 있었다. 아침에 사람을 보내서 현에 가서 적의 소식을 알아오게 하고 또 두 종을 보내서 감추어둔 바위구멍에서 옷을 가져다가 추위를 막을 계획을 세웠다.

초6일: 산속 바위 밑에 있었다. (…) 꿈에 경여 내외를 보았으니 이는 무슨 까닭인가?

초7일: 골짜기 산속 시냇가에서 잤다. 이날은 곧 칠석 가절佳節이다. (…) 갓모를 쓰고 밤을 새웠다. 이 밤의 괴로움은 입으로 형용해 말할 수가 없다. 꿈에 윤겸이 보이는데 딴 사람은 관동館洞 별실에 있고 윤겸이 밖에서 들어오더니 기둥 밖에서 절을 했다.

초8일: 골짜기 속 시냇가에서 잤다. 이날은 곧 선군의 생신이다.

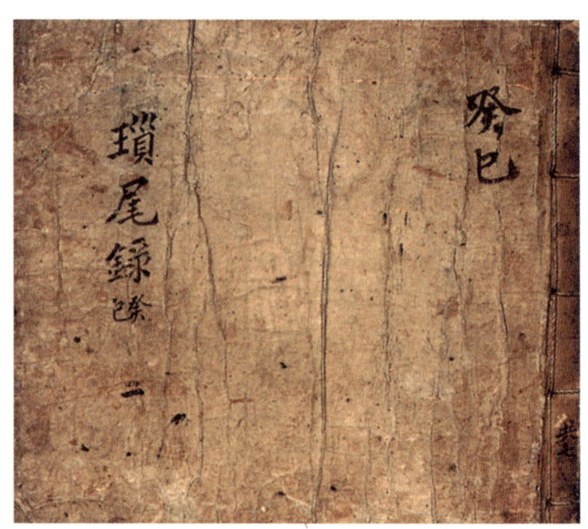

초 9, 10일: 골짜기 속 시냇가에서 잤다.

11, 12일: 산속 바위 밑에서 잤다.

12일: 대개 적의 형세가 번져서 전일에 진안에 있던 웅현熊峴을 넘어서 전주 땅에 진을 쳤고 영남의 적은 이미 무주 경계에 이르렀으니 반드시 합세해서 진주성을 삼키려는 것이다.

8월 초 1일: 산속 바위 밑에서 잤다. 내가 산속에 들어온 후로 한 달이 넘어 절기가 중추로 접어드니 찬 기운이 사람을 엄습하여 갑절이나 처량하다. 깊이 노모와 처자를 생각하면 지금 어느 곳에 있으며 아직도 보존해 있는가? 생각이 여기에 미치니 어찌 비통하지 않으리오.

전쟁에서 오희문이 경험한 여러 참상들에 대한 기록은 전쟁이 얼마나 인간을 비참하게 할 수 있는지를 잘 보여준다.

"(1593년 7월 7일) 또 어제 오는 길에 7, 8세 되는 아이를 보니 큰 소리로 통곡하고 있고, 여인 하나는 길가에 앉아서 역시 얼굴을 가리고 슬피 울고 있었다. 괴이해서 그 까닭을 물어보니 대답하기를, 지금 내 남편이 우리 모자를 버리고 갔다고 한다. 무엇 때문에 버리고 갔느냐고 물었더니 대답하기를, 세 사람이 떠돌면서 걸식했는데 이제는 더 빌어먹을 곳이 없어서 장차 굶어 죽게 되었으므로 내 남편이 우리 모자를 버리고 갔으니 우리 모자는 굶어 죽을 수밖에 없어서 우는 것이라 한다. (…) 슬프다, 창생이 장차 다 없어지고 하나도 남지 않으려는가. 탄식함을 이기지 못하겠다."

"(1594년 2월 14일) 길에서 굶어 죽은 시체를 거적으로 말아서 덮어 둔 것을 보았는데 그 곁에 두 아이가 앉아서 울고 있다. 물었더니 그 어미라 한다. 어제 병으로 죽었는데 그 뼈를 묻으려 해도 비단 제힘으로 옮길 수 없을 뿐 아니라 또 땅을 팔 도구를 얻을 수가 없다고 한다. 조금 있다가 나물 캐는 여인이 광주리에 호미를 가지고 지나가므로 두 아이가 말하기를, 그 호미를 얻으면 땅을 파고 묻을 수 있다고 한다. 슬픔과 탄식스러움을 이길 수가 없다."

전쟁의 참상은 사람을 서로 잡아먹는 전언에 이르러서 절정에 달한다. '그윽이 들으니 영남과 경기에서는 사람들이 서로 잡아먹는 일이 많아서, 심지어 육촌의 친척도 죽여가지고 씹어 먹는다 하기에 항상 상서롭지 못하다고 했더니, 이제 다시 들으니 서울 근처에서 전일에는 비록 한두 되의 쌀을 가진 자라도 죽이고 빼앗는데, 근일에는 사람이 혼자 가면 쫓아가서라도 죽여놓고 먹는다'(1594년 4월 2일)는 표현에서는 전쟁이 인간을 얼마나 극한 상황까지 몰고 갈 수 있는지를 알 수 있다.

『쇄미록』의 자료로서의 가치는 당시 생활상을 볼 수 있는 다양한 내용이 기록되어 있다는 점에 있다. '윤겸의 처가 해산했는데 또 딸을 낳았다 하니 서운함을 이길 수 없다'(1592년 12월 24

일)는 기록에서는 남아를 선호하는 모습이 나타난다. '아내 및 두 딸, 윤해와 네 계집종이 모두 학질을 앓고 누워서 저녁밥을 지을 사람이 없으니 그들이 덜 아프기를 기다려 짓는다면 반드시 밤이 깊을 것이다'(1594년 2월 29일)는 기록에서도 가사노동이 전적으로 여자에게 부여된 모습이 나타난다. '아침에는 나와 두 아들은 함께 콩죽 반 그릇씩을 먹었고 집사람과 세 딸은 전혀 얻어먹지 못하고 긴 해를 지내니'(1594년 2월 29일)라는 기록에서도 남녀 차별의 사회 분위기를 접할 수 있다.

병과 약재 처방에 대한 기록도 흥미를 끈다. '전일에 명복命卜 및 수호인守護人을 시켜 오미자를 따게 했고 (…) 말려도 두 말은 될 것이니, 만일 남은 목숨이 보존하면 약재에 쓰려고 한다'(1592년 9월 12일)는 기록이나, '이른 아침에 박 넝쿨을 태워 술에 타서 마셨다. 학질을 고치기 위해서다'(1593년 7월 25일)라는 기록, '아침에 박 넝쿨을 태워서 술에 섞어서 또 마셨다'거나, '뽕나무 마른 껍질을 벗겨왔다. 학질을 다스리기 위해서다'(1593년 9월 20일) 등의 기록에서는 당시 민간에서 주로 행했던 질병 치료법을 볼 수 있다. 이외에도 학질을 떼기 위한 민간 처방법들이 나타나 있다.

"또 오늘은 어머님께서 학질을 앓으실 날이어서 일찍 학질 떼는 방법 세 가지를 했다. 하나는 복숭아씨를 주문呪文을 외우면서 먹는 것이고, 하나는 헌 신 밑창을 불에 태워서 물에 섞어 먹는 것이요, 하나는 제비 똥을 가루로 만들어 술에 담가가지고 코 밑에 대어 냄새를 맡도록 하는 것이다. 이는 모두 옛날 쓰던 방법으로서 효력이

가장 나타난다고 해서 하는 것이요, 또한 하기 어렵지 않은 것이다."(1595년 6월 2일)

『쇄미록』에는 술에 관한 기록도 많다.

"나도 또한 역천암驛天庵으로 돌아오다가 중도에서 마침 서남품관西南品官 오우吳瑀 등 4, 5인을 만났는데 주인 형을 뵈올 일로 술을 가지고 간다면서 즉시 술 한 병과 안주 한 그릇을 꺼내서 함께 돌 위에 앉아 길가 늙은 버드나무 밑에서 석 잔을 마시고 얼큰하여 돌아오니 해가 아직 저녁해가 되지 않았다."(1592년 9월 4일)

"방 안에 쭈그리고 있어 술을 얻으려 하나 어찌할 수가 없다. 그런데 마침 이광복李光福이 좋은 술 한 병을 일부러 사람을 시켜 보냈다."(1592년 11월 18일)

"추로秋露를 과음해서 밤새도록 고생하다가 새벽에 토하기까지 하고, 늦도록 음식을 먹지 못하다가 오후에 비로소 만두를 먹었다."(1592년 12월 29일)

힘든 상황이었지만 여가생활의 모습도 엿보인다. '마을의 여러 소년들이 다 모여서 종정도從政圖를 노는데 맨 끝에 있는 자는 먹으로 두 눈을 그려서 웃음의 자료로 삼았다'(1592년 11월 19일)거나, '마을 아이들의 반선半仙의 놀이를 구경하다가 돌아왔다'(1593년 5월 4일), '저녁때까지 요월당遙月當에 있는데 마을의 젊은이와 어른이 다 모여서 혹은 바둑을 두고, 혹은 종정도도 놀고, 혹은 장기도 두고, 쌍륙도 놀아 즐기면서 긴 해를 보냈다'(1593년 7월 22일), '근래에 주리고 곤한 나머지 무료하고 근심스럽고 괴로운 회포를 풀 길이 없어서 매양 바둑판을 대하여 추자楸子놀이를 했다'(1594년 6월 26일)는 등이다. 힘든 일상 속에서도 술과 여가생활을 한 당시 사람들의 모습은 오늘날 우리의 모습과도 다르지 않다.

최초의 의병장
곽재우

　얼마 전 '박연차 리스트'로 정국이 들끓었던 적이 있다. 그리고 그 마지막 화살은 그토록 도덕성을 강조했던 전직 대통령(노무현)을 향했다. 이로 인해 무엇보다 사회 지도층의 도덕적 책무(노블레스 오블리주)의 중요성이 재삼 강조되었다. 지금으로부터 457년여 전 4월 임진왜란이라는 최대의 국난기를 맞아 '노블레스 오블리주'를 온몸으로 실천한 인물이 있었다. 바로 최초의 의병장 곽재우이다.

사재를 털어 의병을 일으키다

　1592년 4월 13일 일본의 함대가 부산포 앞바다를 까맣게 메우고 있었다. 이어진 조선군과의 혈전. 부산진 첨사 정발이 전사했고, 동래부사 송상현의 장렬한 전사와 함께 동래성도 무너졌다. 왜적의 진군에는 거칠 것이 없었다. 그러나 전란 초기 관군의 거듭되는 패전 속에서 국왕이 국경선 지역까지 피난 가는 치욕을 맛보는 가운데서도 반격의 물꼬를 틔우는 움직임이 일어나고 있었다. 바로 지방 사림들이 중심이 되어 의병을 조직하여 저항한 것이다. 의병은 자발적으로 봉기한 군사들로서 전직 관료, 유생, 일반 백성, 노비, 승려까지 참여하면서 조선 최대의 위기를 극복하는 원동력이 되었다. 그중에서 곽재우는 가장 먼저 사재私財를 털어 의병을 일으켰다.

임진왜란 직후 의병이 전국에서 일어난 상황은 『선조수정실록』에서 확인할 수 있다.

"각 도에서 의병이 일어났다. 이때에 삼도의 신하들은 모두 인심을 잃고 있었다. 때문에 왜란이 일어난 뒤에 병기와 군량을 독촉하니 백성들은 모두 질시하여 왜적을 만나면 피신했다. 마침내 도내의 거족巨族으로 명망 있는 사림과 유생 등이 조정의 명을 받들어 의義를 부르짖고 일어나니, 소문을 들은 자는 격동하여 원근에서 응모했다. 크게 성취하지는 못했으나 인심을 얻었으므로 국가의 명맥은 이에 힘입어 유지되었다. 호남의 고경명, 김천일, 영남의 곽재우, 정인홍, 호서의 조헌이 가장 먼저 의병을 일으켰다."(『선조수정실록』 선조 25년 6월 1일)

위의 기록에서 보듯이 관군이 패전을 거듭하고 조정의 신하들이 인심을 잃고 있었던 것과는 달리, 지방의 명망 사족들은 백성들이 주축이 된 의병을 조직하여 적극적인 저항에 나섰다. 이중에서도 가장 돋보이는 인물은 곽재우(1552~1617)였다. 곽재우는 자신의 재산을 모두 털어 의령에서 의병을 모집했다. 당시 그의 휘하에 모인 군사가 1000여 명에 이르렀다고 하니 평소 그가 닦아놓은 기반이 만만치 않았음을 알 수 있다.

"의령에 사는 고 목사牧使 곽월郭越의 아들인 유생 곽재우는 젊어서 활쏘기와 말타기를 연습했고 집안이 본래 부유했는데, 변란을 들은 뒤에는 그 재산을 다 흩어 위병을 모집하니 수하에 장사壯士들이 상당히 많았다. 가장 먼저 군사를 일으켜 초계의 빈 성으로 들어가 병장기와 군량을 취득했다."(『선조실록』 선조 25년 6월 28일)

마흔이 넘은 나이에 의병운동을 하는 그를 보고 미친 사람이라거나 도적 노릇을 한다는 비아냥거림도 있었지만 곽재우는 민첩한 첩보활동과 신출귀몰한 게릴라전을 통해 가는 곳마다 승리를 거두었다. 남강의 나루터 정암진鼎巖津 전투에서 큰 승리를 거둔 후, 의령·삼가·합천 등을 수복했고, 이어 현풍·창녕·영산의 왜군까지 섬멸하여 경상우도 지역을 평정했다. 적지 않은 나이에 전 재산을 털어 항전에 나선 곽재우. 그는 위기의 시대에 사회 지도층이 해야 할 책임과 역할을 몸소 보여주었다. 최근 다시 회자되는 '노블레스 오블리주' 라는 용어가 곽재우에게 무척이나 어울려 보인다.

의병 정신의 뿌리, 남명 조식

의병장들은 대부분 지역의 명망가로서, 이들을 따르는 농민과 천민이 자발적으로 합세함으로써 의병의 전투력은 향상될 수 있었으며, 자신의 지역을 거점으로 게릴라전과 유격전을 수행했던 까닭에 지리에 어두운 왜적들을 후방에서 교란시키면서 격퇴하는 데 선봉이 될 수 있었다. 의병에는 불법을 닦는 승려들도 참여했다. 서산대사로 더 잘 알려진 휴정은 선조의 명을 받들어 팔도의 사찰에 격문을 보내 승병 결성을 독려했다. 금강산 표훈사에 있던 휴정의 제자 사명당 유정은 휴정의 격문을 받고 다시 사방에 글을 띄워 무리를 모아 평양에 도착했는데, 그 숫자가 무려 1000여 명이나 되었다. 이들 승병은 직접 전투에 참여하기보다는 경비나 무너진 성의 보수와 같은 임무에 투입되었는데, 전열이 흐트러지지 않아 여러 곳에서 이들의 지원을 받았다.

의병들은 관군과의 연합전도 전개했다. 진주성 전투가 대표적으로, 1차 진주성 전투(1592년 10월)에서는 진주목사 김시민이 지휘하는 관군과 곽재우, 최경회, 임계영의 의병 부대가 합류하여 왜적을 대패시키는 전과를 올렸으며, 2차 진주성 전투(1593년 6월)는 끝내 패배했지만 관군과 의병의 합작으로 끈질기게 저항했다. 도원수 권율과 곽재우조차도 고립된 진주성에서 10만의 일본군을 상대하는 것은 무리라고 판단하여 방어전을 반대했지만, 방어사 황진 및 의병장들은 권고에도 불구하고 끝까지 진주에 남아 싸웠다.

전국에서 의병의 봉기가 활발히 이루어진 것은 지방의 수령과 무장들의 무능에 대한 비판과 함께 '내 고장은 내가 지킨다'는 자발적 향토방위 조직이 사림을 중심으로 형성되었던 덕이다. 조선의 국시로 채택된 성리학 이념의 충의忠義 정신 또한 한몫했다. 의병활동은 경상우도 지역에서 가장 활발하게 전개되었다. 이는 이 지역이 왜적의 주요 침입로가 되었기 때문이기도 하지만, 조선중기 칼을 차고 다니면서 의義의 중요성을 강조한 남명 조식의 사상적 영향력도 큰 작용을 했다. 곽재우, 김면, 정인홍, 조종도, 이대기 등 조식의 문하에서 최고의 의병장이 배출된 것은 이러한 사실을 잘 보여준다.

조식의 실천 중시 사상은 이 지역 학자들에게 큰 영향을 끼쳐 국난의 시기에 힘을 발휘할 수 있게 했던 것이다. 합천의 정인홍, 의령의 곽재우, 고령의 김면 등은 이 지역에서 배출한 대표적

인 의병장이자 조식의 문인이었다. 곽재우는 조식의 외손녀 사위
로서 조식에게 직접 병법을 배우기도 했다. 경상우도 지역 의병
의 활약은 곡창지대인 호남지방을 보호하고 일본군의 보급로를
차단함으로써 임진왜란에서 승리를 거두게 하는 기반이 되었다.

의병장들의 씁쓸한 최후

곽재우를 비롯한 의병장들의 활약은 전국 곳곳에서 조선이 승
리할 수 있는 원동력이 되었지만 대부분의 의병장은 활약만큼의
대우를 받지 못했다. 의병들의 공이 컸다는 것은 관군의 역할이
미미했음을 인정하는 것인데, 그것은 정권 담당자들에게 큰 부
담이 될 수밖에 없었다. 또 백성들의 신망을 받고 있던 이들이
혹시 어수선한 시국과 전란으로 인한 불만을 틈타 모반을 꾸미
지 않을까 하는 불안감도 있었다. 실제로 전란 중에 곳곳에서 도
적이 일어나고 모반 사건도 발생했는데, 이들은 세력 규합을 위
해 이름난 의병장의 이름을 파는 경우가 있어 정부는 촉각을 곤
두세우고 있었다.

의병장 김덕령은 대표적인 희생자였다. 김덕령은 전라도 광주
석저촌 출신으로, 유학을 익힌 데다 무예에도 뛰어나 "지혜는 제
갈공명과 같고 용맹은 관우보다 낫다"는 평가를 받았다. 무게가
100근이나 나가는 큰 철퇴 두 개를 허리 아래 좌우에 차고 다녀
'신장神將'이라고 불렸던 그는 1593년 겨울 어머니 상중임에도
담양에서 의병 수천 명을 규합하여 전쟁에 뛰어들었다. 가는 곳

조선을 뒤덮은 재난들

마다 전투에서 승리를 거두어 그 이름만으로도 왜병의 간담을 서늘케 했다는 김덕령이었지만, 그의 활약을 견제하는 세력들의 집요한 모함을 받았다. 1596년 7월 전쟁의 와중에서 이몽학의 역모 사건이 일어났고, 관련자들의 공초供招(죄인이 범죄 사실을 진술하던 일)에 장수가 김덕령이며 함께 거병을 모의했다는 등의 진술이 나오면서 김덕령은 체포되었다. 결국 김덕령은 고문으로 정강이뼈가 부러지는 고통을 당하면서 숨을 거두었다.

곽재우가 의병장으로 크게 활약한 후 산으로 들어간 것도 현실 정치에 대한 회의 때문이었다. 전후에 전공戰功은 왕을 호위했던 공신들의 손에 넘어가고 의병장에 대한 대접은 극히 빈약했던 것이다. 조정에서도 전쟁 초기 경상감사까지 죽이려고 했던 곽재우를 매우 위험한 인물로 인식했다. 전란이 끝나자 조정에서는 은밀히 감시인을 파견하여 곽재우의 동정을 살피면서 그를 압박해나갔다. 이에 곽재우는 관직에 대한 뜻을 버리고 현풍의 비슬산으로 들어갔다. "고양이를 기른 것은 쥐를 잡기 위함이니, 이제 적은 이미 평정되었으니 나는 할 일이 없다. 이제 돌아갈 것이다"라는 말을 남기고 산으로 들어간 곽재우는 이곳에서 도가道家 사상에 심취하여 단곡斷穀(곡식을 끊는 도가의 수련법)을 하면서 말년을 보냈다.

전란 후에 선조는 전쟁의 최고 공로를 조선을 도와준 명나라 군대에 돌렸고, 이 과정에서 선조와 함께 피난길에 오른 대신들이 최고의 공로자로 보상받는 사건도 일어났다. 실제 임진왜란 유공자에 대한 논공행상 과정에서 선조를 수행한 호성공신扈聖功臣은 86명이나 책봉한 데 비하여, 전공戰功이 있는 사람에게

준 선무공신宣武功臣은 18명에 지나지 않았다. 곽재우는 추천을
받았지만 생존해 있다는 이유로 공신에 책봉되지 못했다. 공신
책봉 과정에서도 전쟁 영웅들에 대한 격하 작업이 이루어졌던
것이다. 위기의 순간 자신의 책무를 다했던 김덕령, 곽재우 등
전쟁 영웅들의 비참한 말로는 일제 치하에서 독립운동을 전개했
던 인물들과 그들의 후손이 별다른 평가를 받지 못했던 우리 현
대사를 떠올리게도 한다.

곽재우 장검, 16세기,
국립진주박물관.

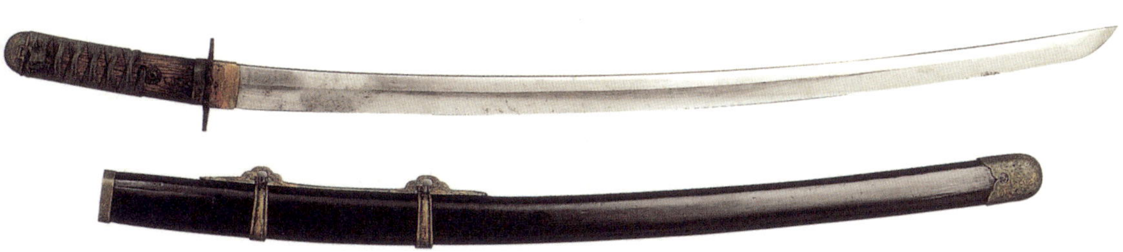

삼전도의 굴욕

1636년 12월과 1637년의 1월은 우리 역사에서 날씨뿐만 아니라 정신적으로도 가장 추웠던 겨울이다. 병자호란과 이어진 삼전도의 굴욕. 이제까지 오랑캐라고 멸시했던 나라의 황제에게 조선의 왕이 세 번 절하고 아홉 번 머리를 조아린 비극은 역사에서 가장 치욕스러운 장면으로 기억되고 있다. 강추위가 몰아쳤고 눈발마저 흩날렸던 그때, 남한산성에는 어떤 일이 있었을까?

승산 없는 전쟁의 강행

1636년(인조 14) 4월 세력을 확장한 후금은 국호를 청으로 바꾸고 수도를 심양으로 정했다. 본격적인 중원 장악의 기틀을 마련한 것이다. 야심에 찬 인물, 청 태종 홍타이지는 스스로를 황제라 칭하면서 차근차근 중원 지배의 야망을 현실화해나갔다. 명나라에 대한 총력전이 요구되던 시기, 청은 그 전 단계로 조선에 군신관계를 맺을 것을 요구해왔다.

역사적으로 볼 때 북방의 이민족이 중국 대륙을 목표로 하던 시절, 한반도의 국가들은 대부분 중국에 우호적이었다. 그래서 이민족이 중국 침략에 총력을 다할 경우 한반도 지역 왕조의 역습을 당할 상황이 여러 차례 있었다. 거란족, 여진족, 몽고족은 모두 이러한 경험을 거친 민족이었다. 청 역시 미묘한 국제관계를 인식했기에 우호 협력을 맺든지 강경책을 쓰든지 간에 일차적으로 조선을 회유하거나 진압할 필요성을 느꼈다. 군신관계 요구는 이러한 배경에서 나온 것이었다.

하지만 청의 군신관계 요구는 조선 조정을 발칵 뒤집어놓았다. 전통적으로 오랑캐라 멸시한 나라에 대해서는 미리 형제관계를 맺기도 했지만 당시 상황은 이것마저 무효로 할 분위기였다. 오랑캐를 군주로 사대事大하라는 요구는 당시 조선의 정서에 결코 맞지 않았던 것이다. 그러나 감정 따로 현실 따로인 법. 힘과 국력이 문제였다. 이제 후금은 조선으로선 오랑캐라고 부르고 싶었겠지만, 실제로는 명을 대신할 수 있는 중원과 북방의 최고 강자로 성장한 나라였다. 섣불리 그들의 요구를 물리친다면 승산 없는 전쟁의 발발은 불 보듯 뻔했다.

이런 사정 때문인지 조정에서도 그 대책을 둘러싸고 갑론을박이 오갔다. 대표적으로 김상헌을 중심으로 하는 척화파와 최명길을 중심으로 하는 주화파로 국론이 갈렸다. 국서에 '청'을 쓰자고 했던 최명길은 윤집·오달제 등 척화파의 탄핵을 받고 사직했다. 이제 현실주의적인 주화파의 입장보다 목소리가 큰 척화론이 대세가 되었다. 그리고 전쟁 또한 피할 수 없는 길로 접어들고 있었다.

아! 남한산성

1636년 11월 말 청 태종은 팔기八旗의 군사가 집결한 심양에서 자신이 직접 군사를 이끌고 조선 공격을 선언했다. 총병력 12만8000명 가운데는 몽고인 3만과 한족 2만이 포함되어 있었다. 12월 2일 청군은 심양을 출발했다. 선봉 부대의 장수는 용골대였고, 기마병은 마부대가 이끌었다. 조선인 포로는 안내자 겸 통역으로 활용했다. 1636년 12월 8일 마부대가 이끄는 기병 6000명이 별다른 저항을 받지 않고 얼어붙은 국경 압록강을 건넜다. 병자호란의 시작이었다.

기마병을 중심으로 질풍같이 쳐들어온 청군은 압록강을 넘은 지 닷새 만에 서울을 점령했다. 별다른 방어 없이 우왕좌왕하던 인조와 조정 대신들은 서둘러 강화도 피란길에 나섰다. 그러나 청군의 선발대가 양화진 방면으로 진출하여 강화도로 통하는 길을 차단함으로써 그 길마저 끊겨버렸다. 차선책으로 서둘러 피란간 곳이 남한산성. 청 대군에 포위당한 조선 조정은 의병들의 참전을 기대했지만 그것마저 용이하지 않았다. 강화도 피란길이 막혀 우왕좌왕하던 당시의 모습은 실록의 기록에도 전한다.

"대가大駕가 새벽에 산성을 출발하여 강화도로 향하려 했다. 이때 눈보라가 심하게 몰아쳐서 산길이 얼어붙어 미끄러워 말이 발을 디디지 못했으므로, 상이 말에서 내려 걸었다. 그러나 끝내 도착할 수 없을 것을 헤아리고는 마침내 성으로 되돌아왔다. 양서가 아뢰기를, '장수를 명하여 군사를 출동시킨 것은 오로지 변방을 굳게 지키고 적을 방어하기 위해서입니다. 그런데 적병이 강을 건넌 뒤로 어느 한 곳도 막아내지 못한 채 적을 깊이 들어오도록 내버려둠으로써 종묘와 사직이 파월播越하고 거가車駕가 창황하게 만들었습니

『산성일기』, 30×21.5cm, 조선후기. 인조 14년 병자호란 당시 국왕 및 신료와 백성들이 겪은 일들을 일기 형식으로 작성한 한글 기록이다. 이 책은 남한산성이 포위되어 청군에게 항복하기까지 그 굴욕의 50일간을 생생하고 서술하고 있다.

다. 이는 국가의 큰 변란이요, 신민의 지극한 고통이니, 어찌해야 한 단 말입니까?"(『인조실록』 인조 14년 12월 15일)

찬바람이 유난히도 매서웠던 1636년 12월 15일 남한산성은 청의 12만 대군에 완전히 포위된 형세가 되고 말았다. 남한산성을 둘러싼 청군은 포위망을 구축하고 장기전으로 들어갔다. 성 안에는 1만4000명이 50일을 버틸 수 있는 식량을 비축하고 있었다. 이후 조선과 청군 사이에는 여러 차례 협상이 진행되었다. 특히 1월 22일 강화도가 함락되고 그곳에 있던 왕족과 신하들이 포로가 되면서 청과 화의를 맺어야 한다는 주장이 힘을 얻어갔지만, 김상헌·윤집·홍익한·오달제 등은 끝까지 척화론을 주장하면서 항전 의지를 불태웠다.

결국 최명길이 총대를 메고 국왕이 성을 나와 항복하는 내용의 문서를 작성했다. 그러나 옆에 있던 김상헌은 이를 갈기갈기 찢어버렸다. 찢어진 국서를 최명길이 다시 모아 붙이는 우여곡절을 겪으면서 마침내 항복 문서가 작성되었다. 입장이 완전히 달랐던 최명길과 김상헌. 최명길은 김상헌이 찢은 국서를 다시 붙이면서 "대감의 나라를 위한 충성은 모르는 바 아닙니다. 그러나 나 역시 나라와 백성의 안전을 위해 이러는 것입니다. 대감께서 이 국서를 또 찢으시면 나는 다시 붙이겠습니다"라고 했다고 한다. 위기의 시기 역사의 길목에서 서로 다른 정치 노선을 걸었던 두 사람은 주화파와 척화파의 대립을 축소판처럼 보여주었다.

항복의 시작, 청나라와 군신관계를 맺다

1637년 1월 25일 아침, 청군은 조선군의 포위망을 뚫고 산성 주변 500여 미터 지점까지 접근하여 총공격을 준비했다. 그러나 산성을 직접 공격하는 근접전보다는 산성 주변의 포격에 주력했다. 조선군과의 근접전은 청군 병사들의 많은 희생을 초래할 것을 염려했기 때문이었다. 청군의 포격으로 남한산성 동쪽의 망월대가 파괴되고 대장기가 꺾여 날아갔으며, 각 성문의 문루와 성벽 여러 곳이 파손되었다. 그러나 조선군도 격렬하게 저항하여 청군에게 포격을 가하는 한편, 흙으로 담을 쌓아 파손된 성벽을 복구하면서 저항을 계속해나갔다.

1월 27일 청나라 군대는 포위망을 더욱 좁혀 산성 바로 앞까지 군사를 진격시켰고 최후의 공격 준비를 했다. 청군은 성벽을 쉽게 기어오르기 위해 목인木人 수십 개를 성벽 주변 각처에 갖추어 조선군을 긴장시키면서 종일 위협적인 포격을 가했다. 이러한 청군의 움직임은 산성 내 주화파들의 입지를 강화시켜주었다. 성내에서는 중신회의가 열렸고, 장시간에 걸친 논란 끝에 척화론자들의 강력한 반대에도 불구하고 청이 요구한 대로 국왕이 성에서 나가 항복하자는 것으로 결론이 났다. 우리 역사상 이민족의 침략에 굴복하여 가장 굴욕적인 항복 의식을 치르는 절차의 시작이었다.

조선의 항복이 목표였던 청나라 태종은 조선의 국서를 접수하고 빠른 시일 내에 화의和議를 결말지을 것을 지시했다. 협상은 속히 진행되어, 이른바 항복 조건 11가지를 담은 정축화약丁丑和

約이 맺어졌다.

　　· 명나라의 고명誥命 · 황제의 명령서, 책인册印(책봉) 문서와 도장
　　　을 청나라 황제에게 바칠 것
　　· 명나라와의 국교를 단절하고, 청나라와 군신관계를 맺을 것
　　· 명나라 연호를 폐지하고, 청나라 연호를 사용할 것
　　· 세자와 왕자 및 대신의 자제를 심양에 인질로 보낼 것…

　이들 대부분은 전쟁의 패배 뒤에 따르는 대가가 얼마나 혹독한 것인지를 보여주는 내용이었다.

1637년 1월 삼전도의 굴욕

　정축화약 이후 청군은 1월 28일부터 포격을 중지하고 소수의 복병만을 산성 주변에 잔류시킨 다음 주력군을 외곽으로 철수시켰다. 화의 방침이 정해진 뒤에도 김상헌 · 정온 · 윤집 · 오달제 등 척화파들은 국왕의 출성出城을 반대했지만, 1월 30일 인조는 묘시(오전 5~7시) 무렵 세자 및 대신들과 호위군을 동반하고 서문을 빠져나와 청 태종의 지휘본부가 있던 삼전도로 향했다.

　인조는 국왕의 의례복인 면복冕服도 입지 못하고 남색 융복戎服을 차려입은 초라한 행색이었다. 이를 지켜보던 수많은 군사와 백성들은 통곡했다. 드디어 인조는 삼전도에 마련된 수항단受降檀(항복의식을 받아들이던 단)에 나아갔다. 단상 아래 도착한 인

조는 태종이 있는 단상을 향해 '삼배구고두三拜九叩頭'의 예를 행했다. 세 번 절하고 아홉 번 머리를 조아리는 이 의식은 여진족이 그들의 천자를 배례하는 의식 절차였다. 인조는 땅에 엎드려 대국에 항거한 죄를 용서해줄 것을 청했고, 청 태종은 신하들로 하여금 조선 국왕의 죄를 용서한다는 칙서를 내렸다.

야사에는 당시 인조의 이마에는 피가 흥건히 맺혔다는 이야기가 전해질 정도로 비참했던 상황에 조선의 온 백성은 치를 떨고 분노했다. 1636년 12월의 병자호란으로 남한산성에 피란을 갔던 조선 국왕이 역사상 가장 굴욕적인 항복을 한 삼전도의 치욕. 그것도 오랑캐라고 업신여겼던 청나라로부터 당한 치욕이었기에 국왕, 신하, 백성 모두가 참담한 패배의식에 빠졌다. 이후 청 태종은 조선의 항복을 받은 이 사건을 영원히 기념하려는 뜻에서 비석을 세웠다. 이것이 바로 '삼전도비'다. 1637년 11월 3일 우여곡절 끝에 삼전도비가 완공되었다. 11월 25일 청나라 사신이 비를 조사하고 만족감을 표시했다. 비의 정식 명칭은 '대청황제공덕비大淸皇帝功德碑'로 높이 395센티미터, 너비 140센티미터의 대형 비석이었다.

372년 전 그 차가운 겨울 남한산성에서 추위에 떨며 우왕좌왕했던 인조와 신하, 백성들의 참혹했던 모습은 명분만 가지고 벌이는 전쟁이 얼마나 무모한지를 후대에 뚜렷하게 각인시켰다.

서울 성곽의 역사와
그 흔적들

얼마 전 서울 도심 한복판에서 이례적인 일이 벌어졌다. 많은 사람들의 추억이 서려 있는 동대문운동장이 철거되고, 그곳의 유적을 발굴했던 것이다. 2008년에도 서울 성곽과 이간수문二間水門이 발견되었지만, 2009년 6월 들어 서울 성곽 일부가 온전하게 보존된 형태로 나타나 학계의 관심을 끌었다. 동대문운동장 터 발굴은 서울이 성곽 도시임을 증명해주고 있다.

18킬로미터 옛길 따라
조선 사람들의 숨결 오롯이

1392년 조선을 건국한 태조는 1394년 10월 수도를 개성에서 한양으로 옮겼다. 새 도읍지가 된 한양에서는 궁궐 조성, 종묘·사직 정비와 함께 성곽 쌓는 일도 활발했다. 1396년 한양의 동서남북 네 곳 산줄기를 잇는 성곽이 완성되었다. 총 길이는 18킬로미터. 한양은 밖으로는 아차산(동), 덕양산(서), 관악산(남), 북한산(북)의 외사산外四山이 둘러싸고, 안으로는 낙산(동) 125미터, 인왕산(서) 338미터, 목멱산(남) 265미터, 북악산(백악산, 북) 342미터의 내사산內四山으로 둘러싸인 천연의 요새였다. 서울 성곽은 바로 내사산을 연결하는 방식이었다.

태조와 정도전을 비롯한 조선 건국의 주역들은 아예 한양의 자연 조건을 활용하여 튼튼한 도성의 축조를 계획했다. 『조선왕조실록』에는 처음 성곽을 축조한 상황에 대한 기록이 자주 나타난다. 1395년(태조 4) 윤9월 10일 도성 터를 순시한 태조는 9월 13일 처음으로 도성 조축도감造築都監을 두면서, 판삼사사判三司事 정도전에게 명하여 성터를 정하게 했다. 1396년 1월에는 경상·전라·강원도와 서북면의 안주 이남과 동북면의 함주 이남의 민정民丁 11만8070여 명을 징발하여 처음으로 도성을 쌓게 했다. 이때 이미 성터를 측량하여 자호字號를 나누어 정했는데, 천자문으로 일련번호를 매긴 점이 흥미롭다. 즉 백악 동쪽에서 천자문의 천자天字로 시작하여 백악의 서쪽으로 조자弔字에서 그치게 했다. 땅의 척수는 총 5만9500척尺이었으며, 600척마다 한 자호를 붙여서 모두 97자가 되었다. 각 도민의 많고 적음을 헤아려, 천天자부터 일日자까지는 동북면, 월月자에서 한寒자까지는 강원도, 내來자에서 진珍자까지는 경상도, 이李자에서 용龍자까지는 전라도, 사師자에서 조弔자까지는 서북면이 맡게 했다.

그런데 당시 천자문 순서대로 성곽 공사를 구획한 기록이 현재 성곽에도 그대로 새겨져 기록과 현장이 일치함을 볼 수 있다. 즉 성벽의 성돌 가운데 '곤자육백척崑字六百尺'의 경우 '곤'은 천자문 중 47번째 글자이니 백악산부터 600척×47=2만8200척 떨어진 곳임을 뜻한다. 또한 성벽 중에 '흥해시면興海始面'이라고 새겨진 글자에서 경상도 흥해(현재의 포항시) 지역의 인부들이 공사한 지역임을 알 수 있다. 이것은 실록의 "천자문의 내來자에서 진珍자까지는 경상도가 맡았다"라는 기록과도 일치한다.

정도전과 무학대사의 갈등

1396년 1월 9일 태조는 도성의 기초를 닦았으므로 백악과 오방 신에게 제사했으며, 이후에도 자주 도성에 나가 성을 쌓는 역사를 둘러보았다. 공사는 여름에 잠시 중단되었다가 날씨가 좋은 가을에 속개되었다. 1396년 8월 6일에는 경상·전라·강원도에서 축성 인부 7만9400명을 징발했다. 결국 태조 때 축성 공사는 거의 1년 만에 완성을 보았다. 기간은 봄가을로 나누어 98일 동안 연 19만7470명이 동원된 것으로 나타난다. 한편 한양의 도성 축조와 관련하여 재미있는 일화가 있다. 태조를 도와 한양을 도읍으로 정하는 데 큰 역할을 한 인물은 정도전과 무학대사였다. 그런데 이들은 도성의 중심을 어디로 할 것인가에 대해서는 견해가 달랐다. 무학대사는 인왕산을 주산主山으로 할 것을 주장했고, 정도전은 백악산을 주산으로 해야 한다고 주장했다.

무학대사는 인왕산 서남쪽에 위치한 선바위(바위 모양이 부처님 같다고 하여 붙인 이름)를 도성 안으로 집어넣으려고 했으며, 그러면 자연히 인왕산이 주산이 되어야 했다. 정도전은 이에 반대했다. 무엇보다 왕이 남면南面(남쪽을 바라봄)하려면 북악산을 주산으로 해야 한다고 했고, 그러면 자연히 선바위는 도성 밖으로 나갈 수밖에 없었다.

결국 한양 도성은 정도전의 주장대로 북악산을 주산으로 했고, 북악의 앞 너른 터에는 왕조의 상징 경복궁이 조성되었다. 성곽 동서남북의 중심에는 4대문을 세웠다. 흥인지문興仁之門(동), 돈의문敦義文(서), 숭례문崇禮門(남), 숙정문肅靖門 또는 소지문昭智門(북)으로, 조선의 국시國是인 인의예지의 유교 이념을 문 이름에 구현했다. 4대문 사이에는 다시 혜화문, 소의문, 광희문, 창의문(자하문)의 4소문을 완성하여 도성의 안과 밖을 교통하게 했다.

세종 시대 성곽을 개축하다

태조 때 그 원형을 갖춘 한양 성곽들은 정종 즉위 후 개성으로 도읍을 옮기면서 한동안 방치되어 있었다. 1398년 이방원(태종)이 주도한 왕자의 난으로 즉위한 정종은 한양을 버리고 고려의 수도인 개성으로 도읍을 옮겼고, 성곽의 상당 부분도 파손되었다. 그러나 이방원이 태종으로 즉위한 후인 1405년 도읍은 다시 한양으로 옮겨졌고, 도읍의 완비와 함께 성곽 개축도 논의되었

梁鐵坪
小家峴
自蓮峯
永廟峴
荒巖洞
佛川
仁王山
弘濟橋
弘濟院
沙川
覺巖
彈土
鞍峴
氷峴
小峴
膝戰峯
八角山
迎恩門
館
山所
阿峴
餅峴
倉川
臥牛山
廣興倉
孔德
大峴
東幕
太僕倉
汝島
楊花津
麻浦
栗島

水鍮峴店
上里兒
下里兒
京安峴
廣陵峴
佛
錬戎臺
城曲北
白蓮門瀟
景福宮
孫家庄
安陵頂
露梁院寺
安岩
普濟院
祭坍
農興典
馬場里
迎濟橋
無名堂
新村
湖堂
豆毛浦
漢江
西氷庫
銅雀
教場
露梁
龍山
軍資食
萬思兒堂
蟾岩
石瀾
珠堂
典獄署
南坍
二蓁院
蔓川
村之屯
渡江鎮
雨水

다. 1413년부터 성곽을 개축해야 한다는 건의가 잇따랐으나 구체적인 실천에는 들어가지 못했다. 태조 이후 성곽 수축을 진두지휘한 인물은 세종이었다.

1421년(세종 3) 12월 10일 세종은 우의정 정탁을 도성 수축 책임자로 임명하고, 전국에서 32만2460명의 역군을 동원하여 무너진 곳 2만8487척을 수축했다. 당시의 기록을 보면 태조 때처럼 전국에서 정부丁夫를 징발했다. 경기 2만188명, 충청 5만6112명, 강원 2만1200명, 경상 8만7368명, 평안 4만3392명, 함길 5208명으로 총 32만2400명이었다. 기술자에 해당하는 공장工匠은 2211명이, 군사를 거느린 경력과 수령은 115명이 역사에 참여했다.

1422년 1월 14일 세종은 목멱산과 백악의 산신에게 제사를

지내면서 축성을 알렸다. 공사가 완성된 것은 1422년 2월 23일
이었다. 당시의 기록을 보자. "도성의 역사를 마쳤다. 성을 돌로
쌓았는데 험한 지역은 높이가 16척이요, 그다음으로 높은 곳이
20척이요, 평지는 높이가 23척이었다. 수문水門 2칸을 더 설치
하여 막힌 것을 통하게 하고, 서전문西箭門을 막고 돈의문을 설
치했다. 성의 안팎에 모두 너비가 15척이나 되는 길을 내어 순심
巡審하는 데 편리하게 했다. 사용된 쇠가 10만6199근이요, 석회
石灰가 9610석이었다. 그 사용하고 남은 쇠를 거두어 각 도의 세
공歲貢에 충당했다."(『세종실록』 세종 4년 2월 23일)

　이처럼 세종은 태조의 성과를 이어받아 32만여 명을 동원하
여 서울의 성곽 공사를 마쳤다. 당시 한양의 인구가 10만 명이
채 되지 못했던 상황을 고려하면 전국에서 엄청난 인력이 성곽

『북한지北漢誌』의 성능
聖能, 1711, 서울역사박
물관.

공사에 동원되었음을 알 수 있다.

숙종의 성곽 수축 프로젝트

태조 때 처음 축성하고, 세종 때 수축 작업을 통해 서울을 지키는 대표적인 공간이 되었던 서울 성곽. 그러나 16세기 이후 성곽은 서울 방어에 제대로 활용되지 못했다. 1592년 임진왜란이 일어나고 왜적이 파죽지세로 서울로 진격하자 국왕 선조는 도성을 버리고 의주로 피난했다. 1636년의 병자호란 때도 인조 일행은 피난하여 남한산성에서 청나라 군대에 맞서 항전한 역사를 살펴보면 서울 성곽이 방어처로서 전혀 그 기능을 하지 못했음을 알 수 있다. 서울 성곽을 군사 방어처로 활용해야겠다는 의지를 다시 실천한 왕은 숙종이었다.

숙종은 북한산성, 강화도, 남한산성 등 서울을 둘러싼 주변 지역의 방어를 공고히 하는 한편, 대대적인 서울 성곽 수축 작업을 지시했다. 1704년(숙종 30)부터 1709년(숙종 35)까지 훈련도감, 어영청, 금위영의 삼군영에서는 각 군영이 방어하고 있던 구역의 성곽을 수축했다. 이때 쌓은 돌은 태조 때나 세종 때에 비해 훨씬 규격화된 돌이었다. 현재 서울 성곽의 일부 지역에는 세 시기에 쌓은 돌을 확연히 구분할 수 있는 곳이 있다. 태조 때 축조된 성곽은 규격이 일정하지 않고 다양한 크기의 깬 돌을 사용해 별다른 규칙 없이 쌓은 모양이다. 세종 때는 비교적 일정한 규격의 돌을 썼는데, 아래쪽은 크고 위로 올라가면서 점차 성벽의 돌이 작아진다. 숙종 때는 네모나게 다듬은 돌을 사용했다. 규격화된 돌을 쓰면 성이 파손되었을 때 이를 보수하기에 편리했기 때문인데, 이것은 정조가 화성 축성 때 규격화된 벽돌을 사용한 것과도 비슷한 이치이다. 숙종 때 수축 작업을 통해 그 틀을 완성한 서울 성곽은 조선이 멸망할 때까지 수도 한양을 방어하는 주요한 군사 시설이자 도성 백성들의 교통을 통제하는 공간으로 활용되었다. 숭례문 등 4개 대문과 광희문 등 4개 소문은 밤 10시경 인정人定(성문을 닫음) 종소리가 28번 울리고, 새벽 4시경 파루罷漏(성문을 엶) 종소리가 33번 울리면 문을 닫고 열었다.

옛 모습 찾아가는 서울 성곽

그러나 근대 제국주의 침략기에 서울 성곽은 철저히 파괴되었다. 1899년 서울 시내에 전차가 개통되면서 도심 주변의 성곽은 대부분 헐렸다. 일제는 도시계획이라는 미명하에 도성 출입문인 돈의문, 소의문, 혜화문 등을 파괴했다. 파괴의 회오리 속에서 숭례문과 흥인지문, 창의문이 남았지만 주변 성곽은 모두 헐려 고립된 섬의 모습만을 겨우 유지할 수 있었다. 이후에도 성곽 일부는 주택가의 축대나 담장으로 떨어져나갔다. 1973년부터 서울 성곽과 문루 복원 사업이 시작되었다. 광희문은 1975년, 숙정문은 1976년, 혜화문은 1995년에 복원했지만, 돈의문과 서소문은 아직까지 복원되지 못하고 있다.

1993년 인왕산이 개방되면서 이를 따라 축성된 서울 성곽의 모습을 직접 접하게 되었고, 2006년에 들어서는 1968년 1·21 사태 여파로 출입이 금지되었던 숙정문 일대 서울 성곽 길도 개방되고 있다. 점차 서울 성곽이 우리 품으로 돌아오는 흐름이다. 일부 성곽 길이 끊어진 곳이 있지만 이제 마음만 먹으면 인왕산, 북악산, 낙산, 남산 일대에 조성된 서울 성곽 전체를 답사할 수 있다. 서울 성곽을 둘러보면서 세계적으로 성장한 도시 서울과 그 속에 담긴 역사와 문화의 자취를 찾아보기를 권한다.

辛
조선 사회의 저력

세계로 소통하는 문,
조선시대의 외국어 학습

초등학교의 외국어 학습 프로그램, 외국어 고등학교, 국제대학원, 대학교수 임용에서의 영어 구사 능력 강조, 취업시험에서 이제는 피할 수 없는 길이 돼버린 외국어 면접…. 태어나면서부터 영어쯤은 구사해야 한다는 자조 섞인 푸념이 허풍 아닌 현실이 되었다. 영어는 물론이고 중국어나 일본어 수요도 만만치 않아, 외국어 구사 능력이 성공의 지름길이 된 것이 현실이다.

그렇다면 조선시대 사람들에게 외국어는 어떻게 인식되었을까? 예상과는 달리 그때도 체계적인 외국어 학습이 이루어졌음이 우선 눈에 띈다. 과거시험 중 기술관을 선발하는 잡과雜科에 역과譯科를 두어 외국어를 구사하는 통역관을 뽑았다. 수요가 있으니 당연히 오늘날과 같은 외국어 학습 교재가 있었다. 중국어 교본인 『노걸대老乞大』와 『박통사朴通事』를 비롯하여 일본어 학습서인 『첩해신어捷解新語』 등이 그것이다. 외국어 전문 교육기관인 사역원司譯院도 있었고, 『통문관지通文館志』라는 책에는 이름을 날린 역대 역관譯官들의 활약상이 담겨 있다.

미스터 중국인 『노걸대』

조선시대의 중심 외국어는 당연히 중국어였다. 다만 모든 백성에게 중국어가 필요한 것이 아니라 사신을 접대하고, 중국에 파견되는 사절단을 수행하는 역관들을 중심으로 학습이 이루어졌다. 물론 지식인들 상당수는 중국어를 능숙히 구사했다. 대표적인 예로 세종대를 빛낸 학자 신숙주는 중국어, 여진어, 몽고어, 일본어에 두루 능통하다는 평가를 받았다. 중국어 학습을 위해서는 교재가 필요했다. 회화 교재로는 『노걸대』가 있었다. '노' 는 상대를 높이는 접두어로서, 우리말의 씨氏, 영어의 미스터Mr.쯤 된다. '걸대' 는 몽골인이 중국인을 가리킬 때 쓰는 말이다.

이 책은 세 명의 고려 상인이 말과 인삼, 모시를 팔기 위해 중국에 다녀오는 과정에서 겪는 다양한 상황을 적어놓았다. 상·하 두 권으로 되어 있는데, 상권은 완전히 회화체로 쓰여졌다. 『노걸대』에는 말을 사고파는 법, 북경에 도착하여 여관에 드는 방법, 조선의 특산물인 인삼을 소개하는 방법, 의원을 불러달라고 요청하는 법 등이 중국어로 소개되어 있는데, 그야말로 실용 회화책이라 할 수 있다.

『노걸대언해』는 한자를 모르는 사람도 중국어를 쉽게 배울 수 있게 한글로 해설한 책으로, 요즈음으로 치면 원문과 번역문을 함께 적은 번역서이다. 그만큼 많은 사람들에게 중국어가 보급된 양상을 입증하는 책으로, 중세 국어 연구에도 큰 도움이 된다.

『노걸대』는 몽골어로도 번역·간행되었다. 『몽어노걸대蒙語老乞大』는 몽고어로 『노걸대』의 내용을 싣고 우리말로 그 음을 달아 풀이해놓은 책이다. 몽골족이 세운 원나라는 이미 멸망했지만 언젠가 몽고어가 필요한 시기가 올 것으로 판단하고 몽고어 학습에도 신경을 썼던 조선후기의 시대 분위기를 읽을 수 있다.

『노걸대』와 함께 대표적인 중국어 학습서로 꼽히는 책은 『박통사』이다. 통사가 역관의 직책인 만큼 '박씨 성을 가진 역관'이라는 뜻이다. 『노걸대』가 상인의 무역활동을 주제로 하는 '비즈니스 회화'에 가깝다면, 『박통사』는 중국의 일상생활에 관한 것이 주류를 이룬다. 고려에 간다는 관리를 길거리에서 만나 나누는 대화, 전당포에서 돈을 빌리는 상황, 공중목욕탕의 요금과 때밀이에 관한 정보, 차용증 쓰기 등에 이르기까지 중국 생활에서 경험할 만한 내용이 망라되어 있다. 특히 『박통사』는 『노걸대』보다 고급 언어를 써, 중국어와 우리말의 생생한 모습과 함께 풍속 및 문물제도까지 접할 수 있는 자료가 된다. 『박통사언해』는 『박통사』를 우리말로 풀이한 책이다.

일본어 교재 『첩해신어』

조선은 초기부터 일본과 교린정책에 입각한 외교관계를 맺고

교류했다. 조선초기에는 일본을 이적夷狄으로 인식하는 경향이 지배적이었지만, 한편으로는 실용적 차원에서 일본에 대한 정보 수집을 적극적으로 하고자 일본의 사회 문화를 이해하려는 태도를 보였다. 조선시대 외국어 전담 관청인 사역원에서는 일본어 역관들을 교육하기 위해 일본어 학습용 교재인 『첩해신어』를 1676년 널리 간행했다.

1415년(태종 15) 사역원이 설치된 후 처음에는 한학漢學과 몽학蒙學만 개설되었다가 나중에 왜학倭學이 개설되었기 때문에 일본어를 '신어新語' 또는 '신학新學'이라 부르게 되었다. '첩해신어'라는 제목은 '신어, 즉 일본어를 빨리 해독하는 책'이라는 뜻이다. 『첩해몽어捷解蒙語』라는 책도 있는 것을 보면 '첩해'가 당시 회화책에 관용구로 쓰였음을 알 수 있다.

외국어 학습이 대부분 그렇지만 『첩해신어』에서도 일본어를

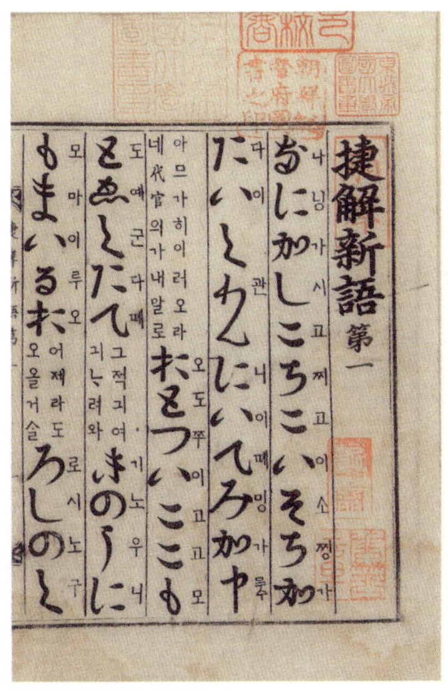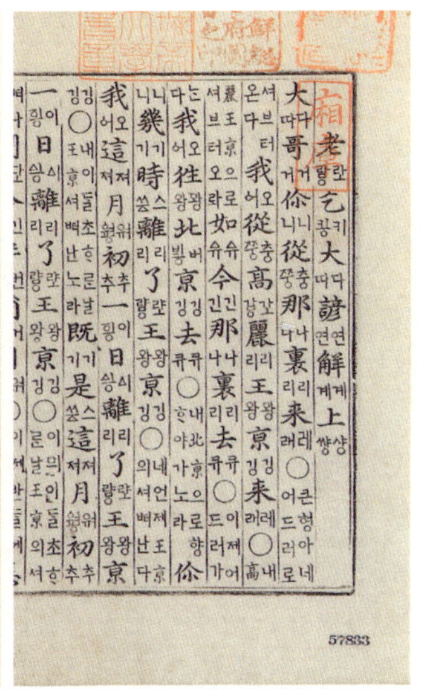

외우는 능력을 가장 중시한 것으로 보인다. 영조 때의 역관 현경재라는 사람이 쓴 역과시험 답안지인 '왜학시권倭學試券'을 보면, 『첩해신어』에서 여섯 부분을 정해 외워서 쓰도록 한 것이 기록되어 있다. 그만큼 어학 능력을 중시했던 면모가 나타난다.

외국어 학습의 첨병, 역관

역관은 조선시대 외국어 통역을 전담하는 관리를 말한다. 요

즘의 외교관이나 통역사 역할을 한 인물이다. 조선시대에는 사역원에서 집중적으로 역관을 양성했다. 사역원에서는 4대 외국어인 중국어, 몽골어, 만주어, 일본어를 배웠다. 한학청漢學廳, 몽학청蒙學廳, 청학청淸學廳, 왜학청倭學廳이라 불리는 각 관청에서 외국어 학습을 전담했다. 또 우어청偶語廳이라 하여 통역원 양성소를 두었다. 하루 종일 외국어로만 대화를 주고받도록 한 순수 회화 교실이 있었다. 요즈음 곳곳에서 생겨나는 '영어마을' 같은 곳의 원조인 셈이다. 당시 제1외국어는 당연히 중국어였고, 사역원에서도 한학청의 규모가 가장 컸다.

중국으로 가는 조선 사신 일행의 모습, 국립중앙박물관. 평안도 곽산의 선사포를 출발하는 장면과 석성도 근처 바다에서 용을 만나는 장면이다. 조선 사절의 정규 사행로는 서울에서 의주를 거쳐 압록강을 건너 요동지방의 요양을 지나 산해관, 북경으로 가는 코스였다. 북경에 가는 사신 일정은 40일 정도 걸렸다.

기술직이 천시되었던 조선시대의 역관은 신분상 중인에 속했다. 중인 신분은 세습되었으므로 역관은 한 가문에서 연이어 배출되는 일이 많았다. 밀양 변씨, 천녕 현씨, 우봉 김씨 등은 대표적인 역관 가문이었다. 역관은 추천에 따라 심사받고 적격자로 판정받으면 사역원에 들어가 본격적인 외국어 학습을 했다. 그렇다고 곧바로 역관이 되는 것은 아니었고, 엄격한 수련 과정이 기다리고 있었다. 사역원에서는 기숙사 생활을 하면서 하루 종일 공부를 하고 매월 2일과 26일에는 시험을 쳤다. 3개월에 한 번씩은 지금의 중간고사나 기말고사에 해당하는 원시院試를 쳤다. 수련 과정을 거친 후에는 잡과를 치렀다. 문과처럼 3년마다 한 번씩 열리는 의과, 역과, 율과 등으로 구성된 잡과 중 역관은 역과에 응시했고, 역과의 초시와 복시에 모두 통과해야 역관이 될 수 있었다. 의주와 황주에는 한학, 부산포와 염포 등에는 왜학을 설치하여 지방 통역관인 향통사鄕通事를 양성한 것도 주목된다.

역관이 조선시대 일선 외교에서 뛰어난 능력을 발휘할 수 있었던 바탕에는 탄탄한 교육 과정과 시험 제도가 있었음은 물론이다. 국가에서 주도적으로 외국어 학습을 실시하고 우수한 외교관을 배출하는 시스템을 확보한 모습에서, 흔히 조선 사회를 비판하는 개념인 고립이나 폐쇄라는 용어는 쉽게 떠올릴 수 없다.

『통문관지』와 홍순언의 외교 비사

『통문관지』는 조선 숙종 때 사역원의 역관인 김지남과 그의 아들 김경문이 중심이 되어 편찬한 책으로, 외교 및 역관 담당 관청인 사역원의 연혁과 관제官制, 고사故事, 사대교린事大交隣에 관한 외교 자료를 정리한 책이다. 사역원은 고려시대에는 통문 관으로 불렀기 때문에 책 제목이 『통문관지』가 된 것이다. 특히 이 책에서는 '인물'이란 항목을 설정하여 최세진, 홍순언, 김근 행 등 역대 주요 역관들을 서술하고 있는 것이 주목된다. 『통문 관지』에 기록된 홍순언의 행적을 잠깐 살펴보자.

"홍순언은 중국의 통주에서 아름다운 여인을 만나 하룻밤 인연을 맺고자 했다. 그런데 여인이 소복 차림인 것을 보고 그 이유를 물었 다. 여인은 부모님의 장례 치를 돈을 마련하기 위해 몸을 팔고 있다 고 했고, 여인의 말을 들은 홍순언은 선뜻 300금을 내주고는 여인을 가까이하지 않았다. 여인이 이름을 묻자 순언은 성만 알려주고 나 왔다. 훗날 명나라 예부시랑 석성의 첩이 된 이 여인은 홍순언의 은 혜를 잊지 않았다."(『통문관지』 권7)

이어 『통문관지』는 중국 여인과 맺은 이 인연은 홍순언이 조 선 최고의 외교 현안인 종계변무宗系辨誣를 성공시키거나, 임진 왜란 때 명나라 참전을 이끌어내는 데 큰 힘이 되었음을 기술하 고 있다. 물론 여인과의 인연도 일부 작용했겠지만 그보다는 홍 순언이라는 통역관의 뛰어난 역량이 명나라와의 외교 협상을 성 공으로 이끈 것이리라. 홍순언처럼 역사 속에 묻혔던 역관이 『통 문관지』에서 되살아난 것이다.

인재 활용 돋보인
세종 시대

　'실용정부'로 대표되는 이명박 정권이 들어서기 전에는 '참여
정부'가 한국사회를 지배했는데, 그 당시 가장 주목받았던 역사
속의 왕은 정조였다. 기존 보수 세력의 성을 뚫는 개혁 군주의
이미지가 컸기 때문일 것이다. 그렇다면 실용정부의 모델로 삼
을 만한 리더십을 보인 왕은 누가 있을까? 단연코 세종을 꼽을
수 있을 것이다. 세종은 그 자신의 능력도 뛰어났지만 나라의 인
재를 최대한 활용하여 조선시대 정치와 문화를 정비한 군주였
다. 황희와 같은 명재상, 북방을 개척한 김종서, 집현전의 성삼
문과 신숙주, 음악가 박연, 천민 출신의 과학자 장영실까지 세종
대에 배출된 인재의 면면은 역사에서 가히 '드림팀'이라고 불릴
만하다. 능력을 우선하면서도 포용성과 객관성을 견지한 세종의
인재 등용책은 오늘날에도 시사하는 바가 많다.

세종의 싱크탱크, 집현전

왕으로서, 정치가로서 세종의 위대함을 부인하는 한국인은 없을 것이다. 우리 문자인 훈민정음의 창제를 비롯하여 백성들을 위한 『농사직설』 『향약집성방』 등의 농서와 의서 간행, 천재 과학자 장영실의 발탁과 해시계·자격루·측우기 등의 각종 과학 기구들의 발명, 박연으로 대표되는 궁중 음악의 완성 등 세종대의 찬란한 민족 문화의 성과는 나열하기가 힘들 정도이다. 그런데 세종의 모습 중에서 보다 돋보이는 점은 역량 있는 국가 인재들을 폭넓게 활용했다는 것이다.

집현전의 설치는 바로 이러한 세종의 구상이 집약적으로 표출된 것이었다. 세종은 즉위와 함께 집현전을 완전한 국가기관으로 승격시켜 학문의 중심 기구로 삼았다. 그리고 집현전에 '재행연소자才行年少者'라 하여 재주와 행실이 뛰어난 젊은 인재들을 모았다. 신숙주, 성삼문, 정인지, 최항 등 세종 시대를 대표하는 학자들이 이곳에 속속 모여들었다.

집현전은 1420년(세종 2)에 설치되어 세조 2년에 없어질 때까지 약 37년간을 존속했다. 그러나 이처럼 짧은 기간임에도 불구하고 집현전이 우리 뇌리에 깊숙이 각인되어 있는 것은 이곳에서 세종 시대의 대표적인 학문, 문화활동이 완성되었기 때문이다. 집현전은 세종대에서 단종대까지 총 96명의 학자가 거쳐갔다. 그런데 조선시대 문과 합격자 명단을 기록한 「국조방목」의 기록을 보면 집현전 학자 전원이 문과 급제자 출신임이 나타난다. 그것도 수석인 장원급제자가 정인지를 비롯한 16명, 2등이 6

명, 3등이 신숙주 등 11명, 4등이 7명 등으로 전체 집현전 학자 중 절반에 가까운 46명이 5등 안에 합격한 그야말로 국가의 최고 인재들이 발탁되었던 것이다. 이들 우수한 인재에게 세종이 부여한 임무는 독서와 학문 연구, 그리고 이를 바탕으로 한 정책 결정과 국가 주요 간행물의 편찬 사업이었다.

집현전은 현재의 경복궁 수정전 자리로, 국왕이 조회와 정사를 보는 근정전이나 사정전과 매우 가까운 곳에 위치해 있었다. 그만큼 세종의 집현전에 대한 관심이 컸음을 의미한다. 세종 스스로도 학문에 뛰어난 군주였지만 홀로 정책을 결정하려 하지 않았다. 집현전 학자들의 연구 성과를 충분히 반영하려 했다는 점에서 다수의 의견을 존중한 세종의 면모가 잘 나타나는 것이다.

집현전에서는 주로 고제古制에 대한 해석과 함께 정치 현안의 정책 과제들을 연구했다. 주택에 관한 옛 제도를 조사한다거나 중국 사신이 왔을 때의 접대 방안, 염전법에 관한 연구, 외교문

서의 작성, 조선의 약초 조사 등 다양한 연구와 편찬활동이 이곳을 중심으로 이루어졌다. 또 집현전에 소속된 학자들은 왕을 교육하는 경연관, 왕세자를 교육하는 서연관, 과거시험의 시관試官, 역사를 기록하는 사관의 임무도 동시에 부여받았다. 이들을 국가의 기둥으로 키운 것이다.

집현전에서는 각종 편찬사업 또한 활발하게 이루어졌다. 역사서, 유교 경서, 의례, 병서, 법률, 천문학 관련 서적 등 국가에 필요한 서적 편찬의 과제가 집현전에 부여되면 집현전 학자들은 과거의 법제와 학문 연구를 통해 이를 완수해 국왕인 세종에게 올렸다. 이러한 사업은 세종 당대에 완성된 것도 많았지만 『고려사』와 같이 전대의 역사를 정리한 편찬사업은 세종대에 시작하여 문종대에 완성되었다. 그만큼 긴 안목을 가지고 과제를 진행시켜갔던 것이다.

'함께하는 정치'의 모범 사례

집현전은 세종의 지대한 관심 속에 국가의 중요 정책을 연구하고 결정했다. 세종 또한 수시로 이곳을 방문하여 학자들을 격려하는 것을 잊지 않았다. 어느 겨울 밤 집현전에 여전히 불이 꺼지지 않은 것을 본 세종이 이곳에서 깜빡 잠이 든 신숙주에게 자신이 입고 있던 담비가죽 옷을 덮어준 일화는 오늘날까지 전해지는 미담이다.

그러나 집현전 학자들은 세종의 결정으로 오랜 기간 이곳에 근무했던 탓에 승진이 늦어져 학자들 사이에는 불만이 쌓였고 다른 부서로 옮기려는 이들도 나타났다. 정창손이 22년, 최만리가 18년, 박팽년이 15년, 신숙주가 10년을 근무하는 등 집현전 근무 연한은 다른 어떤 부서보다도 길었고, 이에 따라 승진에 불만을 품은 이들이 생겨났던 것이다. 상황을 파악한 세종은 집현

義慈王十六年。王與宮人淫荒耽樂。飲酒不止。佐平成忠極諫。王怒囚之。無敢言者。成忠不食。臨死上書曰。忠臣死不忘君。願一言而死。臣常觀時變。必將有兵革之事。凡用兵必審擇地勢。處上流而應敵。可以保全。敵兵若來。使陸不過沉峴。水不入伎伐浦。據其險隘以禦之。然後可也。王不省。遂死獄中。二十年。唐蘇定方統兵十三萬與新羅來伐。過白江炭峴。進軍黃山。王知不免歎曰。悔不用成忠之言。定方圍其城宮女走大王浦巖上。墮死後人名其巖為落花。王及世子孝降定方置酒勞將士。使王行酒羣臣流涕。定方以王及臣民二萬二千八百餘人獻京師。國亡

讚　沉酒滛荒穢德彰邦家杌隉勢將亡。人人退麋皆口滯盡忠肝獨抗章。愛君忠懇執靴博臨死猶陳篤國謀不出數年言有驗。名聲千古簡編留

전 학사들을 제도적으로 배려하는 조치를 취했다. 즉 사가독서賜
暇讀書로 왕이 하사하는 유급 휴가제도를 실시했다. 심신이 지친
학자들에게 재충전의 기회를 준 것으로, 오늘날 대학교 교수의
연구년(안식년) 제도와 비슷하다.

사가독서는 세종 8년인 1426년 12월에 집현전 학사 권채, 신
석견, 남수문 등을 집에 보내 3개월간 독서하면서 재충전할 수
있는 시간을 준 것에서 비롯되었다. 이처럼 처음에는 집으로 보
내 쉬게 했다가, 이후에는 학문하기 좋은 조용한 절진관사에 보
냈다가, 성종대에 이르면 아예 독서당호당이라고도 칭함을 만들
어 사가독서제도를 정착시켰다. 처음에 독서당은 용산에 있어
남호南湖라 했다가 중종대인 1507년 현재의 서울 금호동 산자락
으로 옮긴 후에는 동호東湖라 했다. 지금 서울 성동구의 독서당
길이나 한강 다리 중 동호대교는 조선시대에 동호 독서당이 있
었던 역사의 현장을 입증하고 있다.

집현전은 세종의 각별한 배려 속에서 수백 종의 연구 보고서
와 50여 종의 책을 편찬했다. 『향약집성방』『삼강행실도』『자치
통감』『국조오례의』『역대병요』와 같이 의학, 역사, 의례, 국방
등 전 분야에 걸쳐 많은 책들이 편찬되어 세종시대 문화의 꽃을
활짝 피우게 했다.

집현전의 설치는 무엇보다 세종이 혼자만의 힘으로 국가정책
을 결정하지 않고 다수의 인재들에게 학문 연구를 지원하고 그
성과를 정책적으로 활용했다는 점에서 의의가 크다. 또한 집현
전에서 배출된 쟁쟁한 인적자원은 15세기 찬란한 민족 문화를
완성하는 원동력이 되었다. 집현전이라는 국가 인재의 보고寶庫

를 최대한 활용하면서 '함께하는 정치'의 모범을 보였다는 점에서도 세종은 가장 위대한 국왕으로 남아 있는 것이다.

세종, 국민투표를 실시하다

세종이 일반 백성들과 함께 정치 현안을 논했던 점은 토지 세법에 관한 의견을 직접 물어본 것에서 절정을 이룬다. 1430년(세종 12) 세종은 공법이라는 새로운 세법 시안을 갖고 백성들에게 그 찬반 의사를 묻는, 요즈음으로 치면 '국민투표'를 실시했다. 토지 1결당 일정하게 10두의 세금을 정하는 것이 핵심 내용으로, 이전까지 관리가 직접 논밭을 돌아보면서 수확량을 확인하고 그에 따라 세금을 정하는 방식에 문제점이 많았기 때문이었다.

1430년 3월 5일부터 8월 10일까지 무려 5개월에 걸쳐 찬반 투표가 실시되었다. 17만여 명의 백성이 투표에 참여해 9만8000여 명이 찬성, 7만4000여 명이 반대한 것으로 집계되었다. 찬반 상황은 지역별로 『세종실록』에 기록될 정도로 국가의 총역량이 집중된 사업이었다. 당시 인구수를 고려하면 17만여 명의 참여는 전 백성을 대상으로 한 것으로 오늘날의 국민투표와도 같은 성격을 띠었다. 당시 국민투표를 실시한 것은 세종이 백성들의 의견을 가장 중요시했기 때문이었다. 그러나 찬반 의견이 워낙 팽팽했기에 세종은 바로 세법을 확정하지 않고 다시 면밀한 조사를 거쳤다. 1437년 8월 전라도와 경상도부터 공법의 시범 실시가 이루어졌고, 1441년(세종 23)에는 충청도까지 확대되었다.

1444년(세종 26) 공법은 마침내 연분 9등 전분 6등법으로 최종 확정되었다. 국민투표를 실시한 지 14년 만의 일이었다.

농업이 나라의 근간이 되었던 당시 경작 토지에 대한 세금 결정은 백성들의 최대 관심사였다. 이처럼 중요한 사안이었기에 세종은 오랜 시간을 두고 신하와 백성들의 충분한 의견을 수렴한 끝에 결정을 내렸던 것이다. 흔히들 왕이 모든 것을 결정한다는 선입견을 갖고 있는 전제왕권 시대에 이처럼 민주적인 의사결정 과정을 거쳤다는 사실이 놀랍다.

세종은 그 자신 뛰어난 자질을 갖추었음에도 국가의 최고 인재들을 적절히 활용하여 조선이라는 국가의 기틀을 빠른 시간에 정비했다. 세종은 집현전에서 배출된 인재들과 국가정책을 의논·결정하고, 천민 출신 과학자 장영실을 등용하는 데도 주저하지 않았다. 황희, 김종서, 최윤덕, 성삼문, 신숙주, 박연, 장영실, 이천 등은 자신의 분야에서 최고의 인물이 되어 세종의 배려에 화답했다. 인재를 알아본 세종의 눈이 이들을 역사의 인물로 영원히 남게 한 것이다.

기녀 출신 거상
김만덕

연예인과 평범한 사람들의 기부 선행이 훈훈한 미담이 되는 사례가 늘고, 어린 나이에 수년간 8억5000만 원이나 되는 큰돈을 선뜻 내놓은 여배우, 또 김밥 장사로 어렵게 모은 돈을 흔쾌히 학생들의 장학금으로 쾌척한 할머니의 이야기도 들려온다. 삶의 의미 중 하나가 기부에 있다는 생각이 들 만큼, 기부로 나눔을 실천하는 한 가수의 삶도 사람들에게 잔잔한 감동을 준다. 이런 사례는 알려진 것일 뿐, 아직도 사회 곳곳에서는 소리 소문 없이 기부로 사랑을 실천하는 사람이 많이 있을 것이다.

조선시대를 거슬러 올라가보자면, 기부를 실천한 대표적인 인물은 만덕이 있다. 특히 제주도 기녀 출신이라는 지역적, 신분적인 특이성도 그녀의 신비감을 더하게 한다. 만덕은 어떻게 그토록 많은 돈을 벌었으며 기부까지 했던 것일까?

의기義妓 만덕은 누구인가

"제주의 기생 만덕萬德(1739~1812)이 재물을 풀어서 굶주리는 백성들의 목숨을 구했다고 목사가 보고했다. 상을 주려고 하자, 만덕은 사양하면서 바다를 건너 상경하여 금강산을 유람하기를 원했다. 허락해주고 나서 연로의 고을들로 하여금 양식을 지급하게 했다."
(『정조실록』 정조 20년 1월 25일)

위의 기록은 1796년(정조 20) 『정조실록』에 기록된 만덕의 기부 선행 장면이다. 조선시대 한반도 최변방 중의 한 곳인 제주에서, 그것도 기생 출신 여자가 재물을 풀어 백성을 구제했다는 사실 자체가 놀라운 것이었다. 그리고 이 사실을 국가의 공식 기록인 실록에 기록했다는 점 또한 매우 이례적이었다. 실록에는 만덕에 관한 기록이 짧게 언급되어 있지만, 그녀의 행적은 『승정원일기』 『일성록』 등과 정약용의 『다산시문집』, 박제가의 『초정전서』, 조수삼의 『추재기이』 등 조선후기 개인의 저작물에도 소개되어 있다. 그만큼 만덕의 행적이 당시 사회에서 큰 반향을 불러일으켰음을 알 수 있다.

여러 기록을 종합해보면 만덕은 김해 김씨의 후손으로 아버지 김응렬과 어머니 고씨 사이에서 태어났다. 열두 살에 풍랑으로 아버지가 세상을 떠났고, 같은 해에 제주도를 덮친 전염병의 여파로 어머니마저 잃었다. 고아가 된 만덕은 바로 퇴기退妓의 수양딸이 되었다. 대개 기녀는 자신의 딸에게도 기예를 가르쳤고, 이 과정에서 만덕도 기예를 익혀서 15세 무렵부터는 본격적으로 관기官妓 생활을 한 것으로 보인다.

만덕이 기생으로 알려진 것은 이러한 삶의 배경과 관련이 깊다. 그러나 만덕 스스로는 기녀로 자처하지 않았다. 양갓집 딸이라는 자존심이 있었기 때문일 것이다. 채제공이 쓴 「만덕전」에는 "만덕은 비록 머리를 숙이고 기녀 노릇을 했지만 기녀로 자처하지는 않았다"고 기록하고 있다.

어떻게 큰돈을 벌 수 있었을까?

여성의 능력을 쉽게 발휘할 수 없었던 조선후기. 당시 사회에서 만덕과 같은 여성의 성공 신화는 매우 이례적인 것이었다. 그러면 만덕은 어떤 방식으로 큰돈을 벌 수 있었을까? 만덕이 살았던 조선후기 영·정조시대는 커다란 변화가 일던 시기였다. 전통적인 농업 이외에 수공업이나 상업·유통 경제에 대한 인식이 확대되고 실천된 시기였다. 상업과 유통 경제의 발달에서 빼놓을 수 없었던 것이 포구 무역과 객주업이었다. 만덕은 포구 무역과 객주업으로 큰돈을 번 것으로 추정된다. 이것은 한편으로 제주도가 더 이상 경제적 소외지대가 아니었음을 보여주고 있다. 조선후기 어업과 해상무역의 새로운 중심지로 제주도가 떠오른 것이다. 만덕은 그곳에서 시대의 흐름을 읽고 직접 상업 전선에 뛰어들었다.

만덕은 관기를 그만두고 건입 포구에서 객주를 차리고 장사를 시작했다. 제주목 관아에 인접한 이곳 포구에는 장삿배에서 관

箕城券

선에 이르기까지 많은 배들이 드나들었다. 객주는 상인들에게 숙식을 제공하고 상품을 위탁 판매하는 일종의 중개상인이었다. 요즈음으로 치면 호텔과 판매업을 갖춘 형태라고 볼 수 있다. 만덕이 객주업으로 성공할 수 있었던 것에는 관기로 있으면서 관리들과 맺어진 친분도 중요한 작용을 한 것으로 여겨진다. 여기에 그녀 특유의 장사 수완이 큰 몫을 했다. 제주는 쌀 등의 곡물이 특히 부족한 곳이었다. 만덕은 외부에서 반입되는 쌀이나 제주에서 생산되지 않는 소금의 독점권을 확보하여 이를 미역, 전복 등 제주 해산물과 교환한 것으로 보인다. 그리고 쌀과 소금의 시세 차익으로 계속 부를 축적해나갔고, 결국 제주도 최고의 여성 갑부가 되었다.

만덕과 『배비장전』의 도시, 제주도

만덕은 조선시대에 제주도를 빛낸 대표적인 인물이었다. 그러나 제주도의 인물이 알려지는 데는 적잖은 시간이 소요되었다. 사실 제주도는 조선 전 시기에 걸쳐 최악의 유배지이기도 했다. 오늘날 비행기로 한 시간이면 도착할 수 있는 관광도시 제주도의 이미지와는 거리가 멀었다. 육지에서 가장 멀리 떨어진 절해고도絶海孤島였으며, 모든 정보가 차단되었고 경제적 여건도 좋지 않았다.

현재 제주도를 대표하는 명문 오현고의 이름은 제주 오현단에 배향된 5명의 인물 즉 김정, 송인수, 김상헌, 정온, 송시열을 추모하는 뜻에서 유래한다. 이들 오현은 어사로 제주에 파견되었던 김상헌을 제외하면 모두 사화와 당쟁의 격동기에 유배된 인물들이었다. 그러나 유배 기간 동안 당시 학문의 불모지나 다름없던 제주에 학문을 진작시키는 데 크게 공헌했다.

19세기 이후에도 제주도는 당대 최고의 명망가들을 유배자로 맞았다. 19세기의 학자 김정희는 1840년에서 1848년까지 8년간 제주도 유배생활을 하는 동안에도 꼿꼿한 선비정신을 잃지 않고 인격과 학문을 고양하는 전화위복의 계기로 삼았다. 그 유명한 추사체가 완성된 곳도 이곳이었으며, 유배지를 찾았던 제자 이상적에게 "추운 계절이 지난 뒤에야 소나무와 잣나무가 푸르게 남아 있음을 안다"는 공자의 명언을 담아 그린 「세한도歲寒圖」를 보내준 곳도 제주도였다. 근대의 인물 중에도 최익현, 김윤식 등이 무너져가는 조선 사회를 일으켜보고자 뜻을 세우다가 결국은 제주도로 유배되는 비운을 당하기도 했다.

조선후기에는 제주도가 소설 속의 주요한 배경으로도 등장한다. 배비장과 기생 애랑의 사랑을 주제로 한 소설 『배비장전』의 무대가 제주이다. 소설은 김경이라는 양반이 제주목사에 임명되자 자신과 친분이 있던 배선달을 예방의 비장으로 삼는 것에서 시작한다. 본래 서강에 살면서 놀기 좋아했던 배선달은 기쁜 나머지 집에 가서 아내에게 이 사실을 알렸다. 그러나 제주도는 당시에 여색女色으로 소문난 곳이어서 아내는 깊은 우려를 표하고 남편에게 주색잡기에 빠지지 말 것을 신신당부했다. 소설의 첫머리에는 아내와 굳은 약속을 하고 제주도에 도착하는 목사 일행의 모습이 묘사되어 있다. 그러나 풍랑이 심해 가는 길은 만만치가 않았다. 그만큼 제주도는 가기조차 힘든 곳이었고 관리들이 기피하는 지역이기도 했다. 그러나 한편으로 고전소설의 주요 무대가 되었다는 점은 그만큼 제주도가 역사 공간으로 서서히 부상하고 있음을 나타내는 지표로 볼 수 있다.

금강산 유람과 채제공의 「만덕전」

만덕의 기부 행위에 조정에서도 포상을 논의했다. 남자가 아니어서 쉽게 관직을 내릴 수도 없는 형편이었다. 만덕은 조정의 이런 고민을 깨끗하게 해결해준다. "다른 소원은 없으나 오직 하나, 한양에 가서 왕이 계시는 궁궐을 우러러보는 것과 천하 명산인 금강산 1만2000봉을 구경하는 것입니다." 거액의 기부자답지 않은 소박한 소원이었다. 당시 제주도 여인들은 육지로 나가는 것이 허용되지 않았으므로, 제주목사는 조정에 민원을 보고했다. 정조는 흔쾌히 만덕의 소원을 받아들여 적절한 조처를 취했다. 1796년 만덕이 서울 궁궐에 오자 정조는 내의원 의녀반수醫女班首의 벼슬을 내렸고, 왕비 효의왕후와 함께 직접 만덕을 격려했다.

이듬해 봄에는 평생소원이던 금강산을 유람하고 돌아왔다. 18세기 이후 조선에 진경문화가 도래하고, 선비들의 여행도 활발해지면서 금강산이 새롭게 주목받기 시작했다. 선비들은 금강산 유람 경험을 기행록으로 남겼고, 김홍도나 정선 같은 화가는 화폭에 금강산을 담았다. 만덕 역시 금강산 유람이 활발하던 당시의 분위기를 접했고, 조선에 태어난 이상 꼭 금강산을 둘러볼 것을 꿈꾸었다.

꿈을 이룬 만덕은 만폭동, 묘길상을 거쳐 삼일포에서 배를 타고 총석정을 둘러보는 것으로 금강산 유람을 마쳤다. 만덕은 그야말로 장안의 스타가 되어 있었다. 『번암집』에서 "만덕의 이름이 한양에 가득하여 공경대부와 선비 등 계층을 가리지 않고 모두 그녀의 얼굴을 한번 보고자 했다"는 기록은 이러한 분위기를 잘 보여준다.

금강산 관광 후 만덕은 벼슬을 내놓고 제주도로 돌아갈 것을 결정했다. 이때 정조의 최고 참모이던 재상 채제공을 다시 만났다. 처음 상경했을 때도 만난 바 있던 채제공은 이별의 자리에서 직접 지은 「만덕전」을 그녀에게 주었다. 「만덕전」은 채제공의 문집인 『번암집』에 실려 그녀를 영원히 기억하게 했다.

"만덕은 제주의 기특한 여인인데 예순 얼굴 마흔쯤으로 보이네. 천금 내어 쌀을 사들이고 백성을 구제한 덕으로 처음 바다 건너 궁궐을 찾아뵈었네. 다만 원하는 것은 금강산을 한 번 유람하는 것. (…) 탐라는 저 멀리 고량부 신인神人 때부터인데 여인네가 이제야 나라 임금을 뵐 수 있었다네. 칭찬 소리 우레 같으며 고니 노닐 듯 빼어나니 높은 기풍 오래 머물러 세상을 맑게 하겠구려."(『번암집』「만덕전」)

만덕은 제주도에 돌아온 후 15년 만인 1812년 세상을 떠났고, 유언에 따라 무덤은 제주 성안이 한눈에 내려다보이는 '가운이

마루' 길가에 묻혔다고 한다. 만덕은 영원히 제주의 연인으로 남
기를 원했던 것이다.

제주도에서는 만덕상을 제정하여 또 다른 만덕을 해마다 배출
하고 있다. 제주 기녀 출신에서 성공한 CEO로 자리잡은 여인,
나눔의 미덕을 실천한 기부 천사 만덕. 그녀로 인하여 조선시대
여성사는 더욱 풍부해졌다.

조선시대
화폐 이야기

　2009년 신사임당을 그 주인공으로 하는 5만 원권이 시중에
유통되기 시작했다. 5만 원권은 한국 화폐사에서 가장 큰 액수
이다. 1973년 1만 원이 대졸 초임 4만5000원의 약 5분의 1이었
다고 하니, 5만 원의 가치가 예전보다는 못하지만 그래도 수십
년간 그 지위를 이어온 1만 원권과 함께 중심 화폐로 떠오를 것
은 분명해 보인다. 우리 역사에서도 수차례 화폐가 만들어졌다.
그러나 조선전기까지는 실제 유통이 되지 않는 경우가 많았다.
화폐로서 본격적으로 기능을 한 것이 바로 상평통보常平通寶이
다. 조선후기 숙종 때 만들어져, 조선시대 화폐의 대명사처럼 된
상평통보의 이야기 속으로 들어가본다.

양란 이후 본격화된 화폐주조론

조선시대에는 초기부터 지폐인 저화楮貨와 세종대에 만들어진 조선통보, 세조대에 유사시에는 화살촉으로 쓰고 평화 시에는 화폐로 사용하는 유엽전柳葉錢을 법화로 주조해 유통시켰다. 하지만 대체로 화폐를 사용할 사회·경제적 여건이 형성되지 못했기 때문에 쌀이나 포布가 화폐 역할을 하고, 저화나 동전은 큰 기능을 하지 못했다. 『경국대전』에는 관리의 녹봉으로 쌀과 포와 함께 저화를 지급하는 규정까지 정했지만, 저화가 제 역할을 해내지 못한 것이다. 그러나 조선후기부터 이러한 흐름이 깨졌다. 무엇보다 임진왜란과 병자호란이라는 두 차례의 전란 이후에 찾아온 조선의 사회·경제적 변화들이 화폐 유통에 대한 새로운 인식을 갖도록 했다. 17세기 전반의 조선에서는 전란의 후유증을 조기에 극복하고, 국가 재건의 기틀을 다지기 위한 다양한 사회경제 정책이 실시되었다. 대동법·호패법·호포법·양역변통·화폐주조론 등이 대표적으로, 이는 농업 중심의 조선 사회가 점차 상공업에도 관심을 가져야 하는 시대적 상황에 맞닥뜨렸음을 보여준다.

또한 거듭되는 자연재해를 극복하기 위한 방안에서도 가뭄이나 홍수에 취약한 산업인 농업 이외에 다른 산업을 육성할 것이 요구되었다. 이처럼 17세기의 조선 사회는 자연적·사회적 위기를 극복하면서 국가 재건의 기반을 마련해가는 시기였다. 이러한 시대적 상황에 대처하여, 새로운 사회정책과 함께 관료·학자들의 다양한 경세론이 나타나기도 했다.

화폐의 주조와 유통에 대한 논의도 이러한 시대적 배경 속에서 출현했다. 17세기 화폐의 주조와 유통에 깊은 관심을 가진 인물로는 김신국·김기종·김육 등의 경제관료 학자들과 유형원 같은 실학자를 들 수 있다. 화폐 유통은 전란과 재난의 위기를 극복하고 국부를 증대하기 위한 방안의 하나였을 뿐만 아니라, 농업경제의 한계에서 벗어나 중상적인 방법으로 국부와 민생의 문제를 해결하는 방안이 될 수 있었다. 17세기 전반 선조대에는 이덕형 등에 의해 동전 주조 논의가 이뤄졌고, 17세기 중엽 인조·효종대에는 김신국·김육 등에 의해 화폐 유통 논의가 활발해졌다.

현종대에는 전국을 휩쓴 자연재해와 대기근 때문에 화폐 유통에 대한 새로운 구상을 갖지 못했으나, 17세기 후반 숙종대에는 사회경제적인 변화상을 반영하면서 상평통보가 전국적으로 유통되기에 이르렀던 것이다. 화폐의 유통에 대해서는 그것이 유발하는 폐단에 대한 논의도 있었지만, 시대적 대세는 화폐의 유통에 있었다.

조선시대 1푼은 오늘날 700원, 1냥은 7만 원

1678년(숙종 4) 국왕 숙종은 대신과 비변사의 여러 신하가 모인 자리에서 화폐의 주조에 대한 의견을 주고받았다. 먼저 화폐는 천하에 통행通行하는 재화인데, 오직 우리나라에서는 누차 시행하려고 했으나 행해지지 못했던 것은 동전이 토산土産이 아니라는 점과 중국과는 달리 화폐를 유통시키는 분위기가 적었음이 지적되었다.

이어 허적·권대운 같은 대신들이 변화하는 사회상에 대응하기 위한 방안으로 화폐의 시행을 적극 건의했고, 숙종은 신하들의 의견을 재차 구했다. 참석한 신하 대부분이 화폐 유통의 필요성에 공감하자 드디어 숙종은 호조, 상평청, 진휼청, 어영청, 사복시, 훈련도감 등의 기관에 명하여 상평통보를 주조했는데, 돈 400문文을 은 1냥의 값으로 정하여 시중에 유통시키도록 했다. 따라서 400문이 은 1냥의 가치를 갖게 했으니 이는 동전(상평통보)의 네 배의 가치를 갖게 되는 셈이었다. 오늘날에는 한국조폐공사에서만 화폐를 만드는 반면, 조선시대에는 여러 관청에서 화폐를 주조했다. 상평통보는 나무처럼 생긴 주전틀에서 동전을 만들어 떼어내는 방식을 취했다. 요즈음도 흔히 쓰는 '엽전'이라는 용어는 동전이 주전틀에 나뭇잎처럼 매달려 있던 것에서 유래했다. 상평통보가 주조됨으로써 조선 사회는 본격적인 화폐 유통의 시대를 맞게 되었다. 조선시대의 화폐 단위인 1문은 1푼이라고도 했으며, 10푼이 1전, 10전이 1냥이 되었다. 10냥은 1관으로서 관이 최고의 화폐 단위였다.

조선후기 1냥의 구매력은 어느 정도가 될까? 1냥의 현재적 가치를 알 수 있는 좋은 방법은 당시나 지금이나 똑같이 쓰이는 물품을 통해 비교해보는 것이다. 우리가 매일 먹는 쌀은 가장 적합한 비교 품목이다. 조선시대에는 상정가라고 해서 국가에서 정한 공식 물품 가격이 있는데, 쌀 1섬은 5냥이었다. 당시 쌀 1섬은 지금의 쌀 144킬로그램 정도가 된다. 오늘날 쌀 20킬로그램의 소매가격이 5만 원 정도이니 조선시대의 1섬은 현재의 화폐로 36만 원 정도가 된다. 따라서 조선시대 1냥은 7만 원 정도의 가치를 지닌다고 볼 수 있다. 최소의 화폐 단위인 1푼은 지금의 700원 정도의 가치를 띠고 있는 셈이다. 요즈음도 동냥하는 사람들이 "한 푼 줍쇼"라는 말을 자주 하는데 이 또한 조선의 화폐 단위에서 비롯된 것이다. 만약 동냥하는 사람이 "한 냥 줍쇼"라고 한다면 이것은 동냥이 아니라 거의 강도 수준이 아니었을까?

상평통보가 널리 유통된 까닭은?

상평통보가 유통되던 초기에 백성들은 조그만 동전으로 과연 쌀이나 옷을 살 수 있을지를 두려워하여 이를 사용하는 데 소극적이었다. 이에 정부에서는 동전을 가져오는 자에게 직접 명목 가치에 해당하는 현물을 바꾸어주는가 하면, 중앙 관리를 각 지방에 파견하여 동전을 사용할 것을 독려하기도 했다. 또한 정부가 직영하는 시범 주점과 음식점을 설치하여 화폐 유통의 편리함을 널리 홍보했다. 세금을 화폐로 받는가 하면, 한성부·의금부 등에서는 죄인의 보석금도 현물 대신 동전으로 받으면서 화

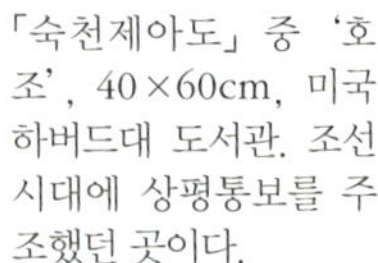

「숙천제아도」 중 '호조', 40×60cm, 미국 하버드대 도서관. 조선시대에 상평통보를 주조했던 곳이다.

폐 유통을 촉진시켜나갔다.

그러나 무엇보다 숙종대에 상평통보가 전국적으로 유통된 배경에는 국가의 화폐 유통에 대한 의지와 함께 조선후기 농업사회가 서서히 상공업사회로 전환하는 시대적 상황이 자리잡고 있었다. 즉 조선후기 상업과 수공업의 발달은 이전까지 화폐 기능을 했던 쌀이나 옷감보다는 그 편리성 때문에 금속 화폐의 필요성을 대두시켰으며, 점차 세금과 소작료도 동전으로 대납할 수

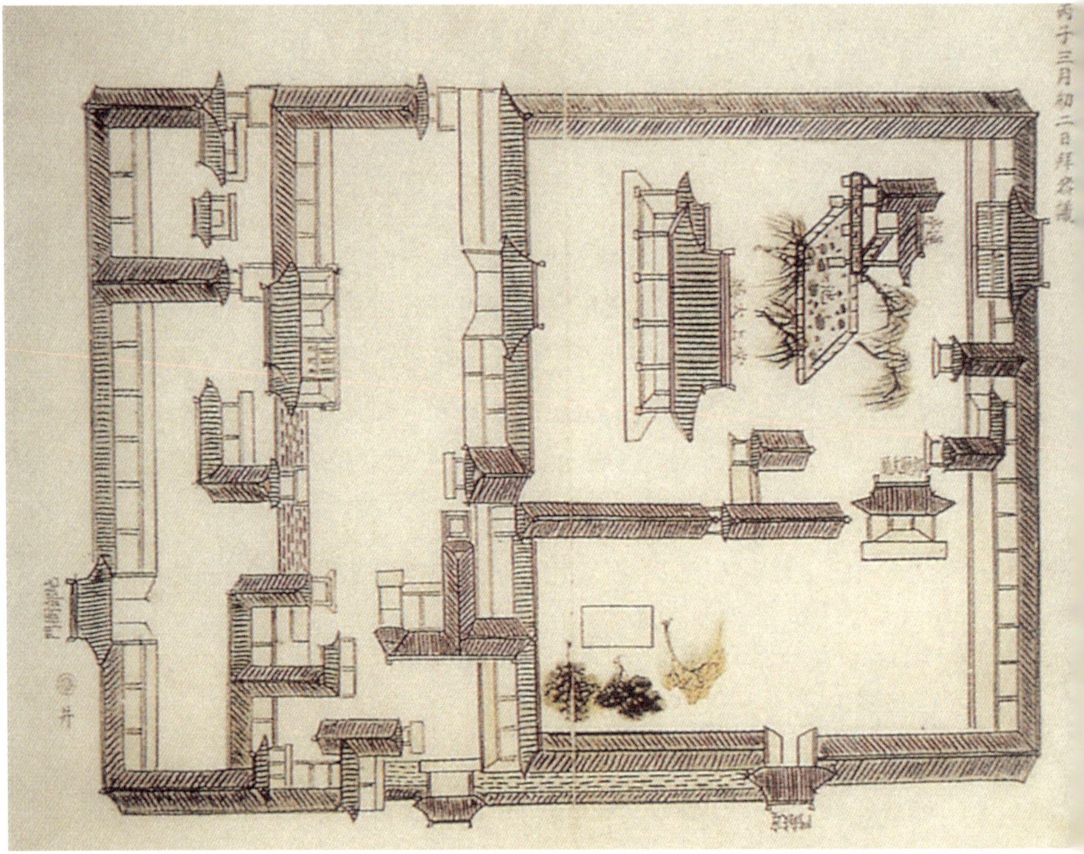

434

있게 하는 조세의 금납제金納制가 시행됨으로써 화폐 유통은 더욱 촉진되었다. 마치 오늘날 현금보다 신용카드로 결제하는 것이 훨씬 편리한 것과 유사한 기능을 한 것이다. 한편 국가 입장에서도 농업경제만으로는 불가능한 국가 재정을 위한 재원 확보 정책으로 상업과 수공업의 중요성이 대두되었고, 화폐 유통은 동전의 재료가 되는 광산 개발과 상업의 발달을 촉진하는 효과를 가져왔다.

그런데 18세기에 이르면 화폐를 유통시키지 않고 집에 보관만 해 화폐 품귀 현상이 발생한다. 전황錢荒이라 부르는 이 현상으로 화폐가치가 상승하는 현상이 벌어지기도 했다. 동전을 아무리 많이 주조해도 유통이 제대로 이뤄지지 않는 화폐 부족 현상이 발생했던 것이다. 이것은 양반 관료나 지주, 대상인들이 화폐를 고리대 수단으로 활용하거나 축적했기 때문으로 '부익부 빈익빈' 현상을 초래하는 한 원인이 되기도 했다. 18세기의 실학자 이익이 폐전론을 주장했던 것도, 화폐 유통이 가난한 백성에게는 오히려 폐해가 된다고 생각했기 때문이다.

화폐에 도안된 인물과 그림 찾아보기

5만 원권의 주인공 신사임당이 등장하기까지 우리나라 지폐에 그려진 인물들은 모두 이씨 성을 가진 사람들이었다. 이순신, 이황, 이이를 비롯하여 세종대왕까지 모두 이씨였다. 지금은 사라졌지만 해방 이후 만들어진 지폐에는 초대 대통령인 이승만이 그려져 있었고, 1970년대까지 사용된 500원 지폐의 주인공은 이순신이었다. 또 하나, 현재 우리나라 화폐에 등장하는 인물은 이순신을 제외하고 모두 학문으로 명망을 떨친 인물이었다. 외국의 경우도 화폐에 그려진 인물들은 대부분 그 나라를 상징하는 인물로 세종대왕, 이이, 이황, 신사임당 등이 우리나라 지폐에 그려진 것에서 학문을 중시하는 전통이 지속되고 있음을 알수 있다.

이제 동전이나 지폐의 그림에도 관심을 가져보자. 동전의 앞면에는 액면가가 표시되어 있고 10원짜리에는 다보탑, 50원짜리에는 벼이삭, 100원짜리에는 이순신, 500원짜리에는 학을 그려넣었다. 또한 지폐에는 그 인물과 연관되는 장소나 물품이 그려져 있다. 1000원권 구권에는 이황을 배향한 도산서원, 신권에는 성균관 명륜당 그림, 5000원권에는 이이가 태어난 외가 오죽헌과 어머니 신사임당의 초충도, 1만 원권은 앞면에 세종이 거처했던 용상 뒤의 일월오봉병, 뒷면에는 세종이 발명한 혼천의와 천상열차분야지도가 그려져 있다. 1만 원권 구권에는 앞면에 측우기, 뒷면에는 경복궁의 경회루가 그려져 있었다.

이처럼 화폐의 그림들은 주인공과 깊은 연고가 있다. 또한 우리나라뿐만 아니라 각 나라의 화폐에는 그 나라의 역사와 문화가 압축되어 있는 경우가 많다. 특히 지폐 모두에 조선시대 인물이 등장하는 것은, 그만큼 우리의 의식 속에 조선의 역사가 가깝게 있음을 반증하고 있다.

우리 역사와 함께한
소 이야기

　2008년 저예산 독립영화 「워낭소리」가 잔잔한 감동과 함께 큰 파장을 일으킨 바 있다. 소위 블록버스터라고 해서 막대한 제작비와 톱스타를 동원한 영화와는 달리 주요 출연진은 할아버지와 늙은 소뿐이지만, 이들이 보여준 진한 우정과 잊혔던 우리들의 삶이 소와 노부부에 투영되면서 많은 사람의 공감을 얻은 것이다. 그런데 「워낭소리」의 또 다른 주인공인 소가 주는 충직함과 성실함의 이미지는 노인의 삶, 아니 우리 역사와도 밀접하게 연결되어 있다.

牛 1- 고대·중세 농업사회 생산력의 으뜸

소가 문헌에 기록된 것은 고대로 거슬러 올라간다. 중국에서
도 소는 제사를 지내기 위한 희생犧牲으로 쓰였음이 『맹자』 등
유가 경전에 등장한다. 중국 삼국시대 우리의 풍속을 기록한 『삼
국지 위지 동이전』의 '부여' 부분에 육축六畜을 기르고, 마가·
우가·저가·구가 등 동물의 이름을 관직명에 사용했음이 나타
난다. 농경사회인 만큼 관직명에 소 등의 가축명을 쓸 정도로 가
축이 중시되었음을 알 수 있다. 또한 같은 사서에 "군사軍事가 있
을 때 소를 잡아 하늘에 제사를 지내고 발굽의 상태를 관찰하여
그것이 벌어져 있으면 흉한 징조이고 합쳐져 있으면 길한 징조
라고 여겼다"는 기록으로 미루어, 소가 희생용과 점술용으로 쓰
인 대표적인 동물이었음을 알 수 있다.

『삼국사기』에는 4세기 신라 눌지왕 때(438년) 백성에게 소로
수레를 끄는 법을 가르쳤다는 기록이 있어 우차牛車가 본격적으
로 활용되었음을 볼 수 있는데, 경주 98호 고분에서는 진흙으로
만든 우차가 출토되기도 했다. 6세기 지증왕 때(502년)는 우경牛
耕이 시작되었다. 이제까지 인력으로 하던 농사를 소가 대체함
으로써 농업 생산력에 획기적인 발전을 가져왔고, 이것은 마침
내 신라 번영의 기반이 되었다. 그러나 불교의 영향과 화랑도의
세속오계 중 '살생유택殺生有擇'(살생하는 데에도 가림이 있다)에서
도 보이듯, 살생을 금지하는 사회 풍조 때문에 소를 식용하는 사
례는 드물었다. 법흥왕 16년(529)에는 '하령금살생下令禁殺生',
즉 왕명을 내려 살생을 금하기도 했다.

고구려 고분벽화에도 소가 자주 등장한다. 안악 3호분 대행렬도에는 소가 수레를 끌고 두 명의 수레꾼이 소를 몰고 가는 그림이 있으며, 쌍영총의 「거마행렬도」에는 황소와 황소 옆의 젊은 차부의 모습을 볼 수 있다. 이외에 무용총, 평양 부근의 덕흥리 벽화에도 소의 그림이 보여서 고구려에서도 소는 친근한 동물이었음을 짐작할 수 있다. 가야의 역사와 소의 인연은 『삼국유사』의 '수로부인 조'에 "소를 끌고 가던 견우노옹牽牛老翁이 벼랑 위의 철쭉꽃을 꺾어다가 수로 부인에게 바쳤다"는 기록에서 확인할 수 있다.

고려시대에도 삼국시대를 이어 소가 운반용, 농사용으로 적극 활용되었다. 그러나 고려의 국가 이념으로 채택된 불교의 영향으로 가축 살생은 거의 이루어지지 않았던 듯하다. 12세기 송나라 사신 서긍이 고려의 풍속을 기록한 『고려도경』은 "그 정치가 심히 어질고 불교를 좋아하여 살생을 경계했다. 고로 국왕이나 높은 신하가 아니면 양과 돼지고기를 먹지 않았다. 또한 도살하는 방법도 능숙하지 않았다其政 甚仁好佛戒殺 故非國王相臣 不食羊豕 亦不善屠宰"고 기록하고 있다.

牛 2- 조선시대 소 식용 엄격히 제한

조선시대에는 소의 식용이 일부 이뤄지기는 했으나, 농사를 짓는 대표적인 가축이었기 때문에 식용을 위한 소의 양육은 매우 제한되었다. 다만 왕실의 제사나 잔치 등 특수한 경우에 소의 식용이 이루어졌다. 1398년(태조 7)의 기록에는 "제주도 목장의 우마적牛馬籍을 조정에 바쳤다"고 되어 있는 것으로 보아 각 목장에 우적소의 호적과 마적을 비치하고 국가에서 체계적으로 관리했음을 알 수 있다.

소가 왕실에서 식용으로 쓰인 주요 사례는 1795년 정조가 화성에 행차하여 어머니 혜경궁 홍씨에게 회갑 잔치를 베푼 기록에서도 찾을 수 있다. 당시 회갑연 때 혜경궁에게 바친 70종의 음식 중에는 완자탕 1그릇(쇠고기, 양, 돼지고기 약 4냥), 국수 1그릇(쇠고기 안심육 3냥), 저포탕渚脯蕩 1그릇(쇠고기 1근), 홍합탕(쇠고기 1근), 화양자花陽炙(적·쇠고기 안심육 7근), 꿩찜·숭어찜·어린돼지찜(쇠고기 1근), 해삼찜(쇠고기 3근), 각종 만두(쇠고기 각 2근) 등 쇠고기가 들어간 재료가 적지 않았다.

이외에 『조선왕조실록』에는 소를 함부로 잡아먹지 말 것에 대한 내용과 큰 홍수 때 소나 돼지 등 가축의 피해 상황까지 낱낱이 기록하고 있다. 우역牛疫이라 하여 소의 전염병에 대한 대책에도 골몰하는 모습이 나타난다. 『인조실록』 인조 15년(1637) 8월 8일의 기록을 보자.

"비변사에서 아뢰기를 '소의 역병 우환牛患은 팔도가 같아서 내년 농사가 매우 염려됩니다. 제주에는 소가 가장 많아서 그 값이 매우 싸다 하니, 본도의 감사를 시켜 공사의 소 숫자와 값이 얼마인지를 상세히 묻고 수송하는 방책도 생각하여 아뢰게 하는 것이 마땅할 듯합니다' 하니, 답하기를 '아뢴 대로 하되 잠시 동안 소 역병이 그치기를 기다리라' 했다."

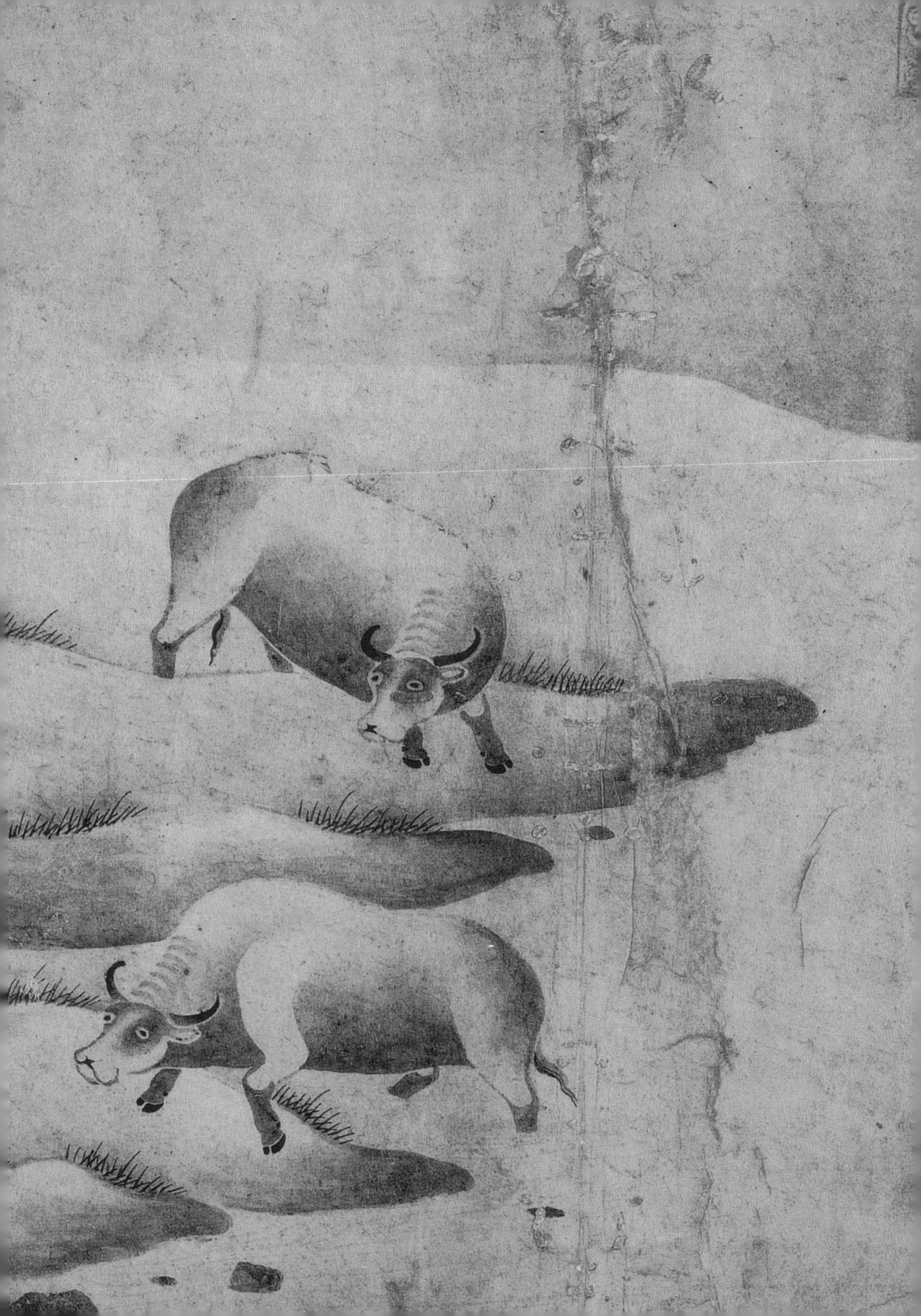

우역은 시베리아와 몽골 지방을 경유해서 들어온 소 전염병으로 3~4년 주기로 큰 피해를 입혔다. 우역에 관한 최초의 기록은 고려 인종 20년(1142)에 우역과 마역을 기록한 것이며, 『조선왕조실록』에도 소의 역병은 자주 나타난다. 최근에 제기된 광우병 공포까지 고려하면 소는 인간에게 가장 친근하면서도 가끔은 경계의 대상이 되어왔음을 알 수 있다.

조선후기 실학자 이익은 『성호사설』 「만물문」 '우이牛耳'에서 귀를 통해서 소의 온순한 성질을 기록하고 있다.

"육축六畜 따위를 상고해보니, 말은 화火에 속한 까닭에 털빛이 붉은 것이 많고, 소는 토土에 속한 까닭에 털빛이 누른 것이 많으며, 돼지는 수水에 속한 까닭에 털빛이 검은 것이 많다. 이는 가장 분별하기 쉬운 까닭에 하루 12시간 중에서 말은 오午에 소는 축丑에 돼지는 해亥에 속하게 되었다. 또 그 생긴 모습을 보면 말의 귀는 위를 가리키고, 소의 귀는 가로 바르게 되었으며, 돼지의 귀는 아래로 처졌으니, 이는 모두 그 성질에 따라 그렇게 되었다. (…) 토土의 성질은 편편한 까닭에 그 귀가 위로 치켜들지도 아래로 처지지도 않고 가로 바르게 되었다. 이는 제대로 주장하는 것이 없고 성질이 순해서 여럿을 따르기 때문에 제후들이 모여서 맹세할 때에 반드시 소의 피를 갖고 서로 마신다는 것이다."

牛 3- 성실함과 온순함의 대명사

소에 대해서는 가족을 뜻하는 구口를 붙여 '생구生口'라 부른 것에서 그만큼 귀중하게 여기고 가족의 일환으로 여겼던 의식을 볼 수 있다. 조선시대에는 황희 정승과 소에 관한 일화가 유명하다. 밭을 가는 농부에게 황희가 어느 소가 일을 잘하느냐고 묻자, 농부는 "미물일지라도 그 마음은 사람과 다를 것이 없으니 한쪽 편을 들 수 없다"는 취지로 답변을 했고, 황희가 이에 큰 감명을 받았다는 내용이다. 소의 마음을 잃지 말 것을 당부한 내용으로 마치 오늘날의 영화 「워낭소리」와도 닮아 있다.

조선시대 충신·효자 열녀의 행적을 담은 『삼강행실도』에는 「의우도義牛圖」라는 그림으로 소의 의로운 행적을 전하고 있으며, 경상도에서는 호랑이와 맞서 싸운 의우義牛 이야기가 유행했다. 상주군 낙동면에서 호랑이가 출몰하여 권씨라는 농부가 위기에 처하자 기르던 소가 호랑이와 맞서 싸우다 주인을 구하고 죽은 이야기이다. 이외에 조선시대에 만들어진 선산지도에는 '의우총義牛塚'을 크게 표시하여 의로운 소를 영원히 기억하게 했다.

소와 민속에 얽힌 이야기도 많이 있다. 일 년 중 정월 들어 첫 번째 맞는 축일丑日은 '소날'이라 하여 이날에는 소에게 일을 시키지 않고 여물을 잘 먹였다고 한다. 소를 사거나 외양을 짓거나 할 때에도 반드시 길일을 정했다고 한다.

소와 관련된 대표적인 민속놀이로는 양주의 소놀이굿과 청도와 진주의 소싸움 등을 들 수 있다. 이들 소싸움은 지금까지 지역의 대표적인 행사로 자리잡고 있다. 소와의 끈끈한 인연 덕분인지 소에 관한 그림도 많이 전한다. 조선시대의 화가 김식은 「고목우도枯木牛圖」와 「모자섭우도母子涉牛圖」 등을 남겼으며, 이경윤 역시 소 그림을 잘 그렸다. 불교에서는 선을 닦아 마음을 수련하는 순서를 표시한 그림인 「십우도十牛圖」나 「심우도尋牛圖」에서 사람의 진면목을 소에 비유했다. 고려의 승려 지눌의 호 목우자牧牛子 역시 소와의 인연을 보여준다.

현대에 들어와 소를 잘 그린 화가로는 이중섭(1916~1956)이 있다. 이중섭은 황소, 흰 소, 움직이는 흰 소, 소와 어린이, 싸우는 소 등 다양한 소의 모습을 화폭에 담았다. '소 잃고 외양간 고친다' '느릿느릿 걸어도 황소 걸음' '소도 기댈 언덕이 있어야 비빈다' '소귀에 경 읽기' '새끼 많이 둔 소가 길마 벗을 날 없다' '소 뒷걸음질하다가 쥐 잡는다' 등 소에 관한 재미있는 속담도 많은데, 대개 소의 성실함과 소중함, 미련함 등을 비유한 것들이다.

우리 역사가 된
귀화인 이야기

2008년 베이징 올림픽 탁구 종목에서는 유독 눈에 띄는 선수가 있었다. 그 전해 한국 국적을 취득한 중국 출신의 귀화 선수 당예서(중국 명 唐娜). 중국 탁구 국가대표로 뽑히기가 바늘구멍 뚫고 들어가는 것만큼 어려운 현실을 감안해 조국을 등지고 태극 마크를 달았다. 비단 당예서뿐만이 아니었다. 탁구 국가대표로 출전한 선수 중에는 싱가포르, 미국 등에도 중국 출신 선수가 많았다. 한국 국적의 선수가 다른 나라 대표로 참가한 예도 있었다. 양궁 종목에서 호주 대표로 참가한 김하늘은 원래 한국 양궁 대표팀 출신이었다. 치열한 국가대표 선발전에서 밀려나 불가피하게 다른 국적을 택한 것이다. 몇 년 전 프로축구 대표팀 골키퍼로 명성을 날린 샤리체프도 국적을 버리고 한국인 '신의 손'이 되었다. 최근 한국의 위상을 반영하듯, 프로농구나 프로축구에서도 한국인으로 귀화하는 경우가 많이 늘고 있다. 이참 한국관광공사 사장을 비롯해 일부 귀화 연예인들의 모습도 눈에 띈다.

역사 속에서도 주목할 만한 귀화인이 있었다. 고려 광종 때 우리나라에 처음으로 과거제도를 도입한 중국 출신 귀화인 쌍기, 태조 이성계를 도와 조선 건국의 일등공신이 된 이지란, 임진왜란 때 일본군 장수의 선봉이 되었다가 조선에 귀화해 모국인 일본 공격에 앞장선 김충선 등이 그들이다.

과거제를 정착시킨 쌍기

현재까지 성공의 지름길로 인식되어 치열한 경쟁이 이뤄지는 시험. 관리 선발의 원조라 할 수 있는 고려시대의 과거제도는 실은 중국 출신 귀화인에 의해 처음 시작되었다. 고려 광종 시절인 956년 후주인後周人 쌍기雙冀는 봉책사封册使인 설문우를 따라왔다가 병이 나 고려에 머물러야 했다. 당시 개혁정치를 추진하던 광종은 쌍기와 대화를 나누면서 그 능력을 높이 샀다. 『고려사』 「쌍기열전」에도 "대답을 잘해 광종이 그 재주를 아끼게 되었다"며 그에 대해 기록하고 있다. 광종은 후주로부터 신하로 삼아도 좋다는 허락을 받고 한림학사에 임명하여 쌍기에게 힘을 실어주었다. 958년 쌍기는 과거제도를 실시할 것을 건의했고, 그해 5월 처음 치러진 과거에서 지공거知貢擧(시험을 주관하는 사람)를 맡았다. 과거제도를 들여오자 실력이 한참 떨어지는 개국공신이나 호족의 자제들은 점차 권력에서 멀어져갔다. 그만큼 쌍기는

중국 출신으로서 별다른 정치적 이해관계가 없었기에 고려의 내
부인이 선뜻 시행하기 어려운 제도를 실시할 수 있었고, 이는 광
종의 개혁정치와도 절묘하게 맞아떨어졌다.

근래 학계에서는 쌍기를 귀화인으로 볼 것인지에 대한 의견이
분분하다. 요즘처럼 국적에 대한 명확한 규정이 없던 시절, 귀화
의 요건을 어떻게 봐야 할까? 전근대 사회에서는 왕이 중심이 되
고 그 아래의 신민들은 나라의 구성원이 된다. 이런 관점에서 보
면 쌍기는 광종의 교화를 입어 관직까지 받았으니 형식상으로는
귀화인임이 분명하다. 그러나 쌍기 스스로가 고려인으로 생각했
는가에 대해서는 회의적이다. 그의 행적에서 여전히 중국인의
생각을 가지고 중국인으로 살아간 면모가 나타나기 때문이다.
쌍기 이후 '쌍' 씨라는 성이 존재하지 않는 것도 그 근거로 제시
할 수 있다. 그러나 쌍기가 우리 역사 흐름에서 가장 큰 영향력
을 미친 외국 출신 인물에 속한다는 사실만큼은 틀림이 없다.

이성계와 의형제를 맺은 여진인, 이지란

고려후기인 1380년, 왜구의 잦은 출몰로 고려 사회는 위기를
겪고 있었다. 그중에서도 15세의 소년 장수 아지바두阿只拔都는
특히 위협적인 존재였다. 몽골어로 어린아이를 뜻하는 '아지'와
대적할 수 없는 자를 뜻하는 '바두'가 그 이름이 될 만큼 왜적의
어린 장수는 고려 곳곳을 누볐다. 그러나 고려에도 맞수가 있었
다. 함경도 출신의 무장 이성계와 그와 피를 나눈 형제처럼 친밀

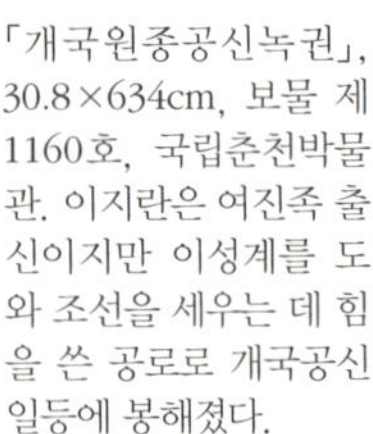

했던 여진인 출신 이지란李之蘭이다. 이성계는 아지바두를 제압하기 위해 이지란을 불러 자신이 활로써 그의 투구를 맞추면 이지란이 직접 달려가 그의 목을 치게 했다. 작전은 성공했고, 장수를 잃은 왜적은 혼비백산하여 달아났다. 이 전투가 바로 황산대첩이다.

이성계와 함께 황산대첩의 주역이 되었던 이지란은 원래 여진족 출신이었다. 그러나 이성계와 함께 전투에 참여하면서 그 뜻이 맞았고, 결국에는 조선의 건국에도 참여했다. 이성계는 그를 개국공신 일등에 봉하는 것으로 화답했다. 이지란은 이성계와 형제의 의를 맺은 유일한 인물이었다. 무엇 때문에 이성계는 이지란을 그토록 신임했던 것일까?

해답은 이성계의 출신과 밀접한 관련이 있다. 이성계의 고향은 영흥(지금의 함흥). 바로 여진족과 국경을 맞대고 있는 지역이다.

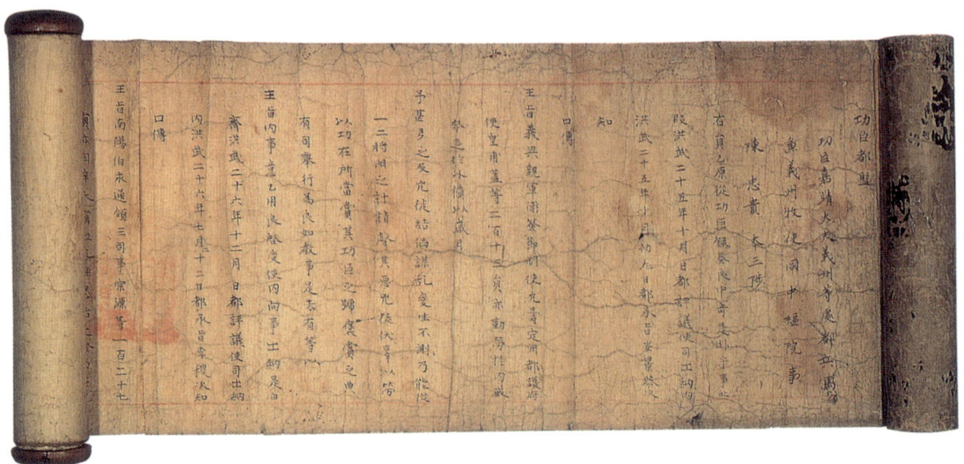

당시 원-명 교체기의 혼란 속에서 동북방 지역은 원나라 선비 출신인 나하추 세력과 고려의 이씨 세력이 주도권을 놓고 경쟁하고 있었다. 이 지역은 원나라 때 쌍성총관부 설치 이후 100년 만에 공민왕이 이자춘 등과 합세하여 회복한 지역이기도 하다.

이성계는 나하추 세력을 진압하기 위해 북방에서 남쪽으로 이주해온 여진족 세력과 우호관계를 맺었다. 여진족 이주민 이지란은 북청에 정착했고 이성계와 인연을 맺었다. 이지란의 원래 이름은 '쿠란투란티무르'였다. 쿠란古蘭은 성씨, 투란豆蘭은 이름이며, 티무르帖木兒는 남자 이름에 붙는 존칭이다. 성을 받아 청해 이씨의 시조가 되었고, 두란을 조선식 이름인 지란으로 바꾸었다.

고려후기 위기의 시기에 이지란은 타고난 무공으로 이성계를 도왔다. 이성계는 자신의 계비 신덕왕후 강씨의 조카인 혜안택주와 혼인으로 엮어주기도 했다. 그러나 왕자의 난으로 태종이 권력을 잡은 후 이지란은 고향인 동북면으로 돌아갔다가 사망했다. 그의 졸기卒記는 그에 대한 이성계의 신임이 어떠했던가를 잘 보여주고 있다.

"청해군靑海君 이지란이 죽었다. 이지란은 동북면의 청주부靑州府 사람이다. 옛 이름은 두란첩목아豆蘭帖木兒이다. 타고난 천성이 순후한 데다 무재武才가 있었다. 일찍부터 태상왕을 따라 정벌하는 싸움터에 나가 승첩勝捷하여 마침내 개국공신의 반열에 올랐다. 태상왕이 이를 대접함에 특별히 두텁게 하고, 또 정사좌명공신定社佐命功臣을 주었다.

병이 더욱 위독해지자 글을 올려 말하기를, '신은 본토의 사람으로
타국에서 죽은즉, 시체를 불태워 도로 본토에 장사지내어 전하께서
신으로 하여금 본토의 풍속을 따르게 하소서. 또 전하께서 조심조
심 덕을 닦아 영원히 조선을 보전하시기 바랍니다' 하니, 임금이 매
우 슬퍼하여 3일 동안 조회를 정지하고 시호를 양렬襄烈이라 내렸
으며, 장사지내기를 그의 청과 같이 해주었다. 세 아들이 있으니, 이
화영李和英·이화미李和美·이화수李和秀이다."(『태종실록』 태종 2
년 4월 9일)

위의 기록에서 "본토에 장사지내고 본토의 풍속을 따르게 하
라"고 유언한 부분은 영원히 조선인으로 살고 싶어한 이지란의
뜻을 잘 보여준다.

일본군 선봉장에서 조선 장군으로 변신한 김충선

1592년 임진왜란이 일어났다. 일본군 대장 가토 휘하에는 날
랜 무술 솜씨를 지닌 선봉장 사야가沙也加가 있었다. 그러나 이
로부터 며칠 후 사야가는 조국 일본을 향해 돌진하는 조선군 장
수 김충선으로 변해 있었다. 사야가는 경상병사 박진에게 귀순
한 후 경주, 울산 등지에서 일본군의 침공을 막아내는 데 공을
세웠다. 원래 적진의 선봉장으로 활약했던 만큼 적의 동향을 누
구보다도 잘 알고 있었기 때문이다.

당시 조선에 투항한 일본인을 '항왜降倭'라 칭했고, 이들 중

상당수는 조선 군대에 배치되었다. 김충선은 왜국의 무기는 화포와 조총인데 조선의 활과 화살로는 대적할 수 없으니, 자신의 조총 제조 기술을 군중에게 널리 가르쳐 전투에 활용하자고 제안하고 이를 실천했다.

1597년 정유재란 때는 의령 전투에서 큰 공을 세웠으며, 전공을 인정받아 가선대부를 제수받았다. 사야가의 뛰어난 전공을 인정한 도원수 권율 등은 그에게 성명을 내려줄 것을 청했고, 결국 사야가는 김충선으로 거듭 태어났다. 모래 사沙자에서 금을 유추해 김씨 성을 받았고 바다를 건너왔다 하여 본관을 김해로 했다. 선조, 광해군, 인조에 이르는 시기 김충선은 북방의 방어사로 임명되어 이괄의 난, 병자호란과 같은 국난의 시기에 전공을 쌓았다. 만년에는 달성군 녹촌鹿村에서 거주했다. 목사 장춘점의 딸과 결혼하여 살면서 향약을 마련하는 등 조선 사회에 동화된 생활을 했으며, 저서로는 『모하당집』이 있다. 김충선은 조선에 정착한 성공한 일본 귀화인으로 꼽을 수 있다.

7년에 걸친 임진왜란 기간 동안 조선과 일본 양국 간에 다수의 포로가 생겨났고, 이중에는 김충선처럼 조국을 떠나 귀화한 인물도 많았다. 조선에서는 일본 출신 귀화인들에게 벼슬을 내리기도 하고, 성씨와 이름을 부여해 조선에 정착하는 것을 적극 권했다. 이름은 충선忠善(충성스럽고 착함)이나 향의向義(의를 향함), 귀순歸順(순하게 돌아옴) 등으로 정해졌다.

이처럼 우리 역사에는 조국을 떠나 우리나라에 들어와 큰 영향을 미친 역사적 인물이 상당수 존재했다. 귀화인은 단지 과거 속의 사실만이 아니라 현재진행형인 사안이라는 점에서 보다 주목된다. 외국 출신이지만 한국 국적으로 또 다른 역사를 만들어갈 인물의 탄생을 기대해본다.

변혁의 시대를 담다

서얼들의
신분상승 운동

　미국의 역사는 흑인 출신인 버락 오바마가 대통령 자리에 오르면서 역사상 새로운 전기를 맞게 되었다. 1863년 링컨 대통령이 흑인 노예 해방을 선언한 것만도 엄청난 역사적 사건이었는데, 146년이 지난 오늘날 당당히 흑인 출신이 대통령이 되는 시대를 맞이한 것이다. 이처럼 역사에서는 소외받던 신분이나 계층이 역사적 주역으로 성장해가는 사례가 몇 차례 있었다. 조선시대에는 서얼들이 이러한 모습을 보여준 대표적인 신분층이었다. 서얼들은 양반 신분사회의 희생양이었지만 점차 차별의 굴레를 벗고 조선후기 역사의 주역으로 성장했다.

　서얼 차별의 문제가 등장한 것은 조선시대부터였다. 그렇다고 조선시대 첫 시작부터 그러한 것은 아니다. 15세기까지만 해도 적자와 서자의 차별이 그리 크지 않았다. 그러나 16세기 이후 성리학 이념이 조선 사회에 견고하게 정착하면서 이념과 명분이 강화되었고, 그 과정에서 양반과 상민, 남자와 여자, 적자와 서자의 차별은 심해졌다.

　양반이 첩을 두는 것을 관행으로 인정하는 조선 사회의 구조 속에서 서얼들의 출현은 필연적이었다. 그러나 양반들은 자신의 특권을 유지하기 위해서 서얼 차별을 오히려 강화했다. 의식이 있는 서얼들은 자신과 처지가 비슷한 사람들끼리 모이는 기회를 자주 가졌다. 한 개인으로 고립되는 것이 아니라 같은 처지로 고민하는 사람들이 늘어나면서 서로 힘을 북돋는 여건이 마련되었다.

　16세기에 들어와 서얼들은 기술직 중인, 관청 서리, 지방 향리와 함께 신분적으로 중인의 한 축을 형성했다. 홍길동은 소설 속 서얼이지만 조선시대에는 서얼 출신으로 역사 속에 등장하는 인물이 적지 않았다. 그중 조선전기에 명성을 떨친 인물은 유자광이다. 남이 장군의 역모 사실을 고변하여 죽음에 이르게 한 점과 1498년 무오사화의 실질 주모자로 사림파 선비들에게 큰 화를 입힌 장본인이라는 점 때문에 유자광은 간신의 전형으로 꼽혀왔다. 그러나 그가 지닌 출중한 자질은 서얼이라는 신분적 굴레에도 불구하고 고위직에 진출하는 바탕이 되었다. 이외에 『패관잡기」의 저자 어숙권, 초서와 문장으로 유명한 양사언, 양대박 등이 조선전기에 이름을 떨친 서얼이었다. 조선중기 서얼들이 조직적으로 역사에 등장한 사건은 바로 『홍길동전』의 배경이 되기도 하는, 1613년 일곱 명의 서얼이 주도한 은상 살해 사건이었다. 조선후기에 들어서도 서얼들의 신분상승 운동은 계속되었다. 서얼들은 관직에 차별 없이 등용될 수 있게 해달라는 서얼허통庶孽許通(서얼들도 관직에 등용되도록 요구한 것)의 상소문을 계속해서 올렸으나 받아들여지지 않았다.

서얼의 아픔을 그린 『홍길동전』

비록 소설이긴 하나 우리가 알고 있는 대표적인 서얼이 바로 홍길동이다. 허균의 소설 『홍길동전』에서 서얼의 아픔이 가장 부각된 대목은 아버지를 아버지라 부르지 못하는 설움을 표현한 부분이다.

"소인이 평생 서러운 바는 대감 정기로 당당한 남자가 되어서 부모가 낳아주고 길러주신 은혜가 깊거늘, 그 부친을 부친이라 하지 못하옵고 그 형을 형이라 부르지 못하오니 어찌 사람이라 하오리까?"

이처럼 가족에게 호칭 하나 마음대로 할 수 없는 서얼 차별의 현실은 가족의 범위를 떠나 사회에서 보다 큰 제약으로 다가왔다. 홍길동은 결국 이러한 현실의 장벽을 극복하기 위해 사회적으로 비난받아 마땅한 도적의 길로 들어선다. 홍길동이 연산군 시대에 실존했던 도적이라는 점과 허균이 크게 영향을 받은 소설 『수호전』의 주인공이 도적인 점을 감안하면 서얼 출신 주인공을 사회적 지탄의 대상이 되는 도적으로 변신시킨 점은 그만큼 서얼의 출구가 막혔던 사회적 상황을 보여준다.

도적의 우두머리가 된 홍길동은 부정축재로 재산을 모은 해인사나, 탐관오리가 수령으로 있는 지역 등을 집중 약탈하는 의적義賊이 된다. 그들 무리의 이름은 백성들을 살려준다는 뜻으로 '활빈당'이라 했다. 홍길동은 고통받는 민중의 편에 서서 탐관오리를 통쾌하게 물리침으로써 서얼이나 민중에게 대리만족을 가져다준 것이다. 『홍길동전』은 작자 허균의 경험이 투영된 소

『홍길동전』, 허균, 규상
각한국학연구원.

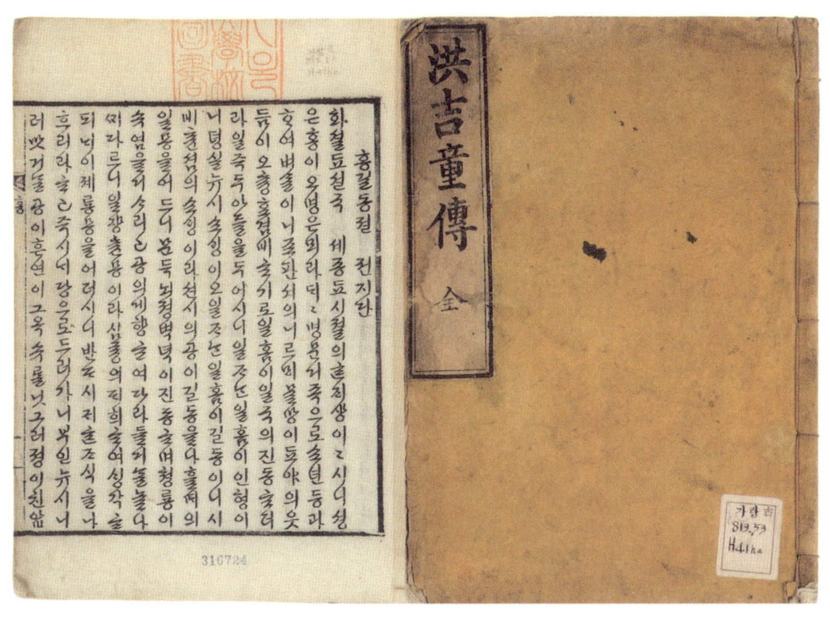

설이기도 하다. 주인공 홍길동이 서얼로 설정된 것은 다분히 그의 삶의 체험과 관련이 있다. 허균은 아버지 허엽이 판서직을 역임하고 형, 누나 모두 학문으로 명망을 떨친 명문가의 기대주였지만, 스승인 이달이 서얼이라는 점 때문에 차별을 받고, 서양갑이나 심우영 등과 같이 능력을 갖춘 젊은이들이 단지 서얼이라는 이유만으로 좌절하는 현실을 결코 좌시하지는 않았다.

『홍길동전』의 구체적인 모델은 1613년(광해군 5)에 있었던 칠서지옥七庶之獄에서 찾을 수 있다. '칠서'란 '일곱 명의 서자'를 가리키는 것으로, 칠서들이 현실 개혁에 뜻을 품기 시작한 직접적인 동기는 1608년에 제기한 그들의 서얼허통 요구가 받아들여지지 않은 데 있었다. 1613년 봄 서인의 영수 박순의 서자 박응서를 위시하여 서양갑, 심우영, 이경준, 박치인, 박치의, 허홍인 등 일곱 명의 서자가 조령에서 은상을 살해하고 은 700냥을 강탈한 죄로 체포되었다. 그리고 국문 도중 이들이 무인들과 결탁해 역모를 꾸몄다는 놀라운 사실이 밝혀졌다. 서얼이라는 신분상의 하자 때문에 차별받는 현실을 바꿔보려고 했다는 것이다. 이들은 이 사건이 있기 전부터 스스로 강변칠우 또는 죽림칠현을 칭하면서 서로 교분을 형성했고, 중앙 관리들과 교유해 자신들의 입장을 정치권에 반영하려 했다. 허균은 이들과 친밀한 관계를 유지한 관리 중 대표적인 인물이었다.

허균, 서얼의 가능성을 발견하다

허균은 서얼의 처지에 크게 공감했으며, 나아가 서얼들이야말로 자신이 추구하는 개혁사상의 동반자임을 확신한 것으로 보인다. 허균은 「유재론遺才論」에서 서얼의 능력을 적극 활용할 것을 주장한다.

"고금古今이 멀고 세상이 넓지만 서얼 출신이라 하여 그 현명함을 버리고 어머니가 개가했다고 하여 그 재주를 쓰지 않는 것은 듣지 못했다. 그러나 우리나라는 그렇지 아니하여 어머니가 천한 출신이고 개가改嫁한 자손은 모두 관직에 나아갈 수 없다. 나라가 양 오랑캐에 끼어 있어 모든 인재가 국가의 쓰임이 되지 않을까 염려해야 할 판에 도리어 인재 등용을 막고 '인재가 없다. 인재가 없다' 고 하니, 이것이 남쪽으로 가면서 수레를 북쪽으로 돌리는 것과 무엇이 다르겠는가?"

허균은 기본적으로 서얼의 차별이 나라에 원망하는 백성을 양산하게 하여 불안의 요인이 됨을 지적하고 있다.

"한 부인이 원한을 품는 것도 걱정스러운데 원망하는 남정과 홀어미가 나라 안에 반이 넘으니 화평한 기운을 이루기는 또한 어렵다. (…) 하늘이 낳아주는 것을 사람이 버리니 이것은 하늘을 거스르는 것이다. 하늘을 거스르면서 하늘에 기도하여 목숨을 영원히 한 자는 없다."

허균은 「유재론」에서 서출이라 하여 능력 있는 인재를 수용하지 않는 것은 우리나라에만 국한됨을 지적하고, 서얼 차별의 문제점을 해소할 것을 강하게 주장했다. 1613년에 일어난 일곱 명 서얼의 옥사 사건은 서얼들의 정부에 대한 최초의 조직적 저항 운동이었고, 결국 『홍길동전』의 집필로 이어졌다. 허균은 『홍길동전』의 저술로 사회제도의 모순을 폭로하면서 현실에서 이루지 못한 서얼들의 꿈과 희망을 대변해주었던 것이다.

'서얼허통절목'으로 새롭게 쓰는 역사

조선후기에 들어서면서 서얼들의 신분상승 운동은 보다 적극적이 되었다. 국왕들 역시 서얼 문제를 피해가지 않았다. 특히 이 문제에 깊은 관심을 보인 국왕은 영조다. 영조는 어머니가 궁중의 무수리 출신으로, 서얼로서 왕이 된 전형적인 인물이었다. 영조는 이러한 신분상의 콤플렉스 때문인지 서얼에 대해 관대한 모습을 보였다. 1772년(영조 48) 통청윤음通淸綸音을 내려 서얼을 중요 관직에 등용하도록 하는가 하면, 서얼도 아버지를 아버지로, 형을 형으로 부를 수 있게 하고 이를 어기는 자는 법률로 다스리도록 한다는 조처를 내리는 등 적극적으로 서얼의 차별을 없애고자 했다.

영조의 서얼허통 정책은 정조대에 그 결실을 본다. 1777년(정조 1) 마침내 '서얼허통절목庶孼許通節目'이 반포되어 서얼들의 관직 진출이 공식적으로 허용되었다. 학자 군주 정조는 특히 서얼들의 능력을 높이 평가했다. 정조가 개혁정치의 산실로 만든 규장각에는 박제가, 유득공, 이덕무, 서이수 등 서얼 출신의 학자들이 규장각 검서관으로 발탁되어 학문 연구와 정책 결정에 핵심적인 역할을 했다.

자신의 운명을 숙명처럼 받아들이던 서얼들은 조선중기 이후 신분사회의 벽을 극복하려는 노력을 적극적으로 전개했다. 그것은 시대의 대세이자 역사의 흐름이었다. 보통의 양반들처럼 주요 관직에 들어갈 수 있게 해달라는 통청通淸운동을 전개했고, 정조 때에 서얼의 관직 등용을 허용하는 '서얼허통절목' 이 만들어지면서 서얼들의 노력은 일부 결실을 맺었다. 조선후기 서얼들의 이러한 노력은 1859년 대구의 달서정사에서 간행된 『규사葵史』에서도 확인된다. 해바라기를 뜻하는 '규葵' 자를 넣어 해를 향한 해바라기처럼 임금에 대한 충성심이 변함없음을 약속한 서얼들의 전기 『규사』는 서얼도 역사의 당당한 주인공임을 만천하에 공포한 기록이었다.

덕수궁과 대한제국 그리고 덕혜옹주

많은 이들에게 덕수궁은 도심 속 휴식 공간으로 이해된다. 서울에서 유년 시절을 보낸 사람에게는 미술대회나 소풍 장소로 기억 속에 남아 있다. 몇 년 전부터 덕수궁 앞에서 행해지는 수문장 교대의식은 이제 덕수궁의 새로운 명물로 떠오르고 있기도 하다. 이러한 덕수궁은 100여 년 전 한국 근대사의 영광과 굴욕이 함께했던 곳이었다. 고종이 대한제국을 선포하면서 마지막 불꽃을 피웠던 곳이자 고종황제가 가장 사랑한 공주 덕혜옹주가 태어난 곳이었다. 100년 전 격동의 근대사의 중심 공간이었던 덕수궁과 대한제국, 덕혜옹주의 이야기 속으로 들어가본다.

1897년, 황제국을 선포하다

1895년 한 나라의 황후가 피살되는 희대의 사건이 일어났다. 일본의 전 공사 이노우에와 현 공사 미우라가 기획하고 일본의 우익 청년들이 가담하여 명성황후를 시해한 을미사변. 아무리 허약한 나라라고 할지라도 이러한 만행은 전례를 찾기 힘든 사건이었다. 을미사변 후 고종은 일본의 간섭에서 벗어나기 위해 러시아와 긴밀한 관계를 맺었고, 1896년 경복궁을 떠나 러시아 공사관으로 피신했다. 바로 아관파천이다.

러시아 공사관에서 1년여의 세월을 보낸 고종은 1897년 2월 20일 거처를 경운궁(지금의 덕수궁)으로 옮겼다. 경복궁이나 창덕궁 대신 덕수궁을 택한 것은 미국, 러시아 등 서양 여러 나라의 공사관이 가까이 있어 일본을 견제하는 데 수월했기 때문이다. 1897년 8월 16일 고종은 연호를 광무光武라 고치고 부국강병의 의지를 분명히 했다. 10월 12일에는 환구단에서 황제 즉위식을 거행하고 국호를 대한제국이라 했다. 왕의 나라 조선이 황제의 나라가 된 것이다.

조선시대의 국왕은 대부분 전왕이 사망하고 장례가 진행되는 도중에 왕위에 올랐으므로, 국왕의 즉위식은 경축 행사가 아니었다. 그러나 조선시대에도 특히 기쁜 즉위식은 두 차례 있었다. 첫 번째는 태종의 뒤를 이어 세종이 즉위한 것이다. 태종은 생전에 자신이 상왕으로 물러나면서 세종에게 왕위를 물려주었기에 세종의 즉위식은 기쁜 즉위식이 될 수 있었다. 다른 하나는 고종이 왕위에 있다가 황제로 즉위한 경우이다. 고종의 즉위식은 고종 스스로가 황제가 되는 중요한 의식이었던 까닭에 축하 분위기 속에서 치를 수 있었다.

1899년 8월 고종은 대한제국의 헌법이라 할 수 있는 '대한국제大韓國制'를 발표하여 황제에게 육해군의 통수권과 입법권, 행정권, 관리임면권 등 모든 권한을 집중시켰다. 또한 국가의 자주성을 실질적으로 뒷받침할 수 있도록 국방과 재정, 상공업 육성에 주력했다. 근대적 기술학교들이 대거 설립되고, 교통과 통신을 근대화하는 사업들도 적극적으로 추진되었다. 그리고 덕수궁은 '구본신참舊本新參'(옛것을 근본으로 하고 새것을 참작함)과 민국民國 건설을 이념으로 제시한 고종의 대한제국이 광무개혁을 추진하는 중심 공간이 되었다.

고종 즉위식의 기록 『대례의궤』

고종 즉위식의 모습은 1897년에 편찬된 『대례의궤大禮儀軌』에 자세히 기록되어 있다. 10월 13일 고종 황제는 명성황후의 빈전에 가서 제사를 올리고 오전 8시경 '대한'이라는 국호를 선포했다. 『대례의궤』 말미에는 황제 즉위식에 필요한 책문冊文과 옥보玉寶를 가마에 싣고 환구단으로 향하는 36면의 반차도가 실려 있다. 고종의 황제 즉위식은 덕수궁 인근의 환구단에서 이루어졌다. 즉위식 하루 전인 10월 11일 고종은 세자를 데리고 환구단으로 가서 제물과 제기를 살피고 돌아왔다. 이날 고종은 대신들과 함께 새 나라의 국호를 논의했다. 고종은 조선이 삼한의 땅을 통합한 것을 상기시키고 국호를 '대한'으로 할 것을 제안했다. 현재까지 우리나라 국호가 되는 '대한민국'의 시원인 셈이다.

10월 12일 고종은 국새를 싣고 환구단으로 가서 천신天神과 지신地神에게 제사를 올리고 나서 황금색 의자에 앉아 국새를 받았다. 옷은 12장十二章의 문장이 새겨진 곤면袞冕을 입었다. 그동안 조선의 왕들은 구장복九章服을 입었는데, 이제 당당한 황제의 복장을 갖춘 것이었다. 즉위식을 마친 고종은 덕수궁으로 돌아와 태극전(즉조당)에서 백관의 축하를 받았다. 이어 12시에 왕비를 황후로 책봉했고, 2시에 왕자를 황태자로 책봉하는 의식을 거행했다. 그동안 '천세'만을 부르던 신하들은 '만세'를 세 번 불렀다. 이날 밤 서울 시민들은 집집마다 태극기를 걸고 황제의 즉위를 경축했다고 한다.

고종이 황제로 격상됨으로써 의궤 제작에도 변화가 일어났다. 왕이 보는 '어람용 의궤'가 아닌 황제용 의궤가 따로 만들어졌고, 표지 빛깔 역시 황제를 상징하는 노란색 비단을 사용했다. 120여 년 전 덕수궁은 당당한 황제국 조선의 중심 공간이었으나 그 영광은 그리 길지 못했다. 1907년 고종이 일제에 의해 강제로 퇴위당하면서 덕수궁은 무너져가는 마지막 왕조의 모습을 목격하는 공간이 되고 말았다.

비운의 마지막 공주, 덕혜옹주

1910년 한일합병으로 나라를 빼앗긴 슬픔이 가시지 않았던 2

년 후 어느 봄날 덕수궁에서는 새 생명이 탄생했다. 환갑을 맞은 고종에게는 더할 나위 없는 기쁨이었다. 1912년 5월 25일 『고종실록』은 '덕수궁 궁인 양씨가 딸을 낳으니 양씨에게 '복녕'이라는 당호를 내렸다'라며 덕혜옹주(1912~1989)의 출생을 알리고 있다. 50일 후인 7월 13일 고종은 자신의 거처인 함녕전으로 아기를 데려왔다. 『고종실록』을 보면 아기에 대한 기록이 무척 잦아짐을 확인할 수 있는데, 그만큼 고종의 옹주에 대한 사랑이 컸음을 보여준다. 고종은 옹주를 위해 특별히 유치원도 마련했다. 덕수궁의 준명당浚明堂은 황제의 편전이었으나 고종은 이곳을 '덕수궁의 꽃' 옹주의 유치원으로 활용하게 했다.

그러나 나라가 망하고 황제의 위상마저 흔들렸던 시절, 옹주의 평안한 미래는 보장할 수 없었다. 특히 고종은 아들 영친왕이 이토 히로부미에 의해 일본으로 보내져 일본 황족인 마사코(이방자)와 혼인한 것에 큰 부담을 느끼고 있었다. 고종은 신임하던 시종 김황진에게 덕혜의 배필을 은밀히 부탁했다. 김황진은 자신의 조카 김장한을 천거했으나, 이러한 움직임을 포착한 일본 세력에 의해 김황진은 궁궐에서 쫓겨났고 결혼은 무산되었다.

1919년 1월 21일 고종이 덕수궁 함녕전에서 승하했다. 고종의 죽음은 여덟 살 어린 옹주에게 큰 슬픔을 안겨줬다. 1921년 옹주는 서울에 거주하는 일본인을 위한 충무로의 일출소학교에 다니며 일본식 교육을 받았다. 고종 사망 이후 조선의 상징이 된 옹주에 대해 일제는 철저히 일본의 색깔을 입히기 시작했다. 1925년에는 도쿄 유학의 명이 떨어졌다. 아예 옹주를 조선인의 관심에서 벗어나게 하려는 일제의 의도였다. 이 무렵 일본에서

옹주를 만난 영친왕의 아내 이방자 여사는 "나는 깜짝 놀랐다. 처음 내가 본 옹주와는 영 달라져 있었다. 처음 봤을 때 나를 매료시켰던 발랄하고 영롱한 눈초리는 아예 찾을 수 없었다. (…) 그는 나를 보고 미소조차 띠지 않았다"며 큰 상처를 입은 어린 옹주의 모습을 증언하기도 했다.

"오래오래 살고 싶어요. 대한민국 우리나라"

일본에 온 덕혜옹주는 천황가와 귀족 집안 자제들이 다니는 여자학습원에 입학했다. 그러나 아버지 고종의 독살에 대한 피

해의식 때문인지 늘 보온병을 들고 다닐 정도로 불안한 청소년기를 보냈다. 1929년에는 생모인 귀인 양씨가 사망했다. 잠시 귀국한 옹주는 검은 양장 차림에 슬픔에 겨운 몸으로 창덕궁에 들어가 이전 어머니께서 계셨던 관물헌에서 잠깐 기거한 후 서둘러 일본 귀국길에 올랐다. 1931년 5월 덕혜옹주는 도쿄대 출신 일본인 소 다케유키宗武志 백작과 결혼했다. 그러나 옹주의 결혼 소식은 조선 백성들을 더욱 비탄에 빠지게 했다. "덕혜옹주는 양장을 입으시고 자동차로 소 백작 집에 이르러 11시 25분부터 순일본식으로 혼례를 치렀다"는 짧은 보도가 있었지만, 일부 신문에서는 결혼식 사진에서 남편의 얼굴을 지웠고, 이후 조선의 신문 기사에서 덕혜옹주는 사라졌다.

옹주의 불운은 여기에서 그치지 않았다. 1947년 일본의 귀족 제도가 폐지되면서 남편이 백작의 지위를 잃었고, 옹주는 이 무렵 마쓰자와라 정신병원 신세까지 지는 처지가 되었다. 1955년 6월에는 남편과 이혼하면서 쓸쓸한 만년을 보냈다. 해방 이후 덕혜옹주는 한국인에게 거의 잊혔다. 조선왕조와 대한제국을 비판적으로 인식한 이승만 정부는 대한제국의 마지막 공주를 찾는 데 소극적이었다. 1950년 서울신문 도쿄특파원 김을한(김장한의 형)이 마쓰자와라 정신병원에 입원 중인 옹주를 찾아 귀국을 청했지만 이승만 정부의 반응은 냉담했다. 1961년 5·16 군사정변 이후 김을한은 박정희 의장을 찾아갔고 마침내 옹주의 귀국이 허락되었다.

1962년 덕혜옹주는 38년 만에 그렇게 그리던 고국의 땅을 밟았다. 불행하게도 조선 공주의 자격이 아니었다. 의식까지 거의 불명인 안타까운 상태였다. 귀국 후 덕혜옹주는 7년간의 병원생활 끝에 창덕궁 낙선재로 거처를 옮겼다. 1972년 전남편 소 다케유키가 낙선재를 찾아왔지만 옹주는 만남을 거부했다. 1983년에 쓴 옹주의 낙서 한 장은 대한제국 마지막 공주의 슬픈 운명을 더욱 가슴 아프게 기억하게 한다. "나는 낙선재에서 오래오래 살고 싶어요. 전하(영친왕) 비전하(이방자 여사) 오래 보고 싶습니다. 대한민국 우리나라." 1989년 4월 78세로 사망한 옹주는 경기 남양주시 고종의 무덤 바로 뒤편에 잠들어 있다.

1912년 실의한 고종에게 마지막 희망의 빛이 되어 '덕수궁의 꽃'으로 자라났던 덕혜옹주. 그러나 망국의 설움을 겪었던 대한제국 조선 황실의 운명처럼 그녀의 운명 또한 비극의 연속이었다.

옛사람들의
활쏘기

　　역대 올림픽에서 양궁은 한국의 효자 종목이었다. 2008년 베이징올림픽에서도 한국 선수단의 양궁 솜씨는 단연 돋보였다. 남녀 단체전에서 금메달을 땄고, 남녀 개인전은 은메달에 머물렀지만 말 그대로 나가기만 하면 메달을 따는 신기의 궁술이었다. 활과 우리 민족의 인연은 고대국가 시절로 거슬러 올라간다. 중국이 우리 민족을 지칭하는 용어였던 동이東夷라는 말의 '이夷' 자는 활 궁弓이 포함된 글자로, '동쪽의 활 잘 쏘는 민족'이란 뜻을 품고 있다. 그만큼 우리 민족은 오래전부터 주변국들에게 활쏘기에 능한 민족으로 인식되었다.

태조 이성계의 활솜씨

고구려를 세운 동명왕이 활쏘기에 뛰어났던 사실이나 고구려 벽화에 기마 자세를 하면서도 뒤돌아 활을 쏘는 무사들의 모습에서 우리 민족의 뛰어난 활쏘기 솜씨는 쉽게 접할 수 있다. 고구려의 뛰어난 활쏘기 전통을 이어받은 대표적인 인물이 조선을 건국한 태조 이성계였다. 『태조실록』에서는 태조의 신기에 가까운 활쏘기 솜씨에 대해 여러 차례 언급하고 있다.

"태조가 젊을 때, 정안 옹주 김씨가 담 모퉁이에 다섯 마리의 까마귀가 있음을 보고 태조에게 쏘기를 청하므로, 태조가 단 한 번 쏘니 다섯 마리 까마귀의 머리가 모두 떨어졌다."

"태조가 일찍이 한더위에 냇물에 목욕을 하고 난 후 냇가 근방의 큰 숲에 앉아 있는데, 한 마리의 담비가 달려나오므로, 태조는 급히 박두樸頭(조선시대 무과시험 때나 교습용으로 사용하던 화살)를 뽑아 쏘니, 맞아서 쓰러졌다. 또 한 마리의 담비가 달려나오므로 쇠살金矢을 뽑아 쏘니, 이에 잇달아 나왔다. 무릇 20번 쏘아 이를 모두 죽였으므로 도망하는 놈이 없었으니, 그 활 쏘는 것의 신묘神妙함이 대개 이와 같았다."

태조는 뛰어난 활솜씨로 고려 말 왜구의 격퇴에 앞장서 구국의 영웅이 되었으며, 마침내 새 왕조를 건설한 주역이 되었다. 이수광이 쓴 『지봉유설』에는 중국의 창, 일본의 칼과 견줄 만한

화살통, 조선시대, 국립민속박물관. 화살통은 전실箭室, 시통矢筒이라고도 불렸다.

우수한 무기로 활을 들고 있는가 하면, 중국 사람들이 우리나라
에 못 미치는 것으로 부녀의 수절, 천인의 장례와 제사, 맹인의
점치는 재주, 무사의 활 쏘는 솜씨 네 가지를 들고 있다. 이 기록
역시 우리 민족과 활의 불가분한 관계를 잘 보여준다.

활쏘기는 수양과 예의 회복

그런데 전통사회에서 활쏘기는 단순히 무예만을 시험하는 행
위가 아니었다. 『주례』에서는 활쏘기射가 예禮 · 악樂 · 어御 · 서
書 · 수數 등과 함께 육례六禮의 하나로 중시되었으며, 『논어』 『맹
자』 『예기』 등의 유교 경전에서는 '사射'를 무엇보다 심신 수양의
근원이 되는 행위로서 중시했다. 예로부터 활쏘기가 수양과 예의
회복에 비중이 두어졌음은 다음의 자료들에서 확인할 수 있다.

"사射는 진퇴와 주선이 예에 맞고, 안으로 뜻이 곧고 밖으로 몸이 바른 연후에 궁시를 심고하게 잡아야 한다. 궁시가 심고한 연후에야 적중시키는 것을 말할 수 있고 이로써 덕행을 볼 수 있다."(『예기』 제46편 「사의射儀」)

"어질다는 것은 활 쏘는 것과 같다. 활 쏘는 것은 자신을 바로잡은 후에 발하는 것이다."(『맹자』 「공손추 상」)

한편 조선시대의 활쏘기는 왕권 강화나 국방 강화를 위한 기본적인 덕목이었다. 이러한 취지에 맞춰 국왕이 문무 관리들과 정기적으로 활쏘기를 하는 행사인 대사례大射禮가 있었다. 『조선왕조실록』에 따르면 조선에서 대사례가 시행되었던 것은 1477년(성종 8), 1502년(연산군 8), 1534년(중종 29), 1743년(영조 19) 등 네 차례로 확인된다. 그러나 대사례 외에 어사御射·시사試射가 자주 실시되었고, 지방에서 이뤄지는 향사례鄕射禮도 매우 활성화되어 있었다.

조선 사회에서 사례射禮가 중요한 의미를 지녔음은 기록화에서도 확인된다. 정조가 어머니 혜경궁 홍씨를 모시고 화성에 행차한 모습을 8폭의 병풍으로 담은 「수원능행도」 중에는 정조가 득중정得中亭에서 활쏘기 시범을 보인 모습을 담은 「득중정 어사도」가 남아 있어서 국가의 중요한 잔치에 활쏘기가 빠지지 않았음을 보여주고 있다.

　　1743년 영조는 성균관에서 대사례의 예를 행했다. 영조는 대사례가 시행되는 날 200년 만에 조종의 구례를 회복했다는 사실을 상기시키는 한편, 자신의 나이가 50세가 되었을 때 이 행사가 열리는 것에 매우 감격해했다. 또한 200년 만에 맞는 대사례를 기념하기 위하여 각 도의 관찰사와 수령들에게 전국의 인재를 두루 뽑아 시상할 것을 명하고, 특별히 이 행사를 기록으로 남길 것을 지시했다. 결국 이날 행사의 기록은 『대사례의궤』로 남아 조선시대 왕과 신하가 참여한 활쏘기 행사의 면모들을 잘 보여주고 있다.

　　대사례가 성균관에서 열린 것은 국왕이 친히 성균관에 행차하여 유생들을 격려하고 이들에게 심신의 수양을 쌓을 것을 권장하려는 취지에서였다. 조선시대에 성균관 유생들은 국가의 원기元氣로 인식되었으며 그만큼 국가에서 이들에게 거는 기대도 컸다.

　　영조는 1743년 윤4월 7일 원유관과 강사포 차림으로 창덕궁 영화당에서 작은 가마를 타고 집춘문을 통해 궁궐을 나왔다. 궐밖으로 행차한 영조는 창덕궁과 연결된 성균관의 하련대下輦臺에 이르러 가마를 내렸으며, 임시 숙소인 악차幄次에 들어가서 제복祭服인 면복으로 갈아입은 후 성균관 문묘에서 선현들을 참배하는 작헌례酌獻禮를 행했다. 악차로 돌아온 영조는 익선관과 곤룡포 차림으로 성균관 명륜당으로 들어가 이곳에서 대기하고 있던 신하들과 유생들을 격려한 후 본행사인 대사례 의식을 행했다. 대사례를 마친 후 성균관 유생들을 격려하고 '희우관덕희

雨觀德'을 시제로 주고 시험을 치게 했다. 오랜 가뭄 끝에 단비가 내리자 '희우'로 그 기쁨을 표시하고 『예기』에서 활쏘기를 표현한 '관덕'이란 말을 시제로 삼은 것이다. 『예기』에는 "예로부터 활쏘기는 덕을 보는 것觀德이며 덕은 그 마음에 얻는 것이다. 그러므로 군자가 활쏘기 하는 것은 그 마음을 보존하는 것이다"라고 하여, 활쏘기의 목적은 마음 수양에 있음을 강조하고 이를 '관덕'으로 표현한 구절이 있다.

영조는 가뭄 끝에 내린 단비와 활쏘기가 함축한 '관덕'을 시제로 하여 유생들에게 시험을 보인 것이다.

『대사례의궤』로 보는 활쏘기

영조대 대사례 행사는 『대사례의궤大射禮儀軌』로 남겨졌다. 이 의궤에는 먼저 왕이 활 쏘는 장면을 담은 「어사례도」와 신하, 종친들의 활쏘기 장면을 담은 「시사례도」가 있어 당시 현장의 생생한 모습을 전달해준다. 먼저 악차幄次에는 세 개의 단을 설치했다. 제1단은 국왕의 자리, 2단은 순자줏빛의 용문석龍文席을 깔아놓은 어사위御射位, 3단은 종친 및 문무백관의 자리였다.

단의 동쪽에는 3개의 탁자가 놓였다. 제1탁에는 국왕의 깍지와 팔찌를 담고, 2탁에는 어궁御弓을, 3탁에는 어시御矢를 담았는데, 탁과 함은 모두 붉은색이었다. 동서 계단 아래에는 탁자 두 개를 두었다. 동쪽 탁자에는 상으로 줄 표리表裏와 궁시를 놓았으며, 서쪽 탁자에는 벌로 줄 단술과 잔을 놓았다. 바닥을 높

여 사단射壇을 만들고 90보 떨어진 곳에 과녁을 세운 다음 후단
을 쌓았다. 임시로 설치한 어좌 앞으로는 문무 관리들이 호위하
고 있는 모습이 보이며, 악차는 차일과 휘장으로 사방을 막아 국
왕을 엄호했다.

뜰의 동서에는 홍살문을 설치해 대사례 의식의 신성함과 위엄
을 더하게 했으며, 홍살문 앞에는 헌가軒架(악대)를 두어 행사의
분위기를 고취시켰다. 홍살문 너머에는 과녁을 설치했다. 왕의
과녁으로는, 붉은 바탕에 곰의 머리를 표적으로 한 웅후熊候를
설치했다. 과녁은 어좌에서 남쪽으로 90보步 거리에 설치했으
며, 웅후로부터 동서 각 10보 되는 지점에는 핍乏(화살가림)을 설
치하고 핍 안에는 좌측에 7명, 우측에 6명의 획자獲者를 배치했
다. 웅후와 핍은 훈련원에서 규격에 맞게 설치했다. 훈련원 정正

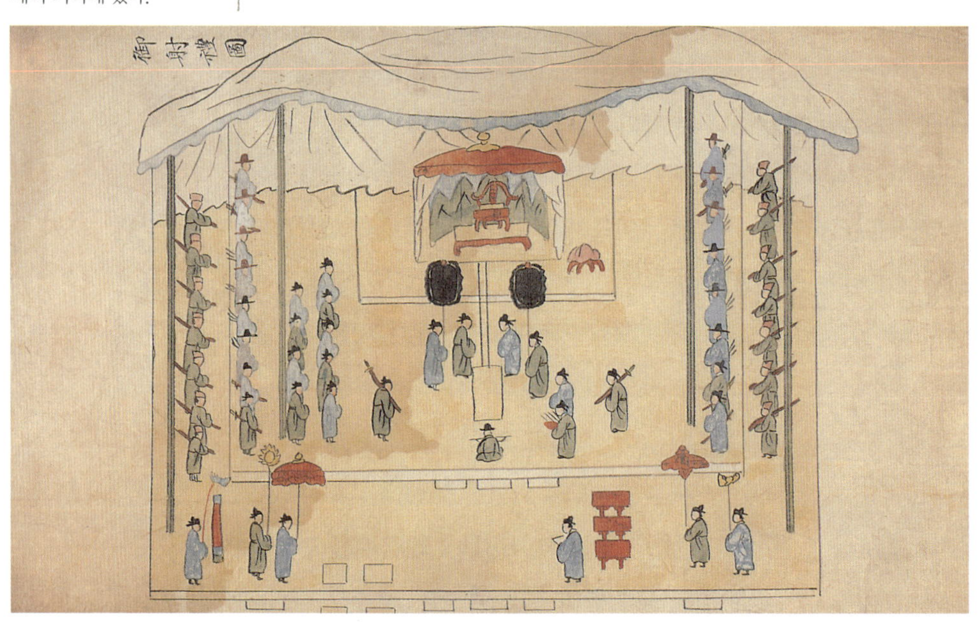

은 북 앞에 섰으며, 훈련원 정 뒤에는 국왕이 쏜 화살을 처리하는 사람들이 배치되었다.

「시사례도」는 시사자(활을 쏘는 사람)가 두 명씩 짝을 지어 활 쏘는 모습을 담았다. 「어사례도」와의 차이점은 과녁이 푸른색의 미후(사슴머리)로 바뀐 점이다. 핍 뒤에 서 있던 획자들은 화살이 꽂히면 해당되는 방위의 깃발을 들었는데, 중앙에 적중하면 적색, 상변에 맞추면 황색, 하변에 맞추면 흑색, 좌측에 맞추면 청색, 우측에 맞추면 백색의 깃발을 올렸다. 맞추지 못한 경우에는 채색의 깃발을 올렸다.

『대사례의궤』는 활을 잡은 손과 과녁에 맞혔는가의 여부도 기록하고 있다. 전체 30명 중 왼손잡이가 12명(40퍼센트)으로 큰 비중을 차지하는 것도 이채롭다. 조선시대에도 생각보다 많은 왼손잡이가 있었던 것이다. 실명과 함께 적중 여부를 기록으로 남긴 것에는 평소에 활쏘기를 연마하라는 뜻도 담겨 있었다.

그렇다면 대사례는 영조에게 어떠한 의미였을까? 탕평정치의 완성으로 강력한 왕권을 확립하고 이를 바탕으로 백성의 교화에 진력하던 군주 영조에게 대사례는 단순한 활쏘기 행사가 아니었다. 대사례를 통해 관리들의 정신 자세와 기강을 확립하는 한편 국왕의 교화가 만백성에까지 전파되도록 하려는 원대한 정치적 포부가 함축되어 있는 행사였다. 조선시대에 국왕부터 신하, 백성에 이르기까지 생활화되었던 활쏘기. 이러한 생활화의 전통이 은연중에 이어져 활쏘기에 관한 한 대한민국은 최고라는 등식이 현재까지 계속되는 것은 아닐까?

잃어버린 문화재
외규장각 의궤

　요즈음은 '문화재 전쟁'이라 할 만큼 문화재에 대한 세계 각 국의 반환 협상이 치열하게 전개되고 있다. 얼마 전에는 문화재 2점의 경매를 둘러싸고 중국과 프랑스 간에 외교 마찰이 일어났다. 쟁점이 된 문화재는 청나라 원명원(황실의 여름 별장)에 보관되어 있다가 제2차 아편전쟁 때 프랑스가 약탈해간 쥐머리상과 토끼머리상 등 십이지동상 2점이다. 중국 정부는 약탈문화재는 원래 소유국에 반환돼야 한다는 입장에서 경매를 주도한 프랑스 측을 강하게 비난했고, 결국 중국인 수집상이 이 청동상을 고가에 낙찰받은 뒤 약탈문화재라는 이유로 대금 지급을 거부하는 상황에까지 이르렀다. 2010년에는 G20정상회의 기간 중 한국과 프랑스 간에 의궤의 한국으로의 대여가 결정되었다. 이 과정들을 지켜보면서 1866년 프랑스가 약탈한 외규장각 의궤의 반

『강화부궁전도』 중 「외규장각도」, 36.8×26.7cm, 1881, 국립중앙도서관.

환 문제가 다시 떠올랐다.

돌아올 날 기다리는 조선 기록문화의 진수

규장각은 정조 이후 그 위상이 커지면서 열성조의 어제, 어필을 비롯해 국가의 주요한 행사 기록을 담은 의궤, 각종 문집 등 조선후기 문화의 정수를 보여주는 귀중한 자료들을 간행하고 이를 보존해왔다. 규장각을 중심으로 편찬활동과 서적 보관에 힘을 기울이던 정조는 강화도에 외규장각을 지을 것을 명했다. 더욱 안전하게 왕실의 기록물을 보존하기 위해서였다. 역사적 경험상 궁궐 내에 국가의 중요 기록물을 보관하는 것이 불안했기 때문일 것이다.

1782년(정조 6) 2월 '강화도 외규장각 공사의 완공'을 알리는 강화유수의 보고가 올라왔다. 1781년 3월 정조가 강화도에 외규장각의 기공을 명령한 지 11개월이 지난 시점이었다. 이를 계기로 강화도 외규장각에는 어첩, 어필, 의궤 등 왕실 관련 자료들을 집중적으로 보관했으며, 이후 외규장각은 100여 년간 조선 왕실의 보물창고로 자리매김했다. 1784년에 편찬된 『규장각지奎章閣志』에 따르면 외규장각은 6칸 크기의 규모로 행궁의 동쪽에 자리를 잡았다고 한다. 외규장각은 조선후기 문화운동을 선도했던 규장각의 분소와 같은 성격을 띠게 되었다. 이곳을 '규장외각' 또는 '외규장각'이라 이름을 붙인 것도 이러한 이유에서다.

외규장각에 보관된 자료 중 현재 국제적인 관심을 끌고 있는 자료가 의궤儀軌이다. '의궤'는 의식과 궤범을 뜻하는 말로, 조선시대 왕실 행사를 체계적으로 기록하고 그림으로 남긴 국가 기록물이다. 의궤는 왕이 친히 열람하는 어람용 의궤와 사고에서의 보관을 위해 제작하는 분상용 의궤가 있었다. 어람용 의궤는 더욱 안전한 보관을 위하여 정조 시대 이후 강화도의 외규장각에 보관했다.

왕에게 직접 바치기 위해 제작된 만큼 어람용 의궤는 표지와 종이 질, 선명한 글씨 등 문화재로서도 뛰어난 가치를 지니고 있다. 종이로 고급 초주지草注紙를 쓰고 사자관寫字官이 해서체로 정성 들여 글씨를 쓴 다음 붉은 선을 둘러 왕실의 위엄을 더했다. 어람용은 책을 엮는 장정 또한 철저했다. 놋쇠 물림경첩으로 묶었으며, 원환, 5개의 국화동菊花童 등을 사용하여 장정했다. 표

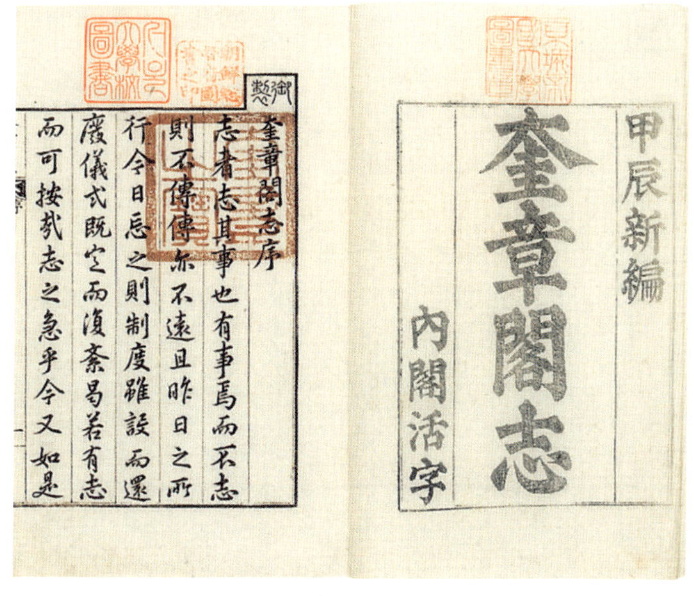

『규장각지』, 1784, 규장각한국학연구원. 권1에 외규장각 등 규장각 건물에 대한 설명이 나온다.

沁府內城圖
松岳
北門
文廟
行宮
奎章閣外
頃殿
萬寧殿
軒
池西鎮
中營
西門
東門
池西
池南
長市
大路通京

지는 비단으로 화려하게 만들어서 왕실의 품격을 한껏 높였다.
분상용 의궤에는 초주지보다 질이 떨어지는 저주지楮注紙가 사
용되었으며, 검은 선을 두르고 표지는 삼베를 쓰는 것이 일반적
이었다. 장정에는 정철正鐵과 박을정朴乙丁 3개가 사용되었다.

1866년, 외규장각 의궤를 약탈당하다

　외규장각의 책 중에서도 프랑스 군인들의 눈을 특히 자극한
것은 의궤였다. 채색 비단 장정에 선명한 그림으로 장식돼 눈에
확 들어왔기 때문이다. 프랑스군은 외규장각을 방화하는 과정에
서도 의궤는 불태우지 않았다. 화려하고 품격 있는 의궤의 장정
과 비단 표지, 그리고 의궤에 그려진 채색그림이 지닌 가치와 예
술성이 벽안의 눈에 번쩍 띄었기 때문일 것이다. 방화된 대부분
의 책과 달리 300여 책의 의궤는 프랑스군의 퇴각과 함께 약탈
당했다. 당시 화염에 휩싸였던 외규장각은 아직도 조선왕실의
위용을 되찾지 못하고 있으며, 현재 프랑스에는 외규장각에서
유출된 의궤 297책이 보관돼 있다.

　한국과 프랑스 간에는 의궤의 현지 실제 조사, 반환 협상이 꾸
준히 추진되었으며, 외규장각 의궤의 디지털화 사업 등에 합의
해 2008년 유일본 의궤 30책과 『영조정순왕후 가례도감의궤』
반차도 50면, 원래의 비단 표지를 한 의궤의 앞뒤 표지 등에 대
한 디지털화가 완료되기도 했다. 그리고 마침내 2011년 의궤가
145년 만에 한국으로 돌아오는 길이 열렸다.

변혁의 시대를 담다

483

외규장각에 보관되어 있다가 방화로 사라진 의궤들도 적지 않다. 대표적으로 광해군대에 과학과 천문에 대한 관심을 보여주는 『흠경각영건의궤』와 『보루각수개의궤』를 들 수 있다. 이들 의궤는 현존하진 않지만, 광해군대에 과학기기 제작에 심혈을 기울였던 모습을 짐작할 수 있다.

의궤는 국가 기록물인 만큼 불상이나 미술작품 등 감상을 주로 하는 물품과는 많은 차이점이 있다. 한마디로 한국의 역사와 문화 연구에 필수적인 자료이며, 특히 조선왕실의 행사 변화를 연구하는 데 매우 소중하다. 또한 어람용 의궤는 그 내용뿐만 아니라 표지나 장정이 뛰어나 의궤 제작의 형태를 연구하는 데도 매우 중요하다. 프랑스에 보관되어 있는 의궤와 대한민국에 남아 있는 의궤의 비교 연구도 필요하다. 이처럼 의궤가 한국에 있는 경우와 타국에 있는 경우, 그 가치는 비교할 수 없을 정도의 차이가 있다. 예를 들어 프랑스의 공식 국가 기록물이 타국에 있다면 그것이 어떤 의미를 지닐 수 있겠는가?

파리에서 만난 어람용 『영조정순왕후 가례도감의궤』

파리국립도서관에 소장된 의궤 중 필자가 가장 보고 싶었던 의궤는 바로 『영조정순왕후 가례도감의궤』였다. 필자가 규장각에서 처음 일하면서 목록과 색인 작업을 했던 의궤였고, 2001년에는 이를 바탕으로 『66세의 영조, 15세의 신부를 맞이하다』라는 책을 펴낼 만큼 이 의궤에 대한 애정은 각별했다.

닷새 동안 의궤를 조사하기로 예정된 날 중 사흘째 되는 날에 바로 『영조정순왕후 가례도감의궤』가 프랑스 측 사서에 의해 필자에게 전달되었다. 묘한 흥분으로 책을 받았으나 먼저 실망감이 밀려왔다. 표지가 모두 개정되었던 것이다. 조선시대 초록 비단 표지와 국화동 5개로 장정된 화려한 의궤의 표지는 온데간데없고, 후대에 개장된 형태로 의궤는 다가왔다.

실망도 잠시였다. 의궤의 속을 한 장 한 장 펼치자 품위와 격이 느껴지는 종이와 정성 들여 쓴 글씨, 그리고 마지막에 그림으로 수놓은 화려한 반차도는 어람용 의궤의 진가를 한눈에 알게 했다. 특히 규장각에 소장된 분상본 의궤의 반차도 그림의 상태를 알고 있는 필자로서는 어람용 반차도의 정밀함, 가마나 의장물의 섬세한 표현이라든가, 인물의 눈매와 수염까지 뚜렷한 모습에 놀랐다. 이들 의궤가 국내의 분상용 의궤와 함께 비교 연구된다면 훨씬 큰 학술적 성과를 얻을 수 있을 것이라는 확신도 섰다. 『영조정순왕후 가례도감의궤』를 비롯한 1866년 이전의 어람용 의궤는 현재 대부분 파리국립도서관에 소장돼 있다.

오래도록 잊혔던 외규장각 의궤가 다시 세상 사람들의 관심을 끌게 된 것은 1993년 프랑스의 미테랑 대통령이 자국에 보관되어 있는 의궤 중에서 『휘경원원소도감의궤』를 한국 정부에 반환하겠다는 입장을 표명한 이후였다. 그러나 2010년까지 17년 이상 지루한 반환 협상이 이어졌다. 2001년에는 외규장각 의궤의 가치와 맞먹는 등가등량等價等量의 문화재를 맞교환하는 환수 방식이 제기됐지만, 국내의 부정적인 여론에 밀려 성사되지 못했다. 이후에도 우리 측에서는 '영구대여'라는 방식으로 의궤의 반환을 요구했지만 쉽게 합의점을 찾지는 못했다. 무엇보다 프랑스 측이 한국으로의 반환을 꺼린 것은 그들이 보유한 약탈문화재가 상당수 있기 때문이다. 의궤의 반환이 다른 문화재 반환의 선례가 될까 우려해 프랑스는 거듭 미온적인 입장을 보인 것이다.

2010년 11월 G20정상회의 기간 중 반가운 소식이 전해졌다. 프랑스가 드디어 의궤의 한국 반환에 합의한 것이다. 세부 협상 결과 의궤는 2011년 5월 말까지 한국에 돌아오는 것으로 예정되어 있다. 비록 '반환'이라는 용어는 쓰지 않고 우리 측이 시종일관 요구한 '영구대여' 방식에서도 한발 후퇴한 '5년마다의 대여' 방식을 취했지만, 의궤가 145년 만에 한국에 돌아온다는 것이 무엇보다 중요한 사실이다. 외규장각 의궤의 반환을 계기로 의궤와 조선의 왕실문화에 대한 연구가 이어지기를 기대한다.

박지원의
『열하일기』

　박지원의 아들 박종채가 직접 수정·보완한 『열하일기』가 발견돼 학계에서 화제가 된 바가 있다. 『열하일기熱河日記』는 그 내용이 워낙 재미있어서 여러 종의 필사본이 나돌아다닌 책이었다. 그런데 이번에 아들이 직접 수정한 『열하일기』가 발견되었으니, 박지원이 일기를 쓴 진의를 보다 명확히 밝힐 수 있게 된 것이다. 230년 전 아직도 청나라에 대한 복수 의식이 팽배했던 시절, 박지원은 『열하일기』를 통해 이념보다는 개방과 소통의 중요성을 역설했다.

3000리 길 열하에서 새 세상을 만나다

『열하일기』는 조선후기의 북학파 학자 박지원朴趾源(1737〜
1805)이 1780년(정조 4) 청나라를 다녀온 후에 쓴 기행문으로
1783년에 완성되었다. 청나라 건륭제의 고희연을 맞아 재종형
박명원의 자제군관의 신분으로 청나라에 들어갔다가 견문한 내
용을 쓴 것이다.

청나라에 대한 복수 의식인 북벌北伐 이념이 여전히 지배하던
시대, 박지원은 청나라 곳곳을 견문하면서 큰 충격을 받았다. 귀
국 후 그의 충격적인 경험은 『열하일기』의 집필로 이어졌다. 애
초의 목적지인 연경에 갔다가 당시 건륭제가 휴가를 취하고 있
던 열하의 피서산장까지 갔기 때문에 제목을 '열하일기'라 한
것이다.

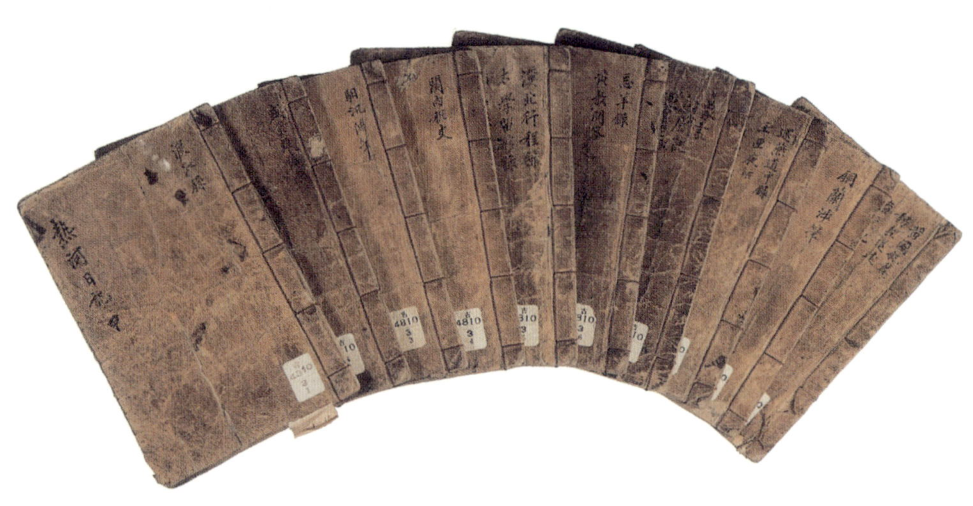

1780년 여름 동지사 박명원 일행은 청나라 건륭제가 있는 북경을 향해 압록강을 건넜다. 일행 중에는 박지원도 속해 있었다. 청나라 여행에 임하는 박지원의 기분은 처음에는 한껏 달아올라 있었지만, 막상 국경에 다다르니 고향 생각도 나고 약간의 착잡한 마음도 있었던 듯하다.

"멀리 앞길을 헤어볼 때 무더위가 사람을 찌는 듯하고, 돌이켜 고향을 생각할 때는 구름과 산에 막혀 아득한지라 사람의 정리도 이럴 때는 느닷없이 떠오르는 가벼운 후회가 없지 못할 것이다."(『열하일기-도강록』에서)

박지원은 국경에서의 소지품 검사 광경도 자세하게 묘사했다.

"하인들의 경우 윗옷을 풀어헤치기도 하고 바짓가랑이도 내리훑어보며, 비장이나 역관의 경우에는 행장을 끌러본다. 이불 보퉁이, 옷 보따리들이 강가에 풀어 흐트러지고 가죽 상자, 종이 함짝들은 풀섶에 나뒹구는데 서로 흘깃흘깃 쳐다보면서 저마다 수습하기에 야단법석이다."(『열하일기-도강록』에서)

압록강에서 국경을 넘을 때의 정경은 마치 현장을 보는 것처럼 묘사되어 있다. 박지원은 수색을 당해 체면이 손상된 것에 불만을 표하면서도 순순히 수색에 응했다. 그리고 드디어 그렇게 바랐던 국경을 넘었다.

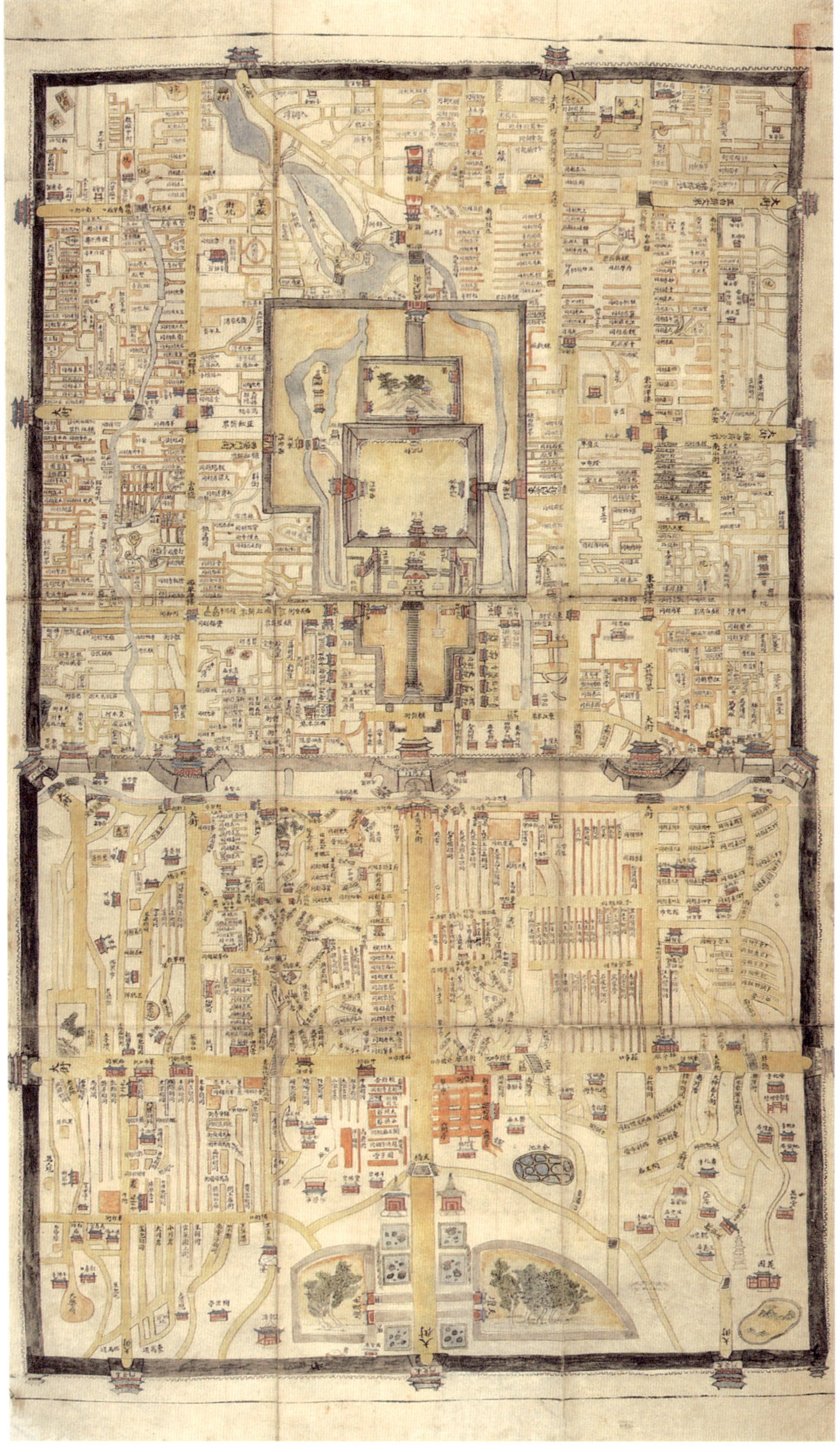

'천하의 두뇌' 열하로 가다

　박지원이 열하까지 간 여정을 대략 살펴보면 압록강에서 연경까지 2300여 리, 연경에서 열하까지 700리로 육로 3000리의 긴 여행이었다. 거리도 거리려니와 끝없이 펼쳐지는 중원의 변화무쌍한 날씨는 여행자를 힘들게 했다. 그러나 박지원은 뜻밖의 행운에 모험을 즐기며 가는 곳마다 세심하게 여행스케치를 했다.

　열하는 강희제 이후 중국 역대 황제들의 별궁으로 활용되었으며, 여름 최고기온이 24도를 넘지 않는 시원한 곳이었다. 그러나 열하로 가는 길은 험준한 지세에다 황제의 불같은 재촉이 이어지면서 사신단 일행은 하룻밤에 아홉 번이나 강을 건너는 강행군을 하기도 했다. 열하는 당시 북방의 오랑캐들을 제어할 수 있는 '천하의 두뇌'에 해당하는 곳으로 인식되었다. 박지원은 이곳에서 다양한 사람들과 동물 및 몽골, 위구르, 티베트, 서양 등 이국 문명을 접하면서 그가 생각했던 것과 완전히 다른 문화 충격을 받게 된다.

　『열하일기』는 독립적으로 전하는 경우 총 26권 12책으로 구성되었는데, 1책 도강록, 2책 성경잡지, 3책 일신수필, 4책 관내정사, 5책 막북행정록, 태학유관록, 6책 환연도중록, 경개록, 황교문답, 반성시말, 찰십윤포, 7책 망양록, 심세편, 8책 혹정필담, 산장잡기, 9책 환희, 피서록, 행재잡록, 희본명목, 10책 구외이문, 옥갑야화, 금류소초, 11책 황도기략, 알성퇴술, 앙엽기, 12책 동란섭필 등이다.

"무릇 수레라는 것은 하늘이 낸 물건이로되 땅 위를 다니는 물건이다. 이는 물 위를 달리는 배요 움직이는 방이라 할 수 있을 것이다. (…) 우리 조선에도 수레가 전혀 없는 것은 아니다. 그러나 그 바퀴가 완전히 둥글지 못하고 바퀴 자국이 궤도에 들지도 못한다. 그러므로 수레가 없는 것과 마찬가지이다. 어떤 사람들은 우리 조선은 산과 계곡이 많아 수레를 쓰기에 적당하지 못하다고 한다. 이런 얼토당토않은 소리가 어디 있는가? 나라에서 수레를 이용하지 않고 보니 길을 닦지 않는 것이요, 수레만 쓰게 된다면 길은 저절로 닦일 것이 아닌가? 거리가 비좁고 산마루들이 험준하다는 것은 아무 쓸데없는 걱정이다. (…) 그래도 사방의 넓이가 몇천 리나 되는 나라인데도 백성들의 살림살이가 이다지도 가난한 까닭은 대체 무엇이겠는가? 한마디로 말한다면, 수레가 나라에 다니지 않는 탓이라 할 수 있다."(『열하일기-일신수필』 중 '수레 만드는 법식車制' 에 관하여)

위의 기록에서 보듯이 『열하일기』 곳곳에는 박지원의 북학사상이 진하게 배어 있다. '조선은 산과 계곡이 많아 수레를 쓰기에 적당하지 못하다고 한다' 는 변명에 대해 박지원은 "나라에서 수레를 이용하지 않고 보니 길을 닦지 않는 것이요, 수레만 쓰게 된다면 길은 저절로 닦일 것이 아닌가?"라 하여 수레를 만들어보지도 않고 포기하는 자세를 신랄히 비판했다. 이러한 생각은 현대의 교통망 확보와도 흡사한 점이 있다. 1970년대 경제개발 기간 중 산을 깎고 터널을 뚫어 고속도로망을 확보한 것이 여러 측면에서 경제의 부가가치를 창출하는 것과도 비슷한 이치이다. 수레를 단순한 교통수단으로만 생각하지 않고 수레의 활용에서 비롯되는 도로망 건설 등 국가산업 전반의 발전을 꾀하는 기회로 여긴 것이다.

청나라에 도착한 후에도 박지원은 가는 곳마다 보고 관찰한 내용들을 정리하여 『열하일기』에 담았다. 털모자에 대한 단상을 담은 다음과 같은 글이 대표적이다.

"우리나라에서 많이 쓰는 털모자는 다 이곳에서 나오고 있다. 털모자 점은 세 군데 있었는데, 한 점포가 40~50칸씩이나 되고 모자 만드는 장인바치들이 백 명씩은 족히 될 것 같았다. 의주 상인들은 벌써 이곳에 우글우글 모여 모자들을 계약하고 돌아가는 길에 실어갈 모양이다. (…) 모자는 사람마다 겨울에만 쓰다가 봄이 되어서 해지면 버리고 마는데, 천 년을 가도 헐지 않는 은으로 한 겨울만 쓰면 내버리는 모자와 바꾸고, 산에서 캐내는 한정 있는 은으로 한 번 가면 다시 돌아오지 못할 땅에 갖다버리니 그 얼마나 생각이 깊지 못한 일인가?"(『열하일기－일신수필』 중에서)

당시 털모자는 청나라에서 만들어져 겨울철 조선에 인기리에 수입되고 있었지만, 박지원은 털모자 수입에 대해 은을 낭비하는 행위라 하여 부정적으로 인식한 것이다. 최근에도 일부 부유층을 상대로 하는 수입업자들이 외국산 모피나 명품 의류나 가방 등을 수입하면서 막대한 달러를 해외에 유출하고 있는 현실을 고려하면 박지원의 이야기가 결코 낯설지 않다.

『열하일기』는 조선후기 최고의 베스트셀러였다. 현재 내용이 조금씩 다른 『열하일기』 필사본이 여러 종 남아 있는 것을 보아도 당시 이 책의 인기를 짐작할 수 있다. 『열하일기』가 이처럼 유행한 것은 무엇보다 글이 재미있기 때문이었다. 어떤 지식인은 『열하일기』가 종종 턱이 빠질 정도로 웃게 만드는 책이라고 평가한 바 있다. 박지원은 토속적인 속담을 섞어 쓰고, 하층 사람들과 주고받은 농담을 아무렇지 않게 기록하기도 했으며, 또 한문 문장에 중국어나 소설체 문체를 사용하는 등 당시 지식인들이 일상적으로 쓰는 판에 박힌 글과는 전혀 다른 글쓰기를 하면서, 특유의 해학과 풍자를 가미하여 독자들의 흥미를 유발했다. 또한 박지원의 글에는 당대의 현실에 대한 철저한 고민이 녹아 있었기 때문에 의식 있는 지식인들의 큰 호응을 얻을 수 있었다.

　하지만 박지원의 글은 문체와 그 내용의 파격성으로 인하여 비난의 대상이 되기도 했다. 국왕인 정조 역시 패관잡기를 불온시하고 순정문醇正文으로 돌아갈 것을 촉구했다. 정조는 직접 하교를 내려 박지원의 문장이 비속함을 지적했다. 양반의 신분질서에 대해 저항적 성격을 지닌 그의 글이 널리 퍼질 경우 사회 기강이 무너질 것을 우려했기 때문이었다. 이러한 연유로 『열하일기』는 연암이 세상을 떠난 약 80년 후인 19세기 후반에 가서야 다시 주목을 받을 수 있었다. 『열하일기』는 1911년 조선광문회에서 활자본으로 출간되면서 널리 전파되기 시작했고, 북학사상의 선구자 박지원의 이름을 후대인들에게 깊이 각인시켰다.

조선을 움직인
10대 뉴스

　한 해가 저물어갈 즈음이 되면 신문사나 방송국에서는 그해를 대표하는 사건, 인물을 정리하느라 분주한 시간을 보낸다. 조선시대 역사를 전공하는 필자의 시각에서 500여 년간 존속했던 조선시대 역사를 대표하는 10대 뉴스를 선정해보았다.

　① 훈민정음 창제-백성들 문자에 눈을 뜨다

　조선을 움직인 가장 중요한 사건을 선정하는 것은 그리 쉽지 않았다. 그럼에도 세종대왕의 훈민정음 창제를 1순위로 둔 것은, 한글은 세계에서 고유 문자가 있는 나라 중의 하나로 대한민국을 기억하게 하며, 그 창제 동기와 시기가 밝혀져 있는 거의 유일한 문자라는 독창성 때문이다.

　우리나라 역사는 수천 년을 지속했지만, 세종대왕 이전까지 우리글은 없었다. 그동안 입으로는 우리말을 하고 글은 한자를 빌려 쓰는 생활을 해오면서, 백성들의 불편함은 이루 말할 수 없었다. 세종은 어려운 한자를 모르는 백성들도 쉽게 글을 읽고 쓸 수 있도록 자음과 모음 28자로 이루어진 훈민정음을 만들었다.

훈민정음은 1443년에 만들어져 3년 동안이나 궁궐에서 여러 학자와 대신들이 시험적으로 사용해보았다. 그 결과 여러 사람이 쓰기 편리한 글임이 인정되어 온 백성에게 가르치기로 한 것이다. 특히 새로 스물여덟 글자를 만든 의미까지 밝혀놓은 서문의 존재로 훈민정음은 더욱 빛이 났다. 그 속에는 세종의 자주정신, 애민정신과 함께 실용정신까지 녹아 있었다.

② 임진왜란 발발―팔도가 전쟁터로

1592년 4월 13일 일본은 총 20여만 대군으로 조선을 침공했다. 최초의 부대는 부산진을 침공한 소서행장(고니시 유키나가) 부대였다. 초기의 전투에서 조선의 관군은 무참히 패배했다. 4월 30일 국왕인 선조는 서울을 버리고 의주로 피난길에 올랐다.

그러나 점차 상황은 역전되었다. 지방에서 자발적으로 일어난 의병들의 항쟁과 남해안의 제해권을 장악한 '불패의 장군' 이순신의 해전에서의 활약 덕이었다. 의병과 수군의 활약은 바로 반격의 물꼬를 텄고 이후의 전투에서 조선군은 대부분 승리를 거두었다. 휴전 회담을 깨고 1597년 일본이 다시 침략했지만(정유재란), 1598년 조·명 연합군은 일본군을 완전히 우리 국토에서 몰아냈다. 임진왜란은 승리한 전쟁이었지만 7년간의 장기전으로 말미암아 국토의 황폐, 인명의 희생, 문화재의 파괴 등 큰 손실을 입혔다.

③ 삼전도 굴욕─인조, 오랑캐에 무릎 수모

1636년 12월 청 태종이 직접 이끄는 13만 청나라 대군이 조선을 침공했다. 조선이 명나라와 외교관계를 단절하고, 청과 군신관계를 맺을 것을 요구하기 위해서였다. 인조와 조선 조정은 남한산성으로 피난하여 50일가량 항전했으나 전세는 역부족이었다. 1637년 1월 30일 인조는 삼전도의 수항단受降檀(항복 의식을 하는 제단)으로 내려가 청 태종에게 항복 의식을 치르는 치욕을 당했다. 이전까지 오랑캐라 여겼던 청나라에 당한 치욕을 잊지 말자는 의지는 훗날 효종 시대 북벌北伐사상으로 이어진다.

④ 막 내린 고려시대─태조, 한양 천도

1394년(태조 3) 10월 수도를 개성에서 한양으로 옮겼다. 태조는 개성의 수창궁에서 즉위했지만 새 나라에 걸맞은 도읍 건설을 추진했다. 한반도의 중앙에 위치한 한양은 이미 500년간 백제의 수도였으며, 특히 남쪽에 한강을 끼고 있어서 수로 교통에 매우 편리했다. 또한 주변에 높은 산들이 둘러싸고 있어서 국방상으로도 매우 유리한 지역이었다. 태조가 '이곳의 형세를 살펴보니 왕자王者의 도읍이 될 만하다. 더구나 조운漕運이 통하고 사방의 이수里數도 고르니 사람들에게 편리하다'라고 말한 것은 이 점을 잘 보여주고 있다. 도읍지는 한양으로 정해졌지만 이때 왕궁을 어느 방향으로 할 것인가를 두고 왕사王師인 무학대사와 정도전의 의견이 팽팽히 대립했다. 무학이 인왕산을 주산으로 삼을 것을 주장하자, 정도전은 국왕은 남면南面을 해야 한다는 이유로 북악산을 주산으로 할 것을 주장했다. 1394년 10월 28일 북악산을 주산으로 한 한양 천도가 이루어졌다.

⑤ 영·정조 시대—정치·문화의 중흥을 맞다

임진왜란과 병자호란이라는 국가적 위기를 극복한 조선왕조가 안정기에 접어들 수 있었던 데에는 영조와 정조처럼 뛰어난 왕이 연이어 등장한 것이 큰 몫을 했다. 영조는 탕평책과 균역법을 실시하여 정치·경제적인 안정을 꾀했으며, 1760년 청계천 공사를 단행하여 도시 실업자의 구제에도 나섰다. 정조는 할아버지인 영조를 이어 개혁정치를 펼쳐나갔다. 특히 화성 건설과 화성 행차를 통하여 조선의 농업, 상업, 과학, 국방 수준을 크게

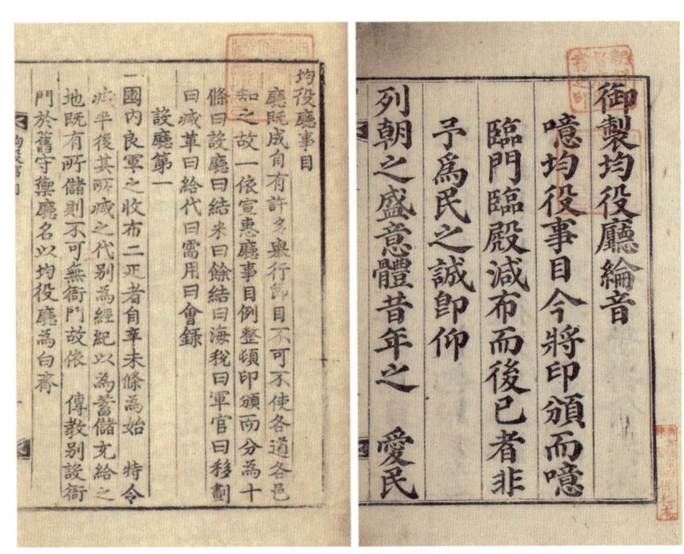

끌어올렸다. 영·정조 시대에는 『속대전』 『속오례의』 『대전통편』 『무예도보통지』 등의 편찬사업이 활발하게 이루어져 조선의 문예 부흥에 불을 지폈다.

⑥ 4대 사화 피바람―붕당정치의 시작

16세기는 훈구파와 사림파의 정치적·사상적 대립에서 비롯된 4대 사화士禍가 일어난 시기였다. 1498년의 무오사화, 1504년의 갑자사화, 1519년의 기묘사화, 1545년의 을사사화가 그것으로, 사화에서 사림파는 정치적으로 크게 탄압을 받았다. 기묘사화는 조광조가 등장하여 급진적인 개혁정치를 펼쳐보려다가 희생당한 사건으로, 사림파는 성리학의 이념을 중앙과 지방에 실천하려 했다.

네 차례의 사화에서 사림파는 모두 패배했지만, 그들은 지방에서 그 존재를 각인시켜나갔다. 16세기 중반 선조 즉위 후에는 조선을 대표하는 정치세력으로 성장했다. 사림파가 정권을 잡은 후에는 붕당정치 시대가 열렸다.

⑦ 진경문화, 병자호란의 아픔 보듬어

18세기 이후 조선의 문화와 예술 분야에서는 큰 변화가 일어났다. 18세기 영·정조 시대에 들어서면 중국에서 유행한 남종문인화를 우리의 고유한 자연과 풍속에 맞추어 토착화하려는 화풍이 일어났으니 '진경산수화'가 바로 그것이다. 청나라에 패배한 치욕을 문화적으로 회복하고, 그 문화의 중심은 명에서 조선으로 이어졌다는 조선 중화사상이 진경문화의 유행에 큰 몫을 했다.

　그림에서 진경문화의 주역은 정선이었다. 양반 출신이었던 정선은 자신이 살았던 인왕산 등 서울 주변의 수려한 경관과 금강산의 모습 등을 독특한 필치로 그려넣었다. 정선의 뒤를 이어 산수화와 풍속화의 새 경지를 열어놓은 화가는 화원 출신인 김홍도와 신윤복이다. 김홍도는 정조의 각별한 총애를 받아 궁중 화가의 중심인물이 되어 각종 궁중 풍속화의 제작에도 참여했다. 특히 김홍도는 서민들의 생활상을 풍속화에 담았다. 대장간, 씨름, 집짓기, 추수 등 그의 풍속화는 조선시대 사람들의 삶 그 자체를 표현했다고 해도 과언이 아니다. 신윤복은 부녀자의 생활상을 화폭에 담아 진경문화를 더욱 풍부하게 했다.

　⑧ 인조반정, 사상계에 회오리가 일다

　1623년의 인조반정은 북인을 축출하고 서인이 등장한 정치적 사건일 뿐 아니라, 인조반정 이후 사상적 다양성이 공존하던 시대에서 주자성리학 중심의 시대로 재편되었다는 점에서 조선전기와 후기를 구분짓는 기준점으로 제시되기도 한다. 인조반정의 주도 세력은 서인인 이이와 이항복의 문인인 김류, 이귀, 김자점, 신경진, 이괄 등이었다. 광해군 시절 정권은 남명학파와 화담학파를 기반으로 하는 북인들에 의해 장악되었다.

　권력으로부터 소외되어 있었던 서인과 남인들은 북인들에게 커다란 정치적 불만을 품으면서 점차 세력을 결집했다. 특히 광해군이 영창대군을 죽이고 계모 인목대비를 서궁에 유폐한 '폐모살제廢母殺弟'는 이들에게 주요한 반정의 명분이 되었다. 인조반정 이후 조선의 정치·사상계는 서인이 주도하고 남인이 동조하는 방식으로 전개되었다.

⑨ 세도정치의 전개-제동 걸린 개혁

1800년 조선후기 개혁정치와 문예중흥을 이끌던 정조가 갑자기 승하했다. 강력한 카리스마로 조선의 중흥을 이끌던 정조의 급서는 이후의 조선 정국에 큰 파란을 몰고 왔다. 정조가 1800년 6월에 죽고 11세의 순조가 뒤를 이으면서 시작된 강력한 군주의 정치권력의 공백은 대왕대비와 외척들이 차지해갔다. 세도정치기의 서막이 열린 것이다.

19세기 전반 어린 군주인 순조(1800~1834), 헌종(1834~1849)과, '강화도령'으로 알려진 철종(1849~1863) 등 허약한 왕이 연이어 등장하면서 안동 김씨, 풍양 조씨 등 왕실의 외척 가문은 대왕대비나 왕대비를 권력의 기반으로 삼아 확고하게 권력의 중심부로 들어섰다. 국왕이 정상적으로 국정을 운영하지 못하고 정치가 소수의 외척 가문을 중심으로 이뤄지면서 조선왕조는 점차 몰락의 길로 들어섰다. 세도정치 시기에는 삼정(전정, 군정, 환곡)의 문란이 특히 심했으며, 이로 인해 저항 세력이 들고일어난 1811년의 홍경래의 난과 1862년의 임술민란을 야기했다.

⑩ 조선왕조실록 등 세계적 기록물 편찬

현재 대한민국은 유네스코에서 지정한 세계기록유산을 7건 보유하고 있다. 그중에서 『훈민정음』『조선왕조실록』『승정원일기』『동의보감』, 조선왕조의 의궤가 모두 조선시대 기록물이다.

그만큼 조선시대에는 기록물 편찬의 전통이 뛰어났다.

『조선왕조실록』은 1대 태조부터 25대 철종까지 472년(1392~1863)간의 기록을 편년체로 서술한 조선왕조의 공식 국가 기록이다. 완질의 분량이 1707권 1188책에 이르는 방대한 기록으로서 조선시대의 정치·외교·경제·군사·법률·사상·생활 등 각 방면의 역사적 사실을 망라하고 있다. 『승정원일기』는 왕의 비서실인 승정원에서 쓴 일기 기록이며, 『동의보감』은 불세출의 의학자 허준의 대표적인 의학서이다. 의궤는 조선왕실의 주요 행사를 기록과 함께 그림으로 정리한 책으로 오늘날 왕실 행사 재현에 큰 도움을 주고 있다.

癸

역사의 의미

역사 속 지도자들의
마지막 모습

    2009년 8월 김대중 전 대통령의 영결식이 엄수되었다. 40년 이상 한국 현대사의 중심에 서 있었고, 그의 행동 하나 발언 하나가 역사를 새로 만들어갈 만큼 비중이 큰 인물이었다. 대통령직을 떠나서도 왕성한 활동을 했지만 고령에 따른 병환만은 막을 수 없었다. 병상에 있는 동안 평생의 정치적 동지이자 정적인 김영삼 전 대통령, 그리고 자신을 사형에까지 몰아넣었던 전두환 전 대통령과도 극적인 화해를 했다. 그는 마지막까지 국민통합과 화해, 그리고 평생의 목표이기도 했던 남북협력의 메시지를 전하며 영면의 길로 떠났다.

우리 역사 속 지도자들 중에도 마지막을 선명하게 떠올리게 하는 대표적인 인물이 있으니, 고려를 건국한 태조 왕건이다. 왕건은 죽음에 임박해 후대 왕들이 지켜야 할 정책 방향을 10가지로 정리한 「훈요십조訓要十條」를 남겼다.

1조 불교의 힘으로 나라를 세웠으므로 사찰을 서로 빼앗지 말 것, 2조 사찰을 지을 때는 도선의 풍수사상에 의거하여 지을 것, 3조 왕위는 맏아들 세습을 원칙으로 하되 맏아들이 현명하지 못할 때는 다른 아들이 여러 신하의 추대를 받아 왕위를 계승할 것, 4조 우리나라는 방토方土와 인성人性이 중국과 다르므로 중국 문화를 모두 따를 필요가 없으며 거란은 언어와 풍속이 다른 짐승과 같은 나라이므로 거란의 제도를 따르지 말 것, 5조 풍수지리 사상을 존중하고 서경西京(지금의 평양)을 중시할 것, 6조 연등의 불교 행사와 하늘·오악五嶽·대천·용신을 제사지내는 팔관八關 행사를 성실히 지킬 것, 7조 간쟁을 따르고 참언을 멀리하여 신민의 지지를 얻을 것, 8조 농민의 요역과 세금을 가볍게 하여 민심을 얻고 국부민안國富民安을 이룰 것, 9조 차령산맥 이남과 금강 이남은 산천과 인심이 배역背逆을 끼고 있으므로 그 지방 사람들을 등용하지 말 것, 10조 경사經史를 넓게 읽어서 옛날을 거울삼아 현재를 경계할 것 등이다.

고려가 불교와 풍수지리 사상에 기반한 나라인 점, 서경을 중심으로 북진정책을 쓰고 거란과는 대결 구도로 간다는 점이 분명히 나타나 있다. 왕건이 거란에 대하여 소위 '햇볕정책' 대신

강경정책을 고수한 것은 거란에 대해 발해를 멸망시킨 무도한 민족이라고 인식했기 때문이었다. 반면 지금으로부터 천 년도 넘은 유훈遺訓이지만 전통문화의 존중이나 후계자 계승 문제, 언로의 수집과 세금을 가볍게 할 것 등 현재에 바로 적용해도 손색이 없는 내용도 상당수 포함되어 있다. 그러나 이러한 태조의 유훈은 쉽게 지켜지지 않았다. 태조 사후 바로 왕위 계승을 둘러싸고 왕자들 간의 전쟁이 잇따랐으며, 4대 광종에 이르러서야 고려는 제국의 기틀을 다질 수 있었다.

왕들의 최후의 모습

조선을 개국한 태조의 무덤은 특이하게 봉분에 잔디가 아닌 억새가 심겨져 있다. 고향 함흥을 그리워하는 아버지를 위해 아들 태종이 함흥의 억새를 가져와 봉분을 덮어준 것이라고 한다. 실록에서도 이러한 정황을 보여주는 내용이 전한다.

"홍서봉이 아뢰기를 '건원릉 사초莎草를 다시 고친 때가 없었는데, 지금 본릉에서 아뢰어온 것을 보면 능 앞에 잡목들이 뿌리를 박아 점점 능 가까이 뻗어난다고 합니다. 원래 태조의 유교遺教에 따라 북도北道의 청완靑薍(억새)을 사초로 썼기 때문에 지금까지도 다른 능과는 달리 사초가 매우 무성했습니다. (…) 예로부터 그 능의 사초를 손대지 않았던 것은 다른 뜻이 있어서였던 것이니 손을 대서는 안 된다' 고 하였습니다." (『인조실록』 인조 7년 3월 19일)

위의 기록에서 태조의 유언에 따라 아들 태종이 함흥 고향의 억새를 가져와 동구릉의 사초로 썼음이 나타나며, 이후에도 여러 왕이 태조의 사초를 특별히 관리한 정황이 나타난다. 생전에도 많은 갈등을 겪었던 아버지 태조와 아들 태종. 태종은 무덤마저 아버지가 원치 않는 곳에 조성했다. 아버지가 그토록 사랑했던 왕비 신덕왕후의 곁에 묻히는 것을 반대하여 현재의 동구릉 자락에 건원릉을 조성하고 홀로 아버지를 모시는 불효(?)를 범했다. 그러나 고향 함흥의 억새를 덮어달라는 마지막 유언만은 거절하지 못했던 것 같다. 건원릉의 억새는 아버지가 진정 원치 않는 곳에 묻은 불효를 만회하려 했던 태종의 아픈 심정을 담고 있다.

1452년 5월 죽음을 눈앞에 둔 문종은 마지막까지 믿었던 대신 김종서와 황보인 등을 불렀다. 이제 열두 살이 갓 지난 어린 세자가 왕위에 오르는 것이 아무래도 마음에 걸렸던 것이다. 그래서 이들에게 단종을 잘 보필하여줄 것을 신신당부했다. 단종 즉위 후 이들은 문종의 유언을 충실히 따랐다. 그러나 너무 지나쳤다. 관리들이 인사를 할 때 자신들이 결정한 인물의 이름 밑에 노랗게 표시를 하는 황표정사黃標政事를 했고, 왕실은 허수아비나 다름없는 존재가 되었다. 문종의 동생이자 단종의 숙부인 수양대군은 이러한 상황에 분개했다. 1453년 마침내 계유정난이라는 쿠데타를 단행했고, 김종서·황보인 등 신권의 대표 주자들은 제거되었다. 1455년 왕위에서 물러나 단종은 결국 유배지 영월 청령포에서 생을 마감했다. 문종의 마지막 우려는 현실이 되어 왕실의 비극으로 이어졌던 것이다.

1607년 12월 선조는 병세가 악화되자 유영경·신흠·한응인 등 7명의 전현직 대신들을 불렀다. 노년에 낳은 적장자 영창대군을 후계자로 지명하고 싶었지만 영창대군은 이제 겨우 두 살. 결국 선조는 대신들이 입시한 자리에서 이미 왕세자로 책봉되어 있던 광해군을 후계자로 삼으라는 유교遺敎를 내렸다. 그리고 어린 영창대군이 마음에 걸린다며 자신이 죽은 후에도 여러 대신이 잘 지켜줄 것을 당부했다. 이때 선조의 마지막 유언을 들은 사람을 유교칠신遺敎七臣이라 한다. 광해군에게도 역시 동기同氣인 동생 영창대군을 끝까지 보호해줄 것을 간곡히 당부했다.

1608년 2월 선조는 혼수상태에 빠졌다. 허준을 비롯한 어의들이 소합원, 개관산 등의 강한 약재를 처방했지만 차도가 없었다. 허준이 마지막으로 어쩔 수 없는 상황임을 진단했다. 선조의 뒤를 이어 광해군이 왕위에 올랐지만, 광해군은 아버지의 유언을 따르지 못했다. 오히려 1613년 어린 동생 영창대군을 살해할 수밖에 없었다. 당파 간의 치열한 정쟁이 격화되면서, 왕권을 위협하는 적장자 동생의 존재는 광해군에게 커다란 정치적 부담이 되었기 때문이다. 광해군을 후계자로 정한 선조의 마지막 유언은 지켜졌지만, 후대의 정치적 격랑 속에서 사랑했던 막내아들은 처참한 죽음을 맞고 말았다.

대학자의 마지막 모습들

1501년 같은 해에 출생하여 영남학파의 양대 산맥을 형성한 남명 조식과 퇴계 이황. 이들은 '좌퇴계左退溪 우남명右南冥'으로 불리면서 평생을 정치적 라이벌이자 학문적 동지로 살아갔다. 둘은 성리학의 이해를 둘러싸고도 실천 중시(조식), 이론 탐구(이황)라는 다른 입장을 보였으며, 현실을 보는 눈, 왜적에 대한 입장 등 모든 면에서 달랐다. 이들의 학문을 계승한 제자들에 이르러서는 북인(조식 학파)과 남인(이황 학파)으로 갈리면서 더욱 치열한 학문적, 사상적 대립관계를 유지했다.

두 사람은 달랐던 성향만큼이나 마지막 모습도 달랐다. 이황은 죽음을 앞두고 제자들을 가르쳤던 도산서당이 위치한 청량산을 그리워했다. 이제 더 이상 청량산을 오를 수 없었지만, 1570년 병석에서 청량산에 다녀온 제자 권호문에게 청량산 이야기를 듣고 고개를 끄덕였다고 한다. 죽음 직전 이황은 평소 사랑했던 매화에게 자신의 불결한 모습을 보이기 싫다면서 분재를 옮기라고 지시했다. 12월 8일 이황은 '저 매화나무에 물을 주라'는 말을 남기고 조용히 눈을 감았다. 학문에 침잠하며 자연을 사랑한 대학자의 마지막 모습이었다.

조식은 성리학의 실천을 무엇보다 강조하면서 평생 수양과 실천을 상징하는 '경의敬義'를 신념화했다. 조식은 차고 있던 칼에 '내명자경內明者敬(안으로 밝히는 것은 경) 외단자의外斷者義(밖으로 결단하는 것의 의)'라는 글씨를 새겨놓았으며, 창과 벽 사이에도 경의 두 글자를 크게 써놓았다고 한다. 조식은 임종 시에 문인들이 마지막으로 가르침을 청하자 '경의 두 글자는 지극히 긴요하고 절실하니 배우는 사람들이 공부가 익고 익으면, 가슴속에 일물一物의 가리움이 없게 되는 것인데 내가 이 경지에 이르지 못하고 죽는다'는 유언을 남겼다.

　조선중기를 대표하는 정치가이자 학자인 율곡 이이 역시 마지막 순간까지 조선의 국방을 걱정했다. 1584년 이조판서였던 이이는 병조판서로 있을 때부터 생긴 병 때문에 몸져누웠다. 선조는 의원을 보내 치료하게 하는 한편, 마침 서익徐益이 순무어사로 관북에 가게 되자 이이를 찾아가 변방에 관한 일을 묻게 했다. 자제들은 병이 현재 조금 차도가 있으나 몸을 수고롭게 해서는 되지 않으니 응하지 말 것을 청했지만, 이이는 '나의 몸은 다만 나라를 위할 뿐이다. 만약 이 일로 인하여 병이 더 심해져도 역시 운명이다' 하고, 억지로 일어나 맞이하여 육조六條의 방책을 불러주었다. 서익이 이를 다 받아쓰자 호흡이 끊어졌다가 소생하더니 하루를 넘기지 못하고 영원히 일어나지 못했다고 한다. 정치가로서, 학자로서 최후까지 조선의 국방을 걱정했던 이이의 마지막 모습이었다.

　역사적 인물의 마지막은 당대뿐 아니라 후대에도 깊은 기억으로 남는다. 이순신 장군을 더욱 위대하게 하는 것은 적의 총탄을 맞은 순간에도 '나의 죽음을 적에게 알리지 말라'고 했던 그 의연한 모습이다. 생을 마감하는 마지막까지 국민통합과 민주정치, 납북협력을 위해 살다 간 김대중 전 대통령. 마지막 순간까지 남긴 일기에도 조국과 민족을 사랑하는 열정을 담고 우리 곁을 떠났다. 그는 이제 현재가 아닌 역사 속의 인물이 되었다.

왕릉으로 본 행복한 왕,
불행한 왕

대통령, 정당의 대표들이나 또는 정치적 결단을 요구하는 위치에 있는 정치인들이 빠지지 않고 방문하는 곳이 바로 국립현충원이다. 이곳에는 한국 현대사에서 뚜렷한 족적을 남긴 인물이나 전쟁 등 위기 상황에서 국가를 구한 인물이 묻혀 있어 상징적인 무게를 갖기 때문일 것이다. 조선시대에도 후대의 왕이 선왕의 무덤을 참배하는 것을 큰 행사로 여겼다.

정조의 경우 아버지 사도세자의 무덤을 화성에 조성하고 자주 행차에 나섰다. 이것은 단순히 아버지에 대한 추모뿐만 아니라 사도세자에 대한 존숭 작업을 통해 '죄인의 아들'이라는 굴레를 벗고 왕권을 강화하기 위한 정치적 목적도 담겨 있었다.

왕릉이 우리에게 알려주는 것들

왕릉에 대한 관심과 연구는 이제껏 그다지 많이 이뤄지지 않
았다. 왕릉은 죽은 자의 무덤이고 비슷비슷하게 생겨 특별할 게
없다는 선입견 때문이기도 할 것이다. 그러나 왕릉은 왕의 무덤
이라는 측면 외에도 여러 의미를 지니고 있다. 무덤을 조성한 지
역과 곁에 묻힌 인물을 통해 당시의 정치적 입장을 압축적으로
살펴볼 수 있으며, 왕릉 주변에 조성된 석물을 통해서는 당대의
건축미와 미술사의 흐름까지 읽을 수 있다.

왕릉은 대개 왕뿐 아니라 왕비의 무덤까지 포함한다. 왕과 왕
비(정비)의 무덤을 일컬어 '능陵'이라 했고, 왕의 사친私親이나 왕
세자(세자빈)의 무덤은 '원園'이라 칭했다. 사도세자의 무덤이 원
래는 현륭원顯隆園이었다가, 장조莊祖로 추존되면서 '융릉隆陵'
으로 능호가 바뀐 것은 능과 원의 위상차를 대표적으로 보여준
다. 이외에 왕으로 있다가 폐위된 경우에는 대군, 공주, 옹주, 후
궁 등의 무덤처럼 '묘墓'라는 칭호를 썼다. '연산군 묘'나 '광해
군 묘'의 호칭은 조선시대적 관점이 현대에도 그대로 이어진 경
우라 할 수 있다.

조선시대에 왕릉 조성에서 가장 크게 고려된 것은 풍수지리와
지역적 근접성이었다. 풍수지리적으로 명당이면서도 서울에서
멀리 떨어지지 않은 곳이 왕릉 조성지로서 적합한 대상이었다.
후왕들이 선왕의 능을 자주 참배하려면 우선 거리부터 가까워야
했기 때문이다. 현재 남아 있는 왕릉 대부분이 서울과 구리, 고
양, 파주 등 경기 북부지역에 분포하는 것도 이러한 이유에서다.

상대적으로 한강 이남에 조성된 왕릉(태종의 헌릉, 세종의 영릉, 단종의 장릉, 성종의 선릉, 중종의 정릉, 효종의 영릉, 정조의 건릉, 순조의 인릉)이 적은 것은 뱃길을 이용하는 데 따르는 부담감 때문이다.

또한 동구릉이나 서오릉처럼 왕실의 무덤이 집중적으로 조성된 것이 주목되는데, 이 지역이 명당이라는 점과 함께 선왕의 무덤에 함께 묻히고 싶어하는 후대 왕들의 뜻이 반영된 것으로 풀이된다. 그런데 조선시대 왕릉은 죽기 전 왕이 뜻하는 대로 만들어지지는 않았다. 무덤을 만드는 주체인 후대 왕의 생각과 정치적 변수, 신하들의 의견 등 다양한 변수가 작용했기 때문이다. 그중에서도 풍수지리적인 측면이라는 기본적인 요소 외에 정치적인 역학관계, 정비와 계비의 갈등이 큰 영향을 미쳤다. 그저 바라보기만 하면 엇비슷한 모습을 하고 있는 왕릉들은 저마다의 역사와 이야기를 품고 있다. 그중에서도 조선시대 왕릉을 통해 가장 행복했던 왕과 가장 불행했던 왕을 살펴볼 수 있을 것이다.

죽어서도 여복이 터진 숙종의 왕릉

조선시대에 죽어서 가장 행복한 왕으로는 숙종을 꼽을 수 있다. 생전에 사랑했던 왕비 네 명과 죽어서도 함께했던 왕이 바로 그이기 때문이다. 숙종의 무덤(명릉)이 조성된 지역인 현재의 서오릉은 서쪽에 있는 다섯 개의 왕릉이라는 뜻이다. 그런데 실제로 이곳에 조성된 왕릉은 예종의 창릉과 숙종의 명릉 2기이고, 추존왕 덕종(성종의 아버지)의 창릉까지 합해도 3기이다. 이른바 서오릉이라 한 것은 왕비의 능인 익릉과 홍릉을 포함해 5개의 능이 되기 때문이다.

흥미를 끄는 것은 서오릉의 주인공이 바로 숙종이라는 점이다. 이곳에는 숙종 자신을 위시해 열 살 때 혼인한 조강지처 왕비인 인경왕후, 첫 번째 계비 인현왕후, 두 번째 계비 인원왕후의 무덤이 함께 있다. 인현왕후는 숙종과 나란히 묻혀 있고, 유언을 남기면서까지 숙종 곁에 묻히고 싶어했던 인원왕후는 숙종과 인현왕후의 무덤 좌측의 언덕 높은 곳에 조금은 초라한 모습으로 조성돼 두 사람을 질투 어린(?) 눈으로 지켜보고 있는 형국이다.

또 한때는 숙종에게 최고의 사랑을 받았던 장희빈이 1970년 이곳으로 왔다. 사후 270년 만이었다. 숙종에게 사약을 받고 죽은 장희빈의 무덤은 원래 경기도 광주(오포면 문형리)에 거의 폐허로 남겨지다시피 했으나 장희빈의 무덤이 발견되자 후세 사람들이 알아서 숙종 곁에 모시고 온 것이다. 비극적인 최후만큼이나 그녀의 무덤은 서오릉 경역에 옮겨진 이후에도 봉분, 곡장, 석물들이 모두 초라하고 옹색하게 꾸며졌다. 그러나 어쨌든 세 명의 정비와 한 명의 후궁(이 후궁도 한때는 왕비의 지위에까지 오른 여인이었다)을 포함해 네 명의 왕비가 죽어서도 숙종 곁에 묻혀 있으니, 숙종은 생전처럼 엄청난 여복을 타고난 듯하다. 물론 재위 시절에는 이들 여인 때문에 피비린내 나는 당쟁이 여러 차례 전개되기도 했지만….

여기에 숙종의 며느리인 정성왕후(영조의 정비)의 무덤인 홍릉弘陵이 숙종의 무덤 근처에 있다. 영조는 자신과 생사고락을 같이하면서 어렵게 왕비의 자리에 오른 정성왕후를 사랑했다. 그러나 그녀와의 사이에는 후사가 없었고, 1757년 정성왕후는 세상을 등졌다. 영조는 왕비의 무덤을 부친인 숙종의 무덤 근처에 마련하고 옆자리를 비워두게 했다. 훗날 자신도 죽으면 그 자리로 가려 했던 것이다. 그러나 흐르는 세월은 전날의 약속을 희미하게 하는 법. 1759년 66세의 영조는 15세의 신부(정순왕후)를 맞이했고, 1776년 83세의 나이로 세상을 떠났을 때 손자 정조는 영조의 무덤을 동구릉 자리에 마련했다. 아직 살아 있는 왕대비 정순왕후를 의식했기 때문이리라. 결국 영조의 무덤은 동구릉 경역에 원릉이라는 이름으로 조성되었고, 무덤 옆의 빈자리는 1805년에 사망한 정순왕후의 차지가 되었다. 모호하게 홀로 서오릉 경역에 남겨진 정성왕후. 죽어서도 시아버지 숙종과 네 명의 시어머니를 모시는 가혹한(?) 운명을 맞게 된 것이다.

이처럼 숙종의 왕릉을 찾아가다보면 숙종의 정치적 영향력이 사후에도 계속되었다는 느낌을 지울 수 없다. 재위 시절 왕비의 폐출과 재신임으로 정국을 소용돌이치게 했던 숙종. 그러나 사후에는 언제 그랬냐는 듯이 왕비들의 무덤은 그의 무덤 근처에 나란히 자리를 잡고 있다.

왕비 한 명 곁에 없는 중종의 왕릉

숙종과는 반대로 생전에는 세 명의 왕비와 연을 맺었지만, 죽어서는 한 명의 왕비와도 함께하지 못한 왕이 있다. 바로 중종이다. 지금의 서울 강남구 선릉역 인근에 부왕인 성종의 선릉 경역 내에 조성된 중종의 정릉. 중종은 세 명의 왕비를 두었건만 사후에 그를 지켜주는 왕비는 한 명도 없다. 첫 왕비인 단경왕후 신씨가 신수근(연산군의 처남)의 딸이었다는 이유로 1506년 중종반정이 일어나면서 폐위되는 바람에 사후에 함께할 수 없었다. 계비로 맞은 장경왕후 윤씨와는 서삼릉의 희릉禧陵에 함께 묻혀 있었지만 사후에 이들은 갈라서게 되었다. 주역은 명종 때 수렴청정으로 악명을 떨친 중종의 두 번째 계비 문정왕후였다. 사후에 중종 곁에 묻히고자 했던 문정왕후는 이미 중종의 무덤 옆을 지키던 장경왕후(인종의 생모)를 떼놓으려는 공작에 들어갔다. 1542년 문정왕후는 봉은사 주지였던 보우와 의논하여 지금의 서삼릉에 있던 중종의 왕릉을 선릉(성종의 무덤) 부근으로 전격적으로 옮겼다. 지하의 중종이 얼마나 당황스러웠을까?

그러나 새로 옮긴 중종의 무덤(정릉)은 명당이 아니었다. 무엇보다 지대가 낮아 침수가 잦았다. 홍수 때는 재실齋室에까지 물이 차오르기도 했다. 결국 문정왕후는 중종 곁에 묻히려는 소망을 접을 수밖에 없었고, 사후 그녀의 무덤은 지금의 태릉에 조성되었다. 결과적으로 중종은 자신과 함께했던 왕비 세 명 중 어느 누구와도 영원히 함께하지 못하는 비극의 주인공이 되었다. 아버지 성종이 근처에 있다는 것이 그나마 다행스럽다고 할까?

현재까지 우리나라 역대 대통령 중 사망자 모두는 국립현충원에 안장되어 있다. 4·19혁명, 5·16, 12·12 군사쿠데타, 5·18 광주민주화항쟁 등을 거치며 현대사는 많은 굴곡을 거쳤지만, 최고 집권자에 대한 마지막 예우는 비교적 후하게 이뤄진 듯

하다. 그러나 전직 대통령 중 국립현충원에 들어가지 못할 인물
이 앞으로 나오지 말라는 법도 없다. 그렇기에 동구릉, 서오릉
과 같은 조선시대 왕릉은 물론이고 '현대판 왕릉'의 성격을 지
닌 국립현충원은 후대의 사람들이 역사적 배움터로 삼을 만한
곳이다.

조선시대
종친들의 삶

노무현 전 대통령의 형님인 '봉하대군' 노건평씨의 구속. 2008년 한때 세간에 가장 많이 오르내린 뉴스다. 대부분의 국민은 마침내 올 것이 오고야 말았다는 생각을 했을지도 모른다. 대통령의 친인척이 구속되지 않는 게 오히려 예외가 될 정도로 한국 정치사에서 친인척의 부정과 비리는 끊임없이 계속되었기 때문이다. 전두환 정권 때의 형과 동생의 구속을 비롯해 김영삼, 김대중 전 대통령 아들들은 닮은꼴처럼 구속되었다. 도덕성을 최대 무기로 삼아 집권한 노무현 정권에서도 예외 없이 친족 비리는 이어졌다. 최고 권력자의 직계 가족은 왜 이토록 권력과 금력의 유혹에서 자유로울 수 없었던 것일까? 조선시대 역사에서도 왕의 종친들이 권력의 역사 전면에 나서는 경우가 있었다. 그러나 이들 권력에 대한 견제 장치 또한 적지 않았다. 조선시대 왕실 친인척 종친의 이야기 속으로 들어가본다.

임금의 피붙이일수록 권력과는 멀어졌다

조선시대 역사에서도 그 시작부터 왕자들이 권력의 전면에 뛰어드는 사건이 발생했다. 그 서막을 연 인물은 태조의 다섯 번째 아들 이방원이었다. 그러나 사실 그 단서를 제공한 인물은 건국의 시조 태조 이성계였다. 태조는 조선을 세우는 과정에서 방원을 비롯하여 왕실의 부계 친족인 종친의 군사력으로부터 큰 도움을 받았다. 이런 이유 때문인지 태조는 고려시대부터 이어져 오던 '종친불임이사宗親不任以事'의 원칙을 무시하고 종친에게 관직을 허용했다. 이에 종친은 건국 초부터 관직과 함께 사병을 유지할 수 있었고, 특히 왕자들이 보유한 사병은 훗날 비수가 되어 왕실을 겨냥하게 된다.

이방원은 자기 소유의 사병을 기반으로 하여 태조가 지명한 세자이자 동생인 방석을 제거하고 마침내 권력의 정점에 오를 수 있었다(1차 왕자의 난, 1398년). 권력을 잡은 이방원은 왕위를 형인 방과(정종)에게 물려주었지만, 바로 위의 형 방간이 왕위를 차지하려는 야심을 품자 또 한 번 권력 투쟁에 나선다. 이것이 1400년의 2차 왕자의 난이며, 이후 방원은 태종으로 즉위하여 본격적인 왕권 강화에 들어갔다. 건국 초 두 번에 걸쳐 일어난 왕자의 난은 왕자들의 정치적인 야심과 군사력이 바탕이 되면 왕위는 쉽게 바뀔 수 있다는 선례를 만들어주었다.

이런 경험이 반면교사가 되었을까. 이후 조선의 왕은 철저하게 종친을 권력에서 배제하는 정책을 써나갔다. 종친은 왕실의 부계친속父系親屬을 뜻한다. 종족宗族, 본종本宗, 본족本族, 동종

同宗이라고도 한다. 왕의 자손으로 4대 밖인 자로서, 동성을 '종'이라 하고 부계를 '친'이라 일컬은 데서 유래한 용어이다. 모계나 처계의 친속을 '척戚'이라 표현한 데 대해 부계의 친속에 '종'이라는 용어를 쓴 것은 그만큼 부계 친속이 으뜸임을 표시한 것이다. 조선초기에는 종친의 범위가 넓었지만 세종대에 와서 종친은 해당 왕의 4대손까지 포함하는 범위로 정해졌다.

종친부를 설치한 뜻은?

조선시대에는 종친들에게 품계를 부여했다. 이를 종친계라 하는데 1443년(세종 25)에 처음 실시했다. 종친계는 정1품 현록대부, 흥록대부부터 정6품(집순랑, 종순랑)까지 쌍계로 되어 있었다. 품계만 있고 실직이 없는 명예직이었다. 종친계를 문신이나 무신의 품계와 구분한 것은 이들의 정치 참여를 막기 위해서였다. 종친들의 정치 간여는 국왕의 지위를 위태롭게 할 뿐만 아니라 양반 관리들에게도 결코 유리하지 않았기 때문이다. 종친은 친진親盡이라 하여 왕과 4대의 친분이 끝나면 그 지위에서 벗어나 관리로 나갈 수 있었다. 『지봉유설』의 저자 이수광은 전주 이씨였기 때문에 그의 집안은 한동안 관리가 될 수 없었지만, 부친 이희검 대에 이르러 왕실과의 인연이 끊어졌기에 관직에 진출할 수 있었다.

종친을 위한 과거시험도 있었다. 성종대인 1484년 종친만을 위한 과거시험을 따로 치렀는데, 이것은 관리 임용을 위한 것이 아니라 종친들의 학문 권장을 위함이었다. 사서삼경을 시험하고 1, 2, 3등 합격자에게 각각 3, 2, 1등급의 품계를 올려주었다. 그러나 명예직인 까닭에 종친들의 호응이 그리 크지 않았고, 결국 중종대 이후에 폐지되고 말았다.

종친에 관한 일을 맡아보던 관청으로는 종친부가 있었다. 고려시대부터 있었던 제왕자부諸王子府가 조선에 이르러 재내제군소在內諸君所로 이름이 바뀌었다. 세종 때인 1428년에는 재내제군소에 종부시를 두고 종친의 비위 규찰을 전담하게 했다. 1430년 재내제군소가 종친부로 승격되고, 종친부는 정1품 아문이 되었다. 형식상으로는 최고 서열이었지만 실질적인 권력 행사는 할 수 없는 기관이었다. 『경국대전』에는 종친부의 역할과 품계가 법으로 규정되었다. 종친부에서는 왕실의 족보인 『선원보』의 제작, 왕실에서 사용하는 옷감 봉진奉進 등의 일을 맡았으며 정치적 역할은 일체 금지되었다.

결국 종친부 설치는 제도적으로 종친의 정치 참여를 막는 동시에 종친들의 비위까지 규찰하는 기능을 담당하게 한 것이었다. 조선 전 시기에 걸쳐 왕의 외척들의 정치 참여가 활발한 것에 비하여 종친에 의한 정치 부정과 비리가 많지 않았던 것은 이러한 제도적 장치에 힘입은 바가 컸다.

대군의 원조, 양녕대군

장자 상속이 원칙인 조선 사회에서 살아 있는 왕의 형님 존재는 그리 흔치 않았다. 그런 점에서 양녕대군의 이력은 특이하다. 부왕인 태종에 의해 왕세자의 자리를 박탈당한 양녕대군은 도성을 떠나 풍류남아로 주로 생을 보냈다. 그렇지만 살아 있는 형의 존재는 왕에게 커다란 정치적 부담으로 다가왔다. 양녕대군에 대한 처벌 논의도 있었지만, 동생 세종은 그때마다 양녕을 감쌌다. 자주 서울에 불러 음식을 대접하면서 형제의 우애를 과시하기도 했다.

양녕대군이 본격적으로 정치에 간여한 사례는 단종의 폐출 때이다. 역시 대군의 위치에서 조카를 압박하여 왕위에 오른 수양대군에게 유배되기는 했지만, 살아 있는 전왕 단종의 존재는 최대의 부담이었다. 이때까지 살아 있었던 양녕대군은 단종의 제거를 적극 주장하는 왕실의 원로로 화려하게(?) 정치에 참여한다. 실록의 기록을 보자.

"양녕대군 이제 등이 아뢰기를 '전일에 노산군 및 이유李瑜(금성대군) 등의 죄를 청했으나, 지금에 이르러서도 유윤兪允을 입지 못했습니다. 청컨대 속히 법대로 처치하소서' 했으나, 임금이 윤허하지 않았다. 제가 재차 아뢰기를 '큰 역모와 같은 일이 종사에 관계되는 것은 생각할 바가 아닙니다. 청컨대 대의로써 결단하소서.'"(『세조실록』 세조 3년 10월 19일)

위의 기록이 양녕대군 자신의 입장인지 세조 정권의 압박에 의한 것인지는 확실하지 않지만, 양녕의 단종에 대한 적극적인 처벌 주장이 세조에게 큰 힘을 실어주었음은 분명하다.

시·서·화에 능했던 안평대군

능력은 갖추었으되 관직 진출이 좌절된 삶. 이러한 현실적인
벽 때문에 종친들은 예술 방면에서 재능을 발휘하는 경우가 많
았다. 그 대표적인 인물이 세종의 세 번째 아들이자 수양대군의
바로 아래 동생인 안평대군이다. 안평대군은 어려서부터 학문을
좋아했고, 특히 시와 서예, 그림에 뛰어난 자질을 보여 삼절三絶
로도 불렸다. 서예가로서의 명성은 중국에까지 알려졌고 조선전
기에는 그의 서풍이 널리 유행했다. 현존하는 작품으로는 안견
의 「몽유도원도」에 쓴 발문이 대표적이다.

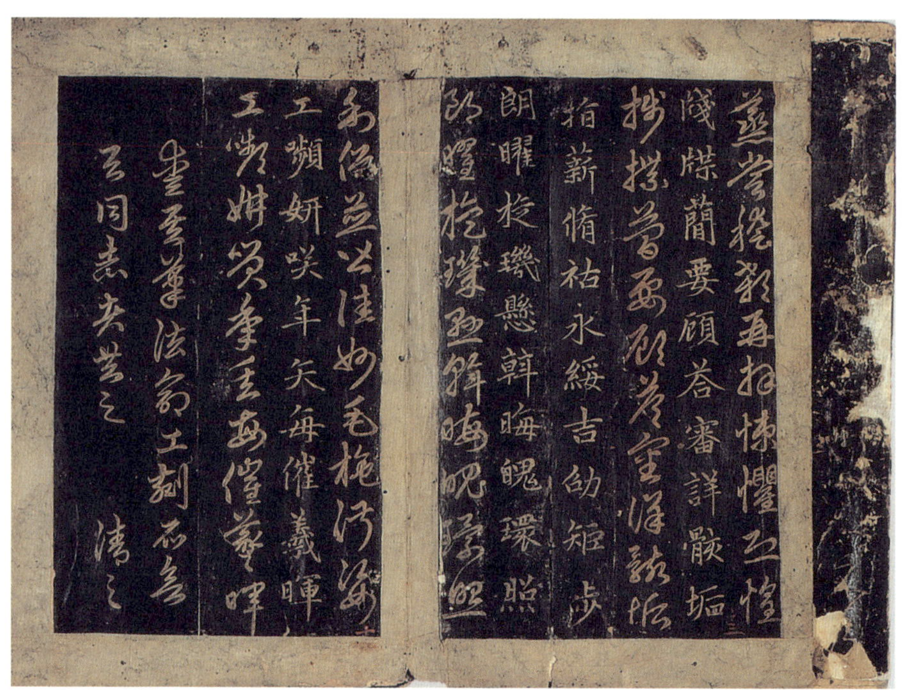

안평대군은 불행하게도 예술적 재능과 함께 정치력도 갖춘 인물이었다. 단종이 왕위에 오른 후 힘을 얻은 김종서와 황보인은 야심가 수양대군보다는 안평대군을 그들의 왕실 파트너로 선택했고 안평대군도 이에 적극 협력했다. 그러나 이들의 동거는 수양대군이 일으킨 계유정난으로 산산조각 났다. 안평대군은 강화도 교동으로 유배를 갔다가 결국 그곳에서 사사되었다.

이처럼 조선시대에는 종친의 정치 참여는 엄격히 제한되었다. 조선초기 왕자의 난이나 계유정난처럼 왕자들이 전면에 나서 권력을 잡는 상황이 거듭되자, 성종대에는 법으로써 종친의 참여를 원천적으로 차단했다. 이러한 장치 때문인지 조선중기 이후 종친들은 권력의 전면에 거의 등장하지 못하게 된다. 그러나 조선중기 이후에는 종친을 대신하여 모계나 처가의 외척들이 정권의 핵심에 등장했다. 명종 때 윤원형을 비롯하여 19세기 세도정치 시기에는 안동 김씨, 풍양 조씨 등이 외척의 전성시대를 열기도 했다. 대통령 친인척 비리가 연속되는 현대의 정치사를 목격하면서, 그나마 외척의 비리가 적었던 상황을 다행으로 여겨야 할까?

기록문화의 꽃,
의궤

의궤는 조선시대 국가에서 중요한 의식이 있을 때 그 과정을 기록으로 정리한 책이다. 필요하다면 여기에 그림을 첨부해 행사 풍경을 생생히 전달하려 했다. 한자로 풀이하면 '의궤儀軌'는 의식과 궤범을 합한 말인데, 궤범의 궤軌는 바퀴, 범範은 모범이란 뜻으로 바퀴의 궤도를 따라가듯이 유교 이념에 따라 이전 행사를 잘 이어받고 그것을 정리하여 후대에까지 전하겠다는 뜻을 담고 있다. 모범적인 전례를 만들어놓고 이를 참고하여 선왕의 법도를 계승하는 한편, 잘못을 범하지 않도록 미리 방지하는 것이 의궤를 만든 주목적이었다. 후대인들이 앞선 시기에 편찬된 의궤를 참고하여 혼례식이나 장례식, 궁중 잔치 등 국가의 주요 행사를 원활하게 치르게 하는 지혜를 발휘한 것이다.

의궤는 조선 왕실의 주요 행사가 끝난 후에 제작하는 행사 보고서의 성격을 띤다. 왕의 혼인을 비롯하여 세자의 책봉, 왕실 잔치나 장례, 궁궐의 건축처럼 국가나 왕실에서 거행하는 중요한 행사가 있으면, 그것이 진행되는 동안 관련 기록을 모아두었다가 끝나면 임시 기구를 만들어 의궤를 편찬했다. 국가적 행사를 추진할 전담기구 설치, 의궤라는 행사 보고서 작성, 국왕에게 보고하는 과정을 거친 후 비로소 행사를 마무리했던 것이다.

의궤에서 발견되는 또 하나의 특징은 그림이다. 의궤는 행사의 전 과정을 보여주는 반차도나 각종 건물 또는 물품의 모습을 그린 도설을 수록한 그림책이기도 하다. 통상 천연색으로 그려진 그림들을 통해서 우리는 행사가 진행되던 당시의 풍경을 입체적으로 느낄 수 있으며, 문자기록만으로는 미처 파악할 수 없는 물품의 세부 사항까지도 분명히 알 수 있다. 이런 점에서 의궤는 기록과 그림이 함께 어우러진 종합적인 행사 보고서라고 할 수 있다.

의궤가 지니는 희소성과 세밀한 기록, 300년 이상 지속된 기록 등을 근거로 2006년 우리 정부는 의궤를 세계기록유산으로 등재해줄 것을 신청했고, 2007년 6월 규장각과 장서각에 소장된 의궤는 '세계기록유산'이라는 타이틀을 달게 되었다. 기록물로서 의궤는 세계에서도 그 가치를 인정받게 된 것이다.

의궤에 기록된 각종 행사를 위해서는 도감都監이라는 임시 기구가 먼저 설치되었다. 도감은 행사 명칭에 따라 각각 그 이름을 달리했다. 즉 왕실의 혼례에는 가례도감, 국왕이나 왕세자의 책봉의식에는 책례도감, 왕실의 장례에는 국장도감, 사신을 맞이한 행사일 때에는 영접도감, 궁궐의 건축과 같은 일을 행할 때는 영건도감과 같은 이름을 붙였으며, 이들 임시 기구인 도감에서는 각기 맡은 행사를 주관했다. 오늘날로 치면 올림픽조직위원회, 월드컵준비위원회, 대통령직인수위원회가 구성되는 것과 비슷한 이치이다.

도감은 임시로 설치되는 기구이므로 관리들이 겸직을 하는 일이 많았다. 도감의 직제는 대개 이런 방식으로 구성되었다. 먼저 총책임자에 해당하는 도제조都提調 1인은 정승급에서 임명되었으며, 부책임자급인 제조提調 3~4명은 판서급에서 맡았다. 실무 관리자들인 도청都廳 2~3명, 낭청郎廳 4~8명 및 감독관에 해당하는 감조관監造官 6명은 당하관의 벼슬아치들 중에서 뽑았으며, 그 아래에 문서 작성, 문서 수발, 회계, 창고 정리 등의 행정 지원을 맡은 산원算員, 녹사錄事, 서리書吏, 서사書士, 고지기庫直, 사령使令 등이 수명씩 임명되었다. 이외에 화원, 장인 등 실제 사업에 참여하는 사람들을 부서별로 배치했고, 의궤가 만들어질 때 이들의 실명을 꼭 기록하여 책임감과 함께 자부심을 부여했다.

도감에서는 행사의 시작부터 끝까지의 전 과정을 날짜순으로 정리한 문서들을 수집했다. 일방·이방·삼방 등 부서별로 담당한 업무 내용을 정리했고, 필요하면 도설과 반차도 같은 그림 자료들을 첨부했다. 행사 후 도감과 각 방에서 모아진 문서들을 정리했고, 이를 토대로 의궤가 제작되었다.

의궤에 기록된 왕실 행사의 이모저모

　의궤에는 조선시대에 행해진 다양한 왕실 행사들이 기록되어 있다. 조선이 왕조 국가인 만큼 왕실 행사와 관련된 것이 주를 이뤘으며, 왕실의 일생을 보여주는 의궤들이 많다. 왕실의 태胎를 봉안하고 주변에 석물을 조성한 과정을 보여주는 태실의궤를 비롯하여, 왕이 자라면서 죽을 때까지 겪는 삶의 과정 대부분이 의궤의 기록으로 구현되었다.

　그중 먼저 왕자가 왕이 되기 위해서 꼭 필요한 왕세자의 책봉 의식과 선왕을 이어 왕이 되는 책봉 과정에 관한 의궤가 있다. 왕비도 왕과 함께 왕비 책봉식을 했는데 이에 관한 행사는 『책례도감의궤』로 정리했다. 대개 왕세자 시절인 15세 전후에 이뤄지는 왕의 혼례식도 반드시 의궤로 정리하여 남겼다. 왕실의 혼례식은 가례라 했고, 이에 따라 혼례식을 정리한 『가례도감의궤』는 조선 왕실의 최대 축제였던 만큼 그림도 많이 첨부되었고 내용도 풍부했다.

　의궤 중에서 가장 큰 비중을 차지하는 것은 왕실의 장례와 관련된 의궤이다. 유교사회인 조선에서는 왕부터 백성까지 조상의

雍正七年乙酉十月　日忠清道清州地

當宁胎室石欄干造排儀軌

令八月十六日大臣卿宰玉堂引入　侍時禮曹判書金始煥　啓

聖上胎峯在清州地而連因年事之不登尚未加封矣須貝且果寅明爲朝築時　胎峯加封之舉有所仰請而姑觀前頭爲之事下

教云　胎峯加封事體至重

聖上即位之後宜即舉行而尚今遷就極爲未安清州地今年之事似免凶歉云且　胎封石物不過一棠石一表石爲後亦似不鉅改封之後

趍令秋築行何如左議政李台佐曰　胎峯元年加封自是　國制而至今遷就極爲未安矣玆事體大役不甚鉅不待

亦可爲也未凍前令日官推擇日子以爲始役之地何如

上曰胎峯在於清州而自經昨年變亂之後重勞民力至今趙羨卿等所達如此收穫後舉行可也而棠石及碑石更爲

稟旨稍小其制度宜矣

八月二十二日禮曹　啓曰令八月十六日大臣卿宰玉堂引見入　侍時因本曹判書金始煥所　啓忠清道清州地

聖上胎峯加封時依前例觀象監及繕工監監役官各一員令本監擇定前期下去本道眼

同首役觀象監官員下去時告由祭香祝仍爲受去該行而觀象監及繕工監提調則石物排設臨時下去董役事　分付本

道及該監何如　傳曰允

八月二十六日觀象監爲推擇　曹下帖內乙用良

當宁胎峯石欄干于中童石蓋簷石趲籠臺擇石裳石碑石造排吉日來十月十四日午時　胎室用基始役九月二十日卯時先告事畢祭

장례를 잘 거행하고 이후에 치르는 제사의식을 매우 중시했기 때문이다. 왕이나 왕비가 사망하면 장례식은 엄숙하게 행해졌고, 장례식의 전 과정은 『국장도감의궤』로 편찬되었다. 이어 왕의 무덤을 조성한 과정을 정리한 『산릉도감의궤』가 편찬되었고, 왕의 신주神主를 종묘에 모시는 의식은 『부묘도감의궤』로 정리되었다. 왕이 되면 주관하는 행사가 많아지는 만큼 다양한 종류의 의궤가 편찬되었다. 왕이 친히 종묘와 사직에 제사를 지내는 『종묘의궤』와 『사직서의궤』를 비롯하여, 농업국가인 조선에서 왕이 친히 농사를 짓는 과정을 정리한 『친경의궤』가 편찬되었다. 여성이 옷감을 짜는 것이 중시되었기에 왕비는 누에에서 실을 뽑아 옷을 짜는 친잠 행사를 주관했다. 그리고 행사의 전 과정은 『친잠의궤』로 만들어졌다.

왕실 행사 중 잔치가 차지하는 비중도 컸다. 대왕대비나 왕대비 등 왕실 최고의 여성을 위해 벌이는 잔치 행사, 왕이 40세·50세·회갑이 되는 것 등을 기념하는 행사가 추진되었고, 잔치가 끝난 후에는 『풍정도감의궤』『진연의궤』『진찬의궤』『진작의궤』 등 잔치 관련 의궤가 만들어졌다. '진연'은 '잔치를 베푼다'는 뜻이며, '진찬'은 음식을 대접한다는 뜻이고, '진작'은 '작위爵位를 올린다'는 뜻으로 모두 경사를 맞아 잔치를 베푸는 의식을 가리킨다. 왕실에 존호尊號를 올리는 의식 후에는 『존호도감의궤』가 만들어졌다.

궁궐 건축이나 성곽 건축을 한 후에도 반드시 의궤를 만들었다. 건축 관련 의궤 중에 가장 대표적인 것이 정조가 지금의 수원에 화성을 건설하고, 건축의 전 과정과 각 건물의 도면까지 기

역사의 의미

531

록한 『화성성역의궤』이다. 창경궁, 창덕궁, 경운궁 등 조선의 궁궐을 수리한 과정을 정리한 의궤들도 있으며, 화기火器 제작의 과정을 기록한 『화기도감의궤』가 제작되었다. 이외에 자격루, 측우기 등 과학 기구들을 활용하고 보관하는 건물을 제작한 과정을 기록한 『보루각수개의궤』와 『흠경각영건의궤』가 만들어지기도 했다.

왕이 성균관에 친히 행차하여 신하들과 활쏘기 시합을 하고 과녁을 맞힌 수에 따라 상벌을 내렸던 의식의 과정을 기록한 『대사례의궤』, 중국 사신이 조선에 왔을 때 이를 맞이한 상황을 정리한 『영접도감의궤』, 정조가 어머니의 회갑잔치를 위하여 대규모 병력을 이끌고 화성에 행차했던 모습을 담은 『원행을묘정리의궤』, 궁중에서 필요한 악기를 만들었던 상황을 기록한 『악기조성청의궤』 등을 통해서는 조선시대 다양한 왕실 행사의 생생한 현장을 느낄 수 있다.

세상에 태어나는 첫 징표인 왕실의 태를 봉안하는 의식부터 왕의 혼이 종묘에 모셔져 영원히 기억되게 하는 의식까지, 왕의 일생은 의궤의 기록으로 남았다. 이런 점에서 의궤는 조선시대 왕실 문화를 연구하는 데 중요한 자료가 될 뿐 아니라 문화 전통을 복원하는 데 필수적인 자료다. 오늘날 종묘와 사직, 성곽, 청계천까지 전통의 유산을 두루 갖추고 있는 서울의 경우 의궤의 기록을 중심으로 궁중 행사를 활발히 재현한다면, 조선의 궁중 문화는 내외국인들에게 보다 친근하게 그 모습을 전할 수 있을 것이다.

조선 왕실 국장의
절차와 기록들

  2009년 5월 노무현 전 대통령의 국민장이 많은 국민의 애도 속에 엄수되었다. 1988년 국회 청문회 스타로 국민들에게 큰 감동을 주면서 대통령 자리에 올랐던 인물. 서민 대통령을 자임했지만, 마지막 삶은 온 국민을 충격과 비통 속으로 몰아넣었다. 너무나 가까운 곳에 있었던 대통령의 마지막 길, 국민들은 전임 대통령의 그 길에 최대한 경의를 표했다. 조선시대 역시 국왕의 죽음에는 왕실의 역량을 총합한 최대 장례의식이 엄수되었다. 조선시대 국장國葬의 이모저모를 살펴보자.

　　조선시대 왕실에서는 국왕이나 왕비, 태상왕비, 세자빈, 세손빈이 사망하면 그 장례를 국상으로 치렀다. 그렇지만 국상에 대한 표현은 대상자에 따라 달랐다. 국왕과 왕비의 장례는 국장國葬이라 일컬었고, 세자와 세자빈의 장례는 예장禮葬, 황제의 장례는 어장御葬이라 했다. 또한 사망을 표현하는 말도 대상자에 따라 달랐다. 『예기』를 보면 천자는 붕崩, 제후는 훙薨, 대부大夫는 졸卒, 사士는 불록不祿, 서민은 사死라고 규정했다. 조선의 국왕은 제후에 해당하므로 '훙'이란 표현을 사용하게 되는데, 『조선왕조실록』에서는 통상 "상上이 승하昇遐했다"고 표현했다. 왕이 가장 많이 사망한 공간은 침전이었다. 창덕궁의 침전인 대조전에서는 성종, 인조, 효종, 철종 등이 승하했다.

　　왕의 병이 깊어 죽음이 임박하면 유언을 듣게 되는데, 이를 고명誥命이라고 한다. 대개 왕의 신임을 받는 측근 신하가 고명을 받아 왕의 유교遺敎를 작성한다. 이처럼 고명을 받은 신하는 고명대신이라 했다. 왕이 사망하면 머리를 동쪽을 향하도록 눕히고, 내시가 솜을 입과 코 위에 놓고 숨을 쉬는가를 살폈다. 사망 사실이 확인되면 내시가 왕이 평소 입던 옷을 가지고 궁궐 지붕에 올라가 용마루를 밟고 세 번 "상위복上位復"이라 외친다. 이는 떠나가는 국왕의 혼령에게 돌아오라고 부르는 것이다.

　　왕이 사망하면 왕세자 이하 신료들은 머리에 썼던 관과 입었던 옷을 벗고 머리를 풀었다. 그리고 흰색 옷과 신발, 버선을 착용하며 사흘 동안 아무것도 먹지 않았다. 『세종실록』에는 "졸곡

卒哭 뒤에도 오히려 소선素膳을 하시어 성체聖體가 파리하고 검
게 되어 여러 신하들이 바라보고 놀랍게 생각하지 않는 사람이
없으며, 또 전하께서 평일에 육식이 아니면 수라를 드시지 못하
는 터인데, 이제 소선한 지도 이미 오래되어 병환이 나실까 염려
됩니다"(세종 4년 9월 21일)라고 하여, 육식을 무척이나 즐겼던 세
종이 국상 때문에 음식을 들지 못해 신하들이 걱정한 기록이 보
인다.

졸곡 때까지 궁중의 모든 제사와 음악 연주가 중지되며, 이후
삼년상이 끝날 때까지 사직 제사만 올리고 음악은 대사大祀 때에
만 연주했다. 또한 민간에서도 국왕의 사망을 애도하기 위해 5
일 동안 시장이 열리지 않았으며, 결혼과 도살이 금지되었다. 망
자에 대해 최대한의 경의를 표한 것이다.

왕의 죽음이 확인된 후에는 왕의 시신을 목욕시키고 의복을
갈아입히는 습襲, 옷과 이불로 시신을 감싸는 소렴小殮과 대렴大
殮이 진행되었다. 대렴이 끝나면 시신을 넣은 재궁梓宮(가래나무
로 만든 왕의 관)을 빈전에 모셨다. 일반인의 상례 때에는 빈소에
관을 그대로 두지만, 국장에서는 '찬궁'이라는 큰 상자를 만들
어 그곳에 재궁을 모셨다. 찬궁의 사면에는 청룡동·백호서·주
작남·현무북의 사신도四神圖를 그려넣었다. 국왕이 사망한 지
사흘째 되는 날 대신을 사직과 종묘에 보내 국왕의 사망을 공식
적으로 아뢰었다.

　성복成服(상주가 상복을 입음)은 대렴을 한 다음 날 거행하며, 새 국왕의 즉위식은 성복이 끝난 후에 치렀다. 새 국왕은 전 국왕의 장례 절차가 한창 진행되는 도중 간략한 의식을 거쳐 왕위에 올랐다. 따라서 조선시대 왕의 즉위식은 흔히 상상하듯이 매우 화려하고 기쁜 의식이 아니었다. 선왕의 장례식이 중심 의례였기에 오히려 슬픔이 교차하는 의식이었다. 새 국왕은 즉위식이 진행되는 동안에만 상복에서 면복冕服(예복)으로 갈아입었다. 다만 태종이 상왕으로 있으면서 아들 세종에게 왕위를 물려준 세종의 즉위식과 스스로 왕에서 황제임을 선포한 고종의 황제 즉위식은 활기 넘치는 행사가 되었다.

　국왕이 사망한 다음 달에는 새 국왕이 전 왕의 묘호廟號(종묘에 신주를 모실 때의 호칭), 능호陵號(왕릉의 호칭), 시호諡號(생전의 공적을 칭송하는 호칭)를 정하여 올리게 했다. 영조를 예로 들면, 묘호는 영종英宗(영종이 영조로 바뀐 것은 고종 때이다), 능호는 원릉元陵이었다. 또한 국왕의 평생 행적을 기록한 행장行狀과 책문冊文, 비문碑文, 지문誌文을 고위 신료들이 분담하여 작성했다. 이때에 작성된 글들은 『조선왕조실록』 각 왕의 기록 마지막 부분에 부록으로 수록되었다.

　발인이 시작되면 국왕의 관은 궁궐을 떠나 노제路祭(길에서 지내는 제사)를 거쳐 장지에 이르렀다. 산릉도감이 미리 조성해놓은 왕릉 자리에 도착하면 관을 정자각丁字閣에 모시고, 찬궁에서 관을 꺼내어 하관했다. 하관에는 사전에 설치해둔 녹로 등의 기계

를 이용했다. 왕릉 조성이 끝나면 우제虞祭(시신을 매장한 후 혼령
을 위로하는 제사)를 지내고, 가신주를 모시고 궁궐로 돌아왔다.
가신주를 안치하고 나면 왕실의 장례를 주관한 관청인 국장도감
은 그 업무를 종결하고 해산되었다. 그러나 국장 의식은 여기에
서 그치지 않았다. 가신주를 혼전에 모시고 삼년상(대략 27개월
정도)을 지냈으며, 이 기간이 끝나면 혼전에 모신 가신주를 꺼내
어 종묘 터에 묻고 새 신주를 만들어 종묘에 모셨다. 이를 부묘
라 했다.

국장이 끝나면 국장도감, 빈전도감, 산릉도감, 혼전도감, 부묘
도감 등 각 도감에서 의궤를 작성했다. 도감은 장례 집행을 담당
하는 임시 관청이었다. 국장 관련 도감으로는 장례를 총괄하는
국장도감國葬都監, 시신을 안치하는 빈전을 설치하고 염습과 복
식을 준비하는 빈전도감殯殿都監, 무덤을 조성하는 산릉도감山陵
都監이 설치되었다. 오늘날의 장례의식으로 말하자면 장례를 총
괄하는 집행부는 국장도감, 빈소를 차리고 조문객을 맞는 일은
빈전도감, 능을 조성하는 작업은 산릉도감이 담당했던 것이다.

국장, 의궤로 기록되다

국장에 관련한 도감이 부서별로 설치되고 의식이 끝난 후 관
련 의궤가 다양하게 제작된 것은 국장을 엄수하는 것을 최고의
예법으로 여겼기 때문이다. 『국장도감의궤』에는 재궁梓宮, 각종
수레, 책보册寶, 각종 의장, 제기의 제작에 관한 내용을 정리했고

말미에는 국장 행렬을 담은 반차도를 그렸다. 『정조국장도감의 궤』의 기록을 보면, 반차도는 발인하기 약 10일 전까지는 완성하여 확인을 받도록 했다. 엄숙하고 장중하게 치러야 하는 행사였기에 수많은 참가자들은 미리 반차도를 통해 도상 연습을 하고, 행렬 속에서 자신의 위치를 숙지했던 것이다. 1780년에 있었던 정조의 국장 행렬을 그린 반차도는 총 40면에 걸쳐 그려져 있고, 1440명의 인원이 나타난다. 1897년의 명성황후 국장 반차도에는 총 78면에 2035명의 인원이 동원된 것으로 그려져 있다. 고종이 황제로 즉위한 이후의 황실 행사였기에 그 규모가 더욱 커졌던 것이다.

국장 행렬의 주요 장면을 살펴보면 다음과 같다. 행렬의 중간, 화면의 중앙부에 향로를 실은 가마를 앞세우고 각종 의장물과 악대가 지나가며, 붉은 일산日傘 다음에 12명의 시위 별감이 인도하는 신연神輦(국왕의 가신주를 모신 가마)이 삼색 촛불을 켜고서 지나간다. 장례가 끝나면 이 신연에 실린 신주는 다시 궁궐로 돌아온다. 다시 여러 개의 채색 가마가 지나가는데, 여기에는 각종 제기 및 장례에 쓰는 집기류를 싣고 있다. 그림 하단에 그려진 4인의 방상시方相氏는 악귀를 쫓는 역할을 했다. 방상시 뒤로는 수십 개의 만장이 늘어섰는데, 만장은 고인을 추모하는 글을 담은 휘장이다. 의장물인 죽산마(국왕과 왕비의 장례에 쓰인 말 모양의 제구)와 죽안마를 실은 수레가 지나가는 것도 보인다.

행렬의 중심에 등장하는 것은 견여肩輿와 대여大轝이다. 140여 명이 메고 가는 견여는 국왕의 시신이 들어 있는 재궁을 대여大轝에 올리고 내릴 때나 좁을 길을 갈 때에 사용한 것으로 추정

되는 가마이다. 견여 다음에 향로를 실은 향정자와 국왕의 이름을 밝힌 명정銘旌을 앞세우고 대여가 지나간다. 대여는 국왕의 시신이 있는 가마이다. 견여보다 규모가 크며, 행렬의 가장 중심이 된다. 대여의 양옆에는 24명의 군사가 등불을 밝히고 그 바깥에는 호위 군사들이 둘러싸고 있으며, 앞에서는 12명의 별감別監이 호위하고 있다. 대여의 후미에는 국장도감의 각급 관리와 중앙 관청의 관리들이 따라가며, 다시 만장이 배치되어 있다. 그리고 그 뒤에는 곡哭을 담당하는 궁녀 10명이 지나간다. 행렬의 후반부에는 동반東班과 서반西班의 관리들이 지나가고, 행렬의 맨 뒤에는 후미에서 경호를 담당하는 병력인 후상군後廂軍이 배치되어 있다.

국장 관련 기록은 『국장도감의궤』 이외에 다른 형식의 의궤로도 정리되었다. 『빈전도감의궤』에는 염습·상복·빈전에 소용되는 물품 등을 기록했고, 『산릉도감의궤』에는 공조판서의 지휘하에 왕릉 조성의 토목공사, 왕릉에 배치되는 각종 석물, 왕릉 주변의 식목植木 등에 관한 내용을 기록했다. 『혼전도감의궤』에는 혼전의 조성에 관한 내용을, 『부묘도감의궤』에는 국왕의 신주를 만들어 종묘에 부묘하는 과정을 기록으로 담았다.

조선시대 왕실의 국장은 최대의 예법을 다하여 엄수되었으며, 의식별로 의궤를 작성했다. 당대에는 물론이고 현재 남아 있는 의궤 중에서도 국장에 관한 의궤들이 가장 많다. 이들 기록은 후대에도 널리 국장 의식을 계승하도록 만들어진 것이지만, 현재까지 조선시대 국장의 현장 모습들을 생생히 접할 수 있게 한다.

광화문 광장 따라,
역사 물길 따라

2009년 8월 1일 대한민국 심장부에 광화문 광장이 조성되었다. 2010년 8월 15일에는 광화문이 제 모습 그대로 복원되었다. 조선 건국 후 경복궁의 정문 광화문이 제자리를 찾고, 경복궁 앞에 광장이 넓게 조성된 것은 그 의미하는 바가 크다. 광화문 광장에서 또 하나 눈길을 끄는 것은, 1392년 조선 건국부터 2008년까지 우리 역사의 주요 사건을 기록해놓은 역사 물길이다. 필자는 역사 물길의 바닥돌에 새긴 주요 사건들을 정리하는 사업에 참여한 바 있어 역사 물길의 완성에 대한 감회가 더욱 크다.

「백악춘효도白岳春曉圖」, 안중식, 비단에 담채, 51.5×125.9cm, 1915, 국립중앙박물관. 일제가 훼손하기 전 잘 보존된 광화문의 모습이다.

조선, 그 영광과 수난의 기록들

조선시대부터 지금까지 '정치 1번지' 역할을 했던 세종로가 '광화문 광장'으로 탈바꿈했다. 조선시대에 광화문 광장이 들어선 자리 양편에는 이조, 호조, 예조, 병조, 형조, 공조의 6조 건물이 있어서 '6조 거리'로 불렸다. 그야말로 정치의 모든 것이 이곳을 통해 나왔다. 지상 광장 양쪽으로는 수심 2센티미터의 역사 물길이 흐른다. 동쪽 역사 물길 617개의 바닥돌에는 조선시대부터 지금까지의 역사가 기록되어 있다. 서쪽의 바닥돌은 빈칸으로 남겨졌는데, 앞으로 우리가 만들어갈 역사를 기록할 계획이라고 한다.

역사 물길에 새겨진 주요한 사건을 중심으로 조선시대 500년 역사의 시간 여행을 해보자. 1392년에는 당연히(?) 조선 건국이 기록되어 있다. 그런데 조선의 건국은 한양에서 이루어진 것은 아니었다. 태조 이성계가 고려의 마지막 왕 공양왕의 양보를 받는 형식이었기 때문에 즉위식은 개성의 수창궁에서 행해졌다. 1394년 태조가 한양으로 도읍을 옮기면서 본격적인 한양 시대가 열렸다. 1395년에는 정궁인 경복궁이 건립되었고, 1396년 도성을 축조하고 숭례문 등의 4대문을 세웠다. 본격적으로 수도의 모습을 갖추게 된 것이다. 그러나 곧 왕실의 다툼이 이어졌다. 이방원(후의 태종)이 주도한 1차 왕자의 난으로 얼떨결에 왕위에 오른 정종은 1399년 도읍을 개성으로 옮겼다. 1400년 2차 왕자의 난으로 왕위에 오른 태종은 1401년에는 궁궐에 신문고를 설치하고, 1402년에는 오늘날의 주민등록증에 해당하는 호패를

패용하게 했다.

1405년 태종은 도읍을 다시 한양으로 옮겼고, 1406년 창덕궁을 건립했다. 1412년 태종은 청계천 공사를 시작했다. 수도 한양의 사방이 4개의 산(북악산, 남산, 낙산, 인왕산)으로 막혀 있어서 홍수가 자주 일어났기 때문이다. 이후 1760년 영조 때 청계천의 대대적인 준천 사업이 이루어졌고, 2005년 청계천이 복원된 것

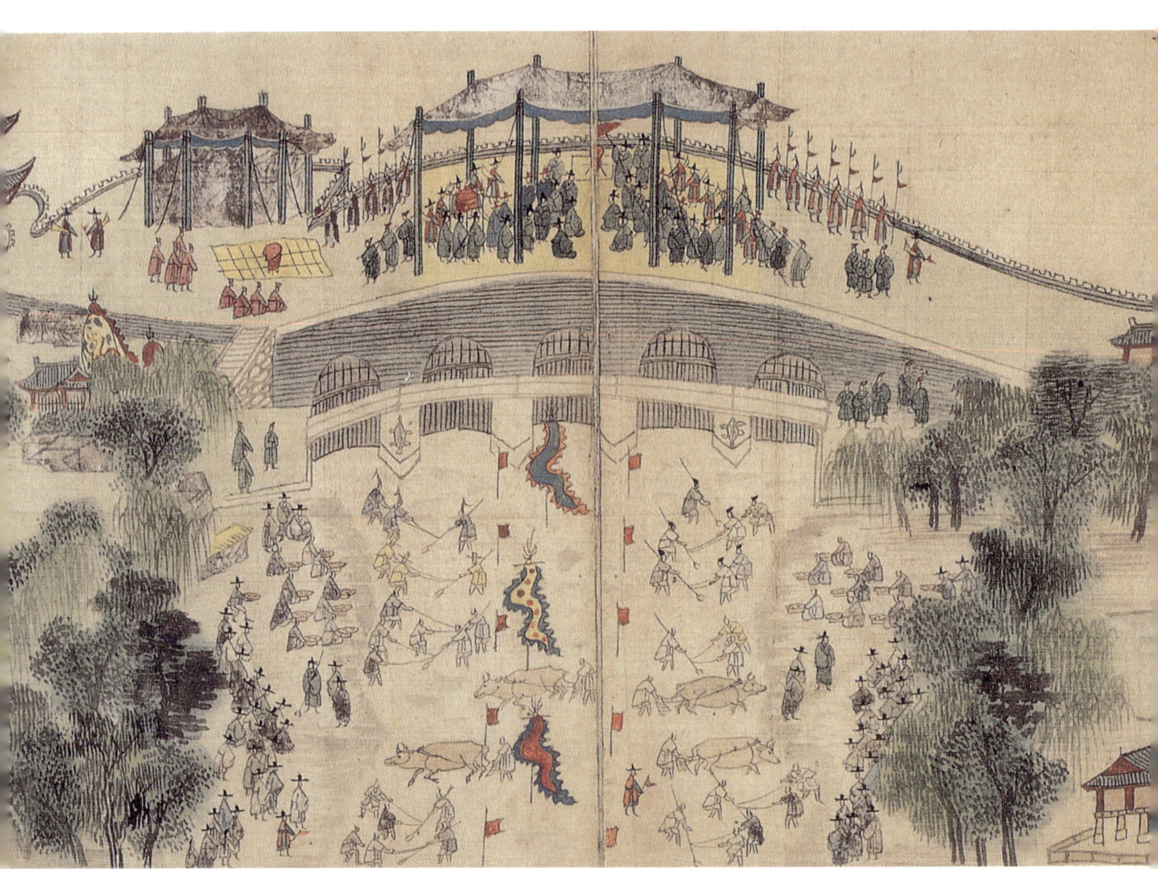

역시 청계천 역사에 중요한 사건이다. 1420년 세종 재위 기간에는 경복궁 내에 집현전이 설치되었다. 세종은 뛰어난 군주였지만 국가의 인재들을 최대한 활용했다는 점에서 보다 높은 평가를 받는다. 1443년 세종은 훈민정음을 창제하고, 1446년 이를 반포했다. 민족의 독자적인 문자를 가졌다는 점은 현대의 우리들에게도 엄청난 자부심을 안겨준다. 성종 때에는 체제를 정비하는 각종 편찬 사업이 완성되었다. 1474년에는 유교의 예법을 정리한 『국조오례의』를, 1485년에는 조선의 헌법인 『경국대전』과 조선시대 이전까지의 역사를 총정리한 『동국통감』을 완성했다.

역경 딛고 웅비했던 조선 중후기

100여 년의 짧은 시간 동안에 조선은 정치와 문화의 안정을 만들었지만, 15세기 후반부터 50여 년간은 사화의 시대였다. 사화는 훈구파와 사림파의 정치적 대립에서 사림들이 화를 입었다는 뜻이다. 1498년 무오사화, 1504년 갑자사화, 1519년 기묘사화, 1545년 을사사화가 일어났다. 드라마로 더 유명해진 의녀 장금이가 대비의 병을 치료한 것은 중종 때인 1522년이었고, 1545년(인종 1)에는 성웅 이순신이 태어났다. 1559년에는 임꺽정의 난이 일어나 전국을 뒤숭숭하게 했고, 1575년(선조 8) 붕당 정치가 시작되었다.

1592년(선조 25)의 임진왜란은 조선과 광화문 광장에 최대의 수난을 안겨주었다. 경복궁은 소실되었고 광장 앞도 폐허가 되었다. 선조는 황급히 한양을 버리고 의주로 피란을 했으나, 의병과 해전에서 이순신 장군의 활약으로 마침내 한양으로 돌아올 수 있었다. 1610년(광해군 2)에는 허준이 『동의보감』을 편찬했다. 『동의보감』은 얼마 전 세계기록유산으로 지정되어 그 가치를 다시 한번 부각시키기도 했다. 17세기 중반에는 1627년의 정묘호란과 1636년의 병자호란으로 큰 시련을 겪었다. 1653년(효종 4) 제주도에 표류했던 하멜은 조선을 탈출한 후 『하멜표류기』를 간행하여 조선을 세계에 알리는 계기를 만들었다. 1678년(숙종 4)에는 상평통보를 만들어 전국에 유통시켰다. 상평통보의 주전틀이 나뭇잎 모양이었기 때문에 '엽전葉錢'이라 불렀다. 1696년(숙종 22)에는 어부 안용복이 울릉도에서 일본 어부를 쫓아냈으며, 1712년(숙종 38)에는 청나라와 국경 문제가 일자 백두산에 정계비를 세웠다. 18세기 조선은 영조와 정조가 연이어 즉위하면서 정치·문화의 중흥을 가져왔다. 영조는 1725년(영조 1) 탕평책을, 1750년(영조 26) 균역법을 실시했고, 1760년 회심의 작품인 청계천 준설 사업을 완료했다. 1776년 정조는 즉위 직후 규장각을 설립하여 학술과 정치의 중심 기관으로 삼았다. 1795년(정조 20) 어머니 혜경궁 홍씨의 회갑을 맞이하여 대규모의 화성 행차를 단행했고, 이 행차의 모습은 의궤의 반차도로 남아 있다.

근대사, 그 격동의 기록들

19세기의 시작과 더불어 순조가 즉위하고 세도정치가 시작되

면서 조선은 점차 무너져갔다. 1811년에는 홍경래의 난이 발생했고, 1862년에는 진주 지역에서 시작된 민란이 전국으로 확대되었다. 1863년 아들 고종이 즉위한 후 권력을 잡은 흥선대원군은 왕실의 중흥을 위해 노력했다. 1865년 시작하여 1872년에 완성한 경복궁 중건이 대표적이다. 오늘날 그나마 경복궁의 모습을 접할 수 있는 것에는 흥선대원군의 역할이 적지 않았다. 19세기 후반 서양 열강과 일본의 침략으로 조선은 더욱 위기에 빠졌다. 1866년 프랑스와의 전쟁인 병인양요가, 1871년 미국과의 전쟁인 신미양요가 일어났다. 서양 열강이 여러 차례 문을 두드렸지만 결국 조선의 문을 연 것은 일본이었다. 1876년 일본과 강화도조약을 체결한 조선은 타율적인 근대의 길로 들어섰다. 그 과정에서 사건도 많았다. 1882년 임오군란, 1884년 갑신정변이 일어났고, 1894년 동학농민운동과 청일전쟁이 일어났다. 청일전쟁 이후 완전히 조선에 대한 우위를 점한 일본은 1894년 갑오개혁, 1895년 을미개혁 등을 통해 영향력을 보다 강화해갔다. 1897년 고종은 황제에 즉위하면서 대한제국을 출범시켰다. 황실이 중심이 되어 자주적인 개혁들을 추진해보려 했지만 일본의 벽은 높았다. 1905년 을사늑약으로 외교권을 박탈당했고, 1907년 고종 황제는 헤이그 밀사사건이 빌미가 되어 일제에 의해 강제로 황위에서 물러났다. 그리고 1910년 한일합방으로 국권을 상실하기에 이르렀다.

1910년부터 1945년 8·15 광복 때까지 우리 역사의 중심은 국권을 되찾는 것이었다. 1919년 3·1운동이 일어났고, 1920년에는 독립군이 봉오동과 청산리 대첩에서 큰 승리를 거두기도 했다. 1932년에는 윤봉길이 상하이 홍커우 공원에서 폭탄을 투척했고, 이봉창은 일왕에게 폭탄을 투척했다. 1940년에는 한국 광복군을 창설하여 우리 힘으로 광복을 준비해나갔지만, 1945년 연합국에 대한 일본의 항복으로 해방은 찾아왔다.

생활사의 숨결이 배어 있는 현대사

역사 물길에서 현대사 부분은 정치적 사건 이외에도 생활사에 관한 내용이 대거 기록된 것이 눈길을 끈다. 역사는 일부 정치가가 이끌어가는 것이 아니라 모든 국민이 함께 만들어간다는 것을 실감할 수 있는 부분이다. 현대사를 압축하여 새긴 바닥돌에서 생활사와 관련된 내용들을 살펴보기로 한다.

1955년 국산자동차 시발 승용차가 등장했고, 1956년에는 TV 방송국HLKZ TV이 처음 개국되었다. 1957년에는 제1회 미스코리아 선발대회가 개최되었고, 1960년에는 김포공항 청사가 준공되었다. 1961년 KBS와 MBC TV가 개국되었고, 1962년에는 2차 통화개혁으로 화폐 단위가 원이 되었다. 1963년에는 최초로 라면이 등장했고, 1965년에는 베트남 파병을 결정했다. 1968년에는 1·21 사태의 여파로 향토예비군이 창설되었고, 국민교육헌장이 선포되었다. 필자 역시 초등학교 들어가기 전 국민교육헌장을 달달 외웠고, 부상으로 10원짜리 동전을 받은 기억이 아련하다. 광화문 광장을 오늘날까지 지키는 이순신 동상이 처음 세워진 것도 1968년이었다. 1970년 경부고속도로가 개통되었으며, 1974년에는 지하철 1호선이 개통되었다.

1980년부터 컬러TV 시대가 열렸으며, 1982년에는 지금 최고 인기 스포츠로 자리한 프로야구가 출범했다. 1985년 63빌딩이 완공되었고, 1986년 아시안게임, 1988년 올림픽을 유치하면서 서울은 세계적인 도시로 뻗어갔다. 1989년에는 해외여행이 자유화되면서 많은 사람들이 세계를 직접 보는 기회를 얻게 되었다.

1990년 경복궁 복원 사업이 시작되었고, 1996년에는 옛 조선총독부 청사를 철거하여 경복궁이 제 모습을 찾는 데 기여했다. 1997년 IMF 구제금융을 받는 경제 위기 사태에 이르자 국민들은 금 모으기 운동에 적극 참여했다. 1998년 금강산 관광이 시작되었고, 2000년 남북정상회담이 개최되어 남북 간의 긴장이 상당히 해소되었다. 2001년에는 인천국제공항이 개항되었고, 2002년에 개최된 한일 월드컵은 붉은 악마의 열기와 함께 온 국민을 하나로 만들었다. 2004년 고속철도KTX가 개통되었고, 2005년 청계천이 복원되어 시민의 품으로 돌아왔다. 2006년 수출 3000억 달러를 돌파했고, 2008년 국내 최초의 우주인이 탄생하는 등 대한민국은 이제 세계 어느 나라와 비교해도 뒤지지 않는 경제적, 문화적 역량을 갖추게 되었다.

광화문 광장은 600여 년 전 조선의 중심에서 시작하여, 이제 세계적인 국가로 도약한 대한민국의 중심으로 그 바통을 이어받았다. 광화문 광장을 거닐면서, 역사 물길을 따라가면서 조선시대 이래 우리 역사의 주요 사건들을 되짚어보았으면 한다. 특히 현대사에서 중요한 생활의 변화를 가져오게 한 사건들을 살피면

서, 자신이 걸어왔던 삶의 흔적들과 대비해보면 더 큰 의미가 있

을 것이다.

조선 평전
ⓒ 신병주 2011

| 1판 1쇄 | 2011년 4월 14일 |
| 1판 10쇄 | 2021년 6월 16일 |

지은이	신병주
펴낸이	강성민
편집장	이은혜
마케팅	정민호 김도윤
홍보	김희숙 김상만 함유지 김현지 이소정 이미희 박지원

펴낸곳	(주)글항아리	출판등록 2009년 1월 19일 제406-2009-000002호
주소	10881 경기도 파주시 회동길 210
전자우편	bookpot@hanmail.net
전화번호	031-955-2696(마케팅) 031-955-1903(편집부)
팩스	031-955-2557

| ISBN | 978-89-93905-57-1 03900 |

잘못된 책은 구입하신 서점에서 교환해드립니다.
기타 교환 문의 031-955-2661, 3580

geulhangari.com